1515
MARIGNAN

DU MÊME AUTEUR

Louis XI ou le joueur inquiet, Belin, 2011, rééd. 2015

(codir.), *1940, l'empreinte de la défaite. Témoignages et archives*, avec Bertrand Fonck, Presses universitaires de Rennes, 2014

(codir.), *Archives de la Grande Guerre*, avec Agnès Chablat-Beylot, Service historique de la Défense, 2014

AMABLE SABLON DU CORAIL

1515
MARIGNAN

ÉDITIONS DE NOYELLES

2, rue Rotrou – 75006 Paris
www.tallandier.com

Prologue

Le 14 septembre 1515, en fin de matinée, à Zivido, à 3 kilomètres du village de Marignan, près de Milan, le calme est retombé sur le champ de bataille. Tandis que François Ier dicte une longue lettre adressée à sa mère Louise de Savoie, régente du royaume, pour lui annoncer l'heureuse issue de la confrontation, les vainqueurs achèvent les blessés et dépouillent les cadavres de leurs armes et de leurs vêtements. Plus de la moitié des soldats de François Ier sont des lansquenets, mercenaires allemands que le roi avait fait recruter dans la vallée du Rhin et en Souabe pour étoffer les rangs de sa médiocre infanterie… Pour la première fois, ils viennent de triompher des Suisses, leurs frères ennemis de la rive gauche du haut Rhin, et leurs principaux concurrents sur le marché européen du mercenariat.

Depuis 1510, la Confédération suisse, auparavant alliée à la France, a pris le parti de la Ligue catholique, vaste coalition qui rassemble presque toutes les puissances européennes inquiètes de l'hégémonie française en Italie. Le 6 juin 1513, l'armée du roi de France Louis XII, qui tentait de reconquérir le duché de Milan, perdu l'année précédente, avait été balayée par les Suisses à Novare. La petite Confédération est alors au faîte de sa puissance. Deux ans plus tard, le jeune François Ier prend une revanche éclatante à Marignan. Non sans mal ! Il a fallu deux jours pour repousser les assauts furieux des fantassins suisses, qui n'avaient pas hésité à attaquer une armée française très supérieure en nombre, sur un terrain coupé de fossés et de canaux. Bien que dépourvus de cavalerie et d'artillerie, les Suisses emportent d'abord les premières lignes françaises, repoussent toutes les charges de cavalerie conduites par le roi en personne, et s'emparent de nombreux canons et étendards. Lorsque la nuit tombe, le 13 septembre, la victoire paraît à leur portée. Le lendemain, après une nouvelle matinée de combats acharnés, les Suisses sont finalement contraints de se replier à Milan. Ils laissent derrière eux 12 000 cadavres, amis et ennemis confondus.

Plus que le nombre de morts, pourtant vertigineux, ce qui a frappé les contemporains est que l'écrasante majorité des victimes a été tuée pendant la mêlée, et non après la bataille, au cours de la poursuite, comme c'était le plus souvent le cas. Marignan a opposé des heures durant deux adversaires d'égale détermination, qui ont repoussé les limites de la souffrance humaine. Marignan fut autant une « bataille de géants » qu'une boucherie sordide. Et pourtant, quelques jours plus tôt, rien ne laissait prévoir ce duel titanesque, car Français et Suisses étaient parvenus à un accord politique qui scellait leur réconciliation. Il a fallu l'intervention d'un prince de l'Église, Matthäus Schiner, cardinal de Sion, le plus farouche ennemi de la France, pour faire échouer les négociations et entraîner les Suisses à leur perte. Marignan est l'ultime rebondissement d'une campagne de près de trois mois, où la trahison, l'argent et les intrigues politiques ont tenu les premiers rôles.

Les conséquences de la victoire française ont été très inégales pour les deux protagonistes. Le roi de France y gagne le duché de Milan pour quelques années, avant de le perdre définitivement en 1521. Il acquiert surtout une gloire immortelle, amplifiée à l'infini par la plume, le pinceau et le burin des propagandistes royaux, qui transforment en triomphe une boucherie longtemps indécise, ainsi que l'a fort bien montré Didier Le Fur[1]. Victime consentante du discours officiel de la monarchie, l'Instruction publique républicaine a fait du si commode « quinze-cent-quinze » une date clé du roman national. Depuis, la bataille de Marignan a disparu des manuels de l'Éducation nationale ; elle est devenue le symbole d'une histoire-bataille vide de sens. Marignan illustre avec éclat la théorie selon laquelle les « faits » historiques n'existent que par la représentation qu'on s'en fait à travers les âges.

Et pourtant, la magie acoustique du « quinze-cent-quinze » a fait de cette année, qui commence par l'avènement de François Ier et se termine sur la victoire de Marignan, l'une de celles qu'on retient en France pour séparer le Moyen Âge de l'époque moderne ; la plus récente, en vérité, d'une large fourchette qui commence à la chute de Constantinople, en 1453, en passant par la mort de Louis XI, en 1483, la découverte de l'Amérique, en 1492, ou encore le début des guerres d'Italie, en 1494. De fait, cette date n'est pas plus arbitraire que les autres, et il n'est guère possible de retenir de dates situées plus en aval du cours de l'histoire. Avec la Réforme protestante, qui débute deux ans plus tard, on entre indiscutablement dans une ère nouvelle.

Pour les Suisses, l'année de Marignan constitue une date-charnière tout aussi commode, et ce pour deux raisons. L'une est d'ordre didactique et prolonge l'effet produit par cette fausse date ronde qu'est 1515. La bataille a en effet été livrée tout juste deux cents ans après l'embuscade de Morgarten, première victoire remportée sur la maison d'Autriche, et deuxième date fondatrice du roman national helvétique, après celle, fort incertaine, du pacte conclu entre les trois communautés de vallée d'Uri, Schwyz et Unterwald. Outre cette heureuse harmonie arithmétique, et par contraste avec la France, Marignan a bien représenté un réel tournant dans l'histoire suisse, provoqué non par l'événement en soi, mais par la prise de conscience qu'il a entraînée au sein des élites dirigeantes. Soudain dégrisés, les cantons suisses ont compris l'impasse dans laquelle ils s'étaient engagés en se lançant dans une entreprise de conquête qui ne correspondait ni à leurs moyens limités, ni à la logique qui avait présidé à la construction de la Confédération. La paix perpétuelle de Fribourg, signée en 1516, consacre la fin d'une brève poussée de fièvre impérialiste, et l'entrée de la Confédération dans la zone d'influence de la France. Aussi n'est-il guère étonnant que les Suisses aient consacré à la bataille de Marignan des travaux à la fois plus nombreux et plus complets que ceux des historiens français[2].

Les Italiens, spectateurs impuissants des luttes dont leur péninsule a été pendant si longtemps le théâtre, virent en Marignan un épisode sanglant mais nullement décisif des guerres d'Italie, qui débouchèrent sur deux siècles de domination espagnole. Les débats des historiens contemporains, anglo-saxons d'abord, puis italiens et français, se sont cristallisés autour de la question de la « révolution militaire[3] » et du triomphe de l'absolutisme à l'époque moderne. A-t-on assisté à une révolution, à une rupture, à une mutation ? À défaut, peut-on parler de « Renaissance militaire » ? Jacques Le Goff et d'autres ont montré que la Renaissance n'était qu'une des renaissances intellectuelles et culturelles qu'a connues l'Europe depuis la chute de l'Empire romain. Il est vrai qu'en l'espace de quelques décennies, la guerre a pris en Italie un caractère nouveau, qui n'a échappé à aucun des contemporains. Cette première modernité n'eut en vérité rien de bien réjouissant. Les guerres d'Italie se sont révélées extraordinairement meurtrières, pour les combattants, mais aussi pour les populations. Jean-Louis Fournel a emprunté à George L. Mosse, historien des deux guerres mondiales et du national-socialisme, le concept de « brutalisation » pour l'appliquer aux guerres d'Italie[4]. Entre la prise d'assaut de Brescia par les Français de Gaston de Foix, en 1512, et le sac de Rome par les lansquenets impériaux, en 1527, les Italiens n'ont certes pas été épargnés par la violence des gens de guerre venus de tout le continent. Les « guerres d'Italie » ont cependant été précédées – et suivies – par bien d'autres guerres en Italie. Nous restons encore tributaires de la périodisation imposée par les contemporains des événements, qui ont vu dans l'expédition de Charles VIII à Naples, en 1494, l'aube rouge de temps nouveaux.

Cette Renaissance militaire, ou, si l'on préfère, cette évolution accélérée ramassée sur un peu plus d'une génération (1494-1525), force est de reconnaître que les Suisses aussi bien que les Français n'y sont entrés qu'avec retard. Dans une large mesure, la bataille de Marignan a été le chant du cygne de deux catégories de combattants qu'on oppose volontiers, le fantassin suisse et l'homme d'armes français. Ils seront les personnages principaux des pages qui vont suivre. Le premier ne se laisse dévoiler que par le dépouillement attentif et patient de sources éparses et souvent lacunaires[5]. Le second est passé à la postérité à travers le personnage de Bayard. Figure attachante, dont le caractère un brin désuet était furieusement dans l'air du temps, marqué par un puissant *revival* de l'idéal chevaleresque ! Si la pratique militaire de Bayard est appelée à disparaître à brève échéance, le système de valeurs aristocratiques qu'il a incarné avec un tel panache va quant à lui perdurer très longtemps[6]. Le fantassin suisse et l'homme d'armes français sont le produit de sociétés et de régimes politiques très spécifiques et trop souvent caricaturés.

Au sein de la Confédération suisse, de strictes oligarchies urbaines coexistaient avec le régime plus ouvert, tendant vers la démocratie directe, des cantons ruraux. Et encore, que de contradictions au sein même des cantons ! Tandis que la domination de Berne, Zurich, Soleure ou Fribourg sur leurs campagnes était contestée par ces dernières lors de révoltes aussi brèves que spectaculaires, prospéraient dans les cantons ruraux des dynasties de notables d'une impressionnante longévité. La monarchie française, déjà absolue, devait quant à elle composer avec de nombreux corps constitués et arbitrer les querelles des grands seigneurs. Jusqu'à une époque très récente, le dynamisme d'un peuple ou d'une nation se mesurait à ses victoires militaires. La guerre est la première expression d'une civilisation naissante, et la condition de son épanouissement. Les armées qui se sont affrontées sur le champ de bataille de Marignan étaient le fruit d'une maturation de plusieurs siècles ; en elles s'étaient réalisées les promesses de leur naissance, et en elles s'expriment les limites et les blocages de l'organisation sociale et politique qui les avait sécrétées.

Paradoxalement, Marignan a peu intéressé les spécialistes de la chose militaire. À l'exception notable de la synthèse rigoureuse de Laurent Henninger, parue en 1991[7], on ne trouve guère que des études anciennes, courtes, où abondent les anachronismes, et où les adversaires manœuvrent comme dans une bataille napoléonienne. L'ambition du présent livre est de proposer une étude globale de la campagne, embrassant à la fois la stratégie politique, l'organisation militaire et les tactiques des deux adversaires, les pratiques et les usages guerriers dans ce qu'ils ont de plus matériel, sans oublier la question centrale du financement de la guerre. Ce n'est pas le récit de la première année du règne de François Ier, encore moins une biographie déguisée de celui-ci. On s'efforcera dans les pages qui suivent de ménager une part à peu près égale aux deux adversaires. Le risque de cette démarche est bien sûr de commettre quelques approximations sur le camp dont l'histoire est la moins familière à l'auteur – en l'occurrence la Confédération suisse. On espère en avoir évité les plus grossières, à la lumière des travaux des chercheurs suisses qui ont profondément renouvelé l'historiographie de la Confédération depuis une quarantaine d'années[8]. Un hommage particulier doit être déposé aux pieds d'Emil Usteri pour le monument d'érudition qu'est l'ouvrage qu'il a consacré aux *Schicksalsjahre* – les années du destin – 1515-1516, paru en 1974[9]. Si les pages qui suivent parviennent à éveiller l'intérêt du lecteur français pour l'histoire de la Suisse, leur auteur aura en partie rempli son but.

Enfin, la campagne de Marignan a valeur d'exemple, tant elle est représentative des opérations militaires à l'époque des guerres d'Italie. Les Français n'y déployèrent pas de stratégie brillante ; ils exécutèrent un plan de campagne simple et bien pensé. La bataille de Marignan a été une victoire de l'organisation et le fruit d'une préparation minutieuse. Celle-ci met en lumière les ressorts du succès militaire ainsi que les contraintes matérielles, techniques ou financières auxquelles étaient soumis les capitaines de la Renaissance, et qui enfermaient dans d'étroites limites leur liberté d'action. Cette bataille est enfin une victoire de l'action politico-militaire. Les Français ont acheté à prix d'or la neutralité de certains cantons suisses, dont les contingents auraient pu renverser le cours des événements.

Rarement bataille a été livrée avec autant d'atouts rassemblés dans la main du vainqueur, et pourtant, rarement bataille fut aussi disputée. Face à l'armée la plus monolithique et la plus atypique d'Europe, les Français l'ont emporté sur le fil et au prix d'un bain de sang. C'est d'ailleurs moins la défaite finale des Suisses que la suite ininterrompue de leurs succès jusqu'à Marignan qui stupéfie quiconque se penche sur leur histoire militaire. Celle-ci illustre avec éclat la supériorité du facteur moral, c'est-à-dire de la volonté, dans l'art de la guerre. Les divisions qui opposèrent les Suisses entre eux et la violence dont ils firent si souvent preuve, enfin leur courage et leur acharnement au combat, donnent une épaisseur humaine et un relief tout particuliers à la campagne de Marignan. Ils font de celle-ci un objet d'étude historique autant qu'un récit haletant et tragique.

Chapitre premier

La France et la Suisse en 1515
La monarchie absolue et les communes libres

En 1515, François Ier hérite d'un royaume réconcilié avec lui-même par Charles VIII (1483-1498) et Louis XII (1498-1515). Après l'arbitraire et l'autoritarisme sans frein de Louis XI (1461-1483), le régime monarchique atteint un point d'équilibre qu'il ne retrouvera plus avant longtemps. Charles VIII et Louis XII font preuve d'une grande modération fiscale à l'égard de leurs sujets, tandis que la concorde est rétablie entre la monarchie et la haute noblesse. À bien des égards, le royaume vit un âge d'or, à peine troublé par les échos lointains des événements d'Italie. Car c'est désormais vers la péninsule que les rois de France tournent leurs regards et leurs ambitions. Tandis que la façade atlantique commence à s'éveiller et que les grandes découvertes espagnoles et portugaises portent un coup fatal à l'empire commercial de Venise,

François Ier va employer les immenses ressources de son royaume à la conquête de Milan et de Naples.

Une France repeuplée et active, tournée vers la Méditerranée

La période qui s'étend des années 1450 aux années 1540 est exceptionnellement favorable à la France[1]. Les troubles du règne de Louis XI et du gouvernement des Beaujeu ont été brefs ou limités aux marches du royaume. La reprise économique et démographique, amorcée à partir de 1440, bat son plein dans la première décennie du XVIe siècle. La population du royaume retrouve son niveau du début du XIVe siècle, avant la Peste noire et la guerre de Cent Ans, soit 20 à 21 millions d'habitants dans ses limites actuelles, et 15 à 16 millions dans ses frontières d'alors. Louis XI les a repoussées vers le nord et l'est, grâce à sa victoire sur le duc de Bourgogne Charles le Téméraire, dont les possessions sont partagées entre la couronne de France et la maison d'Autriche, l'empereur Maximilien de Habsbourg ayant épousé Marie de Bourgogne, fille unique du Téméraire. À la France échoient le duché de Bourgogne, la Picardie et le Boulonnais ; à la descendance de Marie et Maximilien, les Pays-Bas bourguignons et la Franche-Comté.

Louis XI a également mis la main sur la plus grande partie de l'héritage de la maison d'Anjou, à savoir le

Maine, l'Anjou et le comté de Provence. Contrairement à son père, qui admire les Italiens mais ne veut surtout pas se mêler des affaires de la péninsule, Charles VIII regarde résolument vers le sud, la Méditerranée et la Terre sainte. La conquête du royaume de Naples n'est en effet pour lui que le prélude à celle de Jérusalem et des lieux saints. Moins chimérique que son prédécesseur, Louis XII fait du duché de Milan l'axe central, pour ne pas dire unique, de sa politique étrangère. La reconquête de l'héritage de sa grand-mère Valentine Visconti est pour lui une affaire d'honneur, qui avait tourné à l'obsession avant même qu'il ne succède à Charles VIII. Les ambitions italiennes de Charles VIII et de Louis XII vont à l'encontre de la politique traditionnelle des rois de France, qui ont pour la plupart privilégié la reconquête intérieure de leur royaume, par l'incorporation au domaine royal des grands fiefs, ainsi qu'une expansion raisonnée vers l'est et le nord, aux dépens du Saint Empire romain germanique, morcelé et affaibli depuis plusieurs siècles.

Il est vrai qu'en ce tournant du XVe et du XVIe siècle, l'essor du Midi français paraît justifier cette nouvelle orientation politique. L'annexion de la Provence donne au royaume, avec Marseille, un port de commerce plus actif qu'Aigues-Mortes, médiocre avant-port de Montpellier. Les marchands étrangers fréquentent de nouveau le royaume et ses routes redevenues sûres. Lyon devient la principale place commerciale au débouché des Alpes, et la première place financière du royaume. Charles VII et Louis XI ont gagné la guerre commerciale sans merci qu'ils avaient engagée contre les foires de Genève. Les Médicis ferment leurs filiales de Londres et de Bruges, menacées de banqueroute, et déménagent à Lyon leur filiale de Genève. Les marchands italiens se rendent désormais dans la cité lyonnaise pour y vendre les épices et les draps de luxe fabriqués à Milan et Florence. Le Languedoc aussi renoue avec la prospérité. Les draps de laine qui y sont tissés inondent le marché méditerranéen, tandis que le pastel fait la fortune de Toulouse et de sa région. La route terrestre Genève-Lyon-Montpellier-Barcelone est l'une des plus actives d'Europe.

La vallée du Rhône se trouve ainsi placée au cœur d'un vaste espace économique dominé par le roi de France. Le duché de Savoie, qui domine les deux versants des Alpes depuis le pays de Vaud jusqu'à Nice, gravite désormais dans l'orbite du royaume. Des liens étroits unissent les rois de France aux ducs de Savoie. Charles III, qui règne depuis 1504, est le frère de Louise de Savoie, mère de François Ier. Les rois de France ne peuvent guère se rendre compte qu'ils tournent le dos à l'avenir, promis à la façade atlantique. À l'aube des Temps modernes, lorsqu'on évoque l'outre-mer, c'est aux rives orientales de la Méditerranée que l'on songe, non aux Indes occidentales, qui ne sont encore que des îles infestées de moustiques et peuplées de tribus hostiles.

Une monarchie aristocratique

En 1515, le « temps des principautés[2] » est révolu, mais la domination sociale et politique de la noblesse est toujours aussi écrasante. Bien que les lignages aristocratiques aient beaucoup souffert de la guerre de Cent Ans et qu'une grande partie d'entre eux aient alors disparu, de nouveaux venus les ont remplacés, étrangers ou roturiers élevés par le service du roi ou de l'Église. Il ne vient pas à l'esprit du roi de gouverner sans noblesse ; même Louis XI s'est appuyé sur les gentilshommes de moyenne extraction, qui ne représentaient pas de danger politique, mais qui appartenaient au même monde, partageaient les mêmes valeurs et les mêmes goûts. Le système des dons et des pensions distribués par le roi conforte la place de la noblesse et son rôle de colonne vertébrale du royaume. Il remplace, prolonge, et d'une certaine manière perpétue la féodalité. Si le roi s'entoure désormais de « serviteurs » plutôt que de vassaux, la vocation des nobles est toujours de le servir en personne, à la cour, dans ses conseils, et d'abord à la guerre.

Monarque absolu, le roi de France doit tenir compte de la haute noblesse, nombreuse et toujours puissante. Il ne peut gouverner sans elle, sous peine de s'attirer de graves ennuis, dont les cabales de cour sont la forme la plus atténuée, et les prises d'armes la forme la plus extrême. Bien traités et employés, princes et grands seigneurs sont d'indispensables relais pour la monarchie, car leurs clientèles structurent la noblesse. Aussi le roi doit-il prendre soin de donner aux grands seigneurs les moyens d'entretenir leurs réseaux de fidèles. Il leur procure des mariages avantageux, leur verse des pensions annuelles, qui complètent leurs revenus, et les couvre de dons et de gratifications, dont une grande partie est ensuite redistribuée. Dons et pensions représentent le deuxième poste de dépenses de la monarchie, après les dépenses militaires[3].

La haute noblesse ne se contente pas de terres et d'argent. Il lui faut aussi la gloire et la renommée, et celles-ci se conquierent aux armées. On se dispute donc les commandements militaires. Là aussi, le roi doit veiller à maintenir l'équilibre entre les différentes coteries et laisser à son baronnage la place qui lui revient de droit. Si les seigneurs du Midi sont les plus nombreux à diriger les armées royales en Italie, ce n'est pas tant en raison de leur proximité géographique ou culturelle avec le théâtre des opérations, que parce qu'on trouve les dernières grandes principautés d'origine féodale dans les confins pyrénéens du royaume. Les affinités personnelles du roi et la naissance comptent plus que l'expérience et le talent. Les grands seigneurs ne sont d'ailleurs pas nécessairement les moins heureux sur les champs de bataille, comme l'illustre avec éclat la trop courte carrière du jeune Gaston de Foix, qui remporte en 1512 la victoire de Ravenne à l'issue d'une campagne aussi brillante que foudroyante. Sa mort à Ravenne entraîne la défaite des Français et leur expulsion d'Italie.

La France, une tyrannie fiscale ?

La plus grande pierre apportée par Charles VII (1422-1461) à l'édifice de l'État royal est la mise en place d'une fiscalité moderne. Les sujets du roi de France ne sont pas les seuls à goûter à cette innovation. Tous les grands États européens se dotent à la fin du Moyen Âge du cadre institutionnel et administratif nécessaire à la levée d'impositions sur la fortune, les revenus et les transactions commerciales. La France prendra cependant au cours de cette période décisive un virage qui fera de la monarchie des Valois un exemple unique d'absolutisme fiscal. Les Français ont découvert l'impôt au début du XIVe siècle. Les taxes coutumières auparavant levées par les Capétiens se limitaient aux droits seigneuriaux associés aux terres qu'ils possédaient en propre, et aux profits tirés de la frappe des monnaies royales. Le service féodal gratuit leur permettait de faire la guerre sans avoir à disposer de ressources financières trop importantes. Son déclin, puis sa disparition, contraignent les rois de France à faire appel à la générosité de leurs sujets. Au XIVe siècle, le souverain consulte les élites nobiliaires et bourgeoises du royaume réunies en assemblées représentatives, états généraux ou provinciaux, auxquelles revient le droit exclusif d'accorder la levée de subsides.

D'abord exceptionnelles, les impositions se succèdent à intervalles de plus en plus rapprochés. Elles deviennent permanentes dans les années 1430. Les contribuables doivent acquitter la gabelle sur le sel, les aides sur les échanges commerciaux, et surtout la taille, un impôt direct levé sur les roturiers à proportion de leur richesse. La taille fournit à elle seule les deux tiers des revenus de la monarchie. Transgression majeure, que justifie l'état de guerre permanent sur le sol du royaume, Charles VII se passe désormais de l'autorisation de ses sujets. À partir de 1439, les états généraux ne sont plus réunis et le montant de la taille est fixé d'autorité chaque année au Conseil royal. Il subsiste des assemblées d'états locales, en Normandie et en Languedoc notamment, mais ce ne sont guère plus que des chambres d'enregistrement, qui votent sans sourciller les subsides demandés par les commissaires royaux.

La guerre de Cent Ans a permis au roi de France de faire ce dont aucun souverain d'Europe n'aurait osé rêver : il a mis en place une fiscalité permanente, sans avoir à rendre de comptes à qui que ce fût. Cette capacité à lever l'impôt sans limites ou presque est démultipliée par la densité de population du royaume. Les quelque 16 millions d'habitants que compte la

France de Louis XII et de François Ier sont en effet trois à quatre fois plus nombreux que les Anglais ou les Espagnols. Les rois de France disposent ainsi d'un avantage écrasant par rapport à leurs concurrents, qui saute aux yeux lorsque l'on compare les recettes annuelles de la monarchie française avec celles des autres États européens. Elles s'établissent, pour le dernier budget du règne de Charles VII, en 1461, à 1,8 million de livres tournois[4], quand le roi d'Angleterre devait se contenter de 30 000 à 40 000 livres sterling par an, soit l'équivalent de 200 000 livres tournois. Lorsque le roi d'Angleterre veut entreprendre une expédition militaire, il doit demander au Parlement le vote d'un impôt. La Chambre des communes a beau n'être composée que de chevaliers et de riches bourgeois, elle n'accueille les sollicitations du souverain qu'avec la plus grande méfiance, pour ne pas dire la plus grande répugnance.

Les autres monarques européens sont logés à la même enseigne. Les prétentions des souverains du Saint Empire romain germanique, Frédéric III et Maximilien de Habsbourg, à la domination de l'Allemagne et du monde excitent les ricanements et les quolibets, tant leurs ressources propres, provenant de leurs possessions héréditaires du Tyrol et d'Autriche, paraissent dérisoires. Au cours de la guerre de la Ligue de Cambrai, entre 1508 et 1516, Maximilien ne parvient pas à lever sur ses sujets directs plus de 300 000 florins par an (environ 400 000 livres tournois), c'est-à-dire moins d'un dixième des recettes de la monarchie française à la fin du règne de Louis XI[5]. Quant à Ferdinand le Catholique, maître de l'Aragon, de la Catalogne, de la Sardaigne et de la Sicile, il se refuse à solliciter ses sujets, toujours prompts à demander en échange des privilèges et des concessions politiques[6]. L'union de la Castille et de l'Aragon augmente les ressources de la monarchie espagnole, sans leur faire changer d'échelle.

Après sa victoire sur les Anglais, Charles VII ne supprime pas les impôts, mais il les diminue autant que possible. Il est conscient que la légitimité de l'impôt repose, sinon sur l'accord de ses sujets, de plus en plus théorique, du moins sur la persistance de la menace anglaise. Par chance pour lui, l'ennemi héréditaire conserve une tête de pont sur le continent, à Calais, et maintient ses prétentions sur le trône de France. À l'avènement de Louis XI, en 1461, les deux royaumes sont toujours en guerre, bien que les opérations militaires soient suspendues depuis huit ans. Louis XI tente au début de son règne une réforme fiscale, destinée à alléger le poids des impôts, en particulier celui de la taille. Cette réforme échoue et, face à la coalition de ses ennemis intérieurs et extérieurs, Louis XI a tôt fait de s'engager dans une escalade fiscale qui ne cesse qu'à sa mort, en 1483. Les impôts ont alors triplé, et le budget royal tangente les 5 millions de livres tournois[7]. La part de la taille a encore augmenté et représente désormais les trois quarts des recettes. Elle pèse principalement sur les campagnes, car Louis XI, qui craint les révoltes urbaines, en a exempté la plupart des grandes villes du royaume. La taille constitue la variable d'ajustement du budget, adaptée chaque année aux besoins de la politique royale, là où les autres souverains d'Europe doivent adapter leur politique à des ressources beaucoup plus limitées.

Un tournant décisif, les états généraux de Tours (1484)

Après la mort de Louis XI, sa fille et son gendre, Anne et Pierre de Beaujeu, gouvernent la France et assurent la tutelle de Charles VIII, âgé de 13 ans en 1483. Les Beaujeu décident de convoquer les états généraux[8]. Près de 300 députés élus par les notables des bailliages du royaume se réunissent à Tours, en février et mars 1484[9]. C'est à cette session qu'on use pour la première fois du terme de « tiers état » pour désigner les représentants de l'ordre des laïcs non nobles. La question fiscale est au cœur des débats. On fait grief à Louis XI de sa prodigalité. Un député en vient même à regretter Charles VII, pourtant déjà fort peu aimé de son vivant pour son goût immodéré de la dépense : « Ce n'est que depuis sa déplorable mort que nous avons connu pleinement ses vertus, et nous avons commencé à sentir la douceur infinie de son gouvernement, sitôt qu'aux temps les meilleurs ont succédé des temps très mauvais[10]. » On appréciera le comique involontaire du propos, qui montre à quel point la pression fiscale est une notion relative.

Les orateurs des états généraux se succèdent pour rappeler que le roi ne peut toucher à la bourse de ses sujets sans leur autorisation préalable. Ils sont sûrs de leur droit, et ils peuvent l'être. Il subsistait un fond de mauvaise conscience chez les conseillers du roi, y compris chez ceux qui avaient cautionné les excès de Louis XI. Même Philippe de Commynes, l'un de ses plus fervents admirateurs, est très embarrassé lorsqu'il évoque dans ses mémoires la politique financière du roi. Il ne peut que reconnaître que celui-ci « a fort chargé son âme » en écrasant d'impôts son royaume[11]. Les monarques étrangers, jaloux du roi de France et mauvais joueurs, s'indignent quant à eux de la résignation des Français. Quel mérite y a-t-il à régner sur un peuple de moutons qui se laissent tondre sans rien dire ? disait Maximilien à propos du roi de France. Il est vrai que l'empereur, panier percé s'il en fut, gardait un souvenir cuisant des révoltes à répétition de ses sujets flamands, dont la tolérance à l'impôt était extraordinairement basse. En 1488, ils n'avaient pas hésité à le prendre en otage pendant plusieurs semaines et à faire supplicier son trésorier en place publique.

Les états généraux de Tours allaient malheureusement donner raison à Maximilien. Les députés restent d'abord fermes sur les principes, et n'accordent au roi qu'une taille d'1,2 million de livres pour deux ans, à laquelle ils consentent d'ajouter une rallonge exceptionnelle – une « crue » – de 300 000 livres pour un an seulement. Ils exigent d'être à nouveau convoqués à l'échéance des deux ans, afin d'institutionnaliser la consultation régulière des états généraux et de faire reconnaître leur compétence exclusive en matière fiscale. Les Beaujeu ne prennent cependant aucun engagement ferme pour l'avenir et congédient les députés sans leur donner les garanties demandées. Les états généraux ne seront plus réunis, sinon à titre exceptionnel, lorsque le roi aura besoin de mettre en scène l'adhésion de ses sujets à sa politique. Ils deviennent le lieu où s'exprime l'union du royaume et de son souverain. Le consentement à l'impôt leur échappe pour trois siècles[12].

La France, poule aux œufs d'or de l'Europe moderne

Les députés des états de Tours ont tout de même réussi à ramener les impôts à un niveau historiquement bas. Confrontés à la révolte des grands seigneurs mécontents de leur gouvernement, puis à une guerre ouverte contre le duc de Bretagne et Maximilien de Habsbourg, les Beaujeu les augmentent de nouveau, mais sans excès. La taille dépasse légèrement les

2 millions de livres tournois dans les années 1485-1490. Compte tenu de la dévaluation de la livre tournois, la pression fiscale demeure en deçà de ce qu'elle était à la fin du règne de Charles VII. La préparation de l'expédition italienne de Charles VIII provoque une nouvelle hausse des prélèvements, qui porte la taille à près de 3 millions de livres. La facile conquête du duché de Milan en 1499-1500 autorise Louis XII à accorder à ses sujets des remises sans précédent. Ramenée à 1,8 million de livres dès 1499, la taille est encore diminuée à 1,4 million en 1507, puis à 1,2 million en 1511[13]. L'inflation et l'expansion démographique aidant, la pression fiscale par habitant a sans doute été divisée par deux en l'espace d'un demi-siècle.

En 1506, les états généraux décernent à Louis XII le surnom de « Père du peuple[14] ». Le méritait-il réellement ? L'exploitation politique de la mansuétude fiscale du roi relève du génie. En réduisant les impôts dans de telles proportions, Louis XII légitimait auprès de l'opinion publique le monopole fiscal de la monarchie. Un père à ce point soucieux du bien de ses enfants a-t-il besoin d'être contrôlé par eux ? L'absolutisme paternaliste de Louis XII consacre la confiscation des droits politiques de ses sujets. La sphère du pouvoir et la société politique française se limitent plus que jamais à la cour, aux princes du sang et aux grands seigneurs, aux favoris du roi et aux grands officiers de la couronne. En 1513, lorsqu'il lui faut se défendre contre la coalition de toutes les grandes puissances européennes, Louis XII peut doubler la taille sans rencontrer aucune opposition intérieure. À François Ier, qui prétendait prendre à ses sujets ce que bon lui semblait[15], fait écho Machiavel, qui constate en 1510 que « les populations de la France sont humbles et fort soumises ; elles tiennent leur roi en grande vénération[16] ».

Peut-on imaginer état d'esprit plus opposé à celui des Suisses, épris de liberté et rétifs à toute forme de contrainte ? À la veille de la campagne de Marignan, la petite Confédération suisse est au faîte de sa puissance. Ses armes règnent sans partage sur les champs de bataille depuis plus d'un demi-siècle ; tous les princes se disputent leurs faveurs. Comment l'association des trois communautés de vallée d'Uri, Schwyz et Unterwald, constituée à une date indéterminée, durant la seconde moitié du XIIIe siècle, rassemblant deux ou trois dizaines de milliers de paysans et de muletiers dispersés sur quelques centaines de kilomètres carrés, a-t-elle pu agréger tant de villes libres, de baronnies et de communautés, et s'émanciper de la tutelle de l'empereur et des princes ?

La Suisse avant la Suisse : communautés de vallée et villes libres

À l'époque féodale (Xe-XIIe siècle), l'espace géographique qu'occupe aujourd'hui la Suisse comprend trois aires distinctes. Au nord et à l'ouest, le plateau suisse constitue le cœur de la Suisse alémanique ; il fait partie du duché de Souabe, l'une des grandes principautés du Saint Empire romain germanique. À l'ouest, la haute vallée du Rhône, le pays de Vaud et le Jura sont intégrés à un royaume de Bourgogne, lui-même incorporé au Saint Empire au Xe siècle. Enfin, au sud-est, les Alpes rhétiques regardent vers l'Italie plutôt que vers l'Allemagne. L'archevêque de Milan, les évêques de Coire et de Côme se disputent leur possession[17]. Entre Souabe, Bourgogne et Italie, l'espace suisse est au cœur des événements qui ont modelé l'Europe. La Souabe, berceau même de la puissance impériale, est très tôt frappée par le morcellement féodal. Dans ses confins méridionaux, de puissantes dynasties, les Zähringen puis les Kybourg, s'y taillent des domaines à la mesure de leurs ambitions. Après l'extinction de ces deux lignages, les Habsbourg prennent le relais. Partis de haute Alsace et du Brisgau, ils accumulent les terres et les titres, privatisent les charges impériales qui leur sont confiées et étendent leur pouvoir jusqu'au milieu du plateau suisse.

La désagrégation de l'empire et l'essor de la féodalité ont favorisé le développement de la région. Zähringen et Kybourg ont fondé plusieurs dizaines de villes aux XIe et XIIe siècles. Certaines sont demeurées de gros bourgs, aucune n'est devenue une grande métropole à l'instar de Milan, Gand ou Paris, mais beaucoup sont prospères et comptent plusieurs milliers d'habitants au XIIIe siècle, telles Lucerne et Zurich, Berne et Fribourg, Genève et Bâle. L'ouverture du col du Gothard, fréquenté hiver comme été dès le tournant des XIIe et XIIIe siècles, contribue à la prospérité de la Suisse centrale. L'axe Milan-Lucerne-Bâle et Rhin, par le col du Gothard, devient l'une des principales routes commerciales terrestres européennes, concurremment avec la voie Milan-Genève-Rhône et Saône, par le col du Simplon, qui unit la Lombardie aux foires de Champagne et aux Pays-Bas, aussi bien qu'à la France méridionale et à la Catalogne.

Le trafic commercial n'enrichit pas seulement les villes ; les communautés rurales des vallées de la Suisse intérieure en profitent aussi. Les paysans se font muletiers pendant la saison froide. Avec l'argent ainsi gagné, ils peuvent racheter à leurs seigneurs les droits pesant sur les personnes – taille personnelle, droits de mutation et de succession, etc. – et se libérer du servage[18]. Le trafic muletier, la gestion collective des pâturages, la construction et l'entretien des canalisations et des canaux qui permettent d'irriguer les fonds de vallées par les eaux d'altitude, créent des liens très forts entre les hommes. Source de conflit autant que de solidarité, ces institutions collectives ont également opposé les habitants des différentes vallées. Celles-ci constituent à partir du XIIe siècle des communautés, sur le modèle des communes urbaines qui fleurissaient en Italie du Nord comme en d'autres régions d'Europe[19]. Communautés de vallée et communes urbaines sont des associations librement consenties, formalisées par un échange de serments, donnant à leurs membres une garantie de sécurité et d'assistance mutuelle, ainsi que le droit de bénéficier de services collectifs[20].

Si elles s'opposent dans leur principe, horizontal et égalitaire, à la structuration verticale et hiérarchique de la féodalité, ces communes, urbaines ou rurales, ne sont pas des adversaires des seigneurs. Ainsi l'union des trois vallées d'Uri, Schwyz et Unterwald, renouvelée en 1291, année à laquelle on fait traditionnellement remonter la création de la Confédération suisse, a été conclue non pour s'opposer aux Habsbourg, mais pour arbitrer les conflits entre les trois premiers cantons, profondément divisés et en proie à une violence endémique. C'est d'ailleurs aux Habsbourg que s'étaient adressés les habitants d'Uri en 1257 pour mettre un terme à la guerre privée qui opposait deux clans rivaux. Le premier traité d'union entre ce qui allait devenir les trois cantons primitifs, les *Waldstätten* ou États forestiers, était donc à l'origine un « pacte local tendant à assurer l'ordre public[21] ».

Ressortissent à la même logique les traités conclus entre les villes du plateau suisse. D'innombrables pactes, en général bilatéraux, unissent des villes qui sont confrontées à un environnement chaotique, où aucun prince ne parvient à imposer une paix publique durable. Ces traités, ou « combourgeoisies », donnent aux habitants des villes signataires l'assurance de bénéficier des mêmes droits et privilèges dans toute l'étendue des territoires des cités associées[22]. Les villes du plateau et de haute Bourgogne, Berne, Zurich, Lucerne, Soleure, puis Fribourg, Bâle, Schaffhouse et Saint-Gall, deviennent des cités-États, pourvues d'un gouvernement municipal, cherchant à prendre le contrôle des campagnes et des petites villes environnantes. Elles rachètent les terres et concluent des combourgeoisies avec les seigneurs locaux – les statuts de bourgeois et de noble n'étaient en rien exclusifs l'un de l'autre, et un seigneur pouvait très bien être reçu bourgeois dans une ville sans déroger. Conclus en apparence sur un pied d'égalité, ces traités contraignent en fait les nobles à accepter la loi des conseils des villes, où sont jugés les litiges opposant les bourgeois.

Villes et communautés de vallée sont ainsi engagées dans un même mouvement général d'émancipation vis-à-vis du système féodal. Lucerne et Zurich se détachent des Habsbourg, les habitants de Genève et du Valais de leurs évêques, tandis que Berne et Uri obtiennent au milieu du XIIIe siècle le privilège « d'immédiateté » impériale, qui les rend directement justiciables de l'empereur, un empereur toujours plus lointain et plus faible. Les petits seigneurs se plient d'assez bonne grâce à l'ordre nouveau, car en acceptant d'intégrer leurs terres dans un espace plus large gouverné par des instances collectives, ils peuvent conquérir au sein de ces dernières une place privilégiée. Les hobereaux se font politiciens, tour à tour démagogues ou conservateurs. Ainsi, à Zurich, en 1336, le chevalier Rudolf Brun, avec l'aide des métiers, prend le pouvoir des mains des riches marchands et impose une constitution qui donne aux artisans la moitié des sièges du conseil de la ville[23]. À Berne, les élites marchandes gardent fermement le contrôle du gouvernement avec le soutien de la noblesse locale.

Naissance de la Confédération

Tout autre est l'attitude des princes territoriaux, qui veulent constituer leurs propres États et resserrer leur domination sur ces communautés trop attachées à leurs nouveaux privilèges. Tels sont l'évêque de Genève sur sa cité, l'évêque de Sion sur le Valais, et bien sûr les Habsbourg sur les vallées de Suisse intérieure. Une première confrontation, très brève, oppose en 1315 les *Waldstätten* aux Habsbourg, dont l'armée est mise en déroute dans une embuscade tendue à Morgarten. Cette première victoire est suivie de la signature d'un nouveau pacte entre Uri, Schwyz et

Unterwald, qui prend cette fois une coloration nettement hostile aux Habsbourg. Le pacte est en effet dirigé contre tout seigneur qui voudrait assujettir l'une des trois communautés. Dans les décennies qui suivent, les trois cantons s'allient à Berne (1323), Lucerne (1336), Zurich (1351), Glaris et Zoug (1352). Ces traités tissent d'abord des liens fort lâches entre leurs signataires, qui conservent toute liberté d'action. Chacun peut nouer d'autres alliances avec qui il l'entend. Aucune convention globale ne lie l'ensemble des huit cantons. Seuls les trois cantons primitifs figurent dans tous les pactes d'alliance, faisant de l'indissoluble union des *Waldstätten* l'axe central de la Confédération. Autre limite importante, les traités ne contestent pas les droits des seigneurs, y compris ceux détenus par les Habsbourg, qui sont explicitement réservés.

Les Autrichiens reprennent d'ailleurs la main pendant quelque temps. Lorsque le Tyrol tombe dans l'escarcelle des Habsbourg en 1363, la menace est à son comble. Il ne manque plus que la Suisse centrale pour joindre leurs domaines alsaciens à l'Autriche et au Tyrol. Malheureusement pour eux, les Habsbourg se sont lancés dans de trop nombreuses entreprises, dont la plus coûteuse de toutes, la lutte pour le trône impérial. Leur puissance retrouvée dresse contre eux de nouveaux adversaires. Dans les Alpes rhétiques se forme en 1367 la ligue de la Maison-Dieu, la première des trois ligues grisonnes, qui s'allieront bientôt avec les cantons. En 1370, dans la Charte des prêtres, ou

Pfaffenbrief, signée par tous les cantons à l'exception de Berne, apparaît pour la première fois le terme de « Confédération » (*Eidgenossenschaft*), qui consacre la transformation progressive d'une alliance en une domination territoriale commune[24]. Les vassaux de l'Autriche résidant sur le territoire de la Confédération sont ainsi tenus de prêter un serment d'allégeance aux cantons. Le 9 juillet 1386, la sanglante bataille de Sempach coûte la vie à Léopold III de Habsbourg. En 1389, un armistice est conclu, transformé peu après en trêve de vingt ans. À partir de ce moment, les cantons jouissent d'une indépendance de fait qui ne sera plus jamais contestée, même s'il leur fallut attendre les traités de Westphalie, en 1648, pour que celle-ci soit reconnue par l'empereur et les puissances européennes.

La Confédération s'étend de tous côtés au début du XVe siècle, avec la force et l'énergie sauvage des torrents de montagne[25]. Chaque canton poursuit dans des directions opposées sa propre politique d'expansion, tantôt pacifique, par les traités, achats et captations d'héritages seigneuriaux, tantôt violente. Berne resserre ses liens avec Fribourg et la Savoie, et s'étend vers le sud et l'ouest. Uri et Unterwald se lancent à la conquête de la Léventine, au sud du Gothard, en direction de Milan. Zurich et Schwyz portent leurs regards vers le nord et l'est. En 1415, les cantons conquièrent l'Argovie autrichienne et le comté de Baden, qui deviennent des bailliages communs. Rien ne semble pouvoir arrêter cette lente mais irrésistible expansion… sinon les dissensions entre les membres de la Confédération.

La succession du comte de Toggenbourg, dont les possessions très considérables s'étendaient du lac de Constance aux Grisons, revendiquée à la fois par Zurich et Schwyz, provoque une crise sans précédent au sein de la Confédération. Zurich fait sécession et s'allie à l'empereur Frédéric III de Habsbourg. L'ancienne guerre de Zurich fait rage pendant dix ans (1440-1450). Le conflit s'internationalise lorsque le roi de France Charles VII envoie au secours de Frédéric III son fils aîné, le dauphin Louis, futur Louis XI, à la tête d'une armée de soudards mis au chômage par une trêve conclue avec l'Angleterre. Les « écorcheurs » français remportent une difficile victoire sur une avant-garde suisse à Saint-Jacques-sur-la-Birse, le 26 août 1444[26]. La résistance farouche des Suisses, massacrés jusqu'au dernier, produit une vive impression sur le dauphin, qui s'empresse de faire la paix avec les cantons. En 1450, Zurich réintègre la Confédération, tandis que la plus grande partie de l'héritage du comte de Toggenbourg est transformée en bailliages communs.

La Suisse, puissance européenne : les guerres de Bourgogne (1474-1477)

Après cette guerre de sécession qu'a été le conflit avec Zurich, les guerres de Bourgogne font de la Confédération suisse une pièce majeure de l'échiquier européen. Lorsque, en 1469, après une nouvelle guerre perdue contre les Suisses, Sigismond de Habsbourg met en gage ses domaines alsaciens entre les mains du duc de Bourgogne, Charles le Téméraire, dans l'espoir que celui-ci pourra l'aider à vaincre ses ennemis héréditaires, la Confédération suisse se trouve entraînée dans la grande confrontation entre la France de Louis XI, l'État bourguignon et l'Angleterre. Malgré elle ? Si pendant longtemps on a fait de Louis XI le génial manipulateur des Suisses et l'instigateur des guerres de Bourgogne, la tendance historiographique actuelle est plutôt de minimiser son rôle et de mettre en avant l'expansionnisme de Berne[27].

En octobre 1474, Berne déclare la guerre au duc de Bourgogne. Pari osé, pour une ville de 5 000 âmes, que de s'attaquer à celui qui passait alors pour l'un des princes les plus puissants d'Europe, même en y ajoutant les 80 000 habitants du canton de Berne[28] ! C'est que les Bernois estiment leurs intérêts vitaux menacés par la puissance bourguignonne, alliée au duc de Savoie et au duc de Milan. L'avoyer de Berne, Nicolas de Diesbach, pensionné par le roi de France et issu d'une famille de richissimes marchands, parvient à convaincre ses compatriotes de prendre l'initiative avant qu'il ne soit trop tard. Les guerres de Bourgogne sont une impressionnante succession de victoires éclatantes pour les Suisses. À Héricourt (13 novembre 1474) et à Grandson (2 mars 1476), l'armée bourguignonne détale devant les Suisses. À Morat (22 juin 1476), Charles le Téméraire est à nouveau écrasé ; sous les murs de Nancy, le 5 janvier 1477, il perd la vie. Ces victoires stupéfient l'Occident. Elles cachent pourtant, une fois de plus, de profondes divisions entre les cantons. Les districts ruraux de l'intérieur désapprouvent la politique agressive de Berne. Ils n'acceptent de secourir les Bernois que lorsque Charles le Téméraire commet l'erreur d'envahir le territoire de la Confédération.

Au lendemain des guerres de Bourgogne, les cantons de l'intérieur souhaitent reprendre leurs entreprises en direction des grands lacs italiens et du Milanais. Ils contraignent Berne à rendre à la Savoie la plus grande partie du pays de Vaud, conquis en 1475-1477. Les Bernois se trouvent ainsi frustrés des gains territoriaux qu'ils espéraient. De leur côté, les cantons ruraux sont inquiets de voir les cantons-villes devenir majoritaires, lorsque Fribourg et Soleure demandent à adhérer à la Confédération. Alliées de longue date des Suisses, les deux villes ont joué un rôle majeur dans la victoire contre l'envahisseur bourguignon. En 1481, à Stans, les représentants des cantons se déchirent, et il faut l'intervention de l'ermite Nicolas de Flüe pour éviter la rupture. Le convenant de Stans entérine l'entrée de Fribourg et de Soleure dans la Confédération, mais avec des droits limités. Les deux cités ne peuvent en effet conclure d'alliance avec des puissances étrangères sans l'accord de la majorité des autres cantons. L'adhésion de Bâle et de Schaffhouse (1501), puis d'Appenzell (1513) porte le nombre des cantons à treize (huit cantons-villes et cinq cantons ruraux).

Guerres sociales et tensions politiques

La Confédération résulte de la juxtaposition de cantons aux régimes politiques très divers, voire complètement opposés. Quoi de commun entre les oligarchies des cités-États du plateau suisse et les régimes pré-démocratiques des cantons ruraux ? Quoi de commun entre les paysans des districts soumis à Berne et la poignée de grandes familles qui siègent au conseil de la ville ? La Confédération est parcourue de lignes de fracture qui menacent à tout moment son unité. Au XVe et au XVIe siècle, elle est le théâtre de graves troubles politiques, sur fond de crise économique et de réaction seigneuriale. Les propriétaires fonciers, confrontés à une forte baisse de leurs revenus après la Peste noire, tentent de resserrer leur emprise sur les tenanciers qui exploitent leurs terres.

Lorsque l'abbaye de Saint-Gall, alliée de la Confédération, multiplie les taxes nouvelles et en ressuscite d'anciennes, ses paysans se révoltent, déclenchant ainsi la guerre d'Appenzell (1403-1428). Ce conflit fait écho à la grande Jacquerie de 1358 en France, au soulèvement des Lollards en Angleterre en 1381, et préfigure la guerre des Paysans qui allait ensanglanter l'Allemagne du Sud et la vallée du Rhin en 1524-1526.

La guerre d'Appenzell suscite de vives tensions, car tandis que Schwyz soutient les paysans révoltés contre leur maître, les villes, dominées par des oligarchies dont la plupart des membres ont eux-mêmes acheté des seigneuries et mènent une vie noble, considèrent cette jacquerie d'un très mauvais œil. Elle révèle l'opposition de nature sociale et politique entre les cantons-villes et les cantons ruraux, attachés à leurs assemblées générales, les *Landsgemeinde*, où chacun peut exprimer et faire triompher son point de vue, pour peu qu'il sache allier la rude éloquence et la vigueur physique chères à ce peuple des montagnes. Les cantons ruraux ne sont cependant pas des sociétés égalitaires ; ce sont toujours les mêmes dynasties de notables qui s'affrontent sur la scène politique et monopolisent les charges de *Landamman* – l'équivalent des bourgmestres et des avoyers des villes.

Les droits politiques sont donc l'apanage d'une infime minorité, limitée aux bourgeois des capitales des cantons-villes et aux habitants des cantons ruraux, eux-mêmes placés sous l'emprise d'élites plus minces encore. Au niveau inférieur se trouvent les habitants des bourgs et des campagnes annexées par les cantons-villes, représentant à eux seuls la grande majorité de la population suisse. Sur eux pèsent les obligations militaires et fiscales les plus lourdes, sans aucune contrepartie. Ce déséquilibre entre droits et devoirs donnera lieu à de nombreuses révoltes. Les communautés de l'Oberland se liguent ainsi contre Berne en 1445, tandis que les paysans du plat pays de Zurich parviennent à renverser le gouvernement du bourgmestre Hans Waldmann en 1489. Les oligarchies urbaines se maintiendront pourtant jusqu'à l'invasion de la Suisse par les armées de la Révolution en 1797. Faisaient également partie de la Confédération les districts annexés par plusieurs cantons et placés sous le régime du bailliage commun. Les baillis, responsables de leur administration, étaient nommés en alternance par chacun des cantons copropriétaires, selon un ordre défini à l'avance. Chaque année, une commission de délégués des cantons venait examiner les comptes des baillis et rendre la justice en appel. Aux cantons et aux bailliages communs s'ajoutaient les alliés, qui conservaient leur autonomie, au premier rang desquels les ligues grises ou Grisons, le Valais, l'abbaye et la ville de Saint-Gall, Mulhouse et la petite ville de Rottweil.

La Suisse, une nation sans État

En 1515, la Suisse est déjà une nation, à l'identité bien affirmée, mais une nation sans État, ou, si l'on préfère, une constellation de micro-États toujours souverains. Le convenant de Stans garantit l'intégrité territoriale de tous les cantons, ainsi que leur régime politique. La diète est la seule instance commune de concertation et de coordination[29]. Elle rassemble les délégués des cantons à des dates plus ou moins régulières, en général deux à trois fois par mois, afin de délibérer sur les matières qui concernent l'ensemble de la Confédération. La diète est pendant longtemps une sorte de tribunal arbitral qui sert à régler les litiges de tous ordres, parfois insignifiants mais qui peuvent à tout moment dresser les cantons les uns contre les autres. On répartit les recettes et les frais d'administration des bailliages communs, on examine les doléances des pays sujets, on veille à l'ordre public, souvent troublé, car les Suisses ont le coup de hallebarde facile lorsqu'ils s'estiment lésés par leurs autorités ou victimes d'une injustice.

La guerre et les relations extérieures sont bien entendu les sujets les plus graves et les plus longuement débattus parmi tous ceux qui figurent à l'ordre du jour des sessions de la diète. Les discussions sont difficiles, car les intérêts des cantons divergent souvent. De plus, les cantons ne sont en rien tenus par un vote majoritaire de la diète. La diète n'est pas autre chose qu'une conférence d'ambassadeurs, qui doivent rendre compte à leurs autorités. Ils ont mandat pour « ouïr et rapporter », non pour conclure. Les autorités cantonales refusent systématiquement de leur donner les pleins pouvoirs, même lors de négociations avec les puissances étrangères, qui s'exaspèrent de voir à cause de cela les pourparlers traîner durant des mois.

Les sessions peuvent être soit fixées d'un commun accord, lors de la clôture d'une diète, soit convoquées à la demande d'un canton. Elles peuvent avoir lieu dans toutes les capitales cantonales ou dans les localités des cantons ruraux, mais Berne et Zurich sont les lieux de réunion les plus fréquents, en raison de leur puissance et des facilités d'hébergement qu'offrent ces deux villes. Avant la diète, les autorités cantonales discutent des sujets inscrits à l'ordre du jour et donnent des instructions orales et écrites à leurs délégués. Lorsque tous sont réunis, ils ouvrent leurs instructions et les communiquent aux autres. On traite l'ordre du jour point par point, et on compare à chaque fois les instructions des délégués. Lorsqu'elles ne concordent pas, on s'efforce de trouver une position médiane, qu'il s'agit ensuite de faire entériner par les cantons. Les allers et retours peuvent être très nombreux… Certains cantons s'obstinent-ils au-delà du raisonnable ? On dépêche une ambassade composée de représentants de la majorité, qui les exhortent à se ranger à leur avis.

Comment dans ces conditions, qui rappellent un peu le fonctionnement de l'Union européenne actuelle – la bureaucratie en moins –, la Confédération suisse a-t-elle pu non seulement survivre, mais devenir une grande puissance européenne ? Parce que le devoir d'assistance mutuelle, socle de la Confédération depuis le pacte de Brunnen de 1315, a toujours fini par l'emporter. Toutes les victoires et les défaites des Suisses ont été partagées, sinon par la totalité des cantons, du moins par une grande majorité. À l'heure du danger, les Suisses se sont toujours rangés derrière la bannière à croix blanche. C'est d'abord sur les champs de bataille que s'exprime la communauté de destin des cantons suisses.

CARTE POLITIQUE DE LA SUISSE EN 1515

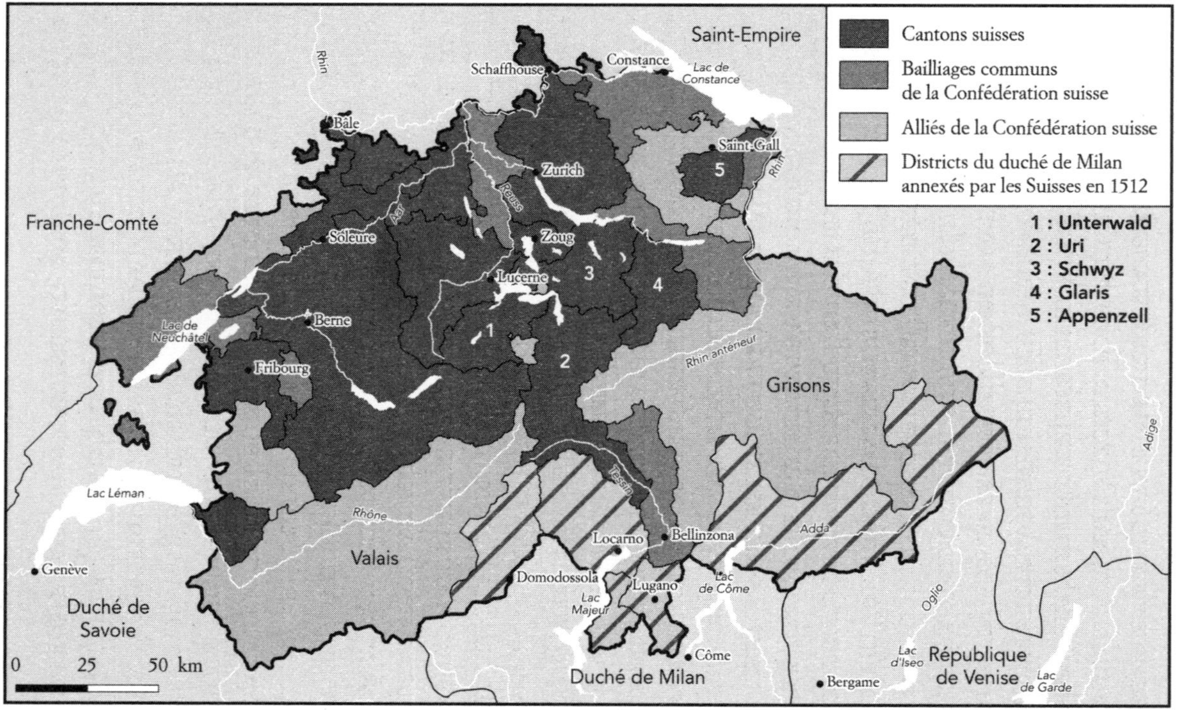

Chapitre 2

Le hallebardier et le piquier : l'armée des cantons

Wir werden sie mit Gottes Hilfe alle ertöten !
Avec l'aide de Dieu, nous les tuerons tous !

Hans Waldmann, à la veille de la bataille de Morat (1476)

La place de la guerre dans la construction de la Suisse, centrale aux yeux des historiens du XIXe siècle, a fait l'objet d'une profonde remise en question au siècle suivant. Ainsi la *Nouvelle Histoire de la Suisse et des Suisses*, parue en 1982, préfère mettre l'accent sur les mécanismes politiques et sociaux qui ont permis la genèse du complexe réseau d'alliances des ligues de haute Allemagne, en même temps que l'effacement des anciennes puissances seigneuriales. Les auteurs insistent sur le caractère peu déterminant des grandes batailles remportées par les cantons contre les Habsbourg[1]. Pourtant, le fait militaire suisse ne se limite pas à ces quelques batailles rangées. Les cantons n'ont pu survivre, croître et multiplier, au contraire de tant d'autres ligues urbaines ou seigneuriales éphémères, que parce qu'ils sont restés invaincus sur les champs de bataille pendant les deux premiers siècles de leur existence. Les victoires suisses ne sont pas le résultat d'un coup de chance ou du talent de quelques brillants généraux ; elles sont le fruit d'un système militaire adapté aux caractères politiques et sociaux de la Confédération.

La supériorité militaire suisse, qui atteint son apogée à la bataille de Novare, en 1513, a fasciné les contemporains, notamment Nicolas Machiavel, qui se sont beaucoup intéressés à la guerre et aux modèles d'organisation militaire, jugés à l'aune de la référence absolue qu'était pour eux l'armée de la Rome antique. Ils ont trouvé dans les victoires, puis les défaites, des armées suisses matière à réflexion sur les vices et les vertus des armées professionnelles et mercenaires, comparées aux milices civiques, avec une préférence marquée pour ces dernières. Les premiers historiens modernes ont quant à eux voulu expliquer les succès des Suisses par les institutions militaires novatrices qu'ils auraient mises en place, préfigurant aussi bien l'entraînement systématique à la prussienne que le service militaire universel. Aux yeux des uns et des autres, le Suisse du XIVe et du XVe siècles incarnait, tel le légionnaire de la République romaine, le modèle du soldat-citoyen délaissant la charrue pour l'épée afin de protéger son foyer[2]. Puis le Suisse frugal et vertueux de Sempach cède la place au soudard vénal des guerres d'Italie, après que les victoires de la Confédération ont fait de ses ressortissants les mercenaires les plus prisés du continent. Schéma d'ensemble séduisant, mais qui fait bon marché des spécificités du Moyen Âge occidental en général et de la société suisse en particulier.

Le combattant suisse, un milicien communal

On sait la place centrale qu'occupe la fonction guerrière dans les sociétés archaïques. D'après la thèse désormais classique formulée par Georges Dumézil, les peuples indo-européens auraient ainsi ordonné leurs sociétés autour des fonctions religieuse, guerrière et productive, chacune d'elles étant dévolue à une caste distincte et exclusive. Ce schéma trifonctionnel adhère en effet parfaitement à l'idéologie féodale christianisée, qui distingue ceux qui travaillent, ceux qui prient et ceux qui combattent[3]. Le chevalier devient le soldat professionnel par excellence, dont les revenus qu'il tire de son fief lui permettent de s'équiper et de s'entraîner sans avoir à se soucier des contingences matérielles. C'est au combattant à cheval qu'on réserve, à partir du IXe siècle, le terme latin de *miles*, le soldat, réduisant les fantassins au rôle d'auxiliaires méprisés. On trouve cependant à l'œuvre, avant, pendant et après la période féodale, une autre conception de la vie en société qui fait de tout homme libre un guerrier en puissance, au service de la communauté à laquelle il appartient. Les sociétés occidentales ont connu un aller et retour permanent entre ces deux modèles, et même leur fréquente coexistence.

Ainsi, dans l'Europe occidentale, le triomphe et la diffusion de la féodalité, à partir de la région comprise entre la Loire et le Rhin, n'ont jamais fait entièrement disparaître l'ancienne levée en masse des hommes libres que pratiquaient les tribus germaniques, et à leur suite, les souverains mérovingiens et carolingiens[4]. Aussi, lorsque les communes des XIe et XIIe siècles se transforment en villes pourvues d'une autonomie sanctionnée par l'octroi de privilèges royaux, voire en villes libres ou en cités-États, celles-ci imposent-elles tout naturellement des obligations militaires à leurs bourgeois. Les milices communales, ou bourgeoises, composées de fantassins armés en général de lances et d'arbalètes, jouent un rôle important aux XIIe et XIIIe siècles. Les milices des villes lombardes infligent de lourdes défaites aux armées de l'empereur Frédéric Barberousse, et la contribution des fantassins des villes du nord de la France à la victoire de Bouvines, remportée par Philippe Auguste en 1214, est bien connue. Autre épisode passé à la postérité, la bataille des Éperons d'or, en 1302[5], au cours de laquelle les piquiers des villes de Flandre révoltées contre le roi de France écrasent à Courtrai une armée de chevaliers conduite par Robert d'Artois.

Le XIVe siècle marque cependant le début du déclin des milices communales. Dans les villes, le développement économique et la spécialisation croissante du travail interdisent désormais aux artisans de quitter leur atelier trop longtemps. Les écarts se creusent entre riches et pauvres, tandis que les conflits sociaux et politiques se multiplient. Ces évolutions sont fatales aux milices communales, qui reposent sur un fort consensus politique que seule une certaine homogénéité des modes de vie et des niveaux de richesse peut garantir durablement. Dans ces sociétés urbaines désormais éclatées, les uns se dérobent à leurs obligations militaires, les autres n'en ont plus les moyens et ne voient plus de raisons de défendre une communauté dont ils se sentent exclus[6]. Les cités italiennes recourent au mercenariat, tandis que les villes françaises s'en remettent au roi pour garantir leur sécurité.

Les Suisses ne sont pas assez riches pour acheter les services de soldats professionnels, et ils refusent d'être incorporés aux grandes principautés territoriales qui les entourent. Ils continuent donc à s'appuyer sur leurs milices, urbaines ou rurales. On ne peut pas dire que les cantons suisses aient beaucoup innové en matière d'organisation militaire. En guise d'institutions, on ne trouve rien de plus que l'obligation, pour tout homme âgé de 16 à 60 ans, de répondre à l'appel aux armes et aux ordres de mobilisation diffusés par les autorités cantonales. Les historiens Hans Delbrück[7], au début du XXe siècle, puis Walter Schaufelberger[8] ont démontré qu'il n'existait ni entraînement collectif ni exercice obligatoire imposé par les cantons aux hommes en âge de combattre. Les règlements militaires sont rares et extrêmement succincts. Le convenant de Sempach, de 1393, est le seul texte qui s'applique à l'ensemble des cantons. Il se borne à protéger les femmes et les lieux sacrés de la violence des gens de guerre, et surtout à réglementer la prise et le partage du butin[9].

Pourtant, les premiers faits d'armes des Suisses datent de l'époque où les milices communales jettent partout ailleurs leurs derniers feux. La bataille de Morgarten, en 1315, n'est encore qu'une embuscade remportée à coups de pierres sur une colonne de cavaliers pris au piège au fond d'un défilé. À Sempach, en 1386, les fantassins suisses défont après plusieurs heures de mêlée une troupe de nobles bien équipés, qui combattent à pied sur un terrain impropre à la cavalerie. À Arbedo, en 1422, il faut aux Milanais près de 15 000 hommes pour vaincre de justesse un parti suisse de 2 000 hommes. À Saint-Jacques-sur-la-Birse, en 1444, 1 500 Suisses se ruent à l'assaut d'une armée trois à quatre fois plus nombreuse, culbutent les deux premières lignes françaises, avant de succomber sous un déluge d'artillerie et de flèches, encerclés de toutes parts. Puis, de 1474 à 1513, c'est une succession de grandes batailles rangées contre les Bourguignons, l'empereur et le roi de France, toutes brillamment remportées. En 1515, aucune armée au monde n'est parvenue à vaincre les Suisses sans jouir au préalable d'une supériorité numérique écrasante.

Une culture de violence

Les Suisses ont donc été les seuls, à l'échelle du continent, à avoir maintenu vivant le principe de la mobilisation générale de tous les hommes libres, et cela, chose extraordinaire, sans que les autorités cantonales aient eu à intervenir autrement qu'à la marge. Leur rôle se limite pour l'essentiel à la nomination des capitaines et aux ordres de mobilisation. Le fait militaire suisse semble avoir germé comme spontanément. Faut-il y voir la conséquence d'un état de guerre permanent et de la menace constante qu'ont fait peser les Habsbourg sur la jeune Confédération ? Non, car les guerres ouvertes ont finalement été plutôt rares, et en général fort brèves. Les guerres de Bourgogne se résument à six campagnes, donc aucune n'a duré plus de quelques semaines. La campagne de Grandson en est une parfaite illustration. Après plusieurs semaines d'atermoiements, alors que Charles le Téméraire a déjà passé le Jura et qu'il s'apprête à mettre le siège devant Grandson, sur les bords du lac de Neuchâtel, la diète décide enfin, le 18 février 1476, de lever une armée dont le départ est fixé au 23 février. Le 27 février, les contingents cantonaux se rassemblent à Bevaix, à 20 kilomètres de Grandson, et la bataille est livrée le 2 mars 1476. L'armée se disperse quelques jours plus tard, après avoir procédé à la répartition de l'immense butin trouvé dans le campement de Charles le Téméraire[10].

Bien peu nombreux sont les Suisses qui ont eu l'occasion de participer à plus d'une bataille rangée de leur vivant. La très grande majorité de ceux qui ont affronté les Bourguignons à Grandson et à Morat n'avait jamais croisé le fer auparavant. L'expérience cumulée par les combattants suisses est donc limitée, surtout lorsqu'on la compare à celle de leurs adversaires, qui à défaut de batailles rangées, toujours rares au Moyen Âge, ont participé à des sièges et à d'innombrables actions de guerre, embuscades, escarmouches, coups de main ou raids de pillage. On ne saurait faire de la Confédération une « nation en armes ». Le mystère s'épaissit donc encore un peu plus…

Il semble en fait qu'il faille chercher la cause des triomphes suisses dans les creux et les ombres de la construction politique helvétique. Les Suisses ont vaincu précisément parce que leurs institutions n'avaient pas encore réussi à pacifier une société restée ultraviolente, où la force physique détermine la place de l'individu au sein du groupe. L'antique *Fehde* germanique, c'est-à-dire la guerre privée, ou encore la poursuite de son droit par celui-là même qui a été lésé, est toujours une réalité bien vivante dans la Suisse des XIVe et XVe siècles. On en fait souvent un fléau exclusivement nobiliaire[11], alors que tous, du paysan le plus humble à l'empereur, revendiquent le droit à se faire justice soi-même. Au Moyen Âge, la vengeance est un devoir sacré autant qu'une nécessité vitale pour la survie du clan ou du lignage. La *Fehde* ne résulte pas de l'exercice désordonné d'une violence extrajudiciaire ; c'est une forme de justice, coutumière, encadrée, ritualisée, qui a longtemps été la seule acceptable dans les sociétés archaïques[12]. Il s'agit aussi d'une liberté, à laquelle on ne renonce qu'avec beaucoup de peine. Nos sociétés contemporaines ont appris – non sans douleur – à faire de l'ordre public le préalable et la garantie de la liberté. Au Moyen Âge, il faut choisir, et bien souvent n'avoir ni l'une ni l'autre[13] ! La Confédération suisse s'est construite contre la paix publique que voulaient imposer les Habsbourg. Les guerres contre la maison d'Autriche revêtent elles-mêmes le caractère d'une *Fehde* ; elles commencent en 1315 par une expédition punitive lancée contre une abbaye placée sous la sauvegarde des Habsbourg, c'est-à-dire par un acte de guerre privée.

La pierre angulaire du réseau d'alliances nouées entre les cantons est le respect de l'indépendance de chacun et la non-intervention dans les affaires intérieures des membres de la Confédération. Cette liberté a un prix. Les cantons sont dans une large mesure un agglomérat de clans (*Sippen*) en concurrence ou en lutte ouverte les uns avec les autres. Chaque *Landsgemeinde*, chaque rassemblement collectif, foire, carnaval, procession ou mariage, peut ainsi donner lieu à des explosions de violence incontrôlables, qui débouchent parfois sur des prises d'armes de plusieurs centaines ou milliers de personnes[14].

La première caractéristique des Suisses au combat est leur violence et leur férocité, qui terrifient leurs adversaires, jusqu'aux « écorcheurs » français, dont le surnom indique assez qu'ils n'étaient pas des enfants de chœur. La conquête du pays de Vaud, en 1475, laisse dans son sillage ruines fumantes et monceaux de cadavres. Lorsque Louis XI enrôle les premières compagnies de mercenaires suisses, les villes françaises frémissent à l'idée de devoir loger ces brutes qui, après avoir dépensé toute leur solde à la taverne et au lupanar, s'empressent de violer leurs hôtesses. Au combat, les Suisses ne font jamais de prisonniers, et poussent le mauvais goût jusqu'à massacrer les nobles ennemis, qu'ils refusent de mettre à rançon. Si l'on répugne à se fier aux écrits de témoins hostiles aux Suisses, il suffit de mentionner ce règlement cantonal de 1444, qui interdit aux soldats suisses de quitter la mêlée pour arracher le cœur de leurs ennemis ou mutiler leurs cadavres : il faut attendre la fin du combat avant de se livrer à ces innocentes facéties[15]. On est assez éloigné de l'image romantique, popularisée au XIXe siècle, de l'honnête paysan qui prend les armes pour la défense de la patrie…

Le combattant suisse : armes et équipement

La férocité seule ne suffit pourtant pas à vaincre. En premier lieu, le combattant doit choisir une arme adaptée à ses adversaires, et savoir s'en servir. La hallebarde devient très vite l'arme nationale des Suisses. Pourvue d'une tête composée d'un fer de pique, dans le prolongement de la hampe, et d'une lame de hache sur le côté, complétée par la suite d'une deuxième pointe au dos de la hache, haute de 1,8 à 2 mètres, la hallebarde pèse de 4 à 5 kg[16]. Arme polyvalente, elle est efficace aussi bien contre un fantassin, avec ou sans armure, que contre un cavalier, qu'elle peut crocheter et désarçonner. Son maniement nécessite force et dextérité, ainsi qu'un entraînement exigeant.

Aux hallebardiers s'ajoute une proportion croissante de piquiers. En effet, si la hallebarde permet de disposer facilement d'un chevalier à l'arrêt ou au petit trot, elle ne permet pas d'arrêter une charge de cavalerie délivrée au grand galop par des hommes d'armes montés sur des chevaux de plus en plus lourds et puissants. La pique, longue de 5 à 6 mètres, permet de le faire, à condition qu'elle soit employée en masse, par des formations compactes. Les Suisses, toujours rétifs aux injonctions de leurs autorités, délaissent à regret la hallebarde. En 1476 encore, seul un quart de leurs soldats sont équipés de piques. C'est que la pique, arme collective par excellence, s'accorde mal à leur tempérament. Très encombrante, elle ralentit les mouvements des contingents suisses, qui ne demandent qu'à se ruer sur leurs ennemis. En outre, un piquier isolé n'a aucune chance face à un fantassin agile ou un cavalier. Bref, la pique est une arme de soldat, alors que le Suisse est fondamentalement un guerrier. Les armes de jet, arbalètes, couleuvrines à main puis arquebuses, lui répugnent peut-être plus encore, en raison de leur poids et de leur faible cadence de tir. Les cantons ont beau promettre de meilleures soldes aux arbalétriers et aux couleuvriniers, les capitaines constatent avec dépit que ceux-ci viennent peu nombreux, et que le jour du combat, ils préfèrent troquer leurs armes contre la belle amie de toujours, la hallebarde[17].

Outre leur arme principale, les Suisses sont tous équipés d'une épée ou d'une dague longue, glissée sous la ceinture, à portée de main. Quant à l'équipement défensif… il est à peu près inexistant, malgré toutes les prescriptions des autorités, qui s'efforcent de constituer des stocks et d'organiser le prêt d'armures entre ceux qui restent et ceux qui partent à la guerre. Seuls les capitaines revêtent le harnois, ou au moins un plastron, un casque, des jambières et des protections de bras. Le refus de tout ce qui pourrait entraver leur liberté de mouvement, plus que leur pauvreté, explique la rareté des protections défensives chez les Suisses. Même le demi-casque léger, qui laisse le visage à découvert, leur paraît une contrainte insupportable, malgré son utilité face à des cavaliers assénant de grands coups d'épée de haut en bas. Les armes offensives suisses se maniant toutes à deux mains, il était bien sûr hors de question de porter un bouclier. C'est donc en pourpoint, en hauts-de-chausses et parfois pieds nus que les Suisses s'élancent au combat.

L'apprentissage du fantassin suisse : une « école libre et festive »

On a vu que les autorités cantonales ne se souciaient pas d'entraîner à la guerre les hommes astreints au service armé. Eussent-elles tenté de le faire que les Suisses auraient sans doute farouchement refusé de se plier à une telle contrainte. Pas plus les Suisses que leurs adversaires ne connaissent l'exercice collectif ou les grandes manœuvres, qui sont une invention beaucoup plus tardive. Avant la bataille, les revues de troupes ne servent guère qu'à vérifier le nombre et l'équipement des combattants d'une même compagnie. Du reste, comme le signale avec beaucoup d'à-propos W. Schaufelberger, plus la place laissée à l'individu dans une unité de combat est limitée, moins l'entraînement collectif est nécessaire[18]. Il est beaucoup plus difficile d'évoluer et de combattre en formation pour les fantassins des armées contemporaines, dispersés sur le champ de bataille, pourvus d'équipements électroniques qui leur permettent d'être connectés à leurs camarades à tout moment, et qui disposent d'une très grande marge d'initiative individuelle, que pour les Suisses, serrés en grappe et marchant dans une même direction, en général droit devant eux.

L'apprentissage au maniement des armes se fait donc dans un cadre privé, fondé sur les sociabilités naturelles du monde médiéval, c'est-à-dire la famille élargie, la paroisse et, dans les grandes villes, les associations professionnelles[19]. Les jeunes hommes forment des bandes liées par les affinités, la camaraderie et la pratique sportive. Tous se retrouvent et rivalisent de force et d'adresse dans les concours sportifs organisés en marge des foires ou des fêtes religieuses. Ces compétitions sont très nombreuses dans la Suisse médiévale et moderne[20]. Les épreuves les plus couramment pratiquées sont le saut, le lancer de poids, la course et la lutte. Beaucoup de ces concours sportifs sont liés au culte des morts. Ils ont lieu à proximité des cimetières, lors de journées du souvenir des trépassés ou d'anniversaires de grandes batailles. L'esprit de compétition et la recherche du dépassement de soi qui président à ces manifestations forment les corps et favorisent l'intégration des individus à la communauté. D'abord spontanés, ces concours sont pris en main par les autorités cantonales à la fin du Moyen Âge. Elles les patronnent et les encadrent, pour en limiter les débordements, mais également pour les mettre au service d'une collectivité qui dépasse désormais les clivages entre groupes rivaux. Les villes organisent ainsi de nombreux concours de tir à l'arbalète et à l'arquebuse, qui donnent lieu à la distribution de prix et de récompenses pécuniaires dont le montant peut être fort élevé.

Jusqu'au XVIe siècle, c'est donc à une école « libre et festive » que se forment les bandes guerrières des Suisses, beaucoup plus efficacement que ne l'aurait fait un drill monotone et imposé. Cet environnement compétitif et ludique suffit à former de solides gaillards, avides d'aventures et d'exploits, parfaitement insérés dans une communauté où chacun est sûr de pouvoir compter sur son voisin, et où chacun frémit à l'idée de se rendre indigne de la confiance que les autres placent en lui. L'orgueil et la fierté d'appartenance à un groupe, la peur de montrer sa lâcheté en face de gens qu'on fréquente tous les jours, donnent une très forte cohésion à ces formations. Ces compagnies dont la taille pouvait aller de quelques hommes à plusieurs centaines, et dont l'armement variait au gré des fantaisies et du goût de chaque combattant, donnent au lecteur moderne une impression de désordre. Elles étaient redoutables.

Limites de la guerre suisse

La discipline est la force des armées, répète-t-on à l'envi depuis les Grecs anciens, pour qui la bravoure et le courage étaient des vertus acquises, plutôt qu'innées. Les Grecs façonnaient les corps et les âmes de leurs citoyens, pour les rendre aptes à tenir leur rang dans la phalange hoplitique. Les Romains réservaient les châtiments les plus cruels aux légionnaires qui s'endormaient pendant leur tour de guet ou qui rompaient les rangs. Eh bien, on ne peut pas dire que la discipline ait été la force des Suisses ! Leur esprit offensif et leur incomparable rage de vaincre rendaient leur commandement très difficile. Les capitaines nommés par les cantons étaient souvent débordés par leurs hommes, qui se précipitaient à l'assaut en toutes circonstances, mêmes les plus suicidaires – ainsi à Saint-Jacques-sur-la-Birse, en 1444. Il ne leur reste plus alors qu'à les suivre et à mourir avec eux. La tactique des Suisses sur le champ de bataille, exclusivement frontale, est pour le moins sommaire et fait irrésistiblement penser aux sorties du village d'Astérix contre les Romains. Les Suisses sont généralement répartis en deux ou trois corps, une avant-garde, une bataille principale et une arrière-garde. Les capitaines ne peuvent guère faire plus que désigner un point d'impact pour chacun d'eux.

Il y a plus grave que ces limites d'ordre tactique, qui n'ont pas empêché les Suisses de triompher de tous leurs adversaires jusqu'à Marignan. Au début du XVIe siècle, les autorités cantonales n'étaient toujours pas parvenues à s'arroger le monopole de l'usage de la force armée[21]. On a évoqué dans les pages qui précèdent les multiples émeutes, rébellions et soulèvements qui émaillent les comptes rendus des diètes confédérales. Ces prises d'armes peuvent déboucher sur des expéditions privées, menées sans l'autorisation des cantons, au risque de mettre en péril leur diplomatie. L'exemple le plus célèbre est l'expédition des compagnons de la Folle Vie, en 1477. Lors de l'invasion du pays de Vaud en 1475, Genève avait dû promettre de verser une rançon aux Suisses, pour que ceux-ci s'abstiennent d'attaquer la ville. Deux ans plus tard, Genève n'avait toujours pas pu s'en acquitter entièrement. Furieux de la faiblesse supposée de leurs autorités cantonales, plus d'un millier d'hommes décident d'aller eux-mêmes faire rendre gorge aux Genevois. Son plat pays une fois de plus mis à feu et à sang, la ville de Genève s'empresse de céder aux exigences des compagnons de la Folle Vie[22].

Ce phénomène prend une extension et un caractère nouveaux lorsque se développe le mercenariat, à la fin du XVe siècle. Les cantons sont alors incapables d'empêcher leurs jeunes gens de s'enrôler dans les armées des princes étrangers, au premier rang desquels le roi de France. Le service étranger prend une telle ampleur que les autorités ne peuvent qu'infliger des peines légères aux contrevenants, confiscation de solde ou quelques jours d'incarcération au pain sec et à l'eau quand les soldats s'en retournent chez eux.

Lorsque la diète décide de lever une armée, elle répartit entre chaque canton les effectifs à mobiliser. À ces contingents réguliers s'ajoutent systématiquement des bandes de *Freiknechten*. Il s'agit de volontaires qui font la guerre à leurs propres frais, dans l'espoir de la victoire et du butin. On trouve ces compagnies libres en avant ou dans les environs des bannières cantonales, à l'affût de coups de main ou de raids de pillage profitables. Les *Freiknechten* peuvent parfois multiplier par deux les effectifs initialement prévus par la diète, au risque de rendre très difficile le ravitaillement d'armées pléthoriques.

Mais la faiblesse la plus grave de la Confédération est de loin sa totale incapacité à financer la guerre sur le moyen ou le long terme. Aux millions de livres que le roi de France prélève chaque année sur ses sujets, les cantons ne peuvent opposer que des ressources insignifiantes, car le budget annuel des villes suisses dépasse rarement la dizaine ou la vingtaine de milliers de livres[23]. En temps de guerre, les cités de la Confédération peuvent doubler leurs recettes pendant une année ou deux, en levant des impositions directes sur leurs bourgeois et les habitants des campagnes environnantes, ou, ce qu'elles font plus volontiers, en vendant des rentes à leurs concitoyens les plus riches. Elles ne peuvent soutenir l'effort très longtemps, car elles doivent rembourser leurs dettes sans tarder, sous peine de faire banqueroute. Encore les sommes ainsi engrangées ne permettent-elles pas de solder plus de quelques centaines d'hommes pendant plus de quelques semaines[24].

Faute d'entrées fiscales suffisantes, les cantons appliquent l'ancienne règle des « aidants » et des « partants » pour lever les contingents qui leur sont demandés : ceux qui restent doivent se cotiser pour ceux qui partent[25]. Cette pratique ne fait que déplacer le problème. Ce que les communautés rurales ne sont pas en mesure de verser au percepteur, elles ne peuvent pas plus le donner à ceux de leurs compagnons qui ont été enrôlés sous la bannière cantonale. Les partants doivent se contenter d'une ou deux pièces d'or – écu de France, ducat d'Italie ou florin du Rhin – par homme, c'est-à-dire à peine de quoi subvenir à leurs besoins pendant une quinzaine de jours. Arrivés à destination, ils vivent comme ils peuvent, souvent aux dépens de la population.

La famine menace les armées suisses au bout de quelques jours de campagne. Lorsque le pays ennemi est trop ravagé pour qu'on puisse en tirer le fourrage et les vivres nécessaires, il ne reste plus aux hommes qu'à rentrer chez eux. Les bannières cantonales fondent alors comme neige au soleil, ainsi que le montrent les très volumineuses correspondances adressées par les capitaines à leurs autorités. Nombreux sont les exemples de contingents réduits à une poignée d'hommes après quelques semaines de campagne[26]. On comprend que dans ces conditions, la stratégie des Suisses soit de rechercher au plus vite la bataille décisive, ce qui correspond d'ailleurs au tempérament résolument offensif de leurs hommes.

Les exigences de la guerre moderne sont hors de portée des cantons suisses. Leurs armées ne comprennent pas d'artillerie, sauf quelques pièces légères qui ne sont d'aucune utilité dans les sièges. Incapables de s'emparer de places fortes et de villes ennemies bien défendues, les Suisses n'ont de toute façon pas les moyens de maintenir des garnisons suffisantes dans leurs propres forteresses. Les soldats vivent à crédit chez les aubergistes, qui doivent ensuite solliciter la diète pour payer la note. En 1499, un capitaine se plaint d'en être réduit à « manger des cailloux et à boire de l'eau[27] » ! Les Suisses ne disposent pas non plus de cavalerie, lourde ou légère, ce qui les rend très vulnérables au harcèlement des troupes montées et les empêche de disposer de renseignements fiables sur la position des troupes ennemies. Les cantons ne sont pas en mesure de donner une direction stratégique à la guerre, et ne peuvent mener aucune opération offensive sans le soutien de puissances alliées, capables de leur fournir subsides, vivres, artillerie, cavalerie et corps de troupe spécialisés. Parler d'« armée suisse » est un abus de langage, puisqu'elle n'est que la juxtaposition de contingents cantonaux. Le convenant de Sempach, s'il établit un semblant de discipline sur la base de quelques principes communs, laisse cependant à chaque canton le soin de punir ceux de leurs ressortissants qui les enfreindraient. Les rixes, parfois mortelles, qui voient s'affronter les soldats de différents cantons, restent ainsi impunies. Il faut attendre 1499 pour que les soldats suisses soient tenus d'obéir aux ordres des capitaines généraux désignés par la diète, et pas seulement au capitaine de leur canton.

La guerre, telle que la pratiquent les Suisses, se caractérise par des institutions militaires à peu près inexistantes, des campagnes brèves, la recherche du choc frontal et décisif. En marge des politiques expansionnistes mûrement réfléchies par les cantons, elle prend souvent la forme d'une expression spontanée de violence, dirigée contre les voisins de la Confédération, voire contre elle-même. Au cœur du fait militaire suisse se trouve un type de combattant qui résiste à toutes les comparaisons. L'infanterie suisse n'est pas une infanterie lourde, comme les hoplites grecs ou les légions romaines, mais elle n'est pas non plus une infanterie légère, puisqu'elle combat en formation serrée. Les Suisses sont des guerriers, plutôt que des soldats, mais des guerriers qui ont développé un esprit de corps extraordinaire et qui donnent la primauté absolue au groupe. Le tempérament du fantassin helvétique, épris de liberté et d'aventure, le pousse à rejeter toute forme de contrôle ou d'autorité. Ce n'est qu'avec les plus grandes difficultés que la Confédération canalise la propension de ses hommes à la violence et à la contestation. Elle y est pourtant parvenue, et même à en tirer parti pour la transformer en une action collective inscrite dans la durée.

CHAPITRE 3

L'homme d'armes, le canonnier et le lansquenet : les institutions militaires françaises

L'armée que rassemble François Ier pour reconquérir le duché de Milan est sans doute la plus belle et la plus nombreuse dont ait jamais disposé un roi de France. Elle est l'héritage des institutions militaires que Charles VII a mises en place à la fin de la guerre de Cent Ans, auxquelles ses successeurs n'ont apporté que de légères améliorations. Polyvalente, expérimentée, équilibrée, l'armée française possède deux atouts majeurs, que sont la cavalerie lourde des compagnies d'ordonnance et l'artillerie. Le roi ne dispose pas en revanche d'une infanterie capable de se mesurer avec quelque chance de succès à ses homologues suisses et espagnols. Il doit donc lever en très grand nombre des mercenaires étrangers.

L'armée permanente : les compagnies d'ordonnance

Les compagnies d'ordonnance forment le noyau de l'armée française. Avec les bandes d'artillerie, elles en sont le seul élément permanent. Charles VII en fixe la composition et l'organisation quelques années après avoir sollicité, pour la dernière fois, l'accord des états généraux pour la levée de la taille. Armée et fiscalité sont les deux faces d'une même médaille. Elles justifient les accusations de tyrannie portées à l'encontre de Charles VII ; ainsi Jean Masselin affirme-t-il aux états généraux de 1484 : « D'ailleurs, on dit que les tyrans ont multiplié ces armées à gages, afin d'inspirer la terreur à leurs sujets, et d'exercer plus licencieusement leur puissance[1]. » Le roi voit les choses différemment : le souverain est le garant de l'ordre public, et le monopole fiscal va de pair avec le monopole de l'usage de la force. L'ordonnance de 1439, première tentative avortée pour mettre un terme aux violences des gens de guerre, dont le contrôle échappait alors au roi, rappelait aux grands seigneurs que seul le roi a le droit de lever, d'« ordonner » des compagnies pour la guerre[2].

En 1445, Charles VII décide de sélectionner parmi tous ses gens de guerre les soldats les plus aptes à le servir et les mieux équipés. Ils sont regroupés par « lance », dont chacune compte un homme d'armes, deux archers à cheval, un « coutillier », cavalier plus légèrement armé, et deux valets, dont l'un est au service de l'homme d'armes, l'autre à celui des archers à cheval. Une lance rassemble donc six hommes, tous à cheval, dont quatre combattants. L'homme d'armes en est le pivot ; c'est lui qui tient la lance qui donne son nom à l'ensemble. La lance n'est pas une unité tactique, car les archers mettent pied à terre et combattent à part. La solde versée aux gens de guerre est de 5 livres tournois par mois et par homme, soit 15 livres pour l'homme d'armes, qui doit pourvoir aux frais de son valet et du coutillier, tous deux attachés à sa personne, et 7,50 livres pour chaque archer et son demi-valet[3]. Les compagnies d'ordonnance coûtent les yeux de la tête. Les soldes des 1 500 lances ordonnées par Charles VII en 1445 s'élèvent à 560 000 livres par an, soit le tiers du budget de la monarchie. Louis XI en augmente considérablement les effectifs, qui atteignent plus de 4 000 lances à sa mort, en 1483. Réduites à 2 200 lances en 1484, les ordonnances royales fluctuent ensuite entre 1 500 et 3 500 lances[4].

Le royaume de France a été pendant longtemps le seul État européen capable d'entretenir une armée permanente. Les autres monarchies doivent se contenter d'une garde royale, qui compte en général une ou deux centaines d'archers et un nombre équivalent de gentilshommes de l'hôtel, se relayant à la cour pour assurer la protection rapprochée du souverain. Les quelques dizaines d'hommes qui composent les garnisons des plus grandes forteresses royales sont tout ce que le roi d'Angleterre ou Maximilien de Habsbourg peuvent se permettre de solder en temps de paix. Lorsque la guerre éclate, ils savent pouvoir compter sur l'engagement volontaire d'une noblesse toujours fortement militarisée, et font appel à des mercenaires pour compléter leurs effectifs[5]. L'Espagne est la première monarchie à suivre l'exemple français. Après le mariage d'Isabelle de Castille et de Ferdinand d'Aragon, qui prépare l'union de leurs deux royaumes, et surtout après la prise de Grenade, qui mettait un terme à la *Reconquista* de la péninsule Ibérique sur les musulmans, 25 compagnies sont instituées en 1493, dont 20 compagnies de 100 hommes d'armes et 5 compagnies de cavalerie légère. Les réformes qui se succèdent jusqu'en 1503 se traduisent par la mise en place d'une administration militaire encore plus développée que celle du roi de France[6].

Outre le développement de la machine étatique moderne et l'expansion territoriale des grandes monarchies, la baisse générale du niveau des salaires en Occident favorise la multiplication des armées permanentes. La guerre est en effet une industrie de main-d'œuvre. Les soldes y représentent 80 à 90 % du coût global, en un temps où les gens de guerre doivent payer équipement, chevaux et vivres. Or l'accroissement démographique que connaît l'Europe jusqu'aux années 1540 sature le marché du travail et fait stagner les salaires, tandis que l'afflux des métaux précieux d'Amérique provoque une forte inflation et la hausse générale des prix. L'âge d'or du travail salarié est révolu[7]. Le processus de diffusion des armées permanentes, commencé en France en 1445, s'achève au milieu du XVIIe siècle, lorsque des petites principautés allemandes de quelques centaines de milliers d'habitants peuvent à leur tour s'offrir des régiments aussi nombreux que les compagnies d'ordonnance françaises deux siècles plus tôt.

Capitaines, hommes d'armes et archers

Le commandement d'une compagnie d'ordonnance figure parmi les charges militaires les plus prestigieuses et les mieux rémunérées de la monarchie. Charles VII recrute ses capitaines parmi les centaines de chefs de bandes de gens de guerre fidèles à sa cause, d'extraction parfois douteuse, ou en tous les cas modeste. Le roi prend toutefois garde de laisser leur place aux grands seigneurs et aux princes du sang. Louis XI, au contraire, tend à les exclure. Il donne sa préférence aux hommes d'expérience, issus de la moyenne noblesse, capables de commander des unités qui atteignent à peu près toutes le nombre désormais standard de 100 lances. C'est également sous le règne de Louis XI que le contrôle de la monarchie sur les capitaines se fait le plus étroit ; leurs prérogatives en matière de recrutement sont limitées, et il leur est interdit de disposer au sein de leur compagnie de retenues personnelles d'archers et d'hommes d'armes[8].

Les successeurs de Louis XI suspendent un instant cette marche vers une armée réglée, entièrement dans la main du roi. Charles VIII et Louis XII s'appuient sur les cadres traditionnels de la société nobiliaire. Les réformes de Louis XI sont en grande partie abolies, et le capitaine retrouve toute son autorité sur ses hommes. Chaque prince dispose désormais de sa compagnie, dont il confie le commandement effectif à son lieutenant, et où sont recrutés en priorité les gentilshommes qui composent son entourage et sa clientèle. Afin de ne pas frustrer la moyenne noblesse méritante de toute perspective d'avancement, on multiplie le nombre des compagnies, de sorte que l'effectif moyen chute à moins d'une cinquantaine de lances par compagnie[9].

L'homme d'armes, revêtu de l'armure complète, le « harnois blanc », qui le protège des pieds à la tête et qui atteint alors le sommet de la perfection technique, perpétue l'héritage de la chevalerie des XIIe et XIIIe siècles. Il charge à la lance, mais peut combattre à l'épée, aussi bien à pied qu'à cheval. L'homme d'armes est un combattant universel, comme l'étaient les chevaliers du Moyen Âge central. La grande majorité des hommes d'armes est noble. À la faveur du désordre engendré par la guerre de Cent Ans, les roturiers, les étrangers et les bâtards de nobles s'étaient introduits en assez grand nombre, pouvant aller jusqu'à

30 % des hommes d'armes dans certaines compagnies. Le retour à la paix et surtout la politique de réconciliation pratiquée par Charles VIII et Louis XII à l'égard de la noblesse ont corrigé ce qui était perçu comme une anomalie, pour ne pas dire une perversion de l'ordre social. À la suite des capitaines, le niveau social des hommes d'armes de l'ordonnance tend à se rehausser de manière très significative.

Les places d'archers elles-mêmes finissent par être convoitées par les nobles les plus désargentés ou les moins riches de relations, tel, à la fin des années 1510, le jeune Blaise de Montluc, qui, se souvenant de ses jeunes années un demi-siècle plus tard, indique que pour chaque place d'archer vacante, deux ou trois gentilshommes venaient se présenter[10]. À l'époque où il écrit ses *Commentaires*, alors que les guerres de Religion font rage, il constate – comme de juste ! – que « tout s'est abâtardi ». On ne sait trop quel crédit accorder à ces propos, qui suintent la nostalgie et le pessimisme du vieux soldat, car l'archer se laisse cerner beaucoup moins facilement que l'homme d'armes[11]. L'usage de l'arc reste peu familier aux mentalités françaises, toujours hostiles aux gens de trait. Les défaites essuyées par les Français face aux archers anglais n'ont pas suffi à leur faire abandonner ces préjugés. Les sources mentionnent très rarement l'action des archers français au combat, et il semble qu'assez vite les archers aient cessé de combattre à pied. Alors que les compagnies devaient à l'origine constituer des unités intégrées, associant cavalerie et infanterie, les hommes d'armes et les archers finissent par se fondre dans une catégorie unique de combattant à cheval. Il est significatif que Louis XI, dans une importante ordonnance militaire de 1476[12], ait voulu imposer aux capitaines de recruter les hommes d'armes parmi les archers – ce qui revenait à faire de la qualité d'archer un grade inférieur à celui d'homme d'armes. Bien que cette mesure eût été rapportée dès 1484, elle rend compte d'une évolution qui tendait à faire des compagnies d'ordonnance des unités exclusivement composées de cavalerie lourde ou semi-lourde, où l'on cultivait l'entre-soi aristocratique.

La formation des gens de guerre de l'ordonnance

Au début du XVIe siècle, une très forte proportion de gens de guerre de l'ordonnance sort donc des rangs de la noblesse. Leur apprentissage commence très tôt, à l'âge de 10 ou 12 ans, lorsqu'ils sont placés comme page auprès des cours princières, pour les mieux nés, ou auprès de ceux de leurs parents qui servent dans les compagnies d'ordonnance[13]. Le jeune Bayard, bien que fils d'un seigneur très peu fortuné, est apparenté par sa mère aux Alleman, une des plus puissantes familles dauphinoises. Son oncle maternel, évêque de Grenoble, le recommande au duc de Savoie, qui, admirant son aisance à cheval ainsi que ses bonnes manières, essentielles pour faire son chemin dans le monde, le prend parmi ses pages. Au duc de Savoie, mort en 1490, succède un grand seigneur français, le comte de Ligny, issu de l'illustre maison de Luxembourg. Vers 1493, celui-ci le prend comme hommes d'armes dans sa compagnie d'ordonnance. Bayard est âgé d'à peine 18 ans lorsqu'il quitte sa condition – son « état » – de page et entre de plain-pied dans la vie militaire[14]. Une génération plus tard, Blaise de Montluc commence sa carrière dans la maison du duc de Lorraine, puis, « mis hors de page », est pourvu d'une charge d'archer dans la compagnie du duc, dont Bayard, par une coïncidence singulière, était alors lieutenant[15].

Les sociabilités aristocratiques sont un cadre naturel à l'apprentissage militaire. Les jeunes gens se retrouvent entre eux pour rivaliser d'adresse à cheval, ou au maniement de l'épée, ainsi qu'aux sports les plus pratiqués, lutte, course, saut, jeu de paume et de barres. Plus âgés, et si leurs moyens le leur permettent, ils participent à des joutes. Lors de ces compétitions courtoises par excellence, la hiérarchie sociale et militaire ou la naissance comptent moins qu'ailleurs. Bayard, encore simple homme d'armes, imberbe, « maigre et blême », s'illustre dans les joutes des années 1490, durant les années de paix relative qui séparent l'expédition de Naples, en 1494-1495, de la guerre avec Venise et la Ligue catholique, à partir de 1508.

La joute, qui a remplacé les tournois des XIIe et XIIIe siècles où s'affrontaient des bandes de plusieurs dizaines ou centaines de chevaliers, est une succession de passes d'armes entre deux hommes, à cheval et à pied, à la lance et à l'épée, où l'on récompense la perfection du geste technique plutôt que la victoire d'un des protagonistes. Sport individuel, les joutes n'apprennent pas aux hommes d'armes à manœuvrer ou à charger en formation. Aucun règlement militaire n'oblige d'ailleurs les gens de guerre des ordonnances à s'astreindre à des exercices réguliers. Devenu commandant d'une petite garnison dans les Pouilles, en 1502-1503, Bayard fait figure d'exception lorsqu'il veille à trouver de saines occupations à ses hommes. Voici ce que fait dire à un capitaine espagnol Jacques de Mailles, auteur, sous le pseudonyme du « Loyal serviteur », d'une biographie de Bayard : « Je ne pense point que ou monde il y ait un plus hardi gentilhomme [que Bayard], ni qui moins soit oiseux ; car s'il ne va à la guerre, sans cesse fait quelque chose en sa place avec ses soudards, soit à lutter, sauter, jeter la barre, et tous autres honnêtes passe-temps que savent faire gentilshommes pour eux exercer[16]. »

Ces « honnêtes passe-temps » relèvent cependant plus du divertissement sportif que de l'entraînement militaire. Les compagnies d'ordonnance ne sont donc pas plus entraînées à la manœuvre collective que les fantassins suisses. À la fin du XVe siècle, on assiste à l'apparition de revues de troupes à l'échelle de l'armée, et non plus seulement de la compagnie. La grande revue organisée par Louis XI au Pont-de-l'Arche en

1481, qui rassemble 1 500 lances et plus de 20 000 fantassins, est à la fois une démonstration de force et une première expérimentation sur le terrain des réformes qu'il avait engagées[17]. De telles revues demeurent toutefois exceptionnelles. Ce n'est que dans la seconde moitié du XVIe siècle que se développe l'exercice collectif, tandis que les joutes laissent la place aux parades équestres, carrousels ou courses de bague.

Forces et faiblesses des compagnies d'ordonnance

Les compagnies d'ordonnance tirent leurs forces et leurs faiblesses de l'absolue domination qu'exerce la noblesse en leur sein. Elles bénéficient de l'entraînement et de l'éducation morale que reçoivent dès leur plus jeune âge les gentilshommes, élevés dans le culte de l'honneur, de l'exploit guerrier et de la prouesse. Les nobles partent rarement seuls aux armées ; ils y vont sous la protection de leurs « amis charnels », c'est-à-dire de leur parentèle, frères et cousins avec qui ils s'entraînent, ou pères et oncles qui les recommandent auprès d'un grand seigneur susceptible de leur trouver une place vacante dans une compagnie d'ordonnance. Le contrôle social qui s'exerce sur les gentilshommes, constamment placés sous le regard d'hommes qui les connaissent et les suivent toute leur vie durant, les condamne à l'honneur ou à la honte. Les compagnies d'ordonnance allient la discipline d'unités régulières et permanentes à la force des solidarités de type lignager et féodal. Tradition et modernité s'y marient harmonieusement.

Les performances militaires des compagnies d'ordonnance sont remarquables des années 1450 jusqu'à Pavie, en 1525. Elles l'emportent avec constance sur toutes les unités de cavalerie ennemies, y compris les compagnies espagnoles, dont la structure et la qualité se rapprochent le plus de celles des ordonnances françaises. En Italie, elles surclassent sans difficulté les hommes d'armes mercenaires des *condottieri* italiens ; les compagnies vénitiennes et milanaises sont balayées par la *furia francese* à la bataille de Fornoue en 1495, où les Français doivent pourtant combattre en nette infériorité numérique, à travers une rivière, et encombrés par le train de leur armée en marche[18]. Guicciardini, qui n'aime guère les Français, dont il stigmatise l'inconstance, l'arrogance et la légèreté, ne tarit pas d'éloges sur les compagnies d'ordonnance. Il attribue leurs succès à la haute naissance des capitaines, tous barons et grands seigneurs sujets du roi de France, ainsi qu'à la qualité de l'administration militaire royale[19].

Les compagnies d'ordonnance sont donc un magnifique outil au service des rois de France. Elles ont remis en selle, dans tous les sens du terme, la noblesse militaire française, durement humiliée pendant la plus grande partie de la guerre de Cent Ans. Elles perpétuent toutefois des préjugés sociaux et culturels qui entravent le renouvellement de l'art français de la guerre. Les compagnies d'ordonnance concentrent toute l'élite militaire du royaume, qui aurait été mieux employée ailleurs, notamment dans l'infanterie. L'homme d'armes est certes un magnifique combattant, mais il est aussi l'un des plus coûteux de toute l'histoire militaire. À la fin du XVe siècle, les 180 livres que reçoivent chaque année les hommes d'armes des ordonnances royales représentent une somme très importante. Rares étaient les seigneurs qui tiraient de leurs domaines fonciers un revenu équivalent[20]. De ce point de vue, les compagnies d'ordonnance constituent un débouché d'une importance cruciale pour une noblesse sortie très appauvrie de la guerre de Cent Ans. Au coût de la reconstruction s'est ajoutée la diminution de la rente seigneuriale, car il a fallu offrir des conditions avantageuses aux paysans, sous peine de les voir partir labourer les champs de maîtres plus arrangeants. La conjoncture se retourne en faveur des seigneurs dans les années 1520-1530, sous l'effet de l'accroissement démographique et de la hausse consécutive des prix agricoles. Les dévaluations successives de la livre tournois réduisent dans le même temps la valeur réelle de la solde des gens de guerre. En attendant, les compagnies d'ordonnance aident une partie, minoritaire mais non négligeable, de la noblesse à garder la tête hors de l'eau.

Cependant, les soldes versées aux hommes d'armes ne représentent qu'une partie de leur coût réel pour le royaume. Les compagnies d'ordonnance sont en effet le lieu par excellence où s'exprime la prodigalité aristocratique. Bayard met un point d'honneur à dépenser aussitôt tout l'argent qu'il tire de ses exploits guerriers et des dons que lui font les princes qui le patronnent. Il y arrive fort bien ! L'argent lui file entre les doigts à une vitesse effarante. « De libéralité, il n'est point son pareil. » L'argent ne lui « dure guère », car il le met en commun avec ses camarades, ou, lorsqu'il devient lui-même capitaine, redistribue les profits de la guerre à ses hommes. Il ne retient pour lui « pas un écu », pas même « un denier ». Chaque matin, il se lève pauvre comme Job, incapable de trouver « plus de dix écus », dépendant pour tout de la générosité du roi et des grands seigneurs, qui doivent lui offrir de quoi se vêtir et s'équiper, comme s'il revenait de captivité[21].

Sans aller jusqu'à la folle générosité de Bayard, les hommes d'armes désireux d'accroître leur réputation doivent organiser des joutes, offrir des banquets, exhiber des vêtements de luxe et monter des chevaux de prix. Cet argent vient pour partie de la redistribution des pensions royales servies aux princes et aux grands seigneurs, c'est-à-dire, comme les soldes des gens de guerre, des impôts payés par les sujets du roi. Bayard cumule ainsi ses gages d'homme d'armes avec une pension de 300 francs par an que lui donne le comte de Ligny[22]. À cela s'ajoute tout ce que les hommes d'armes parviennent à arracher à leurs parents, qui investissent en eux une bonne part de la fortune familiale.

Pour s'équiper et participer à ses premières joutes, Bayard abuse ainsi de la générosité de l'un de ses oncles, Théodore du Terrail, abbé de Saint-Martin d'Ainay, à Lyon. Le Loyal serviteur rapporte un dialogue, sans doute fictif, mais éclairant à plus d'un titre, entre l'oncle Théodore et le seigneur de Bellabre, un ami de Bayard qui défend ses intérêts. L'abbé refuse d'abord de prêter de l'argent à son neveu, et ce, de façon pour le moins abrupte : « Sur ma foi, vous irez chercher ailleurs qui vous prêtera argent ! Les biens donnés par les fondateurs de cette abbaye l'ont été pour servir Dieu, non pour être dépensés en joutes et en tournois. » Bellabre lui lance sur le même ton que « n'eussent été les vertus et les prouesses de vos prédécesseurs, vous ne fussiez pas abbé d'Ainay, car par leur moyen et non par autre y êtes parvenu. [...] Votre neveu, mon compagnon, est de bonne race, bien aimé du roi et de monseigneur notre maître ; il a vouloir de parvenir, dont dussiez être bien joyeux[23] ». Le service de Dieu ne tient pas longtemps face au devoir d'assistance familiale qui s'impose à l'abbé. Cet argent sera employé au bénéfice de tout le lignage, car Bayard pourra le convertir en honneur, influence et prestige, bref, en capital social, d'où découleront faveurs, pensions, offices royaux ou bénéfices ecclésiastiques tels que l'abbaye de Saint-Martin d'Ainay[24].

L'abbé accède finalement aux requêtes de l'importun et lui prête une centaine de francs... Bayard lui en soutirera finalement plus de 1 000, son oncle n'ayant pas pris la précaution élémentaire d'indiquer par écrit à son fournisseur la somme à ne pas dépasser. C'est donc en définitive pour payer les destriers, les armes et les velours de Bayard que les paysans dépendant de Saint-Martin d'Ainay auront cette année-là versé des redevances à leur seigneur abbé et payé des impôts aux agents du roi. Sans doute l'histoire est-elle arrangée ; peut-être cette frénésie dépensière est-elle exagérée, et il est probable qu'y succombait surtout la couche supérieure des hommes d'armes. Il n'en demeure pas moins que les hommes d'armes du roi de France mobilisent des ressources colossales, représentant une part significative de la richesse du royaume. La dépense apparaît de plus en plus disproportionnée à leur place au sein de l'armée royale, qui tend à devenir secondaire à mesure que l'artillerie et surtout l'infanterie deviennent les reines des batailles.

L'artillerie royale

L'artillerie à poudre, apparue en Occident au début du XIVe siècle, s'impose dès le début du siècle suivant dans la guerre de siège. Très vite, elle réduit à néant la valeur défensive des châteaux isolés, qui ne peuvent espérer résister plus d'un jour ou deux au tir de quelques pièces dirigées par un maître canonnier expérimenté. Les fortifications s'adaptent aux progrès de l'artillerie à la fin du XVe siècle. Les murailles se font moins hautes et sont doublées par des remblais de terre. Les entrées des villes sont défendues par des fortifications avancées en briques et en terre, les « boulevards », tandis que les courtines sont flanquées de lourdes tours à canons, basses, rondes, aux murs épais de plusieurs mètres, capables de servir de plate-forme d'artillerie. Au début du XVIe siècle, les ingénieurs italiens inventent le bastion polygonal, qui améliore l'efficacité des tirs de flanquement. Les villes conservent ainsi, au prix de lourds investissements financiers, leur capacité de résistance[25]. Les sièges de grandes villes sont, de toutes les opérations militaires, les plus longues, les plus coûteuses et les plus aléatoires, dès lors que la population est déterminée à résister.

L'apparition et la diffusion de l'artillerie bouleversent donc la carte stratégique d'Occident, en faisant sauter un grand nombre de verrous défensifs autour desquels s'échafaudaient les stratégies médiévales, et en concentrant les opérations militaires autour des grandes villes et des forteresses modernisées. Seuls les plus grands États européens ont les moyens d'engager les frais nécessaires à la construction de ces très grands ensembles défensifs. En revanche, l'artillerie elle-même est tout à fait abordable pour les villes et les petites principautés. En Italie, le duc de Ferrare se passionne pour cette arme savante, et fait de son parc d'artillerie l'un des mieux fournis et des plus performants d'Europe. À mesure que la technologie se répand, que les procédés de fabrication se perfectionnent et que se développe une industrie spécifique, les prix de la poudre baissent de 50 à 75 % entre le début et la fin du XVe siècle[26]. Il faut pour l'artillerie une main-d'œuvre experte, mais très peu nombreuse, de fondeurs et de canonniers. Le budget que le roi de France consacre à son artillerie ne dépasse pas les 25 000 livres par an en temps de paix, soit moins de 1 % de ses dépenses[27]. Le plus coûteux est encore l'intendance qu'il faut mettre en œuvre en temps de guerre, qui peut multiplier par quatre ou cinq le budget du temps de paix, en raison des centaines de chevaux qu'il faut louer, et du grand nombre de pionniers et de charretiers qu'il faut recruter pour aplanir les routes et guider les attelages. Même alors, les frais engendrés par l'artillerie restent modestes par rapport à ce qu'il faut débourser pour la solde des compagnies d'ordonnance et des bandes d'infanterie[28].

L'artillerie est avec la cavalerie lourde l'autre grande spécialité française. Les frères Jean et Gaspard Bureau, maîtres de l'artillerie pendant près de vingt ans, jusqu'en 1464, l'ont organisée et modernisée sous le règne de Charles VII. C'est à partir des années 1450 que l'usage de l'artillerie se répand sur les champs de bataille. Des pièces plus légères que les bombardes de siège font leur apparition, couleuvrines et serpentines, montées sur roues, et attelées à un ou deux chevaux. En dépit de leur petit calibre et de leur cadence de tir encore limitée, et bien qu'il soit rare de faire tirer plus de quelques pièces, les couleuvrines commencent à jouer un rôle dans les dernières batailles de la guerre de Cent Ans. L'effort se poursuit sous Louis XI, qui nomme en 1479 Jacques Galiot de Genouillac maître, visiteur et général réformateur de l'artillerie. Signe du prestige nouveau attaché à cette fonction, le maître de l'artillerie touche des gages supérieurs à ceux d'un capitaine de l'ordonnance royale, tandis que les canonniers reçoivent la même solde que les hommes d'armes.

En 1477, pour conquérir l'Artois, Louis XI emmène avec son armée une centaine de pièces, dont une soixantaine de couleuvrines[29]. L'artillerie est organisée en unités régulières, ou « bandes » d'artillerie. Une dizaine d'années plus tard, lors de la guerre contre la Bretagne, en 1488-1489, l'artillerie compte cinq bandes et 150 pièces[30]. Au début du XVIe siècle, l'arsenal royal rassemble 4 bombardes et bombardelles, 88 serpentines, 38 grandes couleuvrines, 88 couleuvrines moyennes et 254 faucons[31]. Quarante ans plus tard, le parc d'artillerie du roi a été multiplié par trois ou quatre, et représente un capital de 400 000 à 500 000 livres tournois[32]. Le rôle tactique de l'artillerie évolue et se renforce. Au XVe siècle, les canons sèment le désordre dans les rangs ennemis et emportent la tête de quelques combattants malchanceux. À Ravenne, en 1512, le tir en enfilade de l'artillerie du duc de Ferrare, allié des Français, inflige de lourdes pertes à la cavalerie espagnole, tandis que l'infanterie française est littéralement mise en pièces par les canons espagnols. Tous les principaux commandants français sont tués[33].

En 1513, la vingtaine de pièces mises en batterie par les Français à Novare sont à l'origine de la moitié des pertes suisses, soit plusieurs centaines d'hommes en une heure ou deux[34]. L'artillerie française dispose d'une grande avance technologique sur ses concurrentes, lourdes, mal affûtées, peu mobiles, et tirant encore des boulets de pierre, alors que les pièces françaises lançaient des boulets de fer ou de plomb.

L'infanterie, ou le mal français du XVIe siècle

La cotation du fantassin français, sur le marché européen des gens de guerre, est fort basse. Meilleure que l'infanterie italienne – tout de même ! –, elle est considérée comme inférieure aux lansquenets allemands, et tout à fait incapable de se mesurer aux Suisses et aux Espagnols. Guicciardini et Machiavel donnaient à cette grave lacune une explication sociopolitique. Les nobles français auraient consciemment empêché les gens du commun de s'armer, afin de conforter leur domination. Cette explication mérite d'être fortement nuancée. Il est vrai que les seigneurs et les princes français ont le sentiment d'être l'épée et le bouclier du royaume ; nul ne songe d'ailleurs à le contester. Cependant, à l'époque féodale, ils ont toujours eu recours aux forces supplétives constituées par les paysans levés sur leurs terres, et ils se sont efforcés tout au long du Moyen Âge de maintenir vivantes les obligations militaires qui pesaient sur leurs tenanciers, notamment le guet dans les forteresses.

Les rois de France, quant à eux, essaient en vain d'enrayer la démilitarisation générale de la population, qui est un phénomène commun à tout l'Occident médiéval à partir de la fin du XIIIe siècle. En France comme ailleurs, il s'agit d'un phénomène subi, et non voulu par des princes soucieux d'asseoir leur tyrannie sur des masses désarmées. En 1448, Charles VII crée le corps des francs-archers : 8 000 hommes sont levés dans toutes les communautés du royaume, villes et villages, au prorata de la population. Les officiers du roi notifient le nombre de francs-archers à fournir par les paroisses, à charge pour celles-ci de trouver des volontaires. Les francs-archers constituent une réserve mobilisable en permanence. En campagne, ils reçoivent une solde de 4 livres par mois, inférieure d'un tiers à celle des Suisses ; en temps de paix, on leur verse une indemnité annuelle équivalant à deux mois de solde. Les francs-archers sont exemptés d'impôt et sont tenus de s'entraîner une fois par semaine, après la messe dominicale. Louis XI double leur nombre en 1466 et s'efforce d'améliorer leur encadrement, très majoritairement assuré par des nobles de bonne extraction. Celui-ci reste cependant limité à quatre capitaines généraux et 28 capitaines particuliers, tous placés à la tête de bandes de 500 hommes[35].

Sur le papier, les francs-archers sont une institution séduisante, conforme aux principes politiques du temps. L'ensemble des communautés participent à la défense du royaume, mais cette obligation universelle repose en fait sur le volontariat d'une proportion très limitée de la population masculine. Venise se livre au même moment à des expérimentations similaires[36]. La milice des francs-archers pèse peu sur le royaume et fournit des effectifs importants. Les francs-archers sont pourtant un semi-échec. Le recrutement, très dispersé[37], ne favorise guère le développement d'un réel esprit de corps. Les francs-archers sont en général des hommes pauvres, n'ayant ni les moyens de s'équiper eux-mêmes, ni l'envie de combattre. Leur moyenne d'âge, qui s'établit autour de 31 à 32 ans, est sensiblement plus élevée que celle du commun des gens de guerre. Leur armement, fourni par les communautés, est disparate. L'arc – remplacé par l'arbalète dans les bandes du Sud-Ouest – disparaît au profit des armes d'hast, vouges et lances.

Malgré ces défauts, les francs-archers rendent de réels services à la fin de la guerre de Cent Ans. Louis XI les mobilise presque tous les ans de 1467 à 1479. Leur défaite à la bataille de Guinegatte, en 1479, doit autant à leur infériorité numérique face aux piquiers flamands de Maximilien qu'à leur faible combativité. Les francs-archers, comme sous l'Ancien Régime la milice provinciale, sont une institution fragile, mais qui s'obstine à ne pas vouloir mourir. Partiellement supprimés par Louis XI en 1479, les francs-archers sont rétablis en 1486, pour quelques années seulement. Des francs-archers sont à nouveau levés en 1491, contre les Bretons, et en 1498, pour l'Italie. Les expéditions italiennes des rois de France paraissent peu conciliables avec la vocation défensive des francs-archers. Pourtant, François Ier ressuscitera à nouveau l'institution dans les années 1520, lorsque les succès des Espagnols et des lansquenets impériaux face aux Français et aux Suisses eurent éclairé d'un jour cruel les lacunes de l'infanterie royale. En 1534, François Ier crée sept légions de 6 000 hommes, levées dans un cadre régional. Ces légions n'étaient pas autre chose qu'une version modernisée – c'est-à-dire inspirée de la Rome antique – des francs-archers de Charles VII[38]. Elles aussi disparurent au bout de quelques années.

À l'échec des francs-archers et des légionnaires de François Ier pour les roturiers, fait écho celui du ban et arrière-ban pour les nobles. Le « ban et arrière-ban » est une obligation militaire qui pèse sur tous les détenteurs de fiefs du royaume. Réformé par Charles VII, il fournit au roi un appoint temporaire de plusieurs milliers de combattants, dont le nombre et le type variaient en fonction des revenus des seigneurs fieffés. Les plus riches fournissent un homme d'armes ou une lance complète, les autres un archer à cheval ou un simple brigandinier à cheval, armé d'une lance courte ou d'une javeline et revêtu d'une cuirasse légère, la brigandine. Après les années 1470, la convocation de l'arrière-ban devient exceptionnelle, tant son rendement a diminué. L'arrière-ban est en effet d'abord pensé comme un service personnel dû au roi. Ceux qui le servent déjà, dans ses compagnies d'ordonnance, dans son administration ou à la cour, bénéficient d'une exemption, or ce sont justement les plus aisés[39]. Très vite, l'arrière-ban se résume à une médiocre force supplétive composée à 80 ou 90 % de brigandiniers à cheval. Cette réserve nobiliaire territoriale n'a pas vocation à participer aux expéditions hors de France. Il faudra la défaite de Pavie pour que le roi convoque à nouveau l'arrière-ban, mesure symbolique plus qu'effective. Les guerres défensives de François Ier et de Henri II, puis les guerres de Religion, qui se déroulent sur le sol français, redonneront pendant quelques décennies un peu de vie à cette institution fatiguée[40], avant sa disparition dans le courant du XVIIe siècle. Ainsi, pour l'infanterie comme pour la cavalerie, la monarchie française a toujours éprouvé les plus grandes difficultés à constituer, et surtout à pérenniser, une réserve de combattants ne faisant pas de la guerre leur occupation principale.

Suisses et lansquenets au service de la France

Pour les rois de France, il est beaucoup plus simple, efficace et même économique de recourir aux services de mercenaires, à qui il faut certes verser une solde un peu plus élevée, mais qu'on peut licencier au terme des deux ou trois mois que durent habituellement les campagnes militaires. Lever 10 000 Suisses pour trois mois coûte environ 180 000 livres tournois[41], l'équivalent de la solde annuelle de moins de 500 lances… et à peine plus que les gages versés en temps de paix aux anciens francs-archers. Avec 10 000 Suisses, on dispose d'une armée ; 500 lances ne sont guère plus qu'une force mobile, apte à tenir une frontière ou à battre la campagne ennemie, mais certainement pas à prendre des villes puissamment fortifiées.

Les Suisses deviennent l'élément le plus nombreux et le plus redouté des armées royales. À partir de 1480, Louis XI entretient en permanence un corps de 6 000 hommes. Trop chers, et devenus inutiles après la signature de la paix d'Arras en décembre 1482, ils sont renvoyés après la mort du roi. Les Suisses reparaissent très vite, et aucune armée française ne croit pouvoir s'en passer. À Saint-Aubin-du-Cormier, victoire décisive remportée par Louis de La Trémoille sur les Bretons en 1488, ils sont 3 000 à 3 500 sur environ 15 000 combattants. En 1494, 4 000 à 5 000 Suisses accompagnent Charles VIII ; ils représentent près de la moitié de l'infanterie, et un gros quart de toute l'armée[42]. On constate des proportions similaires dans la plupart des armées royales qui combattent en Italie jusqu'aux années 1510-1511.

Le roi de France s'adresse non pas aux cantons, mais à des capitaines, tous membres des élites dirigeantes des cantons, qui servent à titre individuel et se font accompagner de plusieurs centaines de volontaires[43]. Les pensions versées par le roi aux personnalités les plus influentes des autorités cantonales ne servent pas seulement à orienter la politique étrangère de la Confédération suisse. Elles incitent les bourgeois-capitaines de Berne ou de Soleure à servir en personne le roi de France, et leur donnent les moyens de verser des primes d'engagement aux volontaires. Tout cela se fait sinon avec l'approbation tacite des cantons, du moins avec l'assurance que leur désapprobation restera passive. Cette forme encore sommaire d'entrepreneuriat militaire draine plusieurs centaines de milliers de livres tournois par an à l'extérieur du royaume. Il est vrai que les soldes payées aux Suisses ne restent pas longtemps dans leur poche et se dissipent en beuveries ou en paris perdus, mais les Suisses combattant désormais en Italie, tout cet argent est bel et bien perdu pour le royaume.

On comprend que Louis XII, toujours soucieux d'épargner l'avoir de ses sujets, ait voulu contenir la dépense dans les limites les plus étroites possibles. Il paye au plus juste, renvoie chez eux les volontaires suisses en surnombre, réduit les durées d'engagement, et rogne les primes et avantages en tout genre qui alourdissaient encore un peu plus la facture. Cette gestion, dont on dirait aujourd'hui qu'elle est « efficiente », apparaît comme de la ladrerie aux yeux des Suisses, qui mesurent la dépendance des armées royales à leur égard. Heureusement pour le roi de France, les Suisses sont très vite concurrencés par leurs frères ennemis de Souabe et de Tyrol, les lansquenets ou *Landsknechten*, c'est-à-dire les valets, les garçons ou encore les compagnons du pays. Lorsque les Suisses rejoignent les puissances alliées contre la France, c'est vers eux que se tourne Louis XII.

L'origine sociale des lansquenets est beaucoup plus diversifiée que ne le laisse entendre leur nom. Les journaliers des campagnes ou les valets de ferme sont en effet loin d'être les seuls à s'engager dans leurs rangs. Les grandes villes libres impériales semblent d'ailleurs avoir été les principaux centres de recrutement de lansquenets, au moins au début[44]. Si l'appât du gain constitue une puissante motivation, les lansquenets ne sont pas nécessairement des damnés de la terre, chassés de leurs foyers par la pauvreté ou la surpopulation ; ce sont des hommes de tous horizons, patriciens ou artisans des villes, nobles désargentés, paysans libres ou serfs des campagnes[45].

Dans les années 1480, Maximilien de Habsbourg combat les rebelles flamands avec des mercenaires venus de ses possessions autrichiennes[46]. Ses lansquenets font également campagne en Gueldre. Le duché de Gueldre, au nord-ouest des Pays-Bas, est annexé par Charles le Téméraire en 1473, mais ses habitants rejettent la domination bourguignonne et tentent de préserver leur indépendance[47]. Ils y parviennent jusqu'en 1543, au prix de guerres permanentes contre les Bourguignons, puis les Habsbourg. Les Gueldrois s'aguerrissent et adoptent les tactiques de leurs adversaires. Durant les trêves, ils servent les princes étrangers. La Gueldre et la basse vallée du Rhin deviennent à leur tour un vivier grouillant de lansquenets, dans lequel puise volontiers le roi de France, allié aux ducs de Gueldre contre les Habsbourg.

À la bataille de Ravenne, en avril 1512, les 9 500 lansquenets que compte l'armée de Gaston de Foix se comportent vaillamment face aux Espagnols et aux armées du pape. La défaite de Novare, le 6 juin 1513, démontre cependant la légère supériorité que conservent les Suisses sur leurs rivaux. Il est vrai qu'il s'agissait cette fois de lansquenets venus de Gueldre, et non de lansquenets levés dans les régions soumises aux Habsbourg, en Allemagne du Sud et en Tyrol, qui semblent avoir été les plus nombreux en 1512. Après la bataille de Ravenne, Maximilien a en effet enjoint aux lansquenets originaires de ses États de quitter le service des Français. Leur défection contraint La Palice, qui a pris la relève de Gaston de Foix, tué à Ravenne, à évacuer le duché de Milan[48]. Les succès et les défaites enregistrés par les Français en Italie, de 1494 à 1513, tiennent donc pour une très large part à l'infanterie mercenaire qui constituait la colonne vertébrale de leurs armées. Que celle-ci vînt à se défaire, et les fragiles conquêtes françaises s'évanouissent en un claquement de doigts.

La lente émergence d'une infanterie « nationale »

Les rois de France essaient de promouvoir une infanterie « nationale », autant pour éviter les transferts massifs d'argent à l'étranger que pour ne pas être tributaires des retournements d'alliance dont la diplomatie européenne est alors coutumière. Ils lèvent leurs unités d'infanterie dans les régions frontalières, où abondent les hommes « accoutumés à suivre les armes », en Picardie, Normandie, Dauphiné, Provence et Gascogne. En 1480, alors qu'il est toujours en guerre contre Marie de Bourgogne et Maximilien de Habsbourg, Louis XI décide de recruter 14 000 hommes, levés dans le nord du royaume, et de les armer à la manière suisse de piques et de hallebardes[49]. Ces bandes ne sont pas dissoutes au retour de la paix, en décembre 1482. Elles représentent alors pour le trésor royal un coût astronomique de près d'un million de livres par an. Cette première infanterie permanente ne survit pas à Louis XI. La montée des périls aux frontières du royaume, à la fin du règne de Louis XII, nécessite pourtant de laisser des garnisons à demeure dans les plus grandes villes. Apparaissent alors des unités permanentes, les bandes de Piémont et de Picardie. Ces « bandes » se composent d'un nombre encore variable d'enseignes, aux effectifs eux-mêmes fluctuants, mais qui ont tendance à diminuer et à se stabiliser autour de 300 hommes[50]. Elles constituent un premier noyau professionnel de quelques milliers d'hommes.

À mesure qu'avance le XVIe siècle, la pique et l'arquebuse évincent toutes les autres armes d'hast et de trait, à l'image des autres armées d'Europe occidentale. À l'époque de Marignan, la variété des armes et des tactiques des unités d'infanterie française est encore grande. Les Gascons forment une infanterie légère, presque exclusivement armée d'épées et d'arbalètes, plus utile pour escarmoucher en avant de la ligne de bataille que pour délivrer le choc principal contre l'ennemi. Ils excellent dans la défense et l'attaque de places fortes, tâches dans lesquelles ils parviennent même à surpasser les Suisses et les Allemands, grâce à leur fougue et à leur bravoure. Ils se distinguent notamment lors de la prise d'assaut de Brescia, en 1512, après de sanglants combats de rue livrés contre une armée vénitienne pourtant supérieure en nombre[51].

L'armée du roi de France : une armée professionnelle

La France renaissante du début du XVIe siècle hérite donc du Moyen Âge la plupart de ses institutions militaires. L'armée de François Ier est une armée professionnelle, permanente et recrutée parmi les sujets du roi pour les compagnies d'ordonnance et les bandes d'artillerie, saisonnière, mercenaire et étrangère pour la plus grande partie de l'infanterie. L'armée permanente et le recours massif aux mercenaires absorbent toutes les ressources de la monarchie. Cela n'a pas peu contribué à l'échec des tentatives qui visaient à mettre en place des obligations militaires pesant tant sur les nobles, à travers l'arrière-ban, que sur les roturiers, par l'institution des francs-archers. Beaucoup moins coûteux qu'une armée permanente, arrière-ban et francs-archers l'étaient encore trop au regard de leur valeur militaire. Remédier aux lacunes de ces réserves organisées aurait exigé une continuité dans l'action dont la monarchie, pressée par des urgences de tous ordres, n'avait pas les moyens, ainsi qu'un encadrement des populations étranger aux mentalités du temps.

CARTE POLITIQUE DE L'ITALIE DU NORD EN 1515

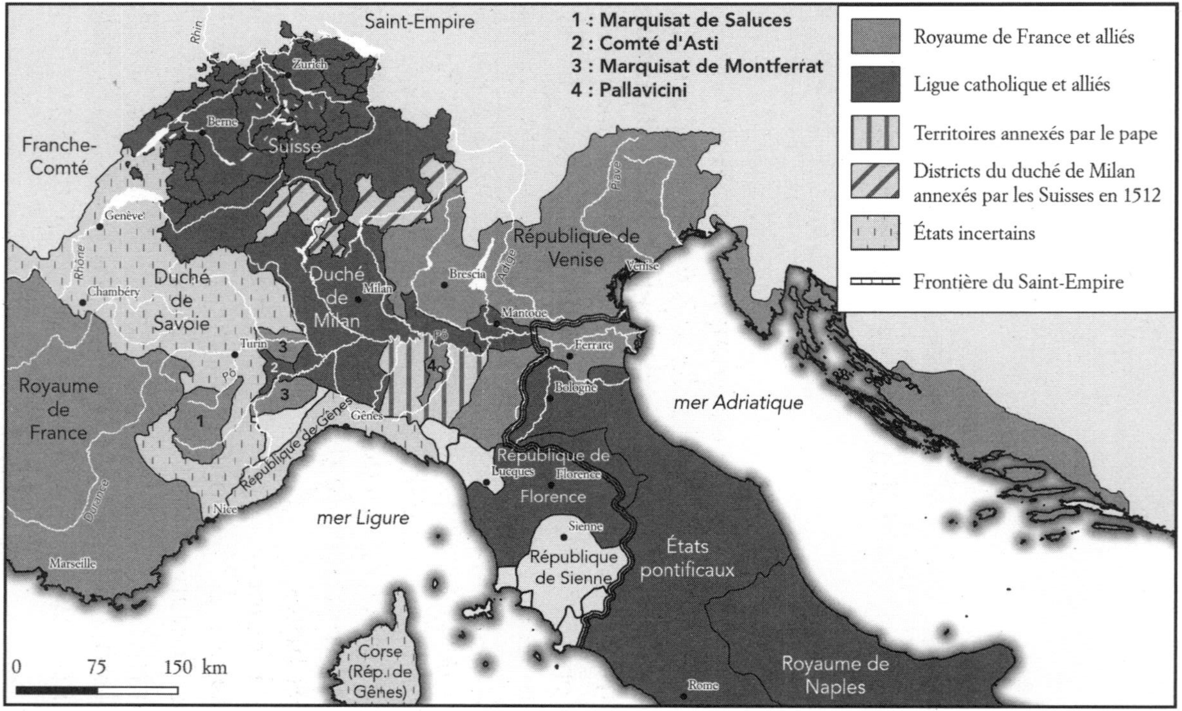

CHAPITRE 4

L'Italie et les « barbares »

Depuis la chute de l'Empire romain, l'Italie est une terre divisée. À la fin du XVe siècle, cinq grands États y pratiquent un jeu subtil et fragile d'équilibre des puissances. On y trouve deux républiques urbaines, Venise et Florence, deux États dynastiques, le royaume de Naples et le duché de Milan, et une monarchie élective théocratique, la papauté. À ces poids lourds de la géopolitique italienne s'ajoutent plusieurs dizaines d'acteurs mineurs, petites cités encore indépendantes ou principicules des Apennins ou de Romagne, tentant de survivre et de tirer leur épingle du jeu au milieu de ces luttes de géants.

L'empereur germanique est par ailleurs un acteur majeur de la politique italienne, car la Lombardie et la Toscane font partie du Saint Empire. Le duc de Savoie, le duc de Milan et les seigneurs d'Italie du Nord sont des vassaux de Maximilien de Habsbourg, qui leur accorde l'investiture de leurs fiefs contre le paiement d'un cens recognitif de la suzeraineté impériale. Les républiques urbaines tiennent également leurs privilèges et leur autonomie de l'empereur. En 1515, la lutte qui a opposé pendant plusieurs siècles le pape et l'empereur pour la domination de l'Italie est encore dans tous les esprits. La plupart des villes italiennes sont toujours divisées entre « guelfes », favorables au pape, et « gibelins », qui soutiennent la cause de l'empereur. Pour lutter contre ce dernier, le pape a fait appel aux Français au milieu du XIIIe siècle. Charles d'Anjou, frère cadet de Saint Louis, conquiert le royaume de Sicile en 1266. Il prend ensuite la tête de la faction guelfe, qui tend à rassembler les partisans des Français.

Ainsi l'irruption en Italie de « barbares » venus d'au-delà des monts est loin d'être une nouveauté. Les guerres d'Italie, qui virent s'affronter Français, Impériaux et Espagnols pendant un demi-siècle pour la possession du royaume de Naples et du duché de Milan, s'inscrivent dans un cycle presque millénaire de flux et de reflux d'invasions étrangères. Les Italiens s'en désolent d'autant plus qu'ils ont depuis longtemps le sentiment de partager une culture commune. La prospérité économique de la péninsule, son avance technique, commerciale, intellectuelle et artistique sur le reste de l'Europe, son unité géographique, son passé illustre, tout concourt à alimenter la fierté des Italiens. Leur patriotisme est à la fois nourri et entravé par le « campanilisme » des cités-États. C'est en effet dans les cercles intellectuels des grandes métropoles qu'ont éclos la Renaissance des arts et la littérature italienne, et que s'est forgée une identité culturelle commune. Pourtant, nul Florentin, Siennois ou Vénitien n'aurait été prêt à sacrifier l'indépendance et la grandeur de sa cité sur l'autel de l'unité italienne.

Le royaume de Naples, une colonie aragonaise

Ce qu'on appelle le royaume de Naples est en réalité la partie continentale du royaume de Sicile, qui s'étend des Abruzzes et de la baie de Naples jusqu'aux Pouilles et à la Calabre. Charles d'Anjou a en effet été chassé de la Sicile proprement dite à la suite des sanglantes « Vêpres siciliennes » de 1282. La Sicile tombe alors entre les mains de la maison d'Aragon, mortelle ennemie de la dynastie angevine. Amputé de la grande île, le royaume de Naples sombre dans les querelles dynastiques. Après de nombreuses péripéties, Alphonse V d'Aragon parvient à prendre pied sur le continent et à s'emparer du royaume de Naples en 1442. Les droits de la maison d'Anjou sur le royaume de Naples étaient entre-temps passés à la deuxième maison d'Anjou, puis, après la mort du dernier représentant de celle-ci, au roi de France.

La revendication du trône de Naples par Charles VIII déclenche les guerres d'Italie. En 1494, le roi chasse sans coup férir ou presque Ferdinand d'Aragon. La victoire de Charles VIII inquiète les puissances italiennes, qui se liguent contre lui et favorisent la reconquête du royaume de Naples par les Aragonais. Les dernières places tenues par les Français capitulent en 1497. Après la mort de Charles VIII, Louis XII relève le gant et envoie une nouvelle armée à Naples ; le royaume est alors partagé avec le roi d'Aragon. L'entente franco-espagnole ne dure guère. Les hostilités reprennent dès 1502. Elles révèlent au monde un génie militaire en la personne de Gonzalve de Cordoue, le « Grand Capitaine », qui triomphe des Français à Cerignola et sur le Garigliano. Louis XII y perd des milliers d'hommes, emportés par les défaites et la maladie. Le royaume de Sicile, désormais réunifié, devient une composante de l'empire espagnol.

En raison de son histoire pour le moins troublée, le royaume de Naples est un État fragile, convalescent, où subsiste un important parti angevin. Les barons y sont puissants et toujours prêts à se rallier au vainqueur du moment. La lassitude de la guerre aidant, la population des grandes villes n'est pas moins versatile. Les souverains aragonais, puis les vice-rois espagnols veillent à bien pourvoir leurs citadelles en hommes et en vivres, et prennent soin d'avoir toujours à proximité une galère rapide, prête à les emmener en lieu sûr, à Capri ou en Sicile. Lorsqu'il fait campagne contre les Vénitiens et les Français en 1515, Ramón de Cardona, vice-roi de Naples et commandant en chef de l'armée espagnole en Italie, songe d'abord à la sécurité du royaume de Naples, qui est à la fois une source de revenus importante pour la monarchie espagnole[1] et une poudrière toujours prête à exploser.

Le duché de Milan, des Visconti aux Sforza

Milan, résidence principale des empereurs romains d'Occident au IVe siècle de notre ère, siège d'un archevêché, devient rapidement la plus puissante des communes d'Italie du Nord lors de la renaissance urbaine du XIe siècle. Elle prend la tête de la Ligue lombarde et de la lutte contre l'empereur, ce qui lui vaut quelques revers de fortune, notamment sa destruction par Frédéric Barberousse en 1162. Milan s'en relève et, avec l'aide de ses alliées lombardes, arrache à l'empereur la paix de Constance en 1183. Barberousse cède aux villes de la Ligue les *regalia*, c'est-à-dire l'ensemble des droits souverains qui étaient auparavant délégués aux comtes et aux évêques. Les communes deviennent ainsi parfaitement autonomes. Les villes se dotent de conseils de gouvernement, qui font l'objet d'âpres luttes politiques, sur fond de tensions sociales croissantes au cours du XIIIe siècle. Marchands enrichis et artisans se soulèvent alors contre la domination des grandes familles patriciennes. À la faveur de la lutte entre guelfes et gibelins ou des troubles sociaux, certains politiques habiles, souvent issus de la noblesse féodale, parviennent à accaparer le pouvoir en se faisant élire podestat ou capitaine du peuple[2]. Tel est le cas des Visconti à Milan.

Matteo Visconti devient capitaine du peuple en 1287 et prend le titre de seigneur de Milan en 1313. Sur les monnaies que font frapper les Visconti s'affirme progressivement leur souveraineté ; toute référence à l'empereur disparaît, tandis que la vipère des Visconti se substitue à la croix de la commune de Milan. Les Visconti se lancent à la conquête de la Lombardie. La croissance de l'État milanais est rapide, mais fragile. Il s'agit d'abord d'une collection de cités, dont les Visconti sont les seigneurs particuliers ; ils constituent le seul lien qui les unit[3]. L'empire des Visconti atteint son apogée au tout début du XVe siècle, sous le règne de Gian Galeazzo, premier duc de Milan ; il s'étend alors jusqu'à Gênes, Bologne, Pise et Sienne. L'alliance des autres puissances italiennes contre Milan et de sanglantes querelles familiales vont conduire les Visconti à leur perte. En 1447, après un demi-siècle de guerre, le duc Filippo Maria meurt sans autre descendance qu'une fille illégitime, mariée au *condottiere* Francesco Sforza. La république est alors proclamée, et ses dirigeants font appel à Sforza pour maintenir l'union du duché, face aux Vénitiens et aux villes sujettes qui cherchent à regagner leur indépendance. Il y parvient… et prend le pouvoir à Milan en 1450. Après la paix de Lodi, conclue en 1454, les frontières du duché se stabilisent.

À cheval sur le tiers central du Pô, d'Alexandrie jusqu'en aval de Crémone, le duché de Milan vient mordre les Apennins ligures au sud et les Alpes au nord, en remontant le cours du Tessin et de l'Adda, jusqu'au lac Majeur et au lac de Côme. Le Milanais est l'une des régions les plus fertiles et les plus urbanisées d'Europe. On y pratique une agriculture très intensive et à haut rendement. La culture du riz se généralise dans les terres basses de la plaine padane, qu'irriguent d'innombrables canaux. La proto-industrie y est très active, en particulier le textile et l'armurerie. Milan, qui dépasse 100 000 habitants, fait partie, avec Paris, Venise et Naples, du peloton de tête des métropoles européennes. Les marchands prospères y côtoient une ancienne noblesse qui a conservé de vastes seigneuries foncières d'où elle tire richesse et influence. Dans cet État aristocratique, les intrigues de cour et les révolutions de palais sont monnaie courante. Le « peuple de Milan », expression générique qui cache bien des partis et bien des intérêts divergents, s'émeut facilement contre son prince. Celui-ci y répond par un « urbanisme punitif[4] ». Une imposante citadelle, sans cesse fortifiée, met ainsi plusieurs lignes de fossés et de murailles entre le duc et les Milanais.

À Francesco Sforza succèdent son fils, puis, à partir de 1476, son petit-fils Gian Galeazzo. Après la disparition subite et pour le moins suspecte de celui-ci en 1494, son oncle Lodovico prend le titre de duc, sans s'embarrasser de la descendance laissée par Gian Galeazzo. Lodovico Sforza est passé dans l'histoire sous le nom de Ludovic le More, tant en raison de son teint bistre que de ses pratiques assez éloignées des commandements de l'Église. L'historien Guicciardini célèbre son intelligence et son éloquence, qui n'avaient d'égales que sa présomption et son imprudence. Il porte une grande responsabilité dans le déclenchement des guerres d'Italie, pour avoir poussé les Français à intervenir contre son ennemi, le roi de Naples. Manœuvre osée et à courte vue, dont il allait se repentir très vite. La mort prématurée de Charles VIII en 1498 fait de Louis d'Orléans, descendant des Visconti par sa grand-mère, et prétendant à ce titre à la couronne ducale, le nouveau roi de France. Moins d'un mois suffit à Louis XII pour chasser Ludovic de son duché, qui s'était soulevé contre lui. En janvier 1500, avec le soutien de ses partisans, encore nombreux, il parvient à reprendre Milan, insurgée cette fois contre les Français. Sa restauration sera brève. Quelques mois plus tard, il est trahi par des mercenaires suisses et livré à Louis XII. Ludovic le More est transféré en France, où il meurt en 1508. « Ainsi furent enfermés dans une étroite prison les projets et l'ambition d'un homme qu'auparavant les bornes de l'Italie avaient du mal à contenir[5]. »

Venise, une superpuissance en déclin[6]

Par contraste flagrant avec les autres États italiens, la république de Venise n'a connu aucun trouble sérieux depuis plusieurs siècles. La stabilité du gouvernement de la Sérénissime ainsi que sa capacité à surmonter les coups du sort ont frappé tous les observateurs de l'époque. Tandis que ses anciennes rivales, Pise, puis Gênes, étaient passées sous la domination des États de l'intérieur, Florence pour la première, Milan pour la cité ligure, c'était Venise qui à partir de la fin du XIVe siècle avait entrepris la conquête de son arrière-pays : la « Terre ferme » vénitienne s'étend du Frioul, à l'est, jusqu'à Brescia, à l'ouest. En 1499, Louis XII doit céder Crémone et la rive orientale de l'Adda pour gagner le soutien de Venise contre Ludovic le More. Peu après, Venise prend pied au sud du Pô et s'empare de Ravenne, à la fureur du pape, en 1503. La république atteint alors sa plus grande extension. La politique agressive de Venise attire contre elle l'hostilité des souverains étrangers et des autres États italiens. Pourtant, même les auteurs florentins confessent leur admiration pour Venise, dont les succès mettaient un peu de baume sur la fierté blessée des Italiens, navrés de voir la péninsule ainsi piétinée par les Français, les Allemands, les Suisses et les Espagnols. Les étrangers ne sont pas en reste. Lorsque Philippe de Commynes, proche conseiller du roi

Louis XI, est accueilli par les autorités vénitiennes en 1479, il est subjugué par la beauté et l'opulence de la ville : « Et est la plus triomphante cité que jamais j'ai vue et qui plus fait d'honneur à ambassadeurs et étrangers, et qui plus sagement se gouverne, et où le service de Dieu est le plus solennellement fait[7]. »

La république de Venise met ses institutions au service de sa politique économique. À la fin du XIIIe siècle a eu lieu la *serrata* – la fermeture – qui réserve l'accès au Grand Conseil, dont dérivent tous les organes de gouvernement, aux familles inscrites sur un registre spécial, le Livre d'or. Le nom de quelque 1 500 patriciens s'y trouve couché au XVe siècle. La Sérénissime tout entière se transforme ainsi en une sorte de compagnie commerciale que quelques centaines de familles se seraient appropriée. C'est en effet l'État vénitien qui met ses galères armées à la disposition des marchands et organise les convois qui sillonnent la mer Noire, la Méditerranée et la façade atlantique jusqu'en mer du Nord. La grande réussite de Venise est, d'une part, d'avoir fait bénéficier l'ensemble de sa population des retombées de sa prospérité, y compris la majorité exclue du gouvernement, et, d'autre part, d'avoir su éviter toute dérive vers un gouvernement personnel. Les pouvoirs du doge, chef de l'État vénitien, sont strictement limités. Il est élu à vie, à l'issue de dix scrutins et tirages au sort successifs. Pour plus de sûreté, un « conseil des Dix » a pour mission exclusive la police politique et la répression d'éventuelles menées subversives.

Au XVe siècle, Venise est l'un des États les plus puissants d'Occident, grâce à la richesse de ses habitants et aux taxes sur les échanges commerciaux. Elle détient alors un quasi-monopole sur la redistribution des épices importées à Alexandrie, la plus grande place économique du monde islamique. En temps de guerre, elle peut emprunter massivement, car elle a mis en place une dette consolidée, considérée comme un placement sûr, sinon très rentable, par les grandes fortunes vénitiennes. Venise peut ainsi financer les guerres qu'elle mène contre les autres puissances italiennes. La dette vénitienne ne cesse de croître, pour atteindre plus de 8 millions de ducats en 1454, l'équivalent de trente fois les ressources annuelles du duché de Milan. L'heureuse mécanique va soudain se gripper. Le triomphe des Turcs ottomans au XVe siècle, qui prennent Constantinople en 1453 et envahissent la péninsule balkanique, contraint les Vénitiens à défendre pied à pied leur empire maritime. Excellents soldats, les Turcs sont aussi redoutables sur mer et infligent de nombreuses défaites aux Vénitiens, qui sont chassés de leurs possessions égéennes. Infiniment plus graves pour eux sont les découvertes de Vasco de Gama, qui passe le cap de Bonne-Espérance et atteint Calicut en 1498. La navigation autour de l'Afrique permet aux marchands portugais de se fournir en épices directement auprès des producteurs, en Inde et en Asie du Sud-Est.

Au même moment, les Vénitiens doivent affronter une ligue à laquelle adhèrent le roi de France, l'empereur, le roi d'Aragon et le pape. Louis XII, soucieux d'arrondir le duché de Milan aux dépens de ses anciens alliés, écrase l'armée vénitienne à la bataille d'Agnadel, en 1509. Toute la Terre ferme est perdue en quelques mois. Cette nouvelle guerre ruine les finances vénitiennes et dévaste ses possessions continentales. Les villes, prises et reprises, sont mises à sac par les Français, les Impériaux et les Espagnols. La Sérénissime refuse pourtant de capituler et fait preuve de sa résolution coutumière. Les Vénitiens reconquièrent Padoue et Trévise, qu'ils fortifient et transforment en tête de pont inexpugnable sur le continent. Leur résistance acharnée, sur mer, face aux Turcs, et sur terre, contre les plus grandes puissances européennes, force l'admiration. La reine de l'Adriatique est encore loin d'être sortie de l'Histoire.

Florence, ou la république terrassée[8]

Comme la plupart des cités italiennes, Florence s'achemine vers le pouvoir personnel. Plus lentement qu'ailleurs toutefois, tant la perle de la Toscane est encore farouchement attachée au régime républicain. Après quelques péripéties, Côme de Médicis devient le premier citoyen de Florence dans les années 1430. Premier citoyen, et non seigneur, car il prend garde de ne pas heurter ses compatriotes, mais c'est bien lui qui contrôle désormais la composition des assemblées et des conseils qui dirigent la ville. Côme préside brillamment aux destinées de Florence, qui domine alors la plus grande partie de la Toscane, y compris Pise, annexée en 1406, et le port de Livourne. Florence est avec Milan la plus grande métropole industrielle d'Italie. Ses rivales, Lucques, au nord, et Sienne, au sud, la surveillent et la craignent. Pierre puis Laurent le Magnifique succèdent à Côme. Laurent jette progressivement le masque. Il fait juger ses adversaires par des tribunaux d'exception. Il épouse une Orsini, issue d'une puissante famille de barons romains, et parvient à faire donner à son fils Jean le chapeau de cardinal.

Après sa mort, survenue en 1492, la maladresse de son successeur Pierre exaspère les Florentins. En 1494, ils se soulèvent à l'approche de Charles VIII, alors en route pour Naples. Les Médicis sont chassés et la république – qui n'avait jamais été abolie – est restaurée dans ses formes antérieures. Le nouveau régime, dirigé par le gonfalonier Soderini, ne survit pas à la défaite des Français en 1512. Les Espagnols renversent Soderini et rendent aux Médicis le gouvernement de Florence. Lorsque le cardinal Jean de Médicis accède au trône de Saint-Pierre en 1513, sous le nom de Léon X, Florence devient une annexe des États de l'Église – à moins que ce ne soit l'inverse, tant l'une et les autres sont mis au service des intérêts des Médicis.

Le pape, champion de l'indépendance italienne

Après le règne scandaleux d'Alexandre VI Borgia (1492-1503), l'élection de Jules II en novembre 1503 a bouleversé la donne. Lorsque le cardinal Giuliano della Rovere reçoit la tiare, il passe encore pour un ami des Français. En réalité, il les déteste, comme il déteste tous les « barbares » qui souillent l'Italie par leur seule présence. Jules II, obsédé par sa gloire et la liberté de l'Italie, ne correspondait certes pas à l'image qu'on pouvait se faire d'un homme d'Église, même à cette époque plus tolérante pour les écarts de conduite des pasteurs du peuple de Dieu. Violent, sanguin, irascible, rancunier, inflexible, Jules II est un pape casqué, qui n'hésite pas à prendre lui-même la tête de ses armées. Ses ambitions sont si démesurées, sa politique si agressive, son caractère si peu fait pour les accommodements qu'il se retrouve bien souvent en fâcheuse posture. Qu'importe ! Il fulmine et excommunie à tour de bras, et sa ténacité finit par l'emporter. Les censures ecclésiastiques sont sa meilleure arme, ainsi que les rivalités qui divisent ses ennemis. Personne ne peut vaincre le serviteur des serviteurs de Dieu. Les Français peuvent bien envahir les possessions du pape, ses barons peuvent bien se soulever contre lui et le chasser de Rome ; le pape finit toujours par se tirer d'affaire, car aucune défaite n'est définitive pour lui.

L'État pontifical, qui prend l'Italie en écharpe entre le Saint Empire et le royaume de Naples, se compose de trois ensembles. Le Latium, berceau de la Rome antique, est une terre féodale, où s'élèvent les réseaux concurrents des forteresses appartenant aux Orsini et aux Colonna. Ces deux lignages sont également possessionnés dans le royaume de Naples, et pratiquent une politique de bascule permanente entre les deux puissances. Le nord du Latium et la partie centrale et orientale des États de l'Église – duchés de Spolète et d'Urbino, marches d'Ancône – obéissent sans trop de difficulté au saint-père. Au nord, l'Émilie et la Romagne, en revanche, sont la terre d'élection des « vicaires », seigneurs régnant en despotes sur les grandes villes de ces régions. Les papes s'en étaient accommodés en leur accordant le titre de vicaires héréditaires, ce qui était une manière d'affirmer leur souveraineté sur ces villes frontalières aux dépens de l'empereur. Jules II les balaie sans pitié. Dès son avènement, il fait arrêter César Borgia et réintègre dans le giron de l'Église les terres et les villes dont il s'était emparé. À la fin du règne de Jules II, les villes de Romagne tombent toutes dans son escarcelle, y compris Bologne, la plus grande d'entre elles, d'où sont expulsés les Bentivoglio. Après avoir chassé de Modène – en terre d'empire ! – le duc de Ferrare, il s'apprête à lui porter le coup de grâce, à Ferrare même, lorsqu'il est emporté par la maladie, à près de 70 ans, en février 1513.

Le bilan du règne de Jules II est triomphal. Le pape domine d'une main de fer toute l'Italie centrale. Laissons à Guicciardini le mot de la fin : « Certes, il eût été digne de la plus grande gloire s'il s'était agi d'un prince séculier, ou s'il avait eu, pour exalter par l'art de la paix la grandeur de l'Église dans les choses spirituelles, le même soin et la même application que pour l'exalter, par l'art de la guerre, dans les choses temporelles[9]. » Son successeur, Léon X, hérite donc d'une situation politique extrêmement favorable. Quant aux choses spirituelles, il sera toujours temps de s'en occuper plus tard…

La Ligue catholique : l'Europe contre la France

En 1508, à l'instigation de la France et de Jules II, la Ligue de Cambrai avait uni toutes les puissances européennes contre Venise. Trois ans plus tard, inquiet des victoires remportées par Louis XII, Jules II était parvenu à retourner tous ses alliés contre le roi de France. La Ligue catholique, constituée en octobre 1511, rassemble le pape, Ferdinand d'Aragon, les cantons suisses… et Venise. Après la mort de Gaston de Foix à Ravenne, et malgré leur victoire, les Français ne peuvent résister au raz-de-marée qui submerge le Milanais au printemps 1512. Les Sforza reviennent alors dans les fourgons des armées de la Ligue catholique. Le jeune Massimiliano Sforza, fils de Ludovic le More, doit sa restauration aux Suisses, qui constituent son seul rempart contre les Français, mais aussi contre le pape et les Espagnols, dont les intentions à son égard sont loin d'être pures. Ses protecteurs le savent et en profitent sans délicatesse excessive. Massimiliano hérite d'un duché affaibli, appauvri, amputé de Parme et de Plaisance, occupées par les troupes du pape, et de ses districts alpins – Domodossola, Lugano, Locarno, Valteline –, annexés par les Suisses.

En 1513, Louis XII se réconcilie avec Venise, tandis que l'Angleterre et Maximilien rejoignent la Ligue catholique. Le roi tente de reconquérir le duché de Milan, mais le 6 juin 1513, l'armée française est écrasée par les Suisses à Novare. La bataille de Novare n'est que le début des déconvenues du roi de France, sur lequel vont s'abattre une série de désastres sans précédent. Le roi d'Angleterre Henri VIII et Maximilien assiègent l'été suivant la petite ville de Thérouanne, en Artois. En août 1513, les compagnies françaises sont mises en déroute à Guinegatte alors qu'elles tentaient de ravitailler Thérouanne. De nombreux seigneurs sont capturés, parmi lesquels Bayard, déjà célèbre, avec lequel le roi d'Angleterre fera assaut de courtoisie. En quelques semaines, Thérouanne puis Tournai se rendent aux Anglo-impériaux. Après la chute des deux dernières places avancées que conservaient les Français aux Pays-Bas, la Picardie et la route de Paris sont grandes ouvertes aux alliés. En septembre 1513, les Suisses attaquent la Bourgogne et mettent le siège devant Dijon[10]. Ils sont si nombreux que le commandant français, Louis de La Trémoille, est contraint de négocier un accord humiliant. Le traité de Dijon prévoit le versement aux Suisses d'une indemnité colossale de 400 000 écus et la renonciation du roi de France au duché de Milan.

Après le retrait de l'armée suisse, Louis XII refuse de ratifier le traité, mais l'échec de sa diplomatie est total. Le royaume a été envahi pour la première fois depuis la fin de la guerre de Cent Ans, en 1453. Le seul allié qui lui reste est la république de Venise, elle-même en très mauvaise posture face aux Impériaux et aux Espagnols. Louis XII a bien fait appel aux Écossais, trop heureux de prendre leur revanche sur l'ennemi héréditaire anglais. Las ! En ce sombre été 1513, les Anglais anéantissent l'armée écossaise à la bataille de Flodden Field. Le roi Jacques IV est tué, et l'Écosse hors-jeu pour trente ans. Louis XII n'a d'autre choix que de négocier avec ses ennemis et d'exploiter leurs divisions… La plus grande partie de l'année 1514 se passe en tractations secrètes. La stratégie du tiroir-caisse fonctionne à plein. Des flots de bons écus sonnants et trébuchants vont desserrer les mâchoires de l'étau qui menaçait un an plus tôt de broyer le royaume.

CHAPITRE 5

Mobilisations : le coût de la guerre au XVIe siècle

Louis XII, de constitution fragile et prématurément vieilli, meurt le 1er janvier 1515, à l'âge de 52 ans. Lui succède son cousin issu de germain, François d'Orléans, comte d'Angoulême, duc de Valois, né le 12 septembre 1494. Le nouveau roi, alors dans la fleur de sa jeunesse, relève aussitôt les droits de son prédécesseur sur le duché de Milan et le royaume de Sicile. À l'obstination sénile de Louis XII succèdent l'ardeur juvénile et l'enthousiasme communicatif de François Ier. Le roi a tôt fait de mobiliser autour de ses projets de conquête italienne toute la noblesse de France et toutes les ressources du royaume. Il ne dispose que d'un seul allié, la république de Venise. Allié de taille, cependant, dont la détermination à reconquérir la Terre ferme est restée entière, en dépit des revers qu'elle a subis face aux Impériaux et aux

Espagnols. Venise se trouve dans un tel isolement qu'elle place tous ses espoirs en la venue de François Ier en Italie. La reconquête du Milanais par la France est le préalable indispensable au redressement de la Sérénissime. Il n'y a donc plus de place pour les faux-semblants et les arrière-pensées ; l'alliance franco-vénitienne donnera lieu à une coopération militaire d'une efficacité inhabituelle à l'époque.

Face à eux, la Ligue catholique, profondément divisée, se désagrège peu à peu. Les capacités financières de Milan et Florence, vaches à lait respectives des Suisses et du pape, sont en effet très loin de soutenir la comparaison avec celles de la France. Pour le roi d'Aragon, la guerre doit nourrir la guerre, et la petite armée espagnole du vice-roi Cardona survit péniblement en écorchant jusqu'au sang les campagnes ferraraises et vénitiennes. En 1513, Henri VIII d'Angleterre avait dilapidé en quelques mois l'épargne patiemment accumulée par son père en vingt-cinq ans[1]. Maximilien de Habsbourg, enfin, fidèle à lui-même, multiplie les promesses et les voyages à travers son empire, des Pays-Bas à la Bohême et à la Hongrie, bâtissant d'audacieuses combinaisons diplomatiques et militaires dont chacun savait qu'elles ne verraient jamais le jour.

François Ier

Le nouveau roi était l'héritier présomptif de la couronne depuis que Louis XII était monté sur le trône, en 1498. Il l'est resté pendant tout le règne de son prédécesseur, malgré quelques frayeurs passagères, suscitées par les nombreuses grossesses de la reine Anne de Bretagne. Piètre reproductrice, la reine collectionne les fausses couches et sa progéniture paye un lourd tribut à la mortalité infantile du temps. En dépit de tous ses efforts, Anne ne parvient pas à donner d'héritier mâle à Louis XII. François d'Angoulême reçoit donc très tôt l'éducation qui devait le préparer à exercer au mieux le magistère royal. La mort de son père en 1496, alors que François avait à peine plus d'un an, laisse le champ libre à Louise de Savoie, mère-lionne, énergique et autoritaire, qui se consacre corps et âme à son cher fils[2]. Il devait incarner le modèle du souverain idéal, à la fois prince chrétien, roi-chevalier, roi justicier, nouveau David, mais également, comme c'était devenu la mode depuis quelques décennies, nouveau César[3].

De l'avis des contemporains, le nouveau roi satisfaisait à tous ces critères. « D'une singulière beauté corporelle, d'une très grande libéralité, d'une suprême humanité », pour l'historien Guicciardini, ce géant de près de deux mètres séduisait ceux qui l'approchaient par le charme de ses manières. Était « libéral » et

« humain » un roi qui ne regardait pas à la dépense, et cela pour faire honneur à sa cour, à son royaume et à ses hôtes. De ce point de vue, rien à redire non plus... Les ambassadeurs vénitiens se plaisent à décrire en détail le raffinement frisant l'extravagance de ses vêtements. La prodigalité – au demeurant maîtrisée – du nouveau roi contribue à rendre prestige et gaieté à la cour de France.

Bref, nul mieux que François Ier ne pouvait représenter avec plus de prestance et de majesté le royaume des fleurs de lys. Il eût été un parfait monarque constitutionnel. François Ier manquait cependant de la force de caractère et de la fermeté de pensée nécessaires au roi absolu qu'il était. Indécis, velléitaire, entêté, cet enfant gâté trop choyé par sa mère et trop admiré par sa sœur n'allait guère tenir les promesses de son avènement. Exagérément soumis à l'influence de son entourage, François Ier était par bonheur encore trop jeune en 1515 pour l'avoir choisi au gré de ses seules inclinations personnelles. Le gouvernement royal est alors entre les mains des conseillers de Louis XII, Charles VIII, voire de Louis XI. Quant à l'armée royale, en dépit des coupes claires des premières guerres d'Italie, elle compte encore beaucoup de capitaines expérimentés.

Dès son avènement, François Ier reprend à son compte la guerre héritée de son prédécesseur. La reconquête du duché de Milan était d'abord une querelle familiale et un point d'honneur. En ce sens, les guerres d'Italie sont encore un conflit de nature médiévale. Pour Louis XII, le duché de Milan était une possession personnelle, qu'il pouvait transmettre à qui bon lui semblait, et qui dérogeait donc aux règles d'inaliénabilité auxquelles était soumis le royaume de France. Ainsi avait-il envisagé de céder le duché à sa fille Claude de France, qui aurait épousé le petit-fils de Maximilien, Charles d'Autriche, prince des Pays-Bas et héritier de la couronne espagnole. Le Milanais serait ainsi passé sans coup férir aux Habsbourg, parachevant l'encerclement de la France par les possessions de la maison d'Autriche[4].

Quant à François Ier, s'il veut conquérir deux États aussi éloignés de la France que le Milanais et le royaume de Naples, c'est que, comme les Habsbourg, il aspire à la monarchie universelle. C'est dans cet esprit qu'en 1519, après la mort de Maximilien, il posera sa candidature au trône impérial. L'échec de François Ier à l'élection impériale, face à Charles Quint, ne doit pas faire oublier que le roi, loin de défendre une nouvelle vision moderne et rationnelle de l'État national, caressait le même rêve que son adversaire, qui était celui d'une chrétienté unifiée sous un seul sceptre. *A contrario*, Charles VII ou Louis XI, qui avaient privilégié l'expansion intérieure aux dépens des grands princes, et repoussé avec patience les frontières du royaume vers le nord et l'est, apparaissent comme des souverains infiniment plus « modernes » que Charles VIII, Louis XII et François Ier.

Sûr de son droit et impatient de montrer sa valeur, François Ier décide de prendre la tête de l'armée d'Italie. Le commandement direct par le roi d'une expédition militaire donne à celle-ci une dimension particulière, presque sacrée. Elle revêt la forme d'un jugement, dont le monarque, oint du Seigneur, est l'exécutant. Ceux qui ont osé l'offenser n'ont plus qu'à se soumettre. De fait, tout cède devant la chevauchée victorieuse de Charles VIII à Naples, en 1494, ou devant Louis XII, qui écrase la rébellion génoise en 1507, puis les Vénitiens en 1509.

La présence du roi galvanise les hommes, attire à l'armée de nombreux volontaires qui servent gratuitement, dans l'espoir d'être remarqués par leur souverain. Elle a également l'avantage de faire taire les discordes, car lorsque le roi ne commande pas en personne, les capitaines n'ont que trop tendance à se déchirer, faute d'une hiérarchie clairement établie avant la fin du XVIIe, voire le XVIIIe siècle. Les Italiens, dans les accès de gallophobie dont ils sont coutumiers, en font d'ailleurs une spécialité française. Il est vrai qu'une grande partie des désastres essuyés par les Français en Italie sont imputables à ce genre de dissensions, ou à la désobéissance de capitaines aveuglés par leur impétuosité. La présence du roi règle d'un coup les querelles de préséance et les conflits entre hiérarchies concurrentes établies par la faveur royale, la naissance ou l'expérience, mais le commandement d'une armée reste un exercice collégial. François Ier n'est pas un *imperator* romain ; le roi de France est d'abord un juge et un arbitre, qui prend l'avis de ses conseillers et tranche en dernier ressort, en général dans le sens de la majorité. En temps de paix comme à la guerre, il est tenu de gouverner par « bon conseil » ou par « mûre et sûre délibération ».

En prenant la décision d'aller en Italie, François Ier jouait gros. Que les opérations piétinent ou s'enlisent, et le prestige du souverain en serait durablement terni. Même un succès limité viendrait entacher sa réputation. La victoire de Henri VIII à Guinegatte, en 1513, puis la prise de Thérouanne et de Tournai sont ainsi apparues aux yeux de l'opinion publique européenne comme un résultat dérisoire au regard des moyens déployés. Qu'une campagne se termine au contraire par une défaite, voire par la capture du roi, tel Jean le Bon à Poitiers, en 1356, et c'est l'État monarchique tout entier qui tremblerait sur ses bases. François Ier, en accompagnant son armée, lui donnait un avantage moral considérable, mais il ne se laissait d'autre choix que de remporter une victoire éclatante.

La préparation diplomatique

Condamné à vaincre, François Ier s'emploie à mettre toutes les chances de son côté. Il commence d'abord par achever le redressement diplomatique déjà bien entamé par Louis XII. L'éloignement du duché de Milan, séparé de la France par les Alpes et un État, la Savoie, très loin d'être acquis au roi, rendait nécessaire de s'assurer de la neutralité des puissances frontalières du royaume. Depuis la chute de l'État bourguignon et l'annexion de la Bretagne, en France, depuis l'union de la Castille et de l'Aragon, en Espagne, et depuis que la plus grande partie de l'héritage bourguignon était tombée dans l'escarcelle des Habsbourg, on était entré dans une nouvelle ère de l'histoire européenne. Jusqu'alors, la diplomatie des rois de France avait été dominée par les affaires intérieures et les relations qu'ils entretenaient avec leurs grands vassaux. Les princes étrangers n'y faisaient que de brèves apparitions ; les rois d'Angleterre eux-mêmes étaient des princes possessionnés en France. Désormais, de grandes puissances rivales allaient se livrer à un jeu diplomatique complexe, non plus limité aux seuls pays frontaliers, mais étendu à une échelle réellement européenne. Un équilibre européen se mettait en place. Celui-ci ne sera pensé et érigé en « système » que bien plus tard, au début du XVIIIe siècle, mais le principe essentiel qui le sous-tendrait était déjà bien présent au début du XVIe siècle : à chaque fois que l'une des puissances européennes s'élevait trop au-dessus des autres, celles-ci se liguaient aussitôt contre son hégémonie.

C'est ce qui était arrivé à Louis XII, mais la suite de désastres qu'il avait subie en 1513 avait trop fait pencher le fléau de la balance en sa défaveur pour ne pas déclencher des forces contraires équivalentes. En réalité, un maillon de la chaîne tendue autour de la France par la Ligue était déjà prêt à céder avant même les revers du printemps et de l'été 1513. Ferdinand d'Aragon n'avait en effet aucune envie d'entrer en guerre contre le roi de France en dehors d'Italie. En 1493, il avait récupéré le Roussillon, occupé par les Français pendant près de trente ans ; en 1503, il avait chassé les Français de Naples, et il venait de conquérir, en 1512, la plus grande partie du royaume de Navarre, revendiqué par les maisons françaises de Foix, puis d'Albret. Il lui suffisait de consolider ses gains... ce qui fut fait le 1er avril 1513, par la trêve franco-espagnole d'Orthez, accordée pour un an, valable uniquement pour le théâtre pyrénéen. En Italie, Français et Espagnols restaient en guerre. Ferdinand y avait donc les mains libres pour surveiller ce qui se passait en Lombardie, depuis sa base arrière du royaume de Naples.

La manœuvre de Ferdinand était habile, mais fort peu élégante, et contraire aux stipulations de la Ligue catholique, qui interdisait bien sûr à ses membres de conclure des traités séparés avec l'ennemi commun. Elle déclenche la fureur de Henri VIII, qui préparait sa campagne contre la France. Lorsque la trêve d'Orthez est reconduite pour un an, en mars 1514, le roi d'Angleterre saisit aussitôt l'occasion qui lui est offerte de négocier en position de force avec la France. Suivant un usage désormais bien établi depuis le traité de Picquigny, en 1475, Louis XII achète la paix anglaise contre la reprise du versement d'une pension annuelle de 50 000 écus d'or, à laquelle s'ajoute une très copieuse indemnité d'un million d'écus d'or, soit près de 2 millions de livres tournois, payable par annuités de 100 000 livres tournois[5]. Il doit également céder Tournai – perte limitée, compte tenu de la situation de la ville, enclavée au milieu des Pays-Bas. En contrepartie, Louis XII obtenait un traité d'assistance mutuelle avec Henri VIII. En cas de guerre, le premier promettait de mettre à disposition du second 1 200 lances, et le second 10 000 fantassins à disposition du premier. Le traité était valable jusqu'à la mort de l'un ou l'autre souverain, plus un an. Louis XII y récoltait également la main de Marie Tudor, sœur de Henri VIII, tout juste âgée de 18 ans, qui succédait ainsi dans la couche du roi à Anne de Bretagne, morte en janvier précédent[6]. Les traités franco-anglais portaient un coup très sévère à la Ligue catholique. Ni Maximilien ni le roi d'Aragon n'y étaient cités en tant qu'alliés du roi d'Angleterre ; seuls les Suisses l'étaient, et pouvaient ainsi bénéficier de la paix avec la France, mais à condition qu'ils ne s'opposent pas à la reconquête du duché de Milan. Le mariage entre le roi et Marie Tudor est célébré dès le mois d'octobre 1514 ; moins de trois mois plus tard, Louis XII rendait l'âme. Il ne manqua pas de bons esprits pour établir un lien de cause à effet entre les deux événements. Imaginer le souverain valétudinaire terrassé par sa lubricité et les agréments de la ravissante Marie Tudor, la tentation était forte !

Fût-ce au prix de sa santé, le roi de France avait écarté les menaces d'invasion qui se profilaient encore au début de l'année 1514. Maximilien de Habsbourg, désargenté, brouillé avec l'Angleterre et en délicatesse avec le roi d'Aragon, ne risquait pas de troubler les nuits agitées de Louis XII. Au nord, le vaste complexe des principautés néerlandaises (Artois, Flandre, Hollande, Zélande, Hainaut, Brabant, Limbourg, Luxembourg) jadis réunies par la maison de Bourgogne, et dont avait hérité Charles de Habsbourg, pratiquait une politique tout à fait indépendante de Maximilien, à la grande fureur de celui-ci. Les états généraux des Pays-Bas veillaient à ce que leur prince conserve de bonnes relations avec la France. Maximilien, très impopulaire auprès des Néerlandais qui connaissaient sa passion pour les entreprises militaires aussi coûteuses que vaines[7], n'arrive donc pas à entraîner son petit-fils dans sa querelle avec le roi de France. L'archiduc et François Ier concluent un traité d'alliance, signé à Paris dès le 24 mars 1515. Les frontières du Nord et de l'Est – la Franche-Comté appartenait également à Charles de Habsbourg – étaient ainsi sécurisées.

Au nord-est, les duchés de Lorraine et de Bar étaient aux mains d'un prince allié au roi de France et pensionné par lui. Le duc Antoine Ier, de quelques années seulement plus âgé que François Ier, était capitaine d'une compagnie d'ordonnance royale, dont on a vu que Bayard était le lieutenant. Il était donc pleinement intégré dans la sphère d'influence de la France. Il aurait dû en être de même avec la Savoie, compte tenu des liens anciens qui l'unissaient avec la France. Malheureusement pour le roi, la Savoie était liée par traité avec les cantons suisses, en particulier les cantons occidentaux. Depuis les guerres de Bourgogne (1474-1477), à l'issue desquelles la Savoie avait failli perdre tout le pays de Vaud, les ducs vivaient dans la terreur de déplaire à des voisins qui ne guettaient qu'une occasion pour se jeter une nouvelle fois sur leurs possessions septentrionales. Les circonstances allaient contraindre le duc Charles III à pratiquer une politique opportuniste entre France et Confédération suisse, peu glorieuse, mais qui faciliterait plus tard la conclusion de la paix franco-suisse, cruciale pour la Savoie. En attendant, le duc de Savoie refusait de s'engager aux côtés de son neveu François Ier, et fournissait aux Suisses des renseignements sur les préparatifs militaires français.

Troubles politiques en Suisse

Au sein de la Confédération suisse, il régnait une ambiance électrique. Les victoires de Novare et de Dijon étaient quelque peu montées à la tête des Suisses, à qui rien ne paraissait devoir résister. Le sentiment de leur supériorité éclate à chaque ligne des correspondances diplomatiques échangées avec les puissances étrangères. Pourtant, la formidable confiance en soi acquise sur les champs de bataille se mâtinait d'une suspicion généralisée entre cantons, et surtout, au sein des gouvernements cantonaux, entre adversaires et partisans de la France. Les ennemis du roi tenaient la corde à peu près partout, y compris à Berne. Les années 1513-1516 sont ponctuées d'émeutes populaires antifrançaises, sur fond de tensions politiques entre bourgeois et paysans. Depuis fort longtemps, les villes resserraient leur étreinte sur les campagnes ; elles renforçaient leur domination administrative, judiciaire et fiscale sur le territoire cantonal, et tentaient d'abroger les anciennes coutumes trop favorables aux paysans[8]. Ces derniers, excédés, n'en sont que plus enclins à soupçonner les élites bourgeoises de collaboration au profit des Français. Les quelques dizaines de familles qui détiennent le pouvoir dans les conseils de gouvernement, il est vrai, ne se pressent pas de punir ceux des leurs qui étaient stipendiés par le roi de France.

Après la bataille de Novare, des troubles agitent Berne, Lucerne et Soleure. Au cours de la « guerre de Könitz », les 26 et 27 juin 1513, plusieurs centaines de paysans armés entrent à Berne et pillent les maisons de deux partisans des Français. Inquiet, le conseil de la ville décide de donner des gages aux insurgés et publie la liste des bourgeois pensionnés par la France ; quatre activistes profrançais sont décapités. Du 4 au 6 juillet 1513, des milliers de paysans campent sous les murs de Lucerne et saccagent les jardins potagers des bourgeois. Leurs légumes ne seront pas les seules victimes de la « guerre des oignons ». Sous la pression des émeutiers, sept notables sont arrêtés pour trahison. En août, c'est au tour de Soleure d'être menacée par les habitants des districts ruraux[9].

Après le siège de Dijon, le refus de Louis XII de ratifier le traité extrêmement défavorable négocié à la hâte par La Trémoille pour obtenir le départ de l'armée suisse, déclenche une nouvelle vague de haine antifrançaise. Au-delà du pactole de 400 000 écus promis par La Trémoille qui s'évanouissait, c'était l'honneur des Suisses que bafouait une fois de plus Louis XII. Les confédérés ressentaient durement le mépris des princes qui, tout en mendiant leur alliance, les considéraient au pire comme des « vachers » ou des « bouviers », au mieux comme des mercenaires qu'on pouvait sacrifier de préférence à ses propres sujets. Ce complexe d'infériorité pénétrait et se diffusait au sein même de la société suisse, se métamorphosant en haine de classe dirigée contre les élites qui dominaient les gouvernements des cantons. En janvier 1514, on signalait à nouveau des troubles à Berne et en Argovie[10]. En avril 1514, la diète confédérale constatait l'insatisfaction générale qui régnait dans les cantons[11].

Le désordre gagne également les bailliages communs suisses, ces districts annexés par les cantons, dont les habitants étaient privés de droits politiques. Frustrés des soldes qui auraient dû leur être distribuées sur l'indemnité de guerre des Français, les hommes qui avaient participé au siège de Dijon s'agitent, soupçonnent des trahisons et des détournements d'argent. En novembre 1514, les rassemblements illicites d'hommes en armes se multiplient dans les *Freie Ämter*, au nord de Lucerne[12]. Au début de l'année suivante, les cantons accusent Schwyz d'encourager l'agitation dans les campagnes des cités-États de la Confédération. Schwyz se justifie en taxant les autorités de Berne, Lucerne et Soleure d'inertie, voire de complaisance à l'égard des partisans des Français qui peuplaient encore les conseils des villes, ou qui, provisoirement mis sur la touche, n'avaient pas été assez punis[13]. Les choses rentrent peu à peu dans l'ordre. En janvier 1515, Lucerne reprend le contrôle de son plat pays ; les principaux meneurs de la guerre des oignons seront décapités[14]. Les villes ont une fois de plus triomphé des campagnes.

Helvetia gubernans... ou l'impérialisme du pauvre

Cette atmosphère quelque peu délétère n'empêche pas les cantons d'asseoir leur domination sur les bailliages italophones du Tessin, récemment conquis. Les nouveaux sujets s'accommodent de la situation ; les habitants de Lugano demandent ainsi aux Suisses le privilège d'établir un atelier monétaire[15], et en profitent pour tenter de faire régler en leur faveur les différends qui les opposaient aux communautés voisines demeurées milanaises. Ils restent cependant des étrangers, dont on craint la trahison. En mars 1515, on signale aux alentours de Lugano la présence menaçante et clandestine de notables milanais exilés[16]. Il faut donc veiller à la sûreté des forteresses de Locarno, Lugano et Bellinzona, qui sont le verrou de la vallée du Tessin et de l'accès au Saint-Gothard. Or les Suisses sont incapables d'y maintenir des garnisons suffisantes, et les recettes tirées des nouveaux bailliages sont très loin de suffire à financer les frais d'occupation. La douane de Locarno, principale source de revenus, est affermée en février 1514 pour 950 écus (environ 1 700 livres tournois) par an[17], l'équivalent de la solde annuelle... de 25 hommes. En l'absence de menace immédiate, les cantons rechignent à fournir leur quote-part des contingents votés par la diète. 1 000 ou 2 000 écus sont une somme considérable pour des villes comme Berne ou Zurich[18], et une fortune tout à fait hors de portée de cantons ruraux comme Schwyz ou Uri.

En prenant le parti du pape et des Sforza contre la France, la Confédération a renoncé à la manne royale, individuelle – les soldes payées aux mercenaires suisses – et collective, par le biais des pensions versées chaque année aux cantons. Cet appoint de plusieurs dizaines de milliers de livres par an constituait une part notable des revenus publics suisses. Les confédérés entendaient substituer au roi de France le duc de Milan. Aussitôt après l'expulsion des Français du duché de Milan au printemps 1512, commence l'exploitation effrénée du pays « libéré ». Les villes du duché doivent verser des contributions de guerre qui s'élèvent à près de 300 000 ducats (un peu plus de 550 000 livres tournois). Le duc de Milan signe un traité par lequel il s'engage à verser aux cantons suisses une indemnité forfaitaire de 150 000 ducats, ainsi qu'une pension de 40 000 ducats par an pendant vingt-cinq ans[19]. Quelques mois plus tard, les Suisses font payer très cher le soulèvement de la plupart des villes du duché à l'approche de l'armée française au printemps 1513. Après la bataille de Novare, elles doivent se racheter du pillage. La ville de Milan se voit ainsi infliger une amende colossale de 200 000 ducats – trois fois plus lourde que la contribution imposée l'année précédente.

Guicciardini, aveuglé par sa haine des Français et son admiration des vertus militaires suisses, peut bien prétendre que les confédérés avaient « commencé à se gouverner, non plus en soldats mercenaires ni en bergers, mais comme le font dans une république bien ordonnée des hommes nourris en l'administration des États[20] » ! Les Suisses ont en fait bien du mal à passer de l'extorsion de fonds à l'exploitation raisonnée du pays occupé. Le cheval milanais est vite épuisé par les treize sangsues confédérées. Car si les Français ont été chassés de Lombardie, la guerre continue contre Venise. Les Vénitiens ont une garnison à Crema[21], à l'est du duché, sous les ordres d'un remarquable *condottiere*, Renzo da Ceri, qui fait résonner toute l'Italie de ses exploits remportés contre les capitaines au service de Milan, Prospero Colonna et Silvio Savelli. Renzo multiplie les embuscades et les courses en territoire ennemi, y entretenant une insécurité permanente. Le duc doit poster des garnisons et solder des compagnies d'hommes d'armes et de cavalerie légère pour tenir la campagne.

En septembre 1514, un émissaire milanais produisait devant la diète confédérale un état des dépenses mensuelles à la charge de Massimiliano Sforza. Les dépenses militaires s'élevaient à 15 500 ducats, à quoi s'ajoutaient 1 000 ducats pour les gages des officiers civils et des magistrats de l'État milanais, soit près de 200 000 ducats (environ 400 000 livres tournois) par an[22]. La guerre de frontière avec Venise, d'ampleur modeste, puisqu'elle mettait aux prises à peine plus de 2 000 à 3 000 fantassins et quelques centaines d'hommes d'armes dans chaque camp, suffisait à absorber la presque totalité des ressources du duché, dont les recettes annuelles ordinaires étaient de l'ordre de 250 000 ducats. Encore ne figuraient pas dans l'état mensuel de dépenses les frais de fonctionnement de la cour du duc et les pensions servies à ses familiers, toujours considérables dans un État princier. Le duc ne disposait d'aucune marge pour payer les pensions dues à la Confédération.

Massimiliano a également fort à faire avec les Suisses de la garnison du château de Milan, au nombre d'un millier environ, dont la mission était autant de le protéger de ses sujets que d'assurer aux cantons suisses un point d'appui permanent dans la capitale du duché. L'occupation du château fait l'objet de complexes négociations pendant la plus grande partie de l'année 1514. Les Suisses veulent qu'en soient expulsés les « Welches », c'est-à-dire les soldats de langue romane au service du duc, Napolitains, Romagnols et Espagnols. Les confédérés réclament également la remise des clés des portes à leurs capitaines. En septembre 1514, le duc hésitait encore, de peur de se discréditer aux yeux des Milanais, mais les Italiens et les Espagnols avaient déjà quitté le château, et le duc avait fait libérer les accès pour permettre aux Suisses de circuler librement. En février 1515, il s'était résigné à céder sur toute la ligne, mais n'avait pas encore rendu les clés. Toute honte bue, Massimiliano demande également aux Suisses d'endosser la responsabilité d'une taille exceptionnelle de 200 000 ducats, à asseoir pour moitié sur la ville de Milan, pour moitié sur le reste du duché, qui promettait de lui aliéner encore un peu plus le soutien de ses sujets[23]. Plutôt que de convoquer une assemblée d'états qui risquait d'être pour le moins houleuse, le duc voulait travestir l'impôt en une contribution de guerre levée d'autorité par et pour les Suisses[24]. On en était déjà là, au début de l'année 1515, alors que les Français n'avaient même pas commencé leurs préparatifs !

Gargantua fourbit ses armes

Tandis que les Suisses sondent les poches de Massimiliano Sforza pour y trouver de quoi payer leurs pensions et les soldes de la garnison de Milan, François Ier procède à des armements d'une ampleur sans précédent. Le Conseil du roi s'accorde vite sur le calibrage des effectifs de l'armée. Elle comptera 23 000 lansquenets, une dizaine de milliers de fantassins « français », pour la plupart gascons et navarrais, une soixantaine de pièces d'artillerie, ainsi que la plus grande partie des compagnies d'ordonnance. Seules 500 lances resteront à la disposition de Louise de Savoie, nommée régente du royaume pendant l'absence de son fils, pour parer à de possibles troubles intérieurs[25]. Des effectifs aussi réduits ne pouvaient constituer autre chose qu'une force de police. Comme en 1494, le royaume serait vidé de toutes ses forces militaires. Le risque était mesuré, grâce aux succès de la diplomatie royale, et surtout à l'impécuniosité des puissances voisines de la France.

Il existait pourtant. Aussi François Ier prenait-il tout son temps pour concentrer son armée et ne se pressait-il pas d'entrer en campagne. Plus tard les ennemis et les faux amis du roi seraient fixés sur ses intentions réelles, moins ils auraient le temps de prendre des dispositions offensives. Les Français conservent ainsi l'initiative à peu de frais, tandis que Ferdinand d'Aragon s'inquiète d'une attaque éventuelle contre le Roussillon, et que les alarmes se multiplient chez les Suisses.

Le cœur de l'armée du roi est constitué par les lansquenets, qui représentent plus de la moitié de l'effectif combattant. Ils viennent de Gueldre et de la basse vallée du Rhin d'une part, et d'Allemagne du Sud, dans le voisinage immédiat de la Confédération suisse, d'autre part. Ces 23 000 hommes ont été recrutés en trois vagues. 8 000 d'entre eux se trouvaient déjà à la solde du roi de France à la mort de Louis XII, dont une moitié stationnée en Bourgogne et l'autre en Provence[26]. 9 000 à 9 500 hommes supplémentaires sont passés en revue et enrôlés au printemps 1515. Enfin, un dernier corps de 5 500 à 6 000 Gueldrois, les « bandes noires », rejoint l'armée royale beaucoup plus tard. Elles font leur entrée à Grenoble le 19 août, alors que les Français ont déjà franchi les Alpes[27].

L'arrivée des bandes noires avait été retardée par les derniers développements diplomatiques du conflit qui opposait depuis plusieurs décennies les Habsbourg, maîtres des Pays-Bas, et le duc de Gueldre, Charles d'Egmont. Ce dernier avait reconquis la totalité de la Gueldre en 1514, et disputait à présent à l'archiduc Charles d'Autriche la possession d'une partie de la Frise. Grâce à la médiation de François Ier, allié aux deux princes, une trêve de quatre mois est signée le 12 juin 1515[28]. Elle libérait le duc et l'élite de ses troupes pour la campagne d'Italie. Egmont y trouvait quant à lui le moyen de rendre service à son allié français, soutien traditionnel de sa cause contre les Habsbourg, tout en faisant solder ses lansquenets par le roi de France. Le problème des petits princes d'Empire dont l'indépendance était menacée par de puissants voisins était en effet l'entretien de leurs troupes en temps de paix. Il leur fallait alors trouver de nouveaux employeurs, et se métamorphoser en véritables « entrepreneurs militaires[29] ». À mesure qu'augmentait le nombre de lansquenets au service du roi de France, grossissait le fardeau pour le trésor royal. Leur solde mensuelle s'élevait à 4,50 florins du Rhin, soit un peu plus de 6 livres tournois[30]. Ainsi, à partir du début du mois d'août, ce ne sont pas moins de 142 000 livres tournois que les trésoriers du roi devaient débourser chaque mois pour les seuls lansquenets, et encore sans y comprendre les gages des capitaines et des gradés. Il convient d'y ajouter les soldes des 8 000 fantassins gascons et basques, et d'environ 2 500 pionniers, à peine moins gourmands que les lansquenets (5 livres tournois par mois), ainsi que les frais de location et de nourriture des milliers de chevaux des services de l'intendance et de l'artillerie[31].

Le surcoût de la campagne qui s'annonçait peut ainsi être évalué à plus de 200 000 livres tournois par mois, à la charge des trésoriers de « l'extraordinaire des guerres », tandis que « l'ordinaire des guerres », c'est-à-dire les 3 000 lances des compagnies d'ordonnance, revenait à près de 100 000 livres par mois. Ces sommes sont colossales. Que l'on songe que le montant de la taille dont la Bourgogne a dû s'acquitter pour toute l'année 1515, soit 60 000 livres[32], ne représentait que six jours de solde de l'armée de François Ier ! Ces dépenses pèsent d'autant plus lourdement sur le budget royal qu'il faut payer les gens de guerre rubis sur l'ongle, dans les délais prévus – faute de quoi l'on s'expose à de dangereuses mutineries ou à une désertion massive –, et en espèces sonnantes et trébuchantes.

Les financiers de la monarchie, au printemps 1515, devaient trouver chaque mois une demi-tonne d'or fin pour le paiement des gens de guerre, en un temps où l'Occident souffrait d'une pénurie de métaux précieux, et où ne provenait encore des Amériques que la médiocre production tirée du tamisage des sables aurifères des îles caraïbes. Les expédients habituels en tels cas ne suffisent pas, d'autant que la plupart d'entre eux avaient été épuisés en 1513 et 1514. François Ier fait fondre la vaisselle de Louis XII, geste politique avant tout, destiné à montrer que le roi puisait dans ses propres caisses avant de faire appel à la bourse de ses sujets. Par bonheur, si les finances royales se sont encore mal relevées des défaites de 1513, les Français sont riches. Le grand nombre des offices royaux, ainsi que la politique des dons et des pensions coûtent cher au trésor royal, mais ils permettent aussi de mobiliser très vite des fonds massifs lorsque le roi en a besoin. Les grands officiers de la couronne et les princes pensionnés par la monarchie savent que la faveur du roi, et donc leurs revenus à venir, dépendra de leur capacité à lui prêter de l'argent, sans intérêt, et pour une durée très aléatoire[33]. Le roi partira donc en guerre accompagné de toute l'élite politique et économique du royaume, qui emporte avec elle des cassettes bien garnies, prêtes à suppléer les finances royales.

L'armée de François Ier donne ainsi lieu à une concentration de richesses inouïe ; elle est un précipité de l'État royal, et un Moloch qui dévore toutes les ressources du royaume. *A contrario*, elle invite à relativiser le degré de maturité alors atteint par l'État moderne. Au prix d'un effort exceptionnel, François Ier n'a pu lever qu'une seule armée, pour se battre sur un seul front, en laissant derrière lui un royaume sans défense et en déséquilibrant durablement ses finances. La campagne de Marignan est un gigantesque coup de poker, certes joué avec une main très forte, mais François Ier sait que si l'entreprise devait échouer, il n'aura pas les moyens de renouveler une telle mobilisation d'argent et d'hommes avant plusieurs années.

LE PASSAGE DES ALPES PAR FRANÇOIS Ier

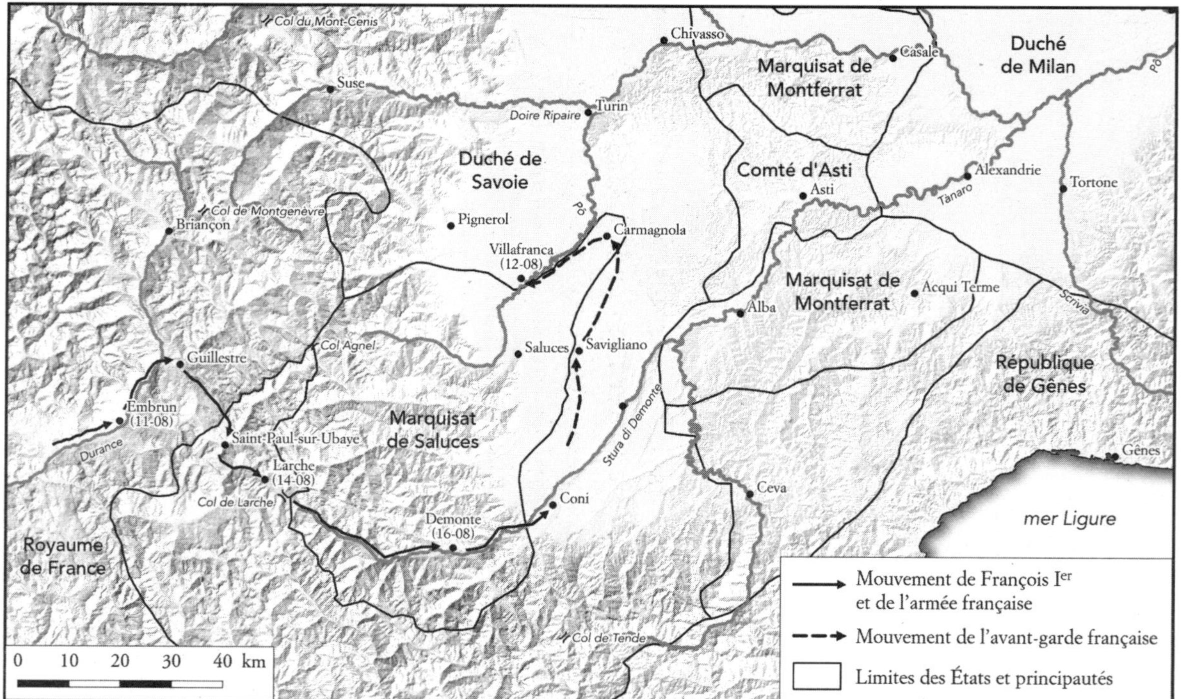

CHAPITRE 6

François Ier, nouvel Hannibal : le franchissement des Alpes

Les préparatifs des Français sont connus des Suisses, qui craignent une offensive dès la signature des traités franco-anglais. Le nouveau roi et son entourage ne les cachent guère, tant ils ont intérêt à entretenir le doute chez leurs ennemis. Après la défection du roi d'Angleterre, on appréhende celle de l'empereur, chez qui la haine des Suisses balance toujours celle des Français. Les rumeurs les plus folles circulent dans les cantons. Fin août 1514, on rapporte que Maximilien se serait entendu avec les Français et aurait recruté 10 000 hommes en Bohême pour conquérir le duché de Milan, de concert avec François Ier. La tension retombe avec l'arrivée de la mauvaise saison. Les alertes reprennent de plus belle au printemps. En mars, un ambassadeur suisse à Milan récolte auprès de marchands revenant de France un joli bouquet de fausses nouvelles, parmi lesquelles l'arrivée imminente de 12 000 soldats anglais[1].

Matthäus Schiner

Au cours de l'automne et de l'hiver 1514-1515, les diplomates des puissances ennemies de la France s'affairent. Les cantons doivent se prononcer sur plusieurs projets de traités. Le premier est une alliance générale, unissant l'empereur, le roi d'Aragon, le pape, les confédérés, et leurs satellites, Gênes, Milan et Florence. Plus importantes à leurs yeux étaient les discussions bilatérales avec le duc de Milan d'une part, le saint-père d'autre part. Or les relations avec ces deux souverains ne sont pas dénuées d'arrière-pensées. Les Suisses et le pape, dont l'alliance formait la colonne vertébrale de la Ligue catholique, avaient été les principaux bénéficiaires de la défaite française, aux dépens de Milan. Les premiers s'étaient emparés de la vallée du Tessin et de la Valteline, tandis que le second avait mis la main sur Parme et Plaisance. Si Massimiliano Sforza avait fait son deuil de Lugano et Locarno, il en allait autrement de Parme et de Plaisance, anciennes conquêtes des Visconti, dont la perte avait amputé les revenus du duc de Milan d'un bon quart[2]. Les Suisses, qui songent au paiement de leurs pensions, soutiennent la demande de rétrocession de Parme et de Plaisance.

Au cœur de toutes ces tractations se trouvait une personnalité d'envergure internationale, le prince-évêque de Sion, Matthäus Schiner[3]. Né vers 1465, Schiner était parvenu en 1496 à chasser de Sion l'évêque Jost de Silenen, au profit de son oncle, auquel il succède lui-même en 1499. L'évêque de Sion régnait sur toute la haute vallée du Rhône, mais sa souveraineté était plus théorique que réelle, car les communautés du Valais s'en étaient émancipées depuis fort longtemps. L'évêque demeurait malgré tout une puissance politique avec laquelle il fallait compter si l'on voulait s'assurer la maîtrise des cols du Grand Saint-Bernard et du Simplon. Rien ne prédisposait Schiner à être un grand ami de la Confédération. Au XIVe siècle, les Valaisans s'étaient alliés aux cantons pour conforter leur autonomie face aux évêques de Sion ; les relations entre les uns et les autres s'étaient pacifiées depuis le début du XVe siècle, mais elles restaient difficiles. Schiner était un homme de pouvoir, qui songeait à ses intérêts et les défendaient avec acharnement. Jamais il n'a voulu renoncer à ses droits de prince temporel sur le Valais, et il n'a pas manqué d'être contesté tout au long de son règne au sein même de ses domaines alpins. Cependant, Schiner, fils de paysans germanophones de la vallée de Conches, savait parler aux Suisses, en particulier ceux des cantons ruraux de l'intérieur, qui entretenaient les relations les plus étroites avec les communautés valaisannes, et pouvaient donc le mieux modérer leurs ardeurs. Plus important encore, l'évêque soutenait la politique d'expansion vers le midi d'Uri, Schwyz et Unterwald, et souhaitait que le Valais y prenne sa part.

Schiner s'est signalé très tôt comme un farouche adversaire des Français, en Suisse et en Italie, et comme le soutien le plus ferme de la politique de l'Église dans la péninsule. Il a été l'artisan de l'entrée en guerre de la Confédération contre Louis XII. Non sans difficultés, tant le roi de France comptait de partisans parmi les cantons occidentaux, et au sein même des communautés valaisannes. Schiner, qui devait sa crosse au soulèvement des paysans du Valais contre Jost de Silenen, est lui-même confronté à plusieurs rébellions armées en 1510 et 1511, qui le contraignent à l'exil à Rome[4]. Pour le récompenser de ses bons offices et le dédommager de sa peine, Jules II lui accorde la barrette de cardinal en 1511. Nommé légat du pape auprès des confédérés quelques mois plus tard, Schiner représentait à la fois le pape auprès des cantons, et les cantons auprès de la curie. À ce titre, il joue un rôle décisif dans la rapide conquête du duché de Milan au printemps 1512. Son éloquence, sa détermination et ses talents de diplomate font merveille. Il connaît son heure de gloire le 29 décembre 1512, lorsqu'il accueille aux portes de Milan, libéré des Français, le jeune duc Massimiliano Sforza. Celui-ci le récompense à son tour et lui offre le marquisat de Vigevano. Le cardinal-légat est alors au faîte de sa puissance.

Mais à l'ivresse succèdent les nuits sans sommeil et les migraines ; à la conquête, l'exercice du pouvoir et ses difficultés. Le cardinal de Sion ne tarde pas à se brouiller avec Jules II, qui prend ombrage de ses succès et finit par lui retirer la légation. À la fois prince-évêque à Sion, marquis de Vigevano à Milan et cardinal à Rome, Schiner avait encore bien des cordes à son arc. Il en retirait puissance et indépendance, mais aussi une impressionnante collection d'ennemis. Haï des Français, jalousé à la curie, en butte à la méfiance de ses sujets valaisans, Schiner n'est guère apprécié de l'entourage du duc de Milan, qu'indisposait le protectorat suisse. Fin 1514, Ottaviano Sforza, évêque de Lodi et cousin du duc, l'accuse ainsi d'avoir détourné pas moins de 200 000 ducats du trésor milanais. Cette affaire empoisonne les relations entre les cantons suisses, qui soutiennent Schiner et exigent que le duc chasse de sa cour l'évêque de Lodi, et Massimiliano, qui s'y refuse.

Schiner doit également endosser la politique du nouveau pape, Léon X, qui ne faisait pas mentir ses origines florentines. Autant Jules II péchait par excès d'intransigeance et par son refus absolu du moindre compromis, autant la souplesse, frisant la contorsion, de Léon X rendait perplexe ses alliés. Plus réaliste que Jules II, le Médicis comprenait que la défaite des Français l'exposait à des dangers tout aussi redoutables, à savoir l'hégémonie espagnole ou le retour de l'empereur en Lombardie. Malheureusement, de l'analyse mesurée et pertinente qu'il faisait des rapports de force internationaux, il était incapable de tirer une ligne politique claire. Léon X en était réduit à louvoyer à court terme, avec pour seul objectif le maintien de la domination pontificale sur Parme et Plaisance. En novembre 1514, Schiner tente de convaincre les Suisses de conclure l'alliance avec le pape, qui jure ses grands dieux qu'il brûle de rendre Parme et Plaisance… mais refuse que le duc de Milan soit associé au traité. En février 1515, le pape et le duc sont prêts de s'accorder sur un échange. Le pape garderait Parme et Plaisance, et le duc recevrait en contrepartie Bergame, Brescia et Crémone, prises aux Vénitiens[5]. Ce projet, auquel les Suisses opposent un veto immédiat, en dit long sur la sincérité du pape. Quant aux villes italiennes, sans cesse ballottées d'une domination à l'autre, on comprend que leur loyauté à l'égard du maître du moment ait été toute relative. En avril, le pape continue ses palinodies : il ne refuse pas de rendre Parme et Plaisance au duc de Milan, oh non… S'il occupe ces deux villes, c'est pour les protéger des convoitises de Ferdinand d'Aragon et de Maximilien ! Le traité entre le pape et les Suisses n'est ratifié qu'en juillet 1515. Encore les trois ligues grisonnes, alliées aux cantons, font-elles durer le plaisir, à cause d'une chicane typiquement suisse : laquelle des trois ligues était-elle habilitée à signer et sceller le traité au nom des autres[6] ? Cette intéressante querelle de préséance est le dernier épisode d'un feuilleton diplomatique qui aura duré huit mois, pour un traité qui n'était au fond que le renouvellement de celui qui avait été conclu avec Jules II.

En parallèle, l'alliance générale avec l'Espagne et l'empereur n'avait guère avancé. Un premier projet avait été agréé par les représentants des puissances alliées à Rome, le 3 février 1515, mais les ambassadeurs suisses n'ayant aucun mandat pour le ratifier, il fallait encore recueillir l'accord de tous les cantons et faire sceller le traité par chacun d'eux. Le pape lui-même, ce prince de l'équivoque, n'avait pas très envie de se déclarer aussi ouvertement contre la France. Ces retards étaient dramatiques pour les Suisses, qui dépendaient des subsides du pape, du roi d'Espagne et de Maximilien. En effet, les traités précisaient les conditions dans lesquelles devaient être soldés les Suisses combattant au service du pape ou de l'alliance. Le traité de Rome fixait ainsi la contribution commune des alliés à 56 000 ducats (103 600 livres tournois) par mois, soit l'équivalent de la solde de 15 000 fantassins[7]. En attendant sa ratification, les confédérés ne pouvaient compter que sur les ressources du duché de Milan, déjà bien essorées. Or Schiner allait pousser les Suisses à commettre une erreur qui devait peser lourdement sur l'issue de la campagne de Marignan.

Occuper le Piémont ?

Le cardinal de Sion n'avait eu de cesse, durant toute l'année 1514, de maintenir intacte l'ardeur des Suisses, en entretenant leur crainte d'une nouvelle expédition française en Italie. Plus les cantons se sentiraient menacés, pensait-il, plus les partisans des Français seraient réduits au silence. À la diète confédérale du 5 décembre 1514, il fait savoir que les Français avaient posté des lansquenets en Dauphiné et en Provence – ce qui était vrai, mais il ne s'agissait que des 8 000 hommes que Louis XII avait gardés à son service, après avoir renvoyé en septembre la grande majorité de ses lansquenets, afin de soulager ses finances. La présence de ces deux contingents de 4 000 hommes était donc strictement défensive. Schiner préconisait pourtant d'envoyer 6 000 fantassins suisses en Piémont savoyard pour garder les cols par lesquels les Français auraient pu franchir les Alpes[8], alors qu'il n'y avait pas le premier sou pour les payer. Certes, le cardinal proposait que les soldats se contentent d'une solde réduite à un écu d'or par mois, en plus du gîte et du couvert. La formule n'était économique qu'en apparence, car le ravitaillement d'une force aussi nombreuse, dans des régions difficiles d'accès, exigeait la constitution de stocks de vivres très importants. Cela supposait la pleine coopération de la Savoie, ainsi que la mise en place d'une chaîne de ravitaillement régulière en pays étranger, alors que la logistique avait toujours été le point faible des cantons.

Jusqu'alors, les interventions extérieures des Suisses s'étaient caractérisées par leur violence et leur brièveté. On a déjà évoqué la succession de courtes campagnes à laquelle s'étaient résumées les guerres de Bourgogne en 1474-1477. Les expéditions italiennes n'avaient pas été plus longues. Les campagnes avortées de 1510 et 1511 s'étaient terminées par le retrait sans gloire des Suisses au bout de quelques semaines, faute d'argent et de vivres[9]. Il avait suffi aux Français de les harceler et de faire le vide autour d'eux pour que les Suisses renoncent à conquérir le Milanais. Un an et demi plus tard, sans l'énergie de Schiner, et surtout sans la mort de Gaston de Foix à Ravenne, la troisième tentative n'aurait sans doute pas mieux réussi. Commencée le 20 mai 1512, la campagne s'achève le 24 juillet, lorsque la plupart des Suisses sont licenciés et renvoyés chez eux. Dès la mi-juin, le cardinal avait été confronté à des mutineries. Lui-même avait été pris à partie par une foule de soldats qui avait fait irruption dans son logis[10]. La campagne de Novare, menée avec des effectifs réduits, avait sollicité deux contingents, l'un de 4 000 hommes, pendant huit semaines, et l'autre de 8 000 hommes, pendant six semaines. Quant aux 30 000 hommes mobilisés pour le siège de Dijon, ils étaient rentrés dans leurs foyers moins de trois semaines après en être partis[11].

Pour organiser une présence militaire durable en Savoie, les Suisses auraient dû en outre se départir de leur logique de prédateur. Il y avait certes plus abusif que le treizième mois demandé par la garnison du château de Milan, ou les compléments de solde exigés par les capitaines. Ainsi la petite note présentée au duc de Milan après la bataille de Novare s'était-elle élevée à 270 000 florins, soit quatre mois de solde de 15 000 hommes[12], pas moins de deux à trois fois plus que le service réel rendu par une armée dont les effectifs n'ont atteint la douzaine de milliers d'hommes que pendant cinq semaines. Par principe, les Suisses réclamaient que fussent comptés dans leur temps de service la durée du trajet de leur domicile jusqu'au lieu de rassemblement des troupes, ainsi que le retour, après la dispersion de l'armée. De plus, il fallait payer d'avance, au début de chaque mois, sans espoir d'être remboursé si on licenciait les bandes suisses quelques jours plus tard[13]. Autrement dit, le plus souvent, deux mois de campagne en coûtaient quatre. À cela s'ajoutaient les gratifications que les cantons exigeaient pour leurs *Freiknechte*, faute desquelles ces aventuriers combattant sans solde, mais pas sans espoir de gains, manifesteraient leur mécontentement par de violents tumultes dans les campagnes suisses.

Le cardinal Schiner – qui connaissait la situation des finances milanaises autant que l'état d'esprit pour le moins nerveux et revendicatif des soldats suisses –

faisait donc preuve d'un fol optimisme en demandant aux cantons, qui n'étaient pas capables d'entretenir des garnisons de quelques dizaines d'hommes à 50 ou 100 kilomètres de chez eux, d'envoyer en Savoie 6 000 hommes pour attendre plusieurs mois durant une hypothétique offensive française. Les cantons ne donnent d'abord pas suite à la proposition du cardinal, mais l'idée avait été semée dans l'esprit des confédérés que l'invasion française était imminente, et qu'il faudrait tôt ou tard prendre les devants.

La défection de Gênes et la mobilisation prématurée des Suisses

La grande cité ligure, jadis rivale de Venise, souffrait depuis plusieurs siècles des divisions entre les principales maisons aristocratiques. Ces luttes intestines se déroulaient aussi bien dans les murs de Gênes, où les lignages nobles avaient privatisé une bonne part de l'espace urbain et vivaient retranchés dans des îlots fortifiés, qu'à l'extérieur, où ils pouvaient mobiliser dans leurs grands fiefs de la Riviera et des Apennins des milices de médiocre qualité, mais fortes de plusieurs milliers de paysans. Les trois familles qui tenaient le haut du pavé étaient les Adorni, les Fregosi et les Fieschi. Elles ne manquaient pas de faire appel aux puissances étrangères susceptibles de servir leurs intérêts, et ce depuis fort longtemps. Le roi de France avait ainsi régné sur Gênes entre 1396 et 1413, à la demande des Génois, avant que ceux-ci ne reprennent leur liberté. Le roi de France continuait à s'intituler seigneur de Gênes, mais Louis XI, en 1463, avait sagement inféodé Gênes au duc de Milan, qui était ainsi devenu le protecteur de la cité. Il en percevait des subsides, et disposait surtout de son port et de ses forces navales. Depuis, le sort de Gênes suivait celui du duché. En 1513, le doge Adorno abdique à l'approche de l'armée espagnole. Ottaviano Fregoso lui succède, mais s'il est soutenu par le pape et par les Espagnols, le duc de Milan et les Suisses lui préféreraient un Adorno.

Les Français allaient profiter une nouvelle fois de la division de leurs ennemis. Ils se rapprochent de Fregoso, qui se résout à négocier avec eux, après avoir échappé de justesse à un complot orchestré par les Adorni et les Fieschi. Le 21 avril 1515, il signe un accord secret – aussitôt divulgué – avec François Ier, dont il reconnaît la souveraineté[14]. Gênes et sa flotte qui passaient du côté français, le coup était dur. Tout le flanc sud du duché de Milan se trouvait à présent exposé. De Gênes, les Français pourraient étendre leur influence aux petits États princiers indépendants qui leur étaient favorables, tels que celui des Pallavicini, dont les confettis s'égrenaient entre Parme et Plaisance, ou bien le Montferrat, entre Savoie et Milanais. À la diète de Lucerne, le 25 avril 1515, les cantons suisses décident l'envoi d'un premier secours de

4 000 hommes[15]. On espérait que ce contingent, soutenu par les exilés génois et leurs partisans, suffirait à provoquer des troubles à Gênes, et pourquoi pas à renverser Fregoso. Les 4 000 hommes sont placés sous les ordres de deux capitaines généraux, qui devaient être nommés par Lucerne et Uri.

Moins de trois semaines plus tard, le 14 mai, les confédérés votent la levée de 12 000 hommes supplémentaires, à répartir entre les treize cantons, auxquels devaient s'ajouter 600 Valaisans et 1 000 Grisons[16]. Les contingents sont rassemblés un mois plus tard et prennent la route peu après. Entre-temps, les *Freiknechte*, d'abord proscrits lors de la première levée, avaient finalement été autorisés à partir, au nombre de 5 000 à 6 000. Pas moins de 22 000 à 24 000 Suisses vont donc franchir les monts pour secourir un duché de Milan qui n'était pour lors menacé que par le mécontentement des populations contre leur gouvernement. Il s'agit d'une mobilisation exceptionnelle, dans l'absolu et dans le relatif. Dans l'absolu, car les armées suisses envoyées par-delà les Alpes ou le Jura n'avaient jamais dépassé les 10 000 à 15 000 hommes, à l'exception notable, mais très brève, de l'expédition de Dijon, dont les *Freiknechte* représentaient en outre la moitié des effectifs. Dans le relatif, car à l'échelle de la population de la Confédération, on peut estimer que c'est un homme en âge de combattre sur huit ou dix qui marche sous la bannière rouge à croix blanche en ce printemps 1515[17].

Pendant ce temps, que faisait François Ier ? Rien, sinon se frotter les mains devant tant de précipitation, et poursuivre le recrutement de gens de guerre. Les capitaines de lansquenets qui avaient été renvoyés en 1514 par Louis XII, ou plutôt mis en sommeil et gratifiés d'une confortable pension, sont invités à reconstituer leurs compagnies et à venir en France. Les Suisses ne peuvent que constater le succès des enrôlements français en Souabe, et ce dans tous les milieux sociaux. Les fils des comtes de Lupfen et d'Engen participent ainsi à l'aventure, trop heureux de gagner honneur et argent, tout en prenant leur revanche sur les Suisses. Maximilien se révèle incapable d'empêcher les lansquenets de rejoindre les Français – qui ne renouvellent pas l'erreur qu'ils avaient commise en 1512 en recrutant dans les possessions héréditaires des Habsbourg, en Autriche et en Tyrol. À la mi-juin 1515, les bandes de lansquenets sont loin d'avoir été toutes réunies et passées en revue, et l'encre de la trêve entre Pays-Bas et Gueldre est à peine sèche. Il n'est donc pas encore question pour Charles d'Egmont de rejoindre le roi de France à la tête de ses bandes noires.

L'occupation des cols et le soulèvement des Milanais

Les Suisses abandonnent pourtant dans les premiers jours de juin l'idée de renverser Fregoso à Gênes, contre l'avis du duc de Milan, pour marcher vers l'ouest, afin d'occuper les cols alpins. Au lieu de rester en Milanais, ils décident donc de se porter en avant, au plus près de l'ennemi, en laissant Gênes sur leur flanc gauche. De nouveau, la responsabilité de Schiner est évidente, et lui-même reconnaît avoir recommandé cette option dans une lettre adressée au duc de Savoie, le 18 juin 1515[18]. Le même jour, le conseil ducal de Milan, sous la pression des Suisses, décide d'asseoir sur le duché une imposition record de 300 000 ducats, dont le premier terme est exigible sous trois jours, et le second un mois plus tard. Cette fois, c'en est trop. Le 22 juin, la ville de Milan se soulève contre Massimiliano Sforza. Schiner et le duc doivent se réfugier dans la citadelle, tenue par une garnison de 3 000 Suisses. Un gouvernement insurrectionnel se met en place à Milan, avec lequel le duc doit négocier[19]. L'ordre n'est rétabli qu'au prix de l'annulation de l'impôt, remplacé par une taxe de 50 000 ducats sur le sel[20]. Le cardinal s'emploie à réunir des fonds pour la solde des Suisses auprès des autres alliés, mais il ne parvient pas à soutirer au pape plus de quelques milliers d'écus, à peine de quoi distribuer une pièce d'or par homme[21].

Au même moment, une question stratégique vient diviser les capitaines de la deuxième levée suisse, sur le point d'arriver en Italie, par le col du Grand Saint-Bernard, pour les cantons occidentaux, et par le Saint-Gothard pour les cantons orientaux. Faut-il occuper les cols savoyards, ou bien prendre un peu de champ et se poster en arrière, dans la plaine piémontaise, à Verceil ? Dans le premier cas, on pourrait facilement empêcher le passage des Français. Dans le second, on serait plus près de Milan et de ses habitants en effervescence, et l'on risquerait moins de se faire tourner depuis Gênes. De plus, on ne serait pas obligé de se disperser en plusieurs corps, et il serait bien sûr plus facile de se ravitailler en plaine qu'en montagne. En revanche, la supériorité de la cavalerie française pourrait jouer à plein en rase campagne. En l'absence d'un capitaine général capable d'imposer ses vues – et le cardinal de Sion, aussi influent fût-il, n'avait pas été mandaté par les cantons pour commander leurs armées –, les Suisses se séparent. Berne, Fribourg, Soleure, Zurich et Bâle s'en tiennent à la première résolution, tandis que les *Waldstätten* (Uri, Schwyz, Unterwald et Lucerne), ainsi que Zoug, Glaris et Appenzell préfèrent aller à Verceil. Remontait ainsi à la surface le très ancien antagonisme entre les villes et les campagnes, entre les cantons de l'intérieur et les cités-États de l'ouest.

Vers le 15 juillet, les Suisses sont répartis en trois corps. 5 000 à 6 000 *Freiknechte* occupent le marquisat de Saluces. Les 18 000 à 19 000 hommes des enseignes cantonales régulières sont quant à eux répartis à peu près également entre Pignerol et Verceil[22]. La disposition des forces suisses, qui doit plus à leurs divisions qu'à une vision stratégique d'ensemble, n'est à vrai dire pas si mauvaise. Verceil est distante d'une centaine de kilomètres de Pignerol, soit trois à quatre jours de marche, tandis que Pignerol et Saluces se trouvent à environ 30 kilomètres l'une de l'autre, soit cinq heures de marche. Pignerol est à 75 kilomètres du col de Montgenèvre, comme de Suse, où l'on peut interdire le passage à l'ennemi qui viendrait du Mont-Cenis. Les Suisses ne sont donc pas très éloignés les uns des autres, d'autant qu'ils ne sont pas embarrassés d'un train d'artillerie aussi lourd que celui des Français, qui mettraient toujours plus de temps à descendre des cols que les Suisses à se regrouper.

Comme il fallait s'y attendre, les Suisses rencontrent vite de graves difficultés pour se ravitailler. Le duc de Savoie, qui a subi une véritable invasion, n'a guère envie de la faire durer. Il n'a de toute façon pas les moyens d'organiser l'achat et la distribution des surplus agricoles de ses sujets. L'alliance avec la Savoie, loin d'être un avantage, interdit aux Suisses de soumettre les terres du duc au régime des réquisitions et des contributions de guerre que doivent subir les marquisats de Montferrat et de Saluces en raison des sympathies françaises de leurs princes. Les habitants du Montferrat se rachètent ainsi du pillage en versant aux *Freiknechte* 10 000 ducats[23]. En Savoie, les Suisses sont censés payer les denrées qu'ils prennent, mais l'unique écu d'or qu'on leur a versé – et encore pas à tous – ne leur permet pas d'aller bien loin.

Très vite, le désordre s'installe, les violences se multiplient, la discipline se relâche. Le 13 juillet, les capitaines du contingent de Berne écrivent à leurs autorités pour s'en plaindre et confesser leur impuissance. Leurs hommes n'hésitent pas à les menacer de mort[24]. Une semaine plus tôt, les soldats de Fribourg et de Soleure s'étaient emparés d'un chargement de soie, d'une valeur considérable, convoyé par des marchands de Lucques. En dépit des exhortations de leurs capitaines, les soldats refusent de rendre les pièces de drap à leurs propriétaires, les déchirent et se les partagent. Cet incident a laissé des traces dans les archives par la longue crise diplomatique qu'il a provoquée entre la ville de Lucques et les cantons[25]. Est demeuré dans l'ombre tout le reste, vols de bétail et de grain, pillage de fermes, violences faites aux femmes, qui n'ont fait l'objet que de plaintes très générales de la part du duc de Savoie. Les officiers suisses en sont réduits à sermonner leurs troupes et à tenter de les raisonner au cours d'assemblées générales houleuses et très violentes. La démocratie directe s'invite ainsi au sein des contingents cantonaux, y compris ceux des villes dominées par les oligarchies les plus jalouses de leur autorité.

Trivulce

Tandis que les enseignes suisses se délitaient peu à peu et que les Suisses couraient la campagne, détroussant laboureurs et marchands, la menace d'invasion française se précisait. Les alliés connaissent à présent la composition de l'armée du roi[26]. Les Suisses n'ont guère de doutes sur la route qu'emprunteront les Français : ce sera par le Mont-Cenis et Suse. Pour les Vénitiens, les Français ne peuvent passer que par le col Agnel, le Montgenèvre ou le Mont-Cenis. Le premier, près de Saluces, est le passage le plus malaisé. Le deuxième présente l'avantage d'être en Dauphiné ; on ne se trouverait donc en territoire savoyard qu'une fois passé de l'autre côté des Alpes. De plus, la route qui conduit au Montgenèvre par Embrun et Briançon est celle qui se prête le mieux au passage des pièces les plus lourdes de l'artillerie française[27]. Le troisième nécessite de cheminer par la vallée de la Maurienne, en Savoie, mais c'est par le col du Mont-Cenis que passait la route la plus directe entre Turin, Chambéry et Lyon, et que transitaient la plupart des marchandises échangées entre l'Italie et la France méridionale, et ce depuis le XIe siècle[28].

Les Français avaient pourtant trouvé une autre route, grâce à la sagacité et à l'imagination d'un capitaine italien, Gianiacopo Trivulzio, devenu Jean-Jacques Trivulce dans sa patrie d'adoption[29]. D'ancienne noblesse milanaise, Trivulce avait embrassé la cause du parti guelfe, ce qui l'avait contraint à s'exiler à Naples. Lorsque Charles VIII avait conquis le royaume de Naples, en 1494, Trivulce s'était aussitôt mis au service des Français, pour ne plus jamais les quitter. L'avènement de Louis XII lui permet de revenir à Milan. Promu maréchal de France en 1499, il est de toutes les grandes campagnes des guerres d'Italie. Infatigable, expérimenté, toujours vert – né vers 1440, il a donc 75 ans en 1515 –, Trivulce s'entend fort mal avec les capitaines français avec lesquels il doit partager le commandement des armées royales. Les Français lui reprochent sa prudence et sa propension à temporiser, typiques de l'art de la guerre italien et de la manière de faire des *condottieri*. Trivulce, quant à lui, ne supporte pas l'arrogance des Français – c'est du moins ce que prétendent les auteurs italiens, mais tout porte à croire que Trivulce, « de caractère hautain et impatient », n'était pas moins ombrageux qu'eux, et goûtait fort peu la contradiction. En 1499, alors qu'il était gouverneur du Milanais, il n'avait pas hésité à tuer de sa main des bouchers milanais qui, « avec la témérité propre à la plèbe (!) », faisaient un esclandre sur le marché et refusaient de payer une taxe[30]. Son gouvernement, maladroit et brutal, provoqua le soulèvement du duché au bout de trois mois, et le bref retour au pouvoir de Ludovic le More.

Les nombreux retournements de conjoncture des guerres d'Italie donnent à Trivulce de multiples occasions de franchir les Alpes dans les deux sens. En juillet 1515, il part reconnaître les passages alternatifs au Montgenèvre et au Mont-Cenis[31]. Son attention est attirée par le col de Larche, entre la vallée de l'Ubaye et celle de la Stura di Demonte, qui débouche en Piémont à Coni, à 30 kilomètres au sud de Saluces. Il estime la chose difficile, mais faisable.

Le passage des Alpes par François Ier

Afin de ne pas donner l'alerte aux Suisses, et pour rester le plus longtemps possible sur le sol français, il faut faire un long détour par Embrun et Guillestre, plutôt que de prendre la route directe par Barcelonnette. Cela signifie emprunter plus de 50 kilomètres de mauvais chemin, bordant des précipices vertigineux, à plus de 2 000 mètres d'altitude. Le duc de Bourbon et Trivulce envoient au-devant 1 000 à 2 000 pionniers pour aplanir la route et faire sauter les rochers les plus mal placés, mais le temps manque. On décide de laisser en arrière l'artillerie lourde, qui rejoindra l'armée principale par les autres cols, une fois que l'avance française aura contraint les Suisses à se replier. On ordonne aux hommes de porter sur eux trois jours de vivres… et on les invite à se préparer à l'idée de ne boire que de l'eau. François Ier arrive à Embrun le 11 août. Il est à Guillestre le 13 août, à Saint-Paul-sur-Ubaye le lendemain au soir, à Larche le 15, à Demonte le 16. Les Alpes ont été franchies en trois étapes seulement. Jean Barrillon, secrétaire du chancelier Duprat, qui accompagnait le roi, a laissé un témoignage de première main sur cette prouesse logistique et physique : « Plusieurs s'esbahirent, non sans cause, comme une si grosse multitude de gens et chevaulx, et spéciallement artillerye, peust passer par ce nouveau chemyn, lequel en plusieurs lieux estoit faict de neuf et avoyt convenu trancher des rocz et faire pontz de bois ; daventaige, le chemyn estoit fort estroict, et falloit aller l'ung aprez l'aultre et estre la pluspart du jour à pied pour descendre les vallées, qui estoient fort grandes et droictes, tellement que ung cheval avoit grand peyne à descendre. D'aultre part y avoit grant multitude de gens, et les lieues estoient grandes, en sorte que ce que on pouvoit faire en ung jour estoient six lieues, encore falloit partir matin et arriver tard ; et estoit le chemyn si hault entre les montaignes que, sy ung cheval faisoit un faulx pas et tumboyt, il estoit précipité plus de demye lieue en bas, que n'estoit que roqz et grans torrens d'eaues des neiges qui fondoient […]. Et il y eut plusieurs chevaulx et muletz qui pour la grande presse furent précipitez esdictes vallées[32]. »

François Ier fait partager ses fatigues et ses émotions à sa mère : « Il nous fasche fort de porter le harnois [l'armure complète] parmi ces montagnes, par ce que la pluspart du temps nous fault estre à pied et mener nos chevaux par la bride. A qui n'auroit veu ce que voyons seroit impossible de croire qu'on pust mener gens de cheval et grosse artillerye comme faisons[33]. » À certains endroits, les rocs saillent tellement sur la route qu'il faut hisser les pièces d'artillerie par des palans pour leur faire franchir l'obstacle. Les vallées étaient trop étroites et les villages trop petits pour offrir un gîte ou un campement ; hommes, chevaux et mulets devaient donc s'arrêter là où la nuit venait les trouver, et dormir à même la route ou en bordure de celle-ci.

Il a sans doute fallu six ou sept jours pour que l'ensemble de l'armée se retrouve de l'autre côté des Alpes, à Demonte, à 90 kilomètres de Guillestre. En effet, sur une voie qui, d'après les témoignages cités, ne permettait de faire passer que deux hommes, ou un cheval et un homme de front, l'armée royale devait s'étirer sur 50 à 60 kilomètres. L'arrière-garde a probablement attendu trois ou quatre jours avant de prendre le départ. La distance moyenne parcourue chaque jour relevait malgré tout de l'exploit. On le mesure mieux quand on sait qu'à cette époque, une étape normale, en plaine ou en terrain légèrement vallonné, pour une armée de moitié inférieure en nombre à celle de François Ier, était de l'ordre de 15 à 25 kilomètres par jour[34]. Le succès de l'opération supposait donc une préparation minutieuse, une parfaite coordination des mouvements et une grande discipline dans l'exécution des marches.

Lorsque François Ier arrive à Coni, le 17 août 1515, le succès est total. L'armée du roi a réussi une surprise stratégique comparable à celle des Alliés en Normandie en 1944. Les Suisses sont tellement persuadés que les Français passeraient par Suse que la nouvelle que des compagnies d'ordonnance ennemies ont été signalées dans le marquisat de Saluces ne suffit pas à les en faire démordre. Diversion ! pensent-ils, comme les Allemands en 1944, convaincus que le débarquement de Normandie était destiné à éloigner leurs divisions du Pas-de-Calais, où ils attendaient l'assaut principal. Les Français ont usé de plusieurs artifices pour entretenir l'ennemi dans son erreur. Ils envoient ainsi quelques centaines de lances faire de la figuration du côté du Montgenèvre pour amuser les Suisses, qui tombent dans le piège. Peu avant le 1er août 1515, l'amman Imhof, d'Uri, signale ainsi la présence de 10 000 lansquenets et 400 cavaliers à Suse[35]. Les capitaines suisses décident alors d'occuper Suse, et donc de s'enferrer encore plus dans les Alpes. Plus subtil, si l'on en croit le Florentin Filippo Strozzi, un messager français se serait opportunément laissé prendre par les Suisses avec une lettre du roi au duc de Savoie l'informant qu'il s'apprêtait à passer par Suse[36].

FRANÇOIS Ier, NOUVEL HANNIBAL

François Ier était venu pour donner l'exemple, et il avait été à la hauteur du rôle à la fois modeste et décisif qui lui avait été assigné. L'endurance, la fraîcheur et la bonne humeur dont il a fait preuve pendant ces quelques jours ont insufflé à l'ensemble de l'armée un allant et un état d'esprit conquérant, sans lesquels la manœuvre de contournement de l'ennemi par le sud aurait peut-être échoué. François Ier avait renouvelé l'exploit d'Hannibal, sans éléphant, à pied, en tenant son cheval par la bride.

CHAPITRE 7

La surprise de Villafranca

Lorsque François Ier arrive à Coni, l'avant-garde de l'armée avait déjà franchi les Alpes depuis plusieurs jours. Les compagnies d'ordonnance s'étaient enfoncées loin en Piémont, poussant des reconnaissances vers le nord et l'est, en arrière des lignes suisses, guettant toutes les occasions de surprendre l'ennemi. Elles remportent un succès aussi inattendu que retentissant le 12 août 1515, alors que le roi se trouvait encore en Dauphiné. Un audacieux coup de main se solde par la capture du capitaine général des Milanais, Prospero Colonna, dans la petite ville de Villafranca, sur le Pô, au nord-est de Saluces, en plein cœur du territoire occupé par les forces milanaises et suisses. Cette victoire achève de donner l'initiative stratégique aux Français et sème la confusion dans les rangs ennemis.

Le théâtre des opérations : l'Italie du Nord

Le Piémont, que découvrent les Français en descendant à petits pas des Alpes, est une région de plaines et de plateaux, très fertile, cernée de montagnes sur trois côtés, qui s'abaisse lentement vers la Lombardie et la Terre ferme vénitienne. Le Pô constitue à la fois l'axe central de l'Italie du Nord et une frontière, qui sépare les grands États du Nord – Savoie, duché de Milan, république de Venise – et les petites principautés aristocratiques du Sud, étroitement imbriquées les unes dans les autres – Saluces, Montferrat, États des Pallavicini et de la famille d'Este, maîtresse de Modène et du duché de Ferrare, et Mantoue. Seul le duc de Milan a réussi à prendre pied sur l'autre rive, en s'emparant au XIVe siècle d'Alexandrie, de Tortone, de Parme et de Plaisance. On a vu que Jules II avait profité de la déroute française de 1512 pour mettre la main sur ces deux dernières villes[1].

Le Pô est un fleuve imprévisible. Sujet aux crues soudaines et terribles, il présente des gués fort nombreux en période de basses eaux. Le Pô, qui prend sa source dans le marquisat de Saluces, se grossit en Piémont des eaux de plusieurs rivières alpines, dont les vallées donnent accès aux principaux cols : la Stura di Demonte, déjà mentionnée, au col de Larche, la Doire Ripaire au Mont-Cenis par Suse, la Doire Baltée aux cols du Petit Saint-Bernard, à l'ouest, et du Grand Saint-Bernard, au nord. Passé Verceil et Asti, on entre en Lombardie. Verceil fait encore partie du duché de Savoie, tandis qu'Asti constitue une annexe du duché de Milan, enclavée en Montferrat, lui-même pris en étau entre Savoie et Milanais. Au sud, les Alpes cèdent la place aux Apennins. Toute la Riviera ligure est aux mains de la république de Gênes, ou plutôt de ses grandes familles aristocratiques. Deux routes conduisent de la côte ligure à Milan, par Alexandrie et Tortone, au nord des Apennins.

Entre Milan et Venise se succèdent les rivières dévalant les Alpes du Nord pour se jeter dans le Pô ou, pour l'Adige, directement dans l'Adriatique. La république de Venise a franchi au cours de son expansion vers l'ouest la plupart de ces barrières naturelles, parvenant jusqu'à l'Adda. Une série de villes moyennes situées au débouché des Alpes – de l'ouest à l'est, Bergame, Brescia, Vérone, Vicence et Trévise – font face à une chaîne de cités de semblable importance qui s'égrènent le long du Pô ou à proximité immédiate de celui-ci – Plaisance, Crémone, Mantoue et Ferrare. À l'est, le Pô se divise en plusieurs branches, et court parallèlement à l'Adige sur une centaine de kilomètres. Entre ces deux fleuves s'étend une région de basses terres humides, la Polésine de Rovigo, dont l'extraordinaire fertilité égale celle du delta du Nil. La Polésine est disputée depuis fort longtemps entre Venise et le duc de Ferrare. Elle donne lieu à des combats fluviaux où l'artillerie et les bateaux à fond plat jouent les premiers rôles.

Dans une moindre mesure, la Lombardie est elle aussi une terre de rivières, de canaux et de routes sur digues, qui se prête mal aux manœuvres de la cavalerie. L'infanterie en formation serrée n'y est pas très à son aise non plus, mais les Suisses ne craignent pas d'y rencontrer des adversaires montés, au contraire des plaines piémontaises. Sur celles-ci, les compagnies d'ordonnance françaises vont pouvoir exprimer tout leur potentiel.

Guerre « guerreante », courses et escarmouches : le quotidien de la guerre au début du XVIe siècle

Dans la vie d'un soldat de la fin du Moyen Âge et du début de la Renaissance, la bataille rangée, livrée et acceptée en pleine connaissance de cause par deux adversaires, est un événement rare, voire exceptionnel. Les guerres d'Italie, on aura l'occasion d'y revenir, se distinguent des conflits antérieurs par le plus grand nombre de batailles, leur plus grande intensité, et surtout leur caractère plus décisif. Pourtant, on ne compte guère plus d'une grosse demi-douzaine de grandes batailles entre 1494 et 1525[2]. La conquête de Naples par Charles VIII, en 1494, puis celle de Milan par Louis XII, en 1499 et en 1500, ne donnent lieu à aucune bataille ou siège majeur, tant la disproportion des forces en présence suffit à obtenir la reddition immédiate de toutes les places ennemies. La guerre franco-aragonaise de 1502-1503 doit son intensité exceptionnelle au dynamisme et à l'agressivité de Gonzalve de Cordoue. Fornoue, au retour de Naples (1495), et Agnadel, lors de la conquête de la Terre ferme vénitienne par Louis XII (1509) sont des batailles de rencontre, fortuites et peu coordonnées, plus que des batailles rangées. En revanche, la bataille de Ravenne (1512) eut un grand retentissement dans toute l'Italie, par l'ampleur des pertes infligées de part et d'autre, plus que par ses conséquences stratégiques. Elle marque bien un tournant dans l'histoire militaire, qui a été perçu comme tel par les contemporains.

Les sièges sont plus nombreux, et surtout plus longs, mais ils sont encore loin d'être devenus l'opération de guerre la plus courante, comme ce sera le cas à partir de la seconde moitié du XVIIe siècle. Au début du XVIe siècle, soit les grandes villes capitulent aussitôt, pour des raisons en général plus politiques que militaires, soit elles refusent de se rendre, et l'on y réfléchit à deux fois avant de les investir, « car la chose au monde qui rompt au plus tôt un ost ou un camp, c'est tenir longuement un siège[3] ». Pour les capitaines français, espagnols, suisses et italiens, l'expérience la plus commune de la guerre, c'est la guerre « guerreante[4] » ou « guerroyable[5] », la guerre d'escarmouches et d'embuscades. Ce sont les « courses » et les « embusches[6] » en pays ennemi, destinées à amasser du butin, à s'approvisionner et à priver l'adversaire de ses ressources. Ce sont les villages pillés, le bétail pris, les habitants rançonnés. Ce sont les châteaux et les petites villes fortifiées qu'on prend par surprise, de nuit, en escaladant les murailles, ou à l'aube, déguisés en paysans, en neutralisant les gardes des portes.

Les chroniques du temps, les mémoires des capitaines regorgent de faits d'armes de ce type. Ils constituent plus de la moitié de la matière de la biographie de Bayard dite du « Loyal serviteur », composée en 1527 par Jacques de Mailles. Ces textes, qui nous paraissent mortellement ennuyeux, tant les épisodes s'y ressemblent, faisaient les délices des contemporains. On peut être tenté d'y voir une preuve de la pauvreté de la pensée militaire de l'époque. Quelle erreur ! Ils correspondent à un premier niveau d'apprentissage et de pratique militaire, qu'on qualifierait de tactique ou subtactique, par lequel il fallait passer avant de prétendre à des responsabilités supérieures. Par ailleurs, ils restituent beaucoup mieux la réalité matérielle de la guerre de l'époque – y compris pour les populations qui en étaient victimes – que les écrits d'un auteur aussi distingué que Machiavel.

Pour la plèbe des gens de guerre, les valets, les *Freiknechte* suisses ou les lansquenets, le pillage est un complément de solde très apprécié – quoique la règle du partage égalitaire entre les hommes réduise beaucoup les perspectives d'enrichissement personnel. Pour l'élite aristocratique, hommes d'armes et capitaines, les enjeux de cette guerre sont tout autres. Pour les jeunes hommes d'armes, il s'agit de prouver son esprit d'initiative et d'émerger comme chef naturel parmi ses compagnons. Les opérations menées à partir de garnisons frontalières, ou bien, lors des grandes campagnes du printemps et de l'été, à l'avant et sur les flancs des armées en marche, leur offrent un vaste espace de liberté. Qui veut organiser sa propre chevauchée, avec quelques amis ou hommes de confiance, peut le faire après en avoir informé son capitaine. Pour les commandants de garnison ou de compagnie, escarmouches et coups de main permettent de se mesurer à ses homologues adverses, qu'on connaît souvent à titre personnel, et ainsi d'acquérir honneur et réputation.

Elle est aussi et surtout l'occasion de vivre une expérience excitante, qui ressortit au domaine du jeu. En passant de la joute à la guerre de courses, on quitte la sphère sportive pour entrer dans celle de la guerre. Pourtant, il s'agit encore d'une compétition, située hors de la vie courante et qui se déroule selon des règles données, pour reprendre la définition classique du jeu proposée par J. Huizinga[7]. Ces règles sont celles de la chevalerie, communes à tout l'Occident. Certes, pour qu'il y ait jeu, il faut que « l'action soit dénuée de tout intérêt matériel et de toute utilité » ; or l'espoir de faire du butin ou de capturer des hommes de haute naissance, qu'on pourrait rançonner, agit comme un puissant aiguillon sur les capitaines et leurs hommes.

Pourtant, ne voit-on pas de nouveau notre chevalier sans peur et sans reproche, Bayard, s'empresser de redistribuer l'argent tiré de ses succès ? La guerre rêvée de Bayard et de ses contemporains bien nés est encore la guerre médiévale, livrée entre équipes adverses, de taille réduite, à échelle humaine, pourrait-on dire.

Si la guerre « guerreante » tend à devenir anecdotique, si elle n'est plus désormais que la toile de fond de la lutte pour la suprématie européenne que se livrent les grandes monarchies, elle reste pourtant au cœur de l'expérience individuelle de la guerre. Pour une journée de bataille rangée, les gendarmes français en comptent plusieurs centaines passées en reconnaissances ou en chevauchées conduites avec quelques dizaines ou centaines d'hommes de leurs compagnies[8]. Cavaliers et fantassins ne sont pas égaux dans la guerre d'escarmouches. Les premiers sont nettement favorisés – ce qui n'était certes pas pour déplaire à Bayard. On risquait moins de perdre son temps à batailler contre des inconnus, et il était plus facile de rompre des petites formations d'infanterie ennemie que les gros bataillons de plusieurs milliers de piquiers et de hallebardiers qu'on rencontrait sur le champ de bataille. Ainsi la vue de l'ennemi est beaucoup plus familière aux cavaliers qu'aux fantassins.

Les compagnies d'ordonnance françaises, entièrement montées, composées de gentilshommes entreprenants, toujours à l'affût d'une « belle emprinse », excellent depuis fort longtemps dans ce genre de guerre. Elles arrivent encore à y obtenir des succès tactiques importants, parfois même décisifs. À la fin du XIVe siècle, le connétable Du Guesclin avait reconquis un tiers du royaume sans livrer une seule bataille rangée, en s'emparant de plusieurs centaines de places fortes et en défaisant les Anglais en détail[9]. Pendant les guerres entre Louis XI et Charles le Téméraire, la supériorité des compagnies d'ordonnance françaises leur permet de dévaster le territoire ennemi et de discréditer ainsi le gouvernement du duc de Bourgogne aux yeux de ses sujets. De nombreux seigneurs bourguignons sont capturés ou tués au cours de ces combats. La propension des chroniqueurs et des mémorialistes à n'évoquer que les morts ou les prisonniers de marque – qui subsiste jusqu'au XVIIIe siècle –, tandis que le sort de centaines ou de milliers d'autres fait à peine l'objet d'une ligne ou deux, peut surprendre. Il ne faut pas y voir, ou pas seulement, la marque d'un mépris malvenu pour les hommes de naissance obscure. La capture d'un seigneur de haut rang peut en effet avoir des conséquences politiques ou militaires majeures. La « bataille » de Béthune, en 1487, qui n'a pas été autre chose qu'une grosse embuscade remportée par les Français sur les Austro-bourguignons, avait décapité l'état-major de Maximilien, ruiné les finances de ses plus grands vassaux, et largement contribué à la révolte de la Flandre l'année suivante[10]. La bataille de Guinegatte, en 1513, cette fois malheureuse pour les Français, s'était elle aussi résumée à un combat d'arrière-garde dont ont été victimes quelques centaines d'hommes d'armes français. La capture des principaux capitaines français avait précipité la chute de Thérouanne, et ouvert à l'ennemi la route de Paris. De même, en ce 12 août 1515, la fortune de guerre survenue à Prospero Colonna produit une onde de choc qui ébranle toute l'Italie.

Prospero Colonna

Prospero Colonna avait été nommé capitaine général de l'armée milanaise peu de temps après la restauration de Massimiliano Sforza. Ce *condottiere*, à peine plus jeune que Trivulce, puisqu'il avait alors 63 ans, s'était taillé une solide réputation dès les années 1480, d'abord contre les Orsini, ennemis héréditaires des Colonna dans les États pontificaux, puis contre les Français. Après avoir rallié Charles VIII en 1495, les Colonna s'étaient en effet rapidement retournés contre le roi. Ils avaient misé sur le bon cheval, et apporté une contribution décisive à la victoire espagnole sur les Français dans le royaume de Naples. Formé à l'école de Gonzalve de Cordoue, Prospero Colonna avait participé aux batailles de Cerignola et du Garigliano. Sa nomination au commandement en chef de l'armée milanaise était donc logique, mais elle ne lui donnait aucune autorité sur les troupes suisses. L'art de la guerre italo-hispanique, tout de réalisme, de ruse et d'attentisme, essentiellement défensif, et qui laissait une large part aux innovations technologiques et tactiques, déroutait autant ces dernières que les conseils prodigués par Trivulce incommodaient les Français[11].

L'état pitoyable des finances milanaises ne permettait pas à Massimiliano d'entretenir plus de quelques centaines d'hommes d'armes et un petit corps de cavalerie légère. Cette force modeste, mais de qualité, qui comptait environ 1 500 combattants, dont 300 hommes d'armes, constituait pourtant toute la cavalerie que la Ligue pouvait opposer aux Français. Elle avait donc une réelle importance stratégique, dans la mesure où elle seule limitait la capacité des Français à harceler les Suisses et à gêner leur ravitaillement. Le traité d'alliance générale conclu à Rome au début de l'année avait enfin été ratifié par l'ensemble des cantons, et le pape s'était résigné à le publier, se déclarant ainsi contre la France. La coopération militaire soulève pourtant de grandes difficultés, tant le pape et les Espagnols répugnent à trop s'engager. Seul Maximilien, le plus hostile aux Français, et désireux de contraindre Venise à lui céder les villes conquises en Terre ferme, aurait été prêt à prendre la tête d'une nouvelle armée, mais ses caisses sont vides ! Le pape, les Espagnols, Florence et Milan ont assez des Suisses pour payer en plus les soldes des lansquenets de Maximilien.

Une première conférence « interalliée » a lieu peu après le 15 juillet. Y participent les représentants du pape et des Suisses, le duc de Milan et le vice-roi de Naples, Ramón de Cardona, qui commande la plus importante armée de la Ligue après les Suisses, forte de 700 à 800 hommes d'armes, d'autant de cavaliers légers, et, surtout, d'un corps redoutable de 3 500 à 4 000 fantassins espagnols[12]. Les Espagnols opèrent à l'embouchure du Pô et dans les confins méridionaux de la Vénétie, entre Ferrare et Padoue, dans la Polésine de Rovigo. Les Milanais demandent à Cardona de scinder ses forces et d'envoyer une partie de son armée contre les Français, tandis que l'autre continuerait de faire face à Renzo da Ceri, toujours à Crema, et renforcerait si besoin la garnison impériale de Vérone contre Venise. Les lansquenets de Maximilien, trop longtemps laissés sans solde, prenaient en effet congé les uns après les autres. Le vice-roi de Naples refuse, car une fois divisée, son armée ne pourrait plus remplir sa fonction d'outil stratégique au service des combinaisons politiques retorses de Ferdinand d'Aragon. Il suggère que ce soient Prospero Colonna et les forces milanaises qui fixent la garnison de Crema, pendant que les Espagnols se porteraient contre les Français. La conférence ne débouche sur rien, et chacun campe sur ses positions, au propre comme au figuré.

Le pape devait également mettre à disposition de la Ligue ses propres contingents, dont un important corps de cavalerie, placés sous le commandement de son frère Julien de Médicis. Le 13 juillet[13], Schiner avait annoncé aux Suisses la prochaine arrivée de Julien avec 1 000 hommes d'armes. Malheureusement, Léon X renâcle, et ses troupes restent en sous-effectifs. Le 2 juillet 1515, l'armée pontificale ne compte que 560 hommes d'armes et 300 à 400 cavaliers légers, sans compter l'infanterie, nombreuse, bon marché, mais de très médiocre qualité[14]. Elle s'achemine vers le théâtre des opérations avec une lenteur calculée. Pas plus que Prospero Colonna, Julien ne parvient à s'entendre avec les Espagnols. La question est cette fois de savoir comment organiser la défense de Vérone, désertée par les lansquenets impériaux, contre les Vénitiens, dont l'armée compte alors 700 hommes d'armes, 1 000 chevau-légers et 7 000 fantassins. Julien tombe malade, et Léon X doit le remplacer par un autre Médicis, Laurent, qui ne quitte Rome pour prendre la tête des troupes pontificales que le 6 août[15]. Le 28 juillet, les émissaires du pape et du roi d'Aragon avaient de nouveau promis aux Suisses l'arrivée, dans les trois jours, de 500 hommes d'armes payés par leurs soins[16]... Ainsi, de promesses trompeuses en atermoiements, aucun plan de guerre commun n'avait pu être établi par les puissances alliées. Lorsque les Français font irruption en Piémont, à partir du 10 ou du 11 août 1515, les Suisses n'ont à leur disposition que la maigre force de Prospero Colonna pour tenir la campagne et compléter leurs effectifs, exclusivement composés d'infanterie.

La préparation du coup de main

Les sources qui relatent le « coup » de Villafranca sont assez nombreuses, dans les deux camps. Ce sont bien sûr les Français qui s'y étendent le plus, et tous les témoins directs de la campagne de 1515 en parlent. La source la plus complète est le Loyal serviteur qui, s'il fait la part belle à son héros, ne mérite en rien le procès en approximations qu'on lui a fait. L'histoire de Bayard a beau être « très joyeuse, plaisante et récréative », elle s'adressait à un public de connaisseurs, qui pratiquaient la guerre qui y était décrite et y auraient décelé la plus petite invraisemblance. Elle est en outre parue en 1527, alors que de nombreux protagonistes de l'affaire vivaient encore – même si tous les capitaines français avaient déjà rejoint un monde meilleur.

Le 11 août 1515, Prospero Colonna se trouve avec ses troupes à Carmagnola, à 30 kilomètres au sud de Turin. Prospero est informé que des compagnies françaises ont franchi les Alpes, mais il ne s'en soucie pas, prenant la chose pour une feinte. Par ailleurs, 5 000 à 6 000 *Freiknechte* suisses sont toujours dans le marquisat de Saluces, 30 à 40 kilomètres au sud de Carmagnola. Les capitaines suisses, on s'en souvient, avaient envoyé ces bandes semi-irrégulières dans ce pays considéré comme ennemi, avec la permission de réquisitionner les vivres et de rançonner les petites villes, sous peine d'incendie et de pillage. Tout cela ne les rend guère aimables aux habitants de la région, qui renseignent sans états d'âme les Français.

Le soutien de la population est essentiel dans les affrontements de basse intensité qui caractérisent la guerre « guerroyante ». Celui qui n'en bénéficie pas est aveugle et s'expose à des embuscades, ou, pire, à des traquenards ou à des contre-embuscades organisées avec la complicité de guides qui se révèlent être en fait des agents doubles. En l'absence de cartes géographiques, et à moins d'avoir dans ses rangs des hommes déjà familiers avec le théâtre des opérations, on ne peut en effet se passer de guides pour se rendre d'un point à un autre, dès lors que l'on quitte les grands axes de communication. Un bon guide, un éclaireur ou des « espies » habiles valent plus que des compagnies entières. Jean de Bueil, dans un ouvrage didactique, *Le Jouvencel*, tiré de son expérience de capitaine au milieu du XVe siècle, relate le luxe de précautions qu'il convient de prendre pour ne pas être surpris par l'ennemi. Pour les plus petites expéditions, il recommande d'envoyer en avant deux échelons de deux éclaireurs, dont l'un est chargé de transmettre les informations recueillies à l'échelon suivant ou au gros de la troupe[17]. Lorsque les courses mettent en jeu plusieurs centaines de combattants, et ne peuvent donc être longtemps dissimulées à l'ennemi, il conseille de les faire précéder d'une avant-garde de quelques dizaines d'hommes d'armes et d'archers à cheval[18].

La position de Colonna est vite connue du maréchal de La Palice, qui prévient le connétable de Bourbon, commandant l'avant-garde de l'armée royale. La Palice décide de le surprendre à Carmagnola, grâce aux intelligences qu'entretenait dans la place un partisan des Français issu d'une puissante famille piémontaise, Carlo Solaro di Moretta. La Palice rassemble trois compagnies, la sienne, celle d'Adrien de Brimeu, seigneur de Humbercourt, et celle de Robert Stuart, seigneur d'Aubigny. Il retrouve Bayard à Savigliano, 13 kilomètres à l'est de Saluces, derrière les lignes suisses, sans avoir été repéré. La troupe française compte alors à peu près 300 lances, soit près de 2 000 cavaliers. Il leur reste 25 kilomètres à parcourir, plein nord, avant d'arriver à Carmagnola.

Surprise à Villafranca

Les Français quittent Savigliano en pleine nuit, le 12 août, à 2 ou 3 heures du matin. Lorsqu'ils arrivent à destination, au petit matin, ils apprennent que Prospero Colonna et sa troupe viennent tout juste de partir, pour se rendre à Pignerol et à Suse, où l'on attendait l'arrivée imminente des Français. La Palice et les autres capitaines décident de se lancer à leur poursuite. Avec un peu de chance, on pourra les rencontrer en plaine, et avoir ainsi « un beau hutin », à la loyale, se réjouit Bayard ! Chacun approuve ces paroles viriles... mais on dépêche quand même en avant le seigneur de Moretta, sous un déguisement, pour s'enquérir de la position de l'ennemi. En fin de matinée, Prospero s'est arrêté à Villafranca, une petite ville fortifiée, à 25 kilomètres à l'ouest de Carmagnola, sur le Pô. Il apprend par ses espions qu'une importante force ennemie est signalée du côté de Carmagnola. Il s'en étonne et demande à une vingtaine d'hommes de retourner vers Carmagnola pour s'en assurer. En attendant leur retour, il se met tranquillement à table pour déjeuner.

Les éclaireurs milanais tombent sur les Français et piquent aussitôt des deux pour donner l'alerte à Villafranca. La poursuite s'engage. À peine les éclaireurs milanais se sont-ils engouffrés à Villafranca que les sentinelles de faction tentent de fermer les portes. Le seigneur de Humbercourt, qui mène l'avant-garde, composée d'une centaine d'archers à cheval, se jette sur eux. Il est blessé au visage, mais le reste de la troupe arrive, balaie la garde, et se répand aussitôt dans la ville. Prospero Colonna est capturé en plein repas, avec la totalité de ses hommes et de ses chevaux. Un petit détachement français fait le tour de Villafranca pour empêcher que l'ennemi ne s'échappe par l'autre porte. Deux cavaliers légers albanais parviennent tout de même à s'enfuir et vont prévenir les

Suisses, à 10 ou 15 kilomètres de là. On n'a pas le temps de savourer le triomphe ; il faut évacuer au plus vite Villafranca, en emportant le butin. Celui-ci est considérable. Aux rançons que devront acquitter les capitaines milanais et leurs hommes s'ajoutent les chevaux, dont plusieurs centaines de grande valeur, « tous coursiers et chevaux d'Espagne ».

Tel est le récit proposé par le Loyal serviteur[19], qui au contraire de l'autre biographe de Bayard, Symphorien Champier[20], ne cherche nullement à lui attribuer des palmes qu'il n'aurait pas méritées. Toutes les sources s'accordent sur le nom des capitaines français et sur leur rôle : l'initiative de l'opération revient à La Palice, la prise des portes de Villafranca à Humbercourt. Martin du Bellay, quant à lui, affirme que le seigneur de Moretta, en guidant les Français à travers les montagnes, aurait déjoué la surveillance des Suisses et ainsi permis aux troupes royales de se regrouper sans encombre à Savigliano[21]. Il mentionne également la participation de deux autres compagnies, celle de Jacques d'Amboise, seigneur de Bussy, et celle du grand maître Gouffier de Boisy, commandée par son lieutenant, le seigneur de Montmorency. Du Bellay précise enfin que les portes de Villafranca ont été bloquées *in extremis* par un homme d'armes qui aurait eu le réflexe de jeter sa lance entre les deux battants. Florange reprend ce détail, mais attribue ce geste providentiel à un archer[22]. Du Bellay et Barrillon[23] disent tous deux que les Français ont traversé le Pô par un gué, situé à quelques kilomètres de Villafranca, où se trouvait le seul pont des environs sur le fleuve. Florange parle lui aussi d'un gué, mais le situe à tort sur le Tessin.

Le passage à gué du Pô rendrait peu crédible la poursuite à cheval mise en scène par le Loyal serviteur, car on imagine que les éclaireurs milanais auraient alors tout simplement pris la route la plus directe pour rentrer à Villafranca, par le pont reliant la cité à la rive méridionale. Le Loyal serviteur est également le seul à évoquer le détour par Carmagnola, mais celui-ci n'est en rien incompatible avec les autres récits, plus succincts. Au contraire, il expliquerait pourquoi les Français, tous montés, ont mis huit à dix heures pour aller à Villafranca, distante de moins de 25 kilomètres de Savigliano. De toute évidence, les Français avaient intérêt à surprendre les gardes au petit matin, au moment où l'on ouvrait les portes, et non en pleine journée. C'est ce que recommandaient tous les manuels. L'arrivée des Français à Villafranca à l'heure du déjeuner, ainsi que le caractère manifestement peu préparé de la charge de Humbercourt, plaide pour la version du Loyal serviteur, c'est-à-dire pour une modification du plan initial, imposée par les circonstances, après un long crochet par Carmagnola.

Quoi qu'il en soit, tous concordent sur les points principaux. Les Français avaient pu s'enfoncer profondément en arrière des lignes suisses, entre Saluces et Turin, sans que leur présence fût connue de leurs ennemis, qui ont toujours cru avoir affaire à des partis isolés. Ils ont bénéficié de complicités au sein de la population, excédée par l'occupation suisse. Enfin, la prise de Villafranca s'est jouée à très peu de chose, par une charge rondement menée contre quelques gardes paralysés par la surprise. Les Suisses et les Italiens ont rapporté l'affaire dans de nombreuses lettres échangées aussitôt après l'événement[24]. Mauvais joueurs, ils rejettent la responsabilité de ce grave échec sur la trahison de la population. Les Suisses, arrivés trop tard à Villafranca, se livrent à de cruelles représailles sur les habitants qui n'avaient pas eu le bon sens de décamper au plus vite. La ville est mise au pillage. Il semble pourtant que c'était à Carmagnola que les Français disposaient de partisans prêts à leur ouvrir les portes, et non à Villafranca. Suisses et Milanais ne pouvaient s'en prendre qu'à eux-mêmes pour avoir rendu leur présence à ce point odieuse aux Piémontais, et pour avoir à ce point négligé leur propre sécurité dans un environnement aussi hostile.

« Seigneur Prospero, c'est l'heur de la guerre ! Une fois perdre, et l'autre gagner[25] »

C'est par ces mots, attribués par le Loyal serviteur à Bayard, que celui-ci aurait tenté de remonter le moral du *condottiere* italien après sa capture. On doute que cela l'ait beaucoup consolé, ni que Prospero ait partagé le goût de Bayard pour la glorieuse incertitude de la guerre, lui qui au contraire faisait tout pour y réduire la part du hasard, au risque de conforter sa réputation de chef temporisateur et manquant d'audace. Prospero sera libéré contre rançon peu de temps après. Il prendra sa revanche sur les Français, triomphera du maréchal de Lautrec à la bataille de La Bicoque en 1522, et mourra l'année suivante, âgé de plus de 70 ans. Quant aux vainqueurs de Villafranca, ils tomberont tous au combat, Humbercourt un mois plus tard, à Marignan, Bayard en 1524, alors qu'il couvrait la retraite de l'armée française, sur les rives de la Sesia, entre Novare et Verceil, et La Palice à Pavie, en 1525.

Le destin des principaux acteurs de l'affaire de Villafranca n'est pas le seul résultat des caprices de la Fortune. Il est très largement la conséquence de l'obsolescence croissante du modèle français de la compagnie d'ordonnance polyvalente et du combattant d'élite universel incarné par l'homme d'armes. N'enterrons pas trop vite l'homme d'armes, devenu « gendarme » au cours du règne de François Ier ! Le lancier lourd à cheval a encore de beaux jours devant lui, jusqu'au milieu du XVIe siècle au moins en France, et même largement au-delà dans d'autres contrées, notamment en Pologne, mais celui-ci tend désormais à se cantonner à son rôle principal de force de rupture en bataille rangée, contre la cavalerie adverse ou les bataillons d'infanterie déjà ébranlés par le feu. Il n'est plus question désormais de l'envoyer en reconnaissance ou d'essayer de surprendre l'ennemi. Cette fonction est désormais dévolue à la cavalerie légère, chevau-légers français, estradiots albanais, *ginetes* ou genétaires espagnols. La cavalerie se dote d'armes à feu. Les arquebusiers à cheval jouent un rôle décisif à la bataille de la Sesia, qui coûtera la vie à Bayard. L'arrière-garde française, harcelée par des formations massives d'arquebusiers à cheval espagnols, est mise en déroute sans pouvoir riposter, entraînant dans son sillage la dissolution rapide de toute l'armée française[26]. Une génération plus tard apparaîtront les fameux reîtres allemands, équipés du pistolet à rouet, puis les cuirassiers, chargeant au sabre.

Les Français peinent à prendre le tournant de la diversification et de la spécialisation de la cavalerie. Louis XII engage des estradiots, d'origine balkanique, dont les Vénitiens faisaient un large usage depuis longtemps. La plupart des grandes armées françaises comprennent quelques centaines de « chevau-légers », mais on ne semble pas avoir conçu pour eux de doctrine d'emploi cherchant à tirer parti de leurs spécificités. Alors que Vénitiens et Espagnols comptent désormais dans leurs rangs autant ou plus de cavaliers légers que d'hommes d'armes, et que les combats de cavalerie légère sont désormais les affrontements les plus fréquents entre armées italiennes, les Français se cramponnent à un système tactique largement hérité de la guerre de Cent Ans. Villafranca est l'un des derniers grands succès remportés par les compagnies d'ordonnance françaises dans ce type de guerre – qu'on appellera à partir du XVIIe siècle la « petite guerre » – pour lequel elles sont de moins en moins faites.

LA CAMPAGNE DE MARIGNAN (15 AOÛT–14 SEPTEMBRE 1515)

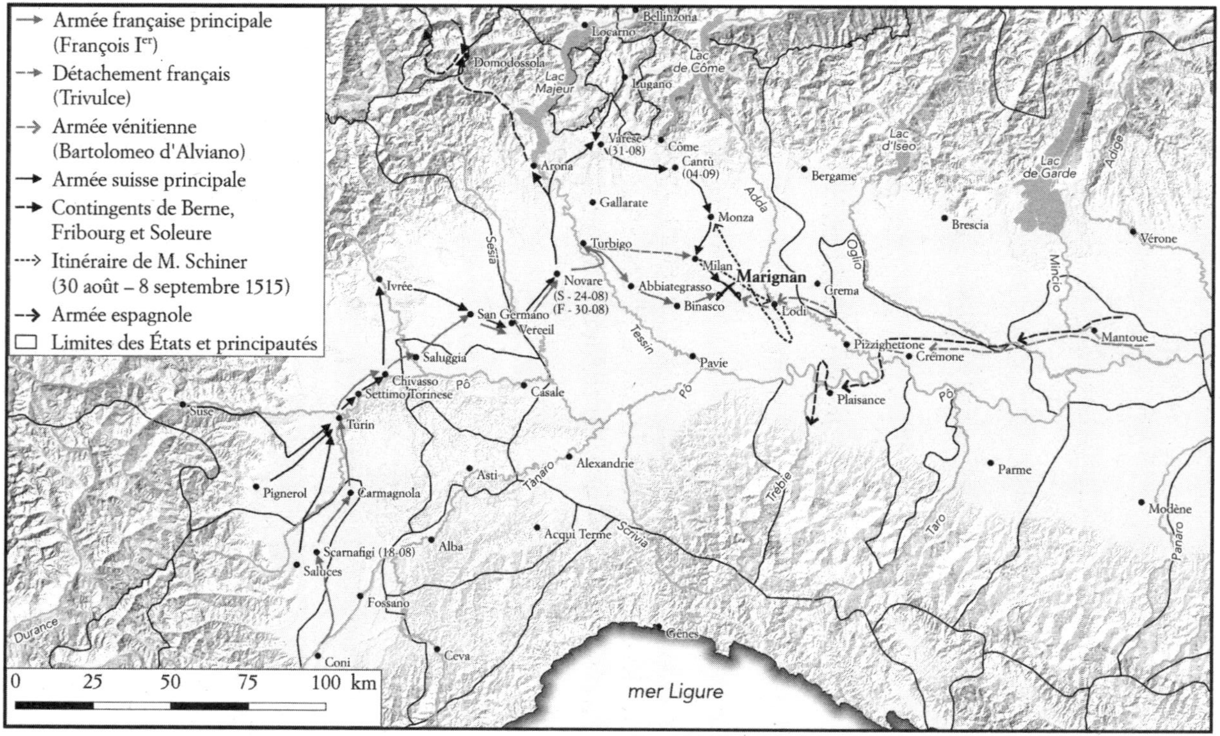

Chapitre 8

Cantons contre cantons : le traité de Gallarate

À la mi-août 1515, la surprise stratégique que constitue le passage des Alpes par les Français au col de Larche, l'affaire de Villafranca et l'incapacité des forces de la Ligue à coordonner leurs efforts portent un coup terrible à la volonté de combattre des Suisses. La diplomatie française va s'employer à exploiter les revers subis par ses ennemis, ramener une partie des cantons à la table des négociations, et raviver d'anciennes tensions entre les Suisses.

Les conséquences de la capture de Prospero Colonna

D'après le Loyal serviteur, la capture de Colonna aurait empêché l'intervention des troupes espagnoles et pontificales, que l'illustre *condottiere* aurait pu convaincre de venir prêter main-forte aux Suisses. L'affirmation est fausse s'agissant des Espagnols, car on a vu que l'Italien entretenait de mauvaises relations avec Ramón de Cardona, mais elle est tout à fait exacte pour le pape. Alors que la défaite de Villafranca rendait encore plus impérieux le renfort d'hommes d'armes et de chevau-légers placés sous le commandement de Laurent de Médicis, la capture de Colonna et la disparition de l'armée régulière milanaise se traduisent… par l'arrêt des troupes pontificales en terre d'Église. Le 12 août, Laurent avait enfin ordonné au gouverneur de Plaisance d'envoyer 200 hommes d'armes et 150 cavaliers légers à Alexandrie, pour défendre la place contre une attaque éventuelle venue de Gênes. Le gouverneur obéit, mais la nouvelle des événements de Villafranca lui parvient le 14 août, alors qu'il était en train d'écrire l'ordre de mise en route des compagnies du pape. Il refuse aussitôt de les laisser partir, de crainte d'un soulèvement des partisans des Français[1]. L'effroi suscité par la victoire française pousse le pape, qui n'a aucune envie de se retrouver seul face à François Ier, à redoubler de prudence vis-à-vis du roi, et de cautèle vis-à-vis des Suisses.

Autre conséquence fâcheuse, la capture de Colonna prive les Suisses et les Milanais du seul capitaine expérimenté dont ils disposaient. Toute la stratégie du cardinal Schiner se résumait à croire au triomphe de la volonté, de la foi et du bon droit. Elle avait fait merveille en 1512, face à un adversaire très affaibli et désorienté par la mort de Gaston de Foix. Trois ans plus tard, ses limites éclataient aux yeux de tous, et en premier lieu des capitaines suisses, dépassés par les événements et débordés par leurs hommes.

Mutineries, pillages et désertions des troupes suisses

Nous avons laissé les contingents suisses un mois plus tôt, aux alentours de la mi-juillet, en train de déchirer les précieuses soieries des marchands de Lucques. La situation ne cesse d'empirer. Le 25 juillet, Hans Schmid, capitaine de Fribourg, rapporte aux autorités cantonales que la colère gronde parmi ses hommes. Les uns veulent rentrer chez eux, les autres retourner à Milan. Ils reprochent au duc de Milan de les laisser mourir de faim, eux qui sont venus pour le défendre. La veille, les soldats de Schwyz et Glaris s'en étaient pris à Albrecht vom Stein, qui en sa double qualité de noble et de capitaine de Berne attisait la haine des montagnards. On le séquestre, on le menace, on l'insulte ; on lui reproche d'avoir été à l'origine de la levée du deuxième corps expéditionnaire de 14 000 hommes, dont on commence enfin à s'apercevoir qu'il a été envoyé en Italie beaucoup trop tôt[2]. Les autres capitaines suisses parviennent à s'interposer entre vom Stein et ses agresseurs, puis à le faire libérer, juste avant que les Bernois, chauffés à blanc, ne se fraient un chemin jusqu'à leur capitaine à coups de pique et de hallebarde[3]. Le malheureux vom Stein a passé des heures fort déplaisantes. Ses persécuteurs lui ont fait voir de très près le fil de leurs dagues bien aiguisées et lui ont éraflé le visage. Le capitaine bernois réclame réparation à la diète confédérale, qui ne cesse d'ajourner l'affaire pour ne pas aggraver les dissensions. En janvier 1516, les agresseurs d'Albrecht vom Stein n'avaient toujours pas comparu devant la diète. Cette offense restée impunie creuse le fossé entre les cantons.

Le 31 juillet 1515 se tient une nouvelle conférence des capitaines suisses à Moncalieri, tout près de Turin, où se trouve l'une des principales résidences du duc de Savoie. On y délibère de la conduite à tenir, alors que les vivres manquent, que la faim tenaille les Suisses, et que l'argent des alliés ne vient toujours pas, près de quinze jours après la ratification du traité de Rome par les cantons. Schiner, qui y assiste, ne peut mieux faire que transmettre les promesses renouvelées du pape[4]. Le 9 août 1515, les capitaines bernois signalent à leurs autorités qu'en raison du grand nombre de malades, vrais ou imaginaires, de déserteurs et de maraudeurs, les effectifs de certaines unités ont été réduits des deux tiers[5]. S'il faut sans doute relativiser l'ampleur de la fonte des contingents suisses, dont une grande partie n'est que temporaire, car les hommes restent dans les environs, prêts à retourner sous leurs bannières, elle traduit la perte de contrôle des commandants suisses sur leurs troupes. Le ciment qui eût permis de maintenir l'unité des cantons, l'élixir qui aurait rendu leur cohésion aux contingents suisses et rétabli la discipline dans leurs rangs, le sang qui aurait redonné vigueur à ces organismes épuisés, l'argent, encore l'argent, fait toujours défaut. Il occupe toutes les pensées des capitaines et des diplomates de la Ligue.

Cumque pecunie recte nervum belli dicantur…

« Comme on dit à juste titre que l'argent est le nerf de la guerre », le traité de Rome consacrait un article à la répartition des quotes-parts que les membres de l'alliance devaient fournir pour la solde de l'infanterie[6]. L'assiette initiale de 56 000 ducats par mois avait été établie alors que Gênes n'avait pas encore rallié les Français. Quant à l'empereur, il n'y fallait pas compter. Les difficultés au milieu desquelles le duc de Milan se débattait rendaient également sa contribution pour le moins théorique. Il ne restait donc que le pape, suppléé par les Florentins, et dans une moindre mesure le roi d'Aragon, pour payer les Suisses. Le pape et Ferdinand d'Aragon ont beau mobiliser les banquiers romains pour trouver l'argent nécessaire au soutien du moral chancelant des confédérés, il faut près d'un mois pour réunir les premiers fonds.

Le 10 août 1515 – la veille du franchissement des Alpes par les Français –, Schiner, qui sent monter l'exaspération des Suisses auxquels il ne peut prodiguer que de belles paroles, laisse éclater sa colère dans une lettre adressée à l'ambassadeur du pape accrédité auprès des capitaines suisses. Depuis leur entrée en campagne, les 4 000 hommes de la première levée, qui servent depuis trois mois, n'ont reçu que moins d'un mois et demi de solde. Les 14 000 hommes de la deuxième levée n'ont reçu qu'un seul florin, soit moins d'une semaine de solde, pour cinq semaines de service. Le cardinal donne à son correspondant quelques clés pour comprendre la psychologie suisse. Les confédérés ne sont pas gouvernés par la raison, mais par la volonté du peuple[7] ! Le gouvernement du peuple, pour Schiner et pour tous les hommes de son temps, c'est la défaite de la raison. C'est aussi, compte tenu du faible niveau d'instruction général et de la mauvaise circulation de l'information, le triomphe de la rumeur et de la calomnie. L'attentat commis contre Albrecht vom Stein en est une parfaite illustration. La pénurie d'argent alimente à son tour les suspicions. Cet argent qui n'arrive pas, ce ne peut être que de l'argent détourné par de mauvais conseillers du duc de Milan ou des capitaines corrompus.

Dans le courant du mois d'août ont lieu les premiers transferts d'argent. Le 6 août, un premier chargement de 25 000 ducats, fournis par le pape et le roi d'Aragon, traverse Plaisance en direction de Milan, suivi de 12 000 autres le 14 août. Le même jour, on annonçait l'envoi par le pape de trois autres versements, d'un montant total de 37 500 ducats, étalés sur une semaine, qui devaient se succéder tous les trois jours à partir du 15 août[8]. Tout cela représentait moins d'un mois de solde des quelque 25 000 Suisses, y compris les *Freiknechte*, qui se trouvaient à présent sous les armes en Piémont. Lorsque les premiers subsides arrivent, les Suisses sont déjà en pleine retraite.

La retraite générale des Suisses

Les Suisses et leurs alliés tardent à percer les intentions des Français. Les premières mesures qu'ils prennent traduisent leur incertitude. Elles sont décidées lors d'un conseil de guerre tenu à Pignerol le 11 août, auquel participent les capitaines suisses, le cardinal de Sion et Prospero Colonna[9]. On pense toujours que les troupes françaises signalées du côté de Saluces ne sont qu'une diversion. On décide cependant de faire marcher contre elles 8 000 hommes, soit les *Freiknechte*, renforcés par les contingents de Saint-Gall et de certains bailliages communs (Rheintal, Sargans, Baden, Bremgarten), tandis que 10 000 hommes des cantons-villes (Berne, Bâle, Fribourg, Soleure, Schaffhouse, avec les alliés des Grisons et de Rottweil) se porteraient vers Suse pour y attendre l'assaut principal. 7 000 hommes des sept cantons de l'intérieur (Lucerne, Schwyz, Uri, Unterwald, Zoug, Glaris,

Appenzell) resteraient en réserve à Pignerol, où ils devaient être rejoints par la cavalerie milanaise.

Il a fallu des discussions serrées pour en arriver là, car les capitaines suisses sont toujours divisés, entre ceux qui veulent combattre en montagne, où « 4 000 hommes valent ce que 10 000 hommes valent en plaine[10] », et ceux qui veulent se retirer à Verceil, pour ensuite rentrer en Milanais. Le plan de guerre et la répartition des contingents suisses reflètent cette divergence entre cantons-villes occidentaux, qui soutiennent une stratégie de défense avancée chez leur « allié » savoyard, et cantons de l'intérieur, majoritairement ruraux, qui veulent regagner au plus vite leur protectorat milanais. Les arrière-pensées politiques l'emportent sur les considérations militaires.

La défaite de Prospero Colonna fait voler en éclats le plan de guerre allié. Elle fait souffler un vent de panique sur les capitaines suisses, qui ordonnent aux *Freiknechte* de se replier de Saluces à Pignerol. Les contingents affectés à la garde de Suse rejoignent les autres à Pignerol, puis les cantons, tous rassemblés, mais dans quel désordre !, prennent le chemin de Verceil. La confusion est telle qu'en décembre 1515, lorsque les cantons cherchent à éclaircir les circonstances de la retraite, en faisant comparaître devant eux leurs capitaines, on ne sait toujours pas qui a donné l'ordre de repli. D'après la déposition d'un certain Füssli, de Zurich, ce sont les cantons de l'intérieur qui auraient été les premiers à plier bagage. Engelhart, l'un des capitaines de Zurich, indique qu'alors qu'il s'apprêtait à porter secours à Colonna, il avait reçu l'ordre, par un messager venu de Pignerol, de se replier vers le nord. De qui émanait l'ordre ? Il ne peut le dire[11].

Cet ordre ne pouvait de toute façon en être un au sens strict du terme, puisque Engelhart n'avait aucun supérieur. Six semaines plus tôt, les cantons n'avaient pas réussi à s'accorder sur le nom d'un capitaine général. Zurich avait réclamé le privilège de pouvoir le nommer, en tant que premier canton dans l'ordre des préséances confédérales, mais les autres avaient refusé. Les décisions, prises collégialement par les vingt-six capitaines suisses, s'apparentent à des ordres mous dont on peut s'affranchir sans grandes conséquences. En l'occurrence, il ne semble guère y avoir eu de délibération commune, ni de plan d'ensemble, ni de coordination d'aucune sorte. Le plus probable est que l'un après l'autre, les capitaines ont ordonné à leurs hommes de décrocher vers le nord, chacun anticipant sur la retraite des autres, à l'image d'un krach boursier.

La retraite se fait en désordre, mais ne ressemble en rien à une déroute. Les capitaines des *Freiknechte* refusent d'abandonner les pièces d'artillerie à l'ennemi, même sabotées. Ils parviennent à les sauver, au prix d'efforts surhumains. Il faut tirer les canons à la main, en l'absence d'attelages. Malgré les demandes répétées des Suisses au duc de Milan de leur fournir des chevaux, l'intendance milanaise n'avait pu livrer que des bœufs en juin 1515[12]. Depuis, ils avaient sans doute terminé à la broche. Les Suisses évacuent le Piémont, au grand soulagement du duc de Savoie. Le 18 août, ils sont à Settimo Torinese, à quelques kilomètres au nord-est de Turin. La marche se fait par petites étapes d'une dizaine de kilomètres par jour. Le problème le plus aigu qui se pose aux Suisses est toujours le ravitaillement, et l'hostilité désormais ouverte des Piémontais, qui refusent de les laisser entrer dans leurs villes. De plus, les Français se rapprochent à grands pas.

Ceux-ci se rassemblent d'abord dans le marquisat de Saluces et dans la région de Coni. François Ier s'y trouve le 16 août. À Lagnasco, il retrouve le connétable de Bourbon et l'avant-garde de l'armée. À partir de ce moment, nous indique Barrillon, l'armée ne marche plus qu'en ordre de bataille, c'est-à-dire en formation serrée, sur les chemins les plus larges possible, en se prémunissant de toute surprise ennemie. Le soir, on s'arrête tôt, pour attendre l'arrière-garde et préparer le campement. Le rythme de la marche française ne s'en trouve qu'à peine ralenti. Le roi marche droit sur Turin, où il arrive en trois étapes[13], le 20 août 1515. Les 90 kilomètres séparant Coni de Turin ont été franchis en cinq jours, performance là encore très honorable pour une armée de cette taille. À Turin, François Ier retrouve son oncle, Charles III de Savoie, à qui il demande de l'accompagner. À présent les armées ennemies sont très proches l'une de l'autre et redoublent de prudence.

Le 19 août, un jour avant l'entrée de François Ier à Turin, les Suisses avaient passé au fil de l'épée la population de Chivasso, à 18 kilomètres au nord-est de la capitale piémontaise. La veille au soir, l'avant-garde suisse, à qui l'on avait refusé l'entrée dans la ville, s'était installée dans les faubourgs pour y passer la nuit. Les Suisses sont attaqués dans leur sommeil par des habitants de Chivasso. Les commandants de Fribourg, logés dans une auberge, paient un tribut particulièrement lourd. Un lieutenant est tué, un capitaine et deux nobles capturés. En représailles, la ville est prise d'assaut par les Suisses le lendemain matin. Les fortifications, sans doute faibles et mal défendues, sont emportées en moins de deux heures. Chivasso subit le sort accoutumé en tel cas. Elle est pillée, les hommes – 400 à 500 d'après les Suisses[14] – massacrés, et les femmes violées. Chivasso devient après Villafranca la deuxième ville martyre de l'occupation suisse. D'autres faits de violence, moins spectaculaires, mais sans doute beaucoup plus nombreux, ponctuent la retraite suisse. Ainsi les capitaines bernois eux-mêmes indiquent que l'avant-garde suisse avait pillé Settimo Torinese le 18 août, sous prétexte là encore que certains de leurs hommes avaient été agressés[15].

Ouverture de pourparlers entre François Ier et les Suisses

À ce moment, le roi avait enfin renoué le fil des négociations avec les Suisses. La résolution des confédérés, jusque-là inflexible, est en effet entamée par la succession de revers qu'ils viennent de subir. Commence alors la première séquence d'un jeu diplomatique qui va durer près d'un an et demi, et provoquer la plus grave crise interne à la Confédération suisse depuis la diète de Stans en 1481.

Dès son avènement, François Ier avait tenté de se réconcilier avec les Suisses. Ceux-ci avaient repoussé ses ouvertures et étaient restés fidèles à la ligne qu'ils avaient adoptée jusque-là, à savoir exiger la ratification du traité de Dijon de 1513. Ce traité, on l'a vu, prévoyait le versement d'une indemnité de 400 000 écus d'or, ainsi que la renonciation pure et simple des revendications françaises sur le duché de Milan. Si en mars 1515, les Suisses avaient accueilli avec faveur l'offre du duc de Savoie de s'entremettre entre le roi et eux[16], ils avaient été déçus par les propositions du roi de France, transmises le mois suivant. Le roi acceptait de payer les 400 000 écus d'or, s'engageait à prendre à son service, de manière permanente, un corps de 4 000 Suisses, et à reprendre le versement des pensions habituelles. En contrepartie, les Suisses devaient conclure une alliance contre tous, reconnaître les droits du roi sur Gênes, le comté d'Asti et le duché de Milan, et interdire à tout autre souverain que le roi de France d'enrôler des soldats confédérés[17]. Alléchante en apparence, l'offre était en réalité inacceptable. Reconnaître les droits de François Ier sur le Milanais, c'était trahir Massimiliano Sforza. Conclure une alliance avec la France, par laquelle tous les ennemis du roi seraient les leurs, signifiait tout simplement renoncer à une politique extérieure indépendante de celle des rois de France. C'était la Confédération entière que François Ier se proposait d'acheter !

Après ce premier échange, les relations des confédérés avec la Savoie se tendent, aussi bien à cause de l'entrée en Piémont des troupes suisses que des nombreux gentilshommes savoyards qui prennent le parti de la France. Les nouvelles de France ne leur parviennent plus alors qu'au compte-gouttes. Tout change après le passage des Alpes et le repli des Suisses. Aux alentours du 15 août, le duc de Savoie transmet aux capitaines suisses les nouvelles offres du roi. Elles ressemblent beaucoup aux précédentes, mais les enchères ont monté, et le roi double la mise. En plus des 400 000 écus d'or dus pour le traité de Dijon, il propose le paiement de trois mois de solde des Suisses mobilisés contre lui, ainsi que le rachat des districts montagnards conquis sur le duché de Milan et transformés en bailliage commun. Les pensions annuelles s'élèveront à 40 000 écus pour l'ensemble des cantons, les effectifs du corps permanent d'infanterie suisse au service du roi demeurent fixés à 4 000 hommes. Enfin, le roi exige toujours l'alliance perpétuelle des cantons[18]. Cette fois, les Suisses sont prêts à discuter. Tous ? Non. Le roi de France et son médiateur, le duc de Savoie, vont être confrontés à la multiplicité des acteurs politiques chez les confédérés.

Les capitaines en campagne

Ici, il n'est plus question de l'affrontement entre partisans et ennemis de la France, ou entre cantons occidentaux et cantons de l'intérieur. Jusqu'à l'envoi en Italie du premier corps expéditionnaire, les décisions en matière de politique étrangère étaient débattues à la diète, puis validées par les gouvernements cantonaux. Tout change lorsque des milliers de Suisses sont envoyés en opération en terre étrangère. Les capitaines suisses bénéficient d'une très large délégation de pouvoir, car ils ne peuvent bien entendu pas attendre que leurs décisions soient approuvées par la diète. Le commandement suisse est en outre assuré par les principaux magistrats des cantons, bourgmestres, *Landammänner*, baillis et conseillers. Les délibérations des « *Hauptleute und Räte im Felde* » (capitaines et conseillers en campagne) ont donc une triple légitimité, tirée de leurs mandats politiques, de leurs fonctions militaires et de leur connaissance de la situation constatée sur le terrain.

Aussi commencent-ils à concurrencer la diète, qui cesse peu à peu d'être le principal organe de décision. C'est ainsi sous la pression des capitaines en campagne que la diète accepte enfin de ratifier le traité de Rome à la mi-juillet 1515[19]. Le pape dispose d'une double représentation diplomatique auprès des cantons ; le protonotaire apostolique Gambaro suit l'armée en campagne, tandis qu'Ennio Filonardi, évêque de Veroli, réside à Zurich. La situation se complique encore avec la division de l'armée suisse en trois corps, dont chacun poursuit des objectifs politiques ou militaires propres. Les capitaines suisses envoient alors des délégués à ce qui devient une sorte de diète militaire. Ces conférences se tiennent à Moncalieri, de la mi-juillet au début du mois d'août. Le regroupement des forces suisses à Pignerol facilite les négociations avec les Français, mais celles-ci ont lieu en pleine retraite.

François Ier, après avoir transmis ses propositions aux capitaines suisses, prend soin de ne pas pousser à bout ses ennemis. Il ne tente pas de leur couper les routes du nord et de l'est, vers la Suisse et le duché de Milan. Il se contente de les suivre à la trace. Les hommes d'armes et les archers à cheval français ne cessent pas pour autant de les attaquer. Quand bien même le roi aurait-il eu les moyens de tempérer les ardeurs de ses gens de guerre, il n'y avait pas intérêt. Le harcèlement continuel des troupes suisses par les ordonnances royales contribue à accentuer la pression qui pèse sur les capitaines. Les Suisses ne peuvent s'écarter de leur route pour se ravitailler dans les villages sans tomber sur des partis ennemis. Ils sont donc contraints de rester groupés en formation de combat, ce qui réduit leur mobilité et permet aux paysans de mettre à l'abri denrées et bétail. Le massacre de Chivasso inspire cependant une crainte salutaire aux petites villes piémontaises, qui renoncent à résister, ouvrent leurs portes à l'armée en retraite et mettent à disposition leurs réserves de grain. Les Suisses atteignent Ivrée, sur la Doire Baltée, le 20 août. De là, ils gagnent Verceil, franchissent la frontière milano-savoyarde et arrivent à Novare le 24 août. Ils y laissent leur artillerie avec une petite garnison pour tenir la citadelle. Ils repartent le lendemain ; les Bernois s'arrêtent à Arona, sur les rives du lac Majeur, sans doute épuisés par cette marche de 120 kilomètres en cinq jours. Les contingents suisses se sont relayés à l'arrière-garde, exposée aux attaques des Français[20]. Aux abords du lac Majeur et des lacs de Côme et de Lugano, ils se trouvent enfin en sécurité ; ils peuvent aussi bien gagner le refuge des montagnes que se porter au secours de Milan.

Les préliminaires de Verceil

Le 27 août, les capitaines suisses acceptent d'envoyer une délégation à Verceil pour y négocier avec les émissaires français et savoyards. La délégation suisse devait être nombreuse, puisque le seul canton de Berne y a envoyé cinq représentants, à savoir un noble, Ludwig von Erlach, les deux bannerets et deux délégués des districts ruraux[21]. Nombreuse, et largement plus représentative que la diète confédérale et sa poignée de délégués issus des conseils de gouvernement. Ont été conservées les instructions du roi de France à ses négociateurs, où figurent les réponses des Suisses aux premières offres du roi, ainsi que la contre-proposition du roi à ces réponses[22].

Les Suisses avaient bien accueilli les premières offres. Contrairement à la diète, par tradition farouchement attachée à l'exclusivité des pactes confédéraux qui unissaient les cantons, les capitaines en campagne ne sont guère gênés par le principe d'une alliance avec la France. Il est vrai qu'ils ne se prononcent pas sur le fond, mais s'engagent simplement à transmettre l'offre à la diète. En outre, ils emploient le terme d'union (*Vereinung*) plutôt que d'alliance (*Bund*). Leur principale préoccupation porte sur deux points, le dédommagement à accorder au duc de Milan… et surtout le volume du torrent d'or qui devait se déverser sur eux. Outre les 400 000 écus du traité de Dijon, ils réclament une somme extravagante de 600 000 écus pour les soldes de leurs hommes. Ils ne semblent pas plus troublés par la perspective de restituer leurs conquêtes milanaises, à l'exception de la ville de Bellinzona, à laquelle le roi avait de toute façon renoncé, et demandent à François Ier le prix qu'il était prêt à y mettre.

Quant à Massimiliano Sforza, il était à ce point au-dessous de sa tâche, son règne avait été si calamiteux, qu'il semblait à ses alliés qu'il devrait accueillir sa déposition avec soulagement. Les Suisses demandent seulement que lui soit offerte en France une situation honorable, conforme à son rang et à sa naissance. Le roi rejette la demande de 600 000 écus, mais propose tout de même 200 000 écus, somme déjà très supérieure aux soldes auxquelles les Suisses pouvaient prétendre, compte tenu de leur nombre et de leur temps de service. De plus, les ambassadeurs français proposent 300 000 écus pour le rachat de Locarno, Lugano et Domodossola. Enfin, le roi entend toujours conclure avec les Suisses une « paix, alliance et union perpétuelle ».

La diète confédérale – Troisième levée suisse

Au moment où les capitaines suisses s'ingénient à vendre au meilleur prix le duc de Milan, leurs conquêtes et leur alliance, cela fait près de dix jours que les autorités cantonales ont pris une tout autre résolution. Le 20 août, la diète de Zurich décide en effet… de doubler les effectifs de l'armée d'Italie. On vote la levée de 20 000 hommes, soit un contingent d'un quart plus important que le deuxième. Les effectifs mobilisés dépasseront allègrement cette jauge. Les cantons fournissent 15 090 hommes et leurs alliés 7 050 hommes, auxquels s'ajoutent plusieurs milliers de *Freiknechte*[23]. Ainsi la diète prévoyait d'opposer plus de 50 000 hommes aux Français, c'est-à-dire une armée aux effectifs sans précédent non seulement dans l'histoire suisse, mais aussi en Europe occidentale depuis l'Antiquité classique. Rapportés à la population des cantons et de leurs alliés, ces 50 000 hommes pouvaient représenter un quart de la population masculine en âge de porter les armes ! La mobilisation suisse est comparable par son ampleur à celle de 1914 en France. Les cantons jettent donc toutes leurs forces dans la balance.

La consigne est de faire partir sans attendre les contingents des cantons les plus proches, et dès le samedi 25 août pour les plus éloignés. De fait, tout se passe très vite. À Bâle, Hans Meltinger, capitaine des 800 hommes de la cité, reçoit ses instructions dès le 23 août[24]. On lui remet 4 000 florins, soit quatre à cinq semaines de solde, à raison d'un florin par semaine pour les piquiers et les hallebardiers, et un florin et demi pour les arquebusiers. Les cantons – au moins les villes – ont donc puisé dans leurs caisses, pour éviter que leurs hommes ne se dispersent aussitôt arrivés en Italie. Ainsi l'armée ordonnée par les cantons à la fin du mois d'août ne dépend pas d'hypothétiques subsides ou secours promis par des alliés très incertains. Maintenant que les Français sont entrés en Piémont, on ne peut plus douter de l'imminence d'une bataille décisive, dont dépendra le sort de l'Italie du Nord.

L'armée suisse n'a toujours pas de chef unique, mais les contingents qui doivent passer en Italie par le Saint-Gothard sont placés sous le commandement de Marx Röist, bourgmestre de Zurich. Berne, Soleure, Fribourg et les Valaisans empruntent quant à eux le Simplon. Ces derniers sont à Domodossola le 31 août. Deux jours plus tôt, Röist écrivait au conseil de Zurich qu'il était bien arrivé à Bellinzona, de l'autre côté du lac Majeur[25]. Il souligne l'excellent état d'esprit des troupes, ainsi que leur volonté d'en découdre. Le frère du duc de Milan, alors à Zurich, témoin de l'effervescence à laquelle a donné lieu dans toute la Confédération la décision prise par la diète du 20 août, le confirme également[26]. Berne et les villes occidentales ne semblent pas avoir été plus tièdes que les autres. Au contraire, les instructions remises par les autorités cantonales à leurs délégués à la diète montrent que Berne était très favorable à l'envoi de renforts en Italie, alors que Zurich demandait à ses représentants de ne voter pour cette résolution qu'à condition que les autres cantons soient d'accord, et que les autres membres de la Ligue catholique – pape, Ferdinand, Maximilien – tiennent enfin leurs promesses[27]. Rien ne laissait donc présager ce qui allait suivre.

Pourparlers à Verceil et Gallarate – Confusion générale

À peine la décision est-elle prise d'envoyer une armée de secours qu'arrivent à Berne des lettres très alarmantes de leurs capitaines, qui les informent dès le 22 ou le 23 août des tractations sur le point de commencer avec les Français. La lettre adressée d'Arona, le 28 août, déjà mentionnée, relate le début des pourparlers à Verceil, entamés la veille, ainsi que la situation désespérée dans laquelle se trouvent les Suisses et le duché de Milan. Röist, à mesure qu'il s'approche du théâtre des opérations, croise sur la route de nombreux groupes de soldats suisses qui ont décidé de rentrer chez eux, faute de pain et d'argent. Ils colportent de mauvaises nouvelles venues du sud, qui se propagent dans les rangs de l'armée de renfort.

Röist arrive à Varèse, à l'est du lac Majeur, le 31 août 1515. Y sont désormais concentrées les trois levées de la majorité des cantons, à l'exception de Berne, Fribourg, Soleure, Unterwald et des Valaisans, qui, d'Arona, s'étaient repliés à Domodossola, à 60 kilomètres au nord-ouest. Leurs soldats avaient en effet plié bagage aux premiers échos de la conférence de Verceil. Les capitaines ont dû décharger eux-mêmes l'artillerie, déjà prête à partir, pour empêcher que leurs hommes ne l'emportent ! Les bannières des deux premières levées des cantons de Berne, Fribourg, Soleure et Unterwald ne comptent plus que 400 hommes lorsque les capitaines se résignent à les suivre à Domodossola, dans l'espoir d'y retrouver les renforts passés par le Simplon. Hélas ! Emportés par le flot d'hommes remontant vers le nord, les Suisses de la troisième levée emboîtent le pas à leurs compagnons. Le 1er septembre, les capitaines de Berne font savoir à leurs autorités qu'il ne se trouve à Domodossola que 1 000 hommes pour l'ensemble des trois levées des quatre contingents cantonaux de Berne, Fribourg, Soleure et Unterwald, qui représentaient en temps normal près d'un tiers de l'armée suisse[28].

L'armée de Varèse, quant à elle, garde sa cohésion, y compris les contingents des deux premières levées, qui reçoivent enfin un viatique de deux florins par homme[29] – provenant sans doute de la distribution de l'argent expédié de Rome par le pape à la mi-août. Le 3 septembre, les capitaines de Varèse demandent à leurs homologues de Domodossola de venir les rejoindre pour marcher contre les Français[30]. Ces derniers en délibèrent, mais refusent de rompre les négociations avec les Français, car ils estiment que cela pourrait mettre en danger leurs émissaires qui étaient encore à Verceil. Les capitaines de Varèse doivent finalement se résoudre à laisser se poursuivre les discussions avec les Français. Les délégations des deux camps se déplacent de Verceil à Gallarate, à moins d'une vingtaine de kilomètres de Varèse. Les représentants suisses subissent la pression des Français, en position de force ; ils tremblent tout autant à l'idée de mécontenter les soldats suisses, qui ne manqueront pas de les malmener ou de les accuser de trahison s'ils rapportent un projet de traité qui leur semblerait trop peu favorable.

Dans les premiers jours de septembre, la confusion est totale. À Verceil, puis à Gallarate, en conférence avec les Français, se trouvent des représentants de tous les cantons, excepté Schwyz et Glaris qui ont toujours refusé de négocier avec l'ennemi. À Domodossola, les bannières squelettiques des cantons de Berne, Fribourg et Soleure attendent avec impatience la conclusion de la paix avec la France. À Varèse, les contingents sont au complet, mais les avis sont loin d'être unanimes. Ceux de Schwyz et Glaris veulent la guerre. Capitaines et soldats de Zurich, Lucerne, Uri, Fribourg, Bâle, Zoug et Schaffhouse sont eux-mêmes divisés : ceux des deux premières levées, épuisés par des semaines d'inaction et de misère, penchent pour la paix ; ceux de la troisième levée, arrivés depuis quelques jours, pour la guerre !

Entrée des Français en Milanais

Toutes ces dissensions laissent le champ libre aux Français, qui poussent leur avantage. François Ier entre à Chivasso le 22 août. On y passe une journée à attendre les vivres, qui ont avancé moins vite que le reste de l'armée. Les Français restent sur leurs gardes. À partir du 24 août, Barrillon indique que l'armée royale, qui marche déjà en ordre de bataille depuis une semaine, tient tous les soirs un « camp d'ordre[31] ». Les Français marchent ensuite sur Verceil, puis Novare. L'avant-garde de Trivulce arrive à Novare dans les derniers jours d'août. La ville se rend, mais la garnison suisse se retire dans la citadelle, aussitôt investie par les Gascons et les Basques de Pedro Navarro, un Espagnol spécialiste de la guerre de siège. Le roi fait son entrée à Novare le 30 août[32]. La citadelle capitule au bout de quelques jours. Ce succès lave en partie la honte de la défaite de 1513, d'autant que les Français récupèrent à cette occasion la plus grande partie de l'artillerie alors capturée par les Suisses.

Novare n'était pas la première place forte à tomber aux mains des Français. Un petit corps de 300 ou 400 lances, commandé par Aymar de Prie, avait embarqué à Marseille pour secourir Gênes[33]. Renforcé par plusieurs milliers d'hommes mis à sa disposition par le doge Fregoso, Aymar de Prie franchit les Apennins et s'empare sans coup férir d'Asti, de Tortone et d'Alexandrie entre le 16 et le 20 août[34], pour ainsi dire sous les yeux du cardinal de Médicis, qui ne songe qu'à défendre Parme et Plaisance, et à ne donner aucun prétexte aux Français pour entrer en territoire pontifical. Léon X et son frère Laurent doutent en effet de la loyauté des villes conquises par Jules II, Parme, Plaisance, et surtout Bologne. Tandis que les hommes d'armes du pape restent l'arme au pied, les hérauts français n'ont qu'à emboucher leurs trompettes pour que les villes milanaises situées au sud du Pô ouvrent aussitôt leurs portes.

À la fin du mois d'août, les deux routes de Milan sont grandes ouvertes, au nord par Verceil et Novare, au sud par Asti et Alexandrie. L'armée suisse est comme tétanisée par ses divisions et les négociations en cours avec les Français. Le pape ne dispose que de 200 hommes d'armes et quelques cavaliers légers dans les environs de Plaisance. Il a envoyé des hommes à Vérone, mais beaucoup moins que prévu – 130 hommes d'armes au lieu de 250, sous Marcantonio Colonna, d'après les Vénitiens, très bien renseignés, qui connaissent la faiblesse de la garnison de cette très importante place forte[35], dont dépend la maîtrise de toute la Terre ferme occidentale. Les 3 000 lansquenets promis par Maximilien ne sont toujours pas arrivés. L'armée espagnole de Ramón de Cardona ne peut donc pas prendre le risque de porter secours aux Suisses, en laissant derrière elle Vérone et l'armée vénitienne.

Le retour de Matthäus Schiner

Que fait le cardinal de Sion pendant ce temps ? Sa cote de popularité auprès des confédérés baisse de jour en jour. Si Schiner n'était pas responsable du retard mis par le pape et le roi d'Aragon à payer les Suisses, il n'en demeurait pas moins qu'il avait crié au loup beaucoup trop tôt, et qu'il avait été à l'origine de la première levée de 4 000 hommes, décidée contre Gênes plus de trois mois auparavant. Avec raison, il juge qu'il vaut mieux s'éloigner quelque temps des contingents à demi mutinés des deux premières levées. Schiner ne peut rien faire pour empêcher les négociations avec les Français. Au contraire, sa présence aurait été un vivant témoignage de l'incapacité de la Ligue à honorer ses engagements vis-à-vis des Suisses. Il était temps de passer de la parole aux actes. Seul un coup de théâtre ou un événement décisif pouvait convaincre les Suisses de fournir un dernier effort. Ce n'était pas un nouveau subside de quelques milliers ou dizaines de milliers de ducats raclés dans les fonds de tiroir qui aurait la moindre chance de retourner l'opinion suisse, face au million d'écus que François Ier mettait sur la table. Non, pour provoquer l'électrochoc salutaire, il fallait que les hommes d'armes du pape, et surtout l'armée espagnole de Ramón de Cardona, arrivent enfin. Le vice-roi s'était peu à peu rapproché du théâtre des opérations, suivi par les Vénitiens, et se trouvait alors du côté de Plaisance. Les Espagnols avaient jeté un pont de bateaux sur le Pô, mais hésitaient à franchir le fleuve pour tendre la main aux Suisses.

Le cardinal de Sion va prendre l'initiative et tenter de convaincre en personne Cardona de sortir de son attentisme. Pour cela, il va s'appuyer sur les mercenaires suisses de la garnison du château de Milan, restés au service du duc de Milan depuis la reconquête du duché en 1512. Ils sont au moins 500 en 1513, et sans doute plus d'un millier en 1514[36]. Remuants, âpres au gain, désormais seuls maîtres de la citadelle de Milan, ils incarnent l'hégémonie suisse en Milanais, mais ils assurent également la garde rapprochée du duc. À l'écart des luttes de faction entre guelfes et gibelins qui divisent la noblesse milanaise, ils sont devenus le plus ferme soutien des Sforza et de la politique sans concession de Schiner. Massimiliano n'a eu de cesse d'entretenir le « bon vouloir » des capitaines de la garnison à son égard, en leur distribuant des primes et gratifications – au risque de mécontenter le simple soldat[37].

Pour contrecarrer l'avance française dans le sud du duché, et surtout pour aller à la rencontre des capitaines du pape et du vice-roi de Naples, Schiner prend la route de Lodi et de Plaisance, à la tête de troupes suisses et de quelques centaines de chevau-légers, le 30 août 1515. Pour mieux soigner ses effets, il exagère délibérément l'importance de son escorte. Le 4 septembre, il affirme avoir avec lui 3 000 hommes et 500 cavaliers. Guicciardini, au même moment, ne lui attribue que 1 000 hommes, nombre sans doute plus proche de la réalité, même si le cardinal a pu se faire accompagner de quelques Valaisans[38]. Le 5 septembre, il est à Casalpusterlengo, à 15 kilomètres au nord de Plaisance, sur le Pô, par où devaient arriver les troupes du pape, et à 10 kilomètres à l'est de Pizzighetone, sur l'Adda, où l'on attendait les Espagnols. Ce même jour, un petit détachement suisse reprend la ville de Lodi, à mi-chemin entre Plaisance et Milan. Succès en trompe-l'œil, car Lodi, prise et reprise par les Milanais et les Vénitiens, venait d'être abandonnée par Renzo da Ceri, qui n'y avait laissé qu'une poignée d'hommes. Pour entretenir l'ardeur des capitaines suisses de l'armée principale, Schiner leur écrit le 6 septembre qu'il a reçu des renforts du pape, et que deux compagnies supplémentaires doivent encore se joindre à lui. Il aura alors 600 hommes d'armes pontificaux, et autant de cavaliers légers[39].

Le 5 septembre 1515, Schiner a enfin pu s'entretenir avec le vice-roi d'Espagne, par estafettes interposées, mais malheureusement, il est déjà trop tard. Les rumeurs des négociations franco-suisses sont parvenues jusqu'aux Espagnols, et ni le pape ni Cardona ne veulent courir le risque de s'avancer à découvert en Milanais, avec les Vénitiens sur les talons, pour se retrouver en face d'une armée française très supérieure en nombre. Le 7 septembre, Schiner écrit aux capitaines suisses pour leur dire que les armées du pape et du vice-roi de Naples refusent d'aller au-delà de la ligne Plaisance-Lodi tant qu'elles n'auront pas l'assurance que les Suisses n'ont pas conclu d'accord avec les Français. La veille, le cardinal s'était déjà replié à Lodi. Le 7 ou le 8 septembre, il reçoit un messager espagnol venu lui faire part de la décision finale de

Cardona : l'avant-garde espagnole qui s'était aventurée au nord du Pô rebrousse chemin. Fou de rage, impuissant, Schiner traite les Espagnols de lièvres[40], mais il ne lui reste plus qu'à chevaucher à bride abattue pour rejoindre les Suisses. Les Espagnols se retirent au sud du Pô, et Lodi est réoccupée par Renzo da Ceri dès le 9 septembre[41]. L'équipée de Schiner se solde par un échec complet. Sa manœuvre de double intoxication, qui consistait à dire aux Suisses que les Espagnols arrivaient, et aux Espagnols qu'ils devaient presser le pas pour empêcher les Suisses de commettre l'irréparable en s'accordant avec François Ier, avait fait long feu. C'est le contraire qui s'était produit : les Suisses avaient ouvert les discussions avec les Français parce que les Espagnols n'arrivaient pas, et les Espagnols n'étaient pas arrivés parce que les Suisses avaient accepté de négocier avec le roi de France.

Le traité de Gallarate : 8 septembre 1515

Le cardinal de Sion espère encore pouvoir empêcher les capitaines suisses de conclure la paix avec le roi de France. Il arrive à Monza, où campait l'armée suisse, dans la soirée du samedi 8 septembre. Quelques heures plus tôt, à Gallarate, les deux parties s'étaient accordées sur la version définitive du traité[42]...

Les articles n'avaient que peu évolué depuis la conférence de Verceil. Le montant total du marché est d'un million d'écus, à savoir 300 000 pour le rachat des districts alpins du duché de Milan annexés par la Suisse, 400 000 écus hérités du traité de Dijon, et 300 000 écus pour les soldes des Suisses envoyés en Italie. 150 000 écus devaient être payés comptant et distribués aussitôt aux troupes suisses. La seconde moitié des soldes, ainsi qu'une première tranche de 100 000 écus, serait versée à Noël. François Ier s'engageait donc à verser 400 000 écus en moins de quatre mois, soit près de 800 000 livres tournois. Les 600 000 écus restants devaient être acquittés d'ici à Noël 1518, par tranche de 100 000 écus tous les six mois. Le roi accorde à Massimiliano Sforza, en guise de dédommagement, le duché de Nemours ainsi qu'une pension de 20 000 livres par an, et promet de lui trouver une épouse de son rang.

La plus importante concession des Français est que le traité de « paix et union » n'est pas perpétuel ; il n'est valable que durant la vie de François Ier, puis dix ans après sa mort. En revanche, le roi peut désormais puiser sans limites dans le vivier suisse pour y recruter autant d'hommes qu'il le souhaitera, à condition cependant que les Suisses ne soient pas eux-mêmes en guerre. En ce cas, le roi s'engage à fournir aux Suisses une assistance militaire en mettant à leur disposition 500 lances, tous frais payés par lui. Le montant de la pension annuelle à verser aux cantons est fixé à 2 000 francs par canton – sans compter les pensions secrètes servies aux membres influents des conseils de gouvernement. François Ier avait donc obtenu ce qu'il désirait, à un prix à peine plus élevé que celui auquel on était arrivé très vite après les premières offres. Les sommes en jeu paraissent colossales, mais la dépense était proportionnée aux gains qu'on pouvait en attendre, à savoir une supériorité militaire incontestée en Europe et la conquête rapide du duché de Milan, dont les revenus devaient permettre un retour sur investissement en moins d'une décennie.

François Ier avait gagné ; les troupes suisses devaient recevoir leurs 150 000 écus, soit un mois de solde, puis rentrer chez elles. Le vice-roi n'aurait plus qu'à retourner à Naples, et le pape à rendre Parme et Plaisance. Les Français se félicitent d'avoir réussi à éviter une « grande effusion de sang chrétien »... mais le cardinal de Sion n'a pas dit son dernier mot.

CHAPITRE 9

L'engrenage

Le cardinal de Sion et le duc de Milan sont les grands perdants du projet de traité préparé à Gallarate le 8 septembre. Massimiliano Sforza a été vendu par ses maquignons suisses au prix d'une haridelle. Quant à Schiner, il avait commis la faute d'avoir été plus suisse que les Suisses, et d'avoir attaché plus de prix à la grandeur de l'Église que le pape lui-même. Il avait tenté de défendre les premiers contre la tentation de renoncer à leur politique d'expansion vers le Midi lombard, et d'empêcher le second de conclure une paix honteuse avec François Ier. Les Suisses avaient accepté de rendre toutes leurs conquêtes, à l'exception de Bellinzona, et il était évident que Léon X allait s'empresser de se réconcilier avec le roi. Le cardinal n'entendait pourtant pas renoncer aussi facilement à son rêve d'une Italie réunifiée sous l'égide du pape, avec la Confédération suisse pour bras armé. Le projet de traité suscite en effet de vives controverses lorsqu'il est porté à la connaissance des troupes suisses.

La situation militaire à la veille de Marignan (8-12 septembre)

Lorsque Schiner arrive au camp des confédérés, la situation militaire avait continué de se dégrader. Depuis son arrivée à Varèse, l'armée suisse principale avait lentement avancé en direction de Milan. Depuis le 5 ou le 6 septembre, elle était à Monza, à une cinquantaine de kilomètres au sud-ouest de Varèse et à 20 kilomètres au nord-est de Milan[1]. Combien d'hommes comptait-elle ? On ne peut mieux faire que proposer une fourchette assez approximative. Guicciardini, qui a suivi les événements de très près, écrit à son frère, le 5 ou le 6 septembre, que les Suisses sont alors 50 000 ; deux jours plus tard, ils seraient 45 000, et le 12 septembre, à la veille de Marignan, de 35 000 à 40 000[2]. Ces derniers chiffres paraissent les plus crédibles. La diminution du nombre de Suisses, en l'espace d'une semaine, n'est pas la conséquence de la désertion ou de la maladie ; elle indique plutôt que la qualité des informations que Guicciardini avait pu recueillir au jour le jour s'était améliorée.

En effet, la troisième levée se composait de 20 000 à 22 000 hommes, auxquels s'ajoutait un nombre de *Freiknechte* estimé à 12 000 par les Suisses eux-mêmes dans une lettre adressée au duc de Milan le 2 septembre[3]. On a vu que les deux premières levées comptaient environ 25 000 hommes, dont un quart de *Freiknechte*. De ce potentiel maximal de 59 000 hommes, il faut déduire la plus grande partie des contingents de Berne, Fribourg, Soleure, sur le chemin du retour, en ordre très dispersé, par la route du Simplon. Ces trois cantons fournissaient en moyenne de 20 à 25 % des effectifs des armées suisses. Quant aux *Freiknechte* qui avaient accompagné les deux premières levées, il n'est pas possible de dire combien d'entre eux avaient résisté aux misères de la campagne de Piémont. Par ailleurs, les contingents des deux premières levées des cantons orientaux, soit environ une douzaine de milliers d'hommes, avaient subi une forte usure dont ils ne s'étaient sans doute pas complètement remis. *A contrario*, on sait que des ressortissants de Berne, Fribourg et Soleure ont participé à la bataille de Marignan, soit en tant que volontaires, soit en tant que *Freiknechte*. L'estimation de Guicciardini, qui correspond à une proportion comprise entre 58 et 68 % du nombre total des Suisses mobilisés en Italie, est donc très raisonnable.

Même réduite d'un gros tiers, l'armée rassemblée par les Suisses restait formidable, et plus importante que toutes celles qu'ils avaient jamais alignées sur un champ de bataille. En revanche, elle n'avait ni cavalerie ni artillerie, à l'exception de quelques pièces légères.

Le pape et les Espagnols avaient renoncé à les secourir. Plus grave, ils n'avaient même pas été capables d'empêcher les Vénitiens de se joindre aux Français.

Nous avions laissé ces derniers à Novare, le 30 août 1515. Le lendemain, François Ier franchit le Tessin et arrive à Boffalora, après avoir posté un corps de lansquenets à la garde du pont. Il n'est plus alors qu'à une trentaine de kilomètres de Milan. Il se rend ensuite à Turbigo, un peu en amont de Boffalora, sur le Tessin, et y reste trois jours, sans doute pour attendre les corps de troupe restés en arrière. Pendant ce temps, les avant-gardes royales progressent partout, au risque de se disperser quelque peu[4]. Une force de 400 lances et 1 000 fantassins basques, sous le commandement de Trivulce, arrive aux portes de Milan. Le 1er septembre, le maréchal somme la ville de se rendre. Des troubles éclatent aussitôt dans la capitale du duché. Aux cris des partisans des Français – « *Franza* » – répondent ceux des Sforza – « *duca* ». Malheureusement pour Trivulce, alors que le rapport de force est en train de basculer en sa faveur, le retour à Milan de la garnison suisse, qui était sortie du château pour aller se ravitailler dans les environs, donne la victoire aux loyalistes. Ceux qui avaient soutenu les Français sont alors expulsés de la ville par leurs concitoyens. Trivulce campe dans les faubourgs nord de Milan jusqu'au 4 septembre ; il en est chassé par une sortie des Suisses, qui mettent en déroute les Basques[5].

Les Français décident alors de contourner Milan par le sud, par Rebecchino, Abbiategrasso, Binasco et Lacchiarella, afin de s'interposer entre les Suisses et les Espagnols[6]. Le risque d'être pris en tenailles entre les deux armées ennemies est nul, en l'absence de coordination entre alliés. On l'a vu, l'armée espagnole, forte de 700 hommes d'armes, 600 chevau-légers et 6 000 fantassins, se retire définitivement au sud du Pô le 8 septembre[7]. Le 10 septembre, François Ier arrive à Marignan, à 15 kilomètres au sud-est de Milan. Il est alors tout à fait à l'abri des Espagnols, car les Français tiennent à présent Pavie, sur le Tessin, et Lodi, sur l'Adda. François Ier détache deux compagnies d'ordonnance[8] pour garder ces places, qui lui assurent une voie de retraite aussi bien vers l'ouest et la France que vers l'est et ses alliés vénitiens.

La retraite espagnole et la chute de Lodi permettent à l'armée vénitienne de préparer sa jonction avec les Français. Le capitaine général des Vénitiens, Bartolomeo d'Alviano, prend un peu d'avance sur ses troupes et rencontre François Ier à Marignan le 10 septembre. Il trouve le roi à table. François Ier le reçoit avec chaleur et le remercie d'avoir talonné de si près les Espagnols, outrepassant ainsi les instructions du gouvernement vénitien, toujours d'une prudence extrême[9]. La personnalité de Bartolomeo d'Alviano le portait à l'offensive à outrance, ce qui en faisait un *condottiere* très atypique. Son audace, pour ne pas dire sa témérité, lui avait valu de grands succès, mais aussi de terribles revers, notamment sa défaite et sa capture face à Louis XII à la bataille d'Agnadel, en 1509. Le sénat ne lui avait pas retiré sa confiance, et d'Alviano avait été l'âme de la résistance vénitienne contre les Espagnols et les Impériaux dès sa libération par les Français en 1513. En septembre 1515, d'Alviano commande une armée de 600 à 1 000 hommes d'armes, 1 400 à 2 000 chevau-légers, et 5 000 à 9 000 fantassins, d'après les estimations quelque peu divergentes de Guicciardini et du marquis de Mantoue[10]. Après la retraite espagnole, les Vénitiens peuvent envisager de reprendre Vérone, défendue par seulement 1 000 lansquenets, 200 hommes d'armes espagnols et 200 hommes d'armes du pape. D'Alviano craint cependant de mécontenter François Ier et décide de jouer la carte de la coopération interalliée la plus étroite possible. Il promet au roi qu'il continuera de se rapprocher de lui, au grand effroi des Vénitiens, qui voient leur armée éloignée de plus de 200 kilomètres de sa base de Padoue, et séparée d'elle par Brescia et Vérone au nord, Crémone et Mantoue au sud. Une défaite des Français contre les Suisses exposerait l'armée vénitienne à la destruction totale. Peu importe à d'Alviano, qui ne doute de rien. La victoire est certaine, et lui-même brûle de combattre les Suisses, écrit-il aux autorités vénitiennes[11] !

Tumulte à Monza

Ainsi, lorsque le cardinal de Sion arrive à Monza, le 8 septembre au soir, accompagné de 500 cavaliers, il sait que les Suisses ne pourront compter que sur eux-mêmes. Sa dernière chance consistait à rééditer le coup de Novare, c'est-à-dire attaquer le plus vite possible les Français, sans leur laisser le temps de se préparer. Pour cela, Schiner devait piquer au vif l'orgueil helvétique et exciter la soif de victoire et de butin du fantassin suisse. L'arrivée du cardinal dans le camp suisse ne passe pas inaperçue, et il fait ce qu'il faut pour la mettre en scène. Une lettre adressée par un certain Francesco Turreo au connétable de Bourbon, fondée sur le témoignage d'un espion infiltré à Monza, nous livre une description assez impressionniste de ces heures décisives, mais sans doute proche de la réalité[12].

En guise de démonstration de force, le cardinal commence par passer en revue sa petite troupe de cavaliers sur la grande place de Monza, comme s'il s'agissait d'un renfort susceptible de renverser le cours des choses. Le temps presse, car une heure avant lui, un héraut d'armes du duc de Savoie est arrivé à Monza. Il a apporté les articles du traité de Gallarate. Comme il est trop tard pour réunir tout l'état-major suisse, on convoque une assemblée générale des commandants suisses pour le lendemain matin. Sans perdre une minute, Matthäus Schiner entreprend la tournée des capitaines suisses pour les rappeler à leur devoir. Après le double échec de la campagne en Piémont et de son équipée de Lodi, Schiner n'avait plus droit à l'erreur. Il lui fallait chausser les bottes de 1512 et insuffler à ses compatriotes l'indomptable énergie qui avait animé Jules II.

Le lendemain matin, on réunit tous les capitaines et les notables suisses pour leur faire la lecture du texte du traité de Gallarate. On aimerait pouvoir décrire la scène, mais faute de certitudes, on en est réduit aux conjectures. A-t-elle eu lieu en plein air, sous les yeux de la troupe, ou plus probablement dans une pièce fermée, au château de Monza ? Il faut sans doute imaginer une assemblée de quelques dizaines de capitaines et d'officiers supérieurs des trois levées des neuf cantons dont les troupes étaient rassemblées à Monza. Ces hommes ne sont certainement pas assis autour d'une table ou sur des bancs. Ils sont debout et se pressent pour mieux entendre la teneur des articles du traité. Une fois la lecture terminée, on procède à un vote. Ceux qui sont favorables au traité sont invités à lever la main, les autres à ne rien faire. Seuls ceux de Schwyz, Uri et Glaris refusent d'approuver le traité, mais sitôt le conseil terminé, nombreux sont ceux qui vont voir le cardinal pour prêter de nouveau l'oreille à ses exhortations. Les Français, informés par leurs espions des manœuvres du cardinal Schiner, pressent la délégation suisse à Gallarate de sceller le traité et de le jurer. Ces derniers se retrouvent dans une situation très inconfortable. Les négociateurs suisses, à l'exception de ceux de Schwyz, Uri et Glaris, acceptent de prêter serment et de ratifier le traité, qui est scellé du sceau des capitaines de Berne et de Zurich. Les Français publient aussitôt le traité. Dans le camp suisse se déroulent des scènes surréalistes. Tandis que la contestation gagne du terrain et que grossit le nombre des partisans du cardinal de Sion, certains prisonniers français commencent déjà à recruter des mercenaires pour le compte du roi[13] !

Au cours de la journée du 9 septembre, le parti belliciste finit par l'emporter à Monza. Les capitaines écrivent à leurs représentants à Gallarate pour leur dire qu'ils ne peuvent donner leur accord en l'état, et qu'ils reprennent en main les pourparlers avec le roi. Les négociateurs bernois préviennent aussitôt leurs compatriotes, rassemblés à Domodossola, pour les alerter du danger qu'on leur faisait ainsi courir, et leur dire que Fribourg et Soleure partageaient leur point de vue[14]. Les capitaines bernois écrivent ensuite au conseil de Berne, qui en informe à son tour la diète confédérale, mais il est trop tard : la rupture entre Berne, Fribourg, Soleure et les autres cantons est consommée. Le cardinal Schiner a réussi son pari, la machine infernale est lancée et plus personne ne l'arrêtera.

Quelle légitimité pour le traité de Gallarate ?

Pour les Français, la validité du traité de Gallarate n'admettait aucune contestation. Les ambassadeurs du roi, Odet de Foix, maréchal de Lautrec, et René, bâtard de Savoie, comte de Tende, avaient bien reçu tous les pouvoirs nécessaires pour ratifier l'accord. Côté suisse, le traité de Gallarate avait été signé par les « capitaines, lieutenants et conseillers, avec plein pouvoir de nos seigneurs et supérieurs des Ligues ». Y sont mentionnés le gratin des oligarchies cantonales et la plupart des capitaines des contingents des deux premières levées – Hans Erlach, Anton Spillmann et Rudolf Senser pour Berne, Conrad Engelhart et Rudolf Rahn pour Zurich, et ainsi de suite. Ils représentaient sans doute possible les troupes suisses qui avaient fait campagne en Piémont en juillet et août 1515. Il manquait bien trois cantons sur treize – Uri, Schwyz et Glaris –, mais il n'y avait pas là de quoi s'alarmer. Il était déjà difficile de récolter l'approbation de tous les cantons lorsque la Confédération n'en comptait que huit, on ne pouvait douter un seul instant qu'il faudrait tordre le bras de deux ou trois cantons récalcitrants, qui finiraient par signer le traité avec un retard de quelques mois. Les Français n'avaient donc pas de raison de craindre que le traité de Gallarate ne finisse par être approuvé par la diète confédérale, fût-ce au prix de délais et d'ajustements supplémentaires.

En revanche, les diplomates suisses avaient-ils réellement reçu les pleins pouvoirs des « seigneurs et supérieurs des Ligues », traduction littérale de la formule « *Herren und Obrigkeiten* », c'est-à-dire des gouvernements cantonaux ? Il semble que seul le canton de Berne ait donné son accord au traité et ait donc autorisé ses représentants à Gallarate à le ratifier en son nom[15]. Bien que Fribourg et Soleure aient aussitôt emboîté le pas à Berne[16], la plupart des gouvernements cantonaux n'avaient probablement pas encore pris connaissance des articles du traité, ni donné mandat à leurs représentants pour le ratifier, lorsque les membres de la délégation suisse de Gallarate jurent le traité.

Cela ne faisait pourtant pas obstacle à l'application du traité de Gallarate, puisque la diète, consciente de son incapacité à apprécier la situation sur place, avait donné tout pouvoir aux capitaines suisses pour agir selon leur conscience et en fonction des circonstances[17]. Que cette décision ait été prise le 14 septembre, soit six jours après Gallarate, ne changeait pas grand-chose, car elle ne faisait que confirmer la délégation générale de pouvoirs dont bénéficiaient les capitaines depuis leur départ de Suisse.

En attendant la décision finale des gouvernements cantonaux, c'était donc bien aux capitaines en campagne qu'il revenait d'accepter le principe d'une paix avec la France, mais l'arrivée en Italie de la troisième levée, hostile à tout compromis, avait complètement rebattu les cartes. C'est aux capitaines de la troisième levée, et à eux seuls, que le cardinal Schiner devait d'avoir fait triompher son point de vue. Leur poids a été d'autant plus important qu'ils représentaient la moitié des effectifs sous les drapeaux, et que les plus notables officiers et capitaines des deux premières levées se trouvaient à Gallarate, en tant que négociateurs.

Les neuf cantons (Lucerne, Zurich, Schwyz, Uri, Glaris, Appenzell, Schaffhouse, Bâle et Zoug) qui refusent finalement de ratifier et d'exécuter le traité de Gallarate, négocié par des représentants qui n'avaient été mandatés que par les capitaines des deux premières levées, estiment donc être dans leur droit. C'est à tout aussi bon droit que les capitaines de Berne, Fribourg et Soleure exécutent les ordres de leurs autorités cantonales et quittent le théâtre des opérations italien. Quant à Unterwald, depuis longtemps déjà divisé entre les demi-cantons d'Obwald, à l'ouest, et de Nidwald, à l'est, il semble que ceux d'Obwald aient penché pour le traité de Gallarate et aient quitté l'armée, tandis que ceux de Nidwald optaient pour la guerre[18].

On s'en doute, les Français ne pouvaient et ne voulaient pas comprendre le refus des confédérés de se plier aux dispositions du traité de Gallarate. Pour eux, les Suisses s'étaient parjurés. La dénonciation de la « trahison » des Suisses, opposée à la modération et à la magnanimité de François Ier, soucieux jusqu'au tout dernier moment d'épargner le sang chrétien, sera un axe central de la propagande royale au lendemain de la bataille de Marignan.

Putsch au château de Milan

La décision de rejeter le traité de Gallarate a tranché le nœud gordien, au prix de la défection des cantons occidentaux. Il faut maintenant définir une stratégie, ce qui plonge les capitaines suisses dans des abîmes de perplexité, tant la situation est difficile. À vrai dire, on n'avait guère le choix. Il fallait marcher au plus vite contre les Français, car il n'échappait à personne que chaque jour qui passait exposait les capitaines suisses, Schiner et le duc de Milan au risque d'une mutinerie de leurs troupes. Affronter l'armée française, supérieure en nombre, et pourvue en abondance d'artillerie et de cavalerie, n'était pourtant pas une perspective bien réjouissante. Les Suisses quittent donc Monza pour Milan.

Schiner, plus que jamais, agit dans l'ombre. Outre les officiers de la garnison du château, qui lui sont acquis, les capitaines des *Freiknechte* penchent pour le cardinal. Ils sont indépendants des autorités cantonales et n'ont pas grand-chose à espérer d'une paix avec la France. Alors que les contingents réguliers sont assurés de recevoir leurs soldes, les *Freiknechte* n'auront que des miettes – au mieux quelques florins par homme, loin des trois mois de solde que toucheraient leurs compatriotes des bannières cantonales, quel que fût leur temps de service réel. Face à eux, l'armée du roi, ses grands seigneurs, ses hommes d'armes venus avec leurs plus beaux chevaux, leurs plus belles armures, leurs fourrures et leurs vêtements de soie. Quelle proie magnifique ! Assurément la plus belle qui se fût présentée aux Suisses depuis le pillage du camp de Charles le Téméraire à Grandson, en 1476 ! Une fois le roi de France, ses gentilshommes et ses lansquenets « mous et lâches[19] » vaincus, on pourrait rançonner les villes milanaises qui s'étaient rendues aux Français, c'est-à-dire toutes, sauf Milan.

Les capitaines des cantons sont beaucoup plus circonspects, en particulier Marx Röist, le commandant du contingent de Zurich, le plus important de l'armée confédérée, fort sans doute d'environ 4 000 hommes. Depuis une dizaine de jours, il n'y a plus qu'une seule bannière par canton, car les contingents des trois levées ont fusionné. Les drapeaux surnuméraires ont été renvoyés à Bellinzona[20]. Un conseil se réunit dans l'après-midi du 13 septembre 1515 au château de Milan. Il s'agit d'une assemblée très restreinte, qui réunit moins d'une dizaine de capitaines – huit, d'après Röist[21]. Le conseil a lieu sous haute tension. Les fausses alarmes se succèdent, et la troupe gronde.

Les capitaines délibèrent de la conduite à tenir lorsque soudain, des hommes font irruption dans la salle du conseil. Les témoignages recueillis par les autorités de Zurich à la fin de l'année 1515[22] divergent sur leur identité et sur leur nombre, mais se dégagent tout de même les noms de Heinrich Rahn et Heini Erb, deux des commandants de la garnison du château. Ils interpellent avec violence les capitaines et les pressent de mettre un terme à leurs hésitations. Il est temps de marcher contre les Français ! Les intrus relaient des rumeurs selon lesquelles les Suisses ont déjà engagé le combat et se seraient emparés de plusieurs pièces d'artillerie françaises. Rahn tentera plus tard de se dédouaner en affirmant qu'il ne cherchait qu'à mettre en garde les capitaines devant le mécontentement de la troupe, au bord de la révolte et prête à faire un très mauvais parti à ses chefs. De fait, un autre témoin confirme la nervosité des soldats suisses[23], mais ceux-ci sont très loin de partager un seul et même avis. Les capitaines sont contraints de lever la séance pour rejoindre leurs bannières et essayer de reprendre leurs hommes en main.

La sortie des Suisses

Les capitaines suisses retrouvent leurs compatriotes dans une presse générale. Les contingents rejoignent les abords de la porte Romaine, qui conduit à la route de Plaisance par Marignan. D'après Wernher Steiner, fils du capitaine de Zoug et auteur d'une histoire de ce canton[24], les Suisses sont alors plus divisés que jamais. De nouveau, des voix s'élèvent en faveur d'un accord avec la France. Face à Zurich et Zoug, tenants de la paix, les *Waldstätten* poussent les autres à marcher contre les Français. Finalement, le capitaine de Zurich décide de passer à l'attaque lorsqu'il reçoit un message de Rudolf Rahn, qui, déjà aux prises avec les Français, l'appelle au secours. Rahn a joint sa chevalière au message, afin d'en prouver l'authenticité ainsi que l'urgence de la situation. Rudolf Rahn, qui était capitaine du contingent de la première levée de Zurich avant la fusion des trois levées, était le frère de Heinrich Rahn, de la garnison du château. La responsabilité des frères Rahn paraît accablante… Il faut sans doute aussi laisser sa part au travail d'autopersuasion des Suisses envoyés en reconnaissance et des *Freiknechte*, toujours en pointe, qui ont confondu les éclaireurs français avec l'avant-garde de l'armée ennemie, et transformé des combats d'avant-postes en prélude d'un affrontement titanesque.

Lorsque les bannières de Zurich et de Zoug franchissent la porte Romaine, dans une chaleur écrasante, elles trouvent ceux d'Uri, Schwyz, Unterwald et Lucerne qui les attendent le long de la route, à l'ombre des saules. L'ombre est déjà longue, car il est aux alentours de 2 heures à l'heure solaire, soit environ 4 heures de l'après-midi, et le soleil commence à décliner. Le cardinal Schiner et ses amis milanais sont effarés de voir les Suisses s'élancer au combat si tard dans la journée, à peine trois ou quatre heures avant le coucher du soleil. Il est trop tard ! Après les autorités cantonales, puis les négociateurs de Gallarate, et enfin les capitaines, le cardinal de Sion perd à son tour la maîtrise de la situation. L'armée confédérée est un corps sans tête, composé d'organes indépendants, unis par la farouche volonté d'écraser l'ennemi. Les uns après les autres, tous les Suisses ont pris le parti le plus simple, qui était de céder à la minorité agissante, incapable de distinguer la prudence de la lâcheté, et prônant l'offensive à outrance. Le courage physique et la rage de vaincre devront une fois de plus pallier les insuffisances de l'expression spontanée de violence qui tient lieu d'art militaire aux Suisses.

MARIGNAN (13–14 SEPTEMBRE 1515)

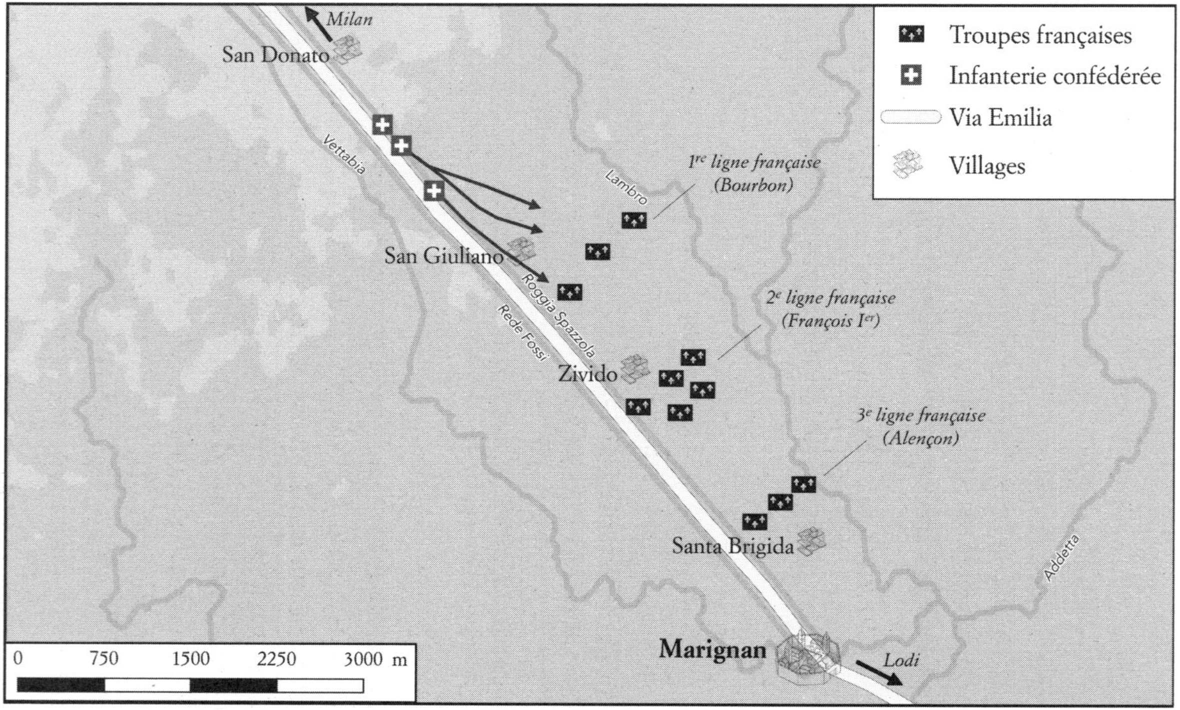

CHAPITRE 10

Ouverture : les Suisses prennent l'avantage L'artillerie française

Lorsque les Suisses sortent de Milan par la porte Romaine, ils ne sont qu'à 13 kilomètres de Marignan, et à seulement 8 ou 9 kilomètres de l'avant-garde française, commandée par le connétable de Bourbon et le maréchal de Trivulce, qui se trouve à San Giuliano Milanese. Au début de l'après-midi, le connétable a envoyé en reconnaissance les compagnies d'ordonnance de Louis de La Trémoille et d'Artus Gouffier de Boisy, soit 150 lances, afin de repérer un emplacement convenable pour y installer un nouveau camp, plus proche de Milan[1]. Les corps français s'échelonnent donc sur 4 à 5 kilomètres, le long de la route de Milan. Le gros de l'armée se trouve autour de Santa Brigita, avec le roi, qui commande la « bataille », c'est-à-dire le corps principal. L'arrière-garde est placée sous les ordres du duc d'Alençon.

L'armée royale

Quelles sont les forces respectives des corps français ? On l'ignore, ainsi que leur position exacte – ce qui n'a pas empêché de nombreux auteurs de broder largement, à partir de textes anciens, mais non contemporains de la bataille, qui ne citent jamais leurs sources[2]. Tout juste sait-on qu'à la fin du mois d'août, un quart des compagnies d'ordonnance étaient affectées à l'avant-garde, autant à l'arrière-garde, et toutes les autres, soit la moitié, à la bataille[3]. Ces proportions sont classiques, quoiqu'on puisse supposer que l'avant-garde ait été renforcée, si près de l'ennemi et de Milan. À vrai dire, les effectifs globaux de l'armée royale eux-mêmes ne peuvent faire l'objet que d'une évaluation assez grossière. La plus précise qu'il soit possible d'avancer se rapporte à la cavalerie. Les compagnies d'ordonnance soldées par le roi comptaient 3 010 lances en 1515[4]. Le roi en avait laissé 500 à la disposition de Louise de Savoie, mais il avait fait lever 420 lances supplémentaires en Italie, d'ailleurs plus pour s'attacher les services de lignages italiens influents que pour grossir encore les effectifs de ses hommes d'armes[5]. On a vu qu'il avait détaché 200 lances pour occuper Lodi et Pavie, et qu'Aymar de Prie se trouvait dans la région de Tortone, accompagné de 400 lances et de plusieurs milliers de fantassins génois. Peut-être ce dernier avait-il rejoint le roi – il en aurait eu le temps, depuis la reddition de Tortone avant le 20 août –, mais il est probable que ce corps ait été laissé en observation, à la fois pour surveiller l'armée du pape et les Espagnols, et pour protéger Gênes de toute entreprise des ennemis du doge Fregoso. Ainsi François Ier devait aligner à Marignan autour de 2 300 lances, soit 8 000 à 9 000 combattants, archers et coutilliers compris. Le roi était par ailleurs accompagné de son hôtel militaire, unité d'élite qui comptait alors deux compagnies de 100 gentilshommes ordinaires, servant comme hommes d'armes, et quatre compagnies de 100 archers, trois françaises et une écossaise, soit, pour ces six compagnies, l'équivalent de 200 lances fournies[6]. S'y ajoutaient deux compagnies de 100 arbalétriers à cheval chacune, nouvellement levées par le roi au printemps 1515, ainsi que la compagnie des Cent Suisses, instituée par Louis XI, dont on ignore s'ils ont combattu leurs compatriotes à Marignan.

L'infanterie « française », forte au début de la campagne de 23 000 lansquenets, 8 000 Gascons et 2 500 pionniers, devait être présente au grand complet. Outre Lodi et Pavie, la seule place qui méritait qu'on y laissât une garnison était Novare, et il est douteux que celle-ci ait compté plus de quelques centaines d'hommes, probablement des Gascons, particulièrement adaptés à ce rôle, et dont la loyauté était plus assurée que celle des lansquenets. À ces 30 000 à 32 000 fantassins s'ajoutent plusieurs milliers d'« aventuriers », volontaires servant sans solde, dont un grand nombre de gentilshommes. Ainsi ce sont de 40 000 à 45 000 combattants que les Suisses se préparent à affronter. Seul un quart d'entre eux parlent français ! L'élément germanique y représente même la majorité.

Le cosmopolitisme de l'armée royale n'est pas une nouveauté, mais autant les capitaines français ont l'habitude de combattre avec des Gascons, le plus souvent commandés par des gentilshommes du Midi du royaume, autant leur méfiance est grande à l'égard des lansquenets, que le roi n'emploie en masse que depuis les années 1511-1512. Bayard professe le plus profond mépris à l'égard de ces « coquins » qui « ne valent pas putain[7] ». C'est aux nobles germanophones issus des confins nord-orientaux du royaume qu'incombe la tâche de maintenir la cohésion de ces troupes redoutables, au maniement délicat et à la fidélité d'autant plus incertaine que les lansquenets sont conscients de la suspicion dont ils font l'objet. Quelques jours plus tôt, le duc de Gueldre, commandant en chef des lansquenets, avait dû rentrer d'urgence dans ses États, d'où lui étaient parvenues des nouvelles inquiétantes, alors que la trêve conclue avec l'archiduc Charles de Habsbourg tirait vers la fin. Son neveu, le jeune Claude de Lorraine, comte de Guise, né en 1496, le remplace à la tête des mercenaires allemands et gueldrois. Il a pour lieutenant Jean de Tavannes, un seigneur jurassien vassal de l'évêque de Bâle, qui avait conduit les bandes noires de Gueldre jusqu'à l'armée royale[8].

Par comparaison avec le milieu militaire que nous connaissons, très homogène par l'âge, la formation et l'état d'esprit, les hommes de Marignan frappent par la diversité de leurs profils. Les commandants en titre sont très jeunes et de naissance illustre. Le roi a fêté ses 21 ans la veille de la bataille, le 12 septembre. Son beau-frère le duc d'Alençon, qui a épousé Marguerite de Valois en 1519, en a 26, et le connétable Charles de Bourbon 25. Les vétérans des guerres d'Italie, blanchis sous le harnois, ne manquent pas pour tempérer les ardeurs juvéniles de leurs cadets. Le doyen des capitaines français est sans surprise le maréchal de Trivulce, largement septuagénaire. La Trémoille, vainqueur des Bretons à Saint-Aubin-du-Cormier avant d'être étrillé à Novare, a quant à lui franchi le cap de la cinquantaine. La plupart des capitaines des compagnies d'ordonnance sont de très grands seigneurs ou des princes du sang, mais le roi ménage une place à la frange supérieure de la moyenne noblesse, tels le seigneur de Humbercourt ou Gaspard de Châtillon-Coligny. Celle-ci est également majoritaire parmi les lieutenants, qui assurent le plus souvent le commandement effectif des compagnies d'ordonnance. Bayard, lieutenant de la compagnie de 100 lances du duc de Lorraine, fils d'un très médiocre seigneur dauphinois, fait plutôt figure d'exception, mais on a vu le rôle qu'a joué sa famille maternelle dans son ascension. Il est alors âgé d'une quarantaine d'années.

Plusieurs écoles de pensée cohabitent chez les Français. Trivulce représente le condottiérisme temporisateur, le transfuge espagnol Pedro Navarro, ancien subordonné de Gonzalve de Cordoue, l'innovation et la ruse, La Trémoille une certaine tradition française, tandis que Bayard incarne l'esprit chevaleresque dans ce qu'il avait de plus discutable du point de vue tactique, mais aussi de plus exemplaire sur le plan des valeurs morales et, au-delà, d'une certaine vision du monde et de la vie. Enfin, nul ne regrettera l'absence du calamiteux – ou malchanceux ? – maréchal de Lautrec, retenu avec René de Savoie par les négociations avec les Suisses. L'origine géographique des capitaines français témoigne d'une semblable variété. Les grands seigneurs du Midi voisinent avec Trivulce, le duc de Gueldre et les Lorrains, ou encore le maréchal Robert Stuart, seigneur d'Aubigny, d'origine écossaise.

Le champ de bataille

Les Français ont-ils choisi un terrain favorable aux spécificités de leur armée ? On a vu que le contournement de la capitale milanaise par le sud leur avait permis d'écarter le danger d'une jonction des Suisses avec les Espagnols, qui avaient jugé plus sûr de repasser le Pô à Plaisance. Ce mouvement les avait éloignés des terres les plus basses et les plus humides de la plaine lombarde, de part et d'autre du Tessin, du Pô et de l'Adda. Pourtant, les environs de Marignan ne se prêtent guère aux amples manœuvres dont raffolaient les historiens militaires du début du siècle dernier, qui ont jugé avec sévérité cette bataille, ne témoignant selon eux d'aucune évolution de la tactique. C'est oublier que l'art de la guerre consiste à s'adapter aux contraintes du monde tel qu'il est, et que la topographie de Marignan a été imposée aux Français par leur décision stratégique, tout à fait justifiée, de tendre la main aux Vénitiens plutôt que d'attaquer Milan par le nord. Il faut s'y résigner, la plaine du Pô, ses rizières, ses marécages et ses broussailles n'offraient pas aux capitaines français les mêmes opportunités que les steppes d'Asie et d'Europe orientale aux généraux mongols et turcs, qui ont excité l'admiration des théoriciens de la guerre de mouvement.

Le champ de bataille de Marignan est très compartimenté et, quoique presque parfaitement plat, il présente de nombreux obstacles en raison de la densité du peuplement. Abbayes, bourgs ruraux et grosses fermes – les *cascine* – pullulent. Il est limité par deux lignes d'eau, le fleuve Lambro, qui serpente à 1 000-1 500 mètres à l'est de la route de Milan, et la Vettabbia, un très ancien canal agricole, qui rejoint le Lambro au nord de Marignan et court à une distance de 500 à 800 mètres à l'ouest de la route de Milan. Le sol est très sec ; si rizières il y a, si loin des grands affluents du Pô, c'est de toute façon en septembre qu'elles sont asséchées pour faciliter la récolte. En revanche, de très nombreux canaux de drainage et d'irrigation innervent la campagne. Tous les 100 ou 200 mètres, il faut franchir de profonds fossés en eau. Les attaquants sont à la peine, mais les défenseurs ont du mal à trouver des lignes continues derrière lesquelles se retrancher. La cavalerie française est très ralentie dans ses mouvements, et se trouve dans l'impossibilité de délivrer des charges massives. Les flancs des Suisses sont de surcroît protégés par la Vettabbia et le Lambro. C'est donc un combat du fort au fort que s'apprêtent à livrer les Suisses, sur un front limité à une largeur de 1 500 à 2 000 mètres, et pour l'essentiel, aux 1 000 mètres séparant la route de Milan du Lambro. En effet, la chaussée de la route de Milan à Lodi, comme la plupart des grandes voies de communication en Lombardie, est surélevée et bordée de part et d'autre de deux canaux, Roggia Spazzola à l'est, Rede Fossi à l'ouest, qui constituent eux aussi des obstacles aux mouvements de la gauche vers la droite du champ de bataille et vice versa[9].

Les Suisses entrent en scène

Le connétable de Bourbon est informé de l'arrivée des Suisses par des pionniers français, qui ont remarqué la poussière soulevée par l'avant-garde ennemie, puis par le guet, et enfin par les hommes de la compagnie de La Trémoille. Il fait aussitôt sonner l'alarme et prévient le roi, qui s'arme en toute hâte. La chaleur est accablante, de l'avis de tous les témoins, qui distinguent les premiers Suisses à travers la poussière. « La plus part [des Suisses] estoient sans bonnetz et sans souliers et sans armeures, et amenoient huict ou neuf pieces de grosse artillerye[10]. » Les canons sont aussitôt mis en batterie et commencent à tirer. La visibilité est médiocre, et les Suisses tirent au jugé dans les nuages de poussière les plus denses. Les contingents suisses arrivent les uns après les autres, *Freiknechte* en tête, et se mettent en position. L'ordre de bataille des confédérés est encore plus incertain que celui des Français. D'un auteur à l'autre, le nombre des Suisses qui ont pris part à la bataille varie du simple au triple. Parmi les auteurs savants, le secrétaire du cardinal Duprat, Jean Barrillon, les évalue à 32 000 hommes[11], tandis que pour le Bernois Anshelm, ils n'auraient été que 18 000[12]. Son compatriote Schwinkhart en retranche encore un tiers et parle de 12 000 hommes seulement[13]. Robert III de La Marck, seigneur de Florange, et Martin du Bellay, tous deux témoins oculaires et acteurs de la bataille – le premier en tant que capitaine de 50 lances, le second en tant qu'homme d'armes –, avancent les chiffres de 24 000[14] et de 35 000[15] combattants suisses. Anshelm est en général un auteur fiable, qui s'appuie autant que possible sur les archives de Berne, mais son estimation paraît excessivement basse. Quant à celle de Schwinkhart, elle est à rejeter d'emblée. Dans la confusion qui a caractérisé la sortie de Milan et la chape de poussière qui a enveloppé tout le champ de bataille, aucun Suisse n'a été en mesure de compter les bannières confédérées, ni de savoir si elles étaient au complet. Aucun accident de terrain, aucune éminence, aucune colline n'offrait de point de vue dégagé ou étendu.

Bien que les capitaines confédérés aient disposé de peu de temps pour rallier tous leurs hommes dans la cohue de la sortie de Milan, il paraît extravagant qu'ils aient laissé derrière eux la moitié ou plus des 30 000 à 35 000 Suisses alors présents dans la capitale du duché. Anshelm a sans doute fait bon marché des *Freiknechte*, sans oublier les contingents du Valais, des Grisons et de nombreuses villes ou communautés alliées, telles que Saint-Gall ou Mulhouse. Schwinkhart indique lui-même que des volontaires de Soleure, Berne et Fribourg ont outrepassé les consignes de leurs gouvernements et participé à la bataille. En revanche, toujours d'après lui, des *Freiknechte* rancuniers auraient refusé de se joindre à l'attaque, pour rendre la pareille aux contingents réguliers qui un mois plus tôt, après Villafranca, s'étaient repliés vers Turin en laissant les *Freiknechte* dangereusement exposés à Saluces. On ne sera sans doute pas très loin de la vérité en estimant à un peu moins de 25 000 le nombre des Suisses qui ont combattu à Marignan. Le rapport de force aurait donc tourné aux alentours de deux contre trois, à l'avantage des Français.

Les Suisses ont divisé leurs troupes en trois corps, ainsi qu'ils le font le plus souvent. On ignore la répartition de leurs forces – on ne peut nourrir beaucoup d'illusions sur la fiabilité des chiffres avancés par François Ier, dans la lettre qu'il a adressée à sa mère après la bataille, soit 10 000 hommes pour le premier corps, 8 000 pour le deuxième et 10 000 pour le troisième[16]. Cette lettre est en effet pleine d'approximations, quoiqu'elle restitue bien les principales actions de la bataille. La seule information avérée est que l'avant-garde suisse était commandée par l'amman Steiner, de Zoug. Schodoler rapporte dans sa chronique la teneur de la harangue du capitaine à ses hommes avant le début de la bataille. Rude et concise, elle rend un son de vérité très supérieur aux chefs-d'œuvre de rhétorique que prêtent trop souvent les humanistes aux grands capitaines. Steiner arrache du sol trois mottes de terre et les lance en direction de ses hommes, au nom du Père, du Fils et du Saint-Esprit. « Ici sera notre cimetière, mes chers et pieux confédérés ! [...] Avec l'aide de Dieu, nous récolterons aujourd'hui encore louanges et honneur[17]. » Il demande aux hommes de s'agenouiller cinq fois et de réciter cinq *Notre Père* et cinq *Ave Maria*. L'amman Steiner va à l'essentiel ! Suivant les usages anciens, il consacre la terre qu'allaient inonder des flots de sang[18], et exhorte ses hommes au courage et à la piété. Les Suisses n'étaient pas venus pour faire de la figuration, ni pour se livrer à d'aimables passes d'armes courtoises entre gens bien élevés… Ils étaient venus pour écraser leur ennemi ou mourir, et ils ne s'attendaient pas à une victoire facile. À peine les Suisses se sont-ils élancés sur les lignes françaises qu'un déluge de feu s'abat sur eux.

L'artillerie française

Au prix de mille difficultés et de l'effort logistique que l'on sait, les Français étaient parvenus à emporter avec eux le train d'artillerie le plus considérable qui ait jamais accompagné une armée sur un théâtre d'opérations occidental. Le roi de France ne s'était pas privé d'en faire étalage avant même le franchissement des Alpes. Le 23 juin, les Suisses prêtent aux Français pas moins de 120 pièces d'artillerie lourde[19]. Fin juillet, François Ier annonce dans une lettre au duc de Savoie, transmise par celui-ci aux Suisses, qu'il a rassemblé 150 pièces de tout calibre[20]. La réalité est plus modeste. Le Vénitien Pasqualigo, qui a pu voir défiler l'artillerie française devant lui le 28 août, compte 12 sacres, 12 faucons, ainsi que 16 pièces lourdes fournies par le duc de Savoie, auxquels devaient encore s'ajouter 16 autres canons de gros calibre, en cours d'acheminement par les cols des Alpes évacués par les Suisses, soit 56 pièces de moyen ou gros calibre, outre quelques dizaines de pièces légères[21]. Les « sacres » et les « faucons » correspondent à la classification en usage chez les Vénitiens, qui donnaient à leurs canons des noms d'oiseaux de proie, en fonction de la longueur des tubes et du poids des boulets. Les Français avaient quant à eux adopté les espèces reptiliennes pour qualifier leurs pièces, « serpentines », « couleuvrines » et « basilics », réservant l'appellation de sacres et de faucons aux pièces les plus légères. Les sacres vénitiens sont en fait l'équivalent des grandes couleuvrines françaises, tirant des boulets d'une quinzaine de livres, tandis que les faucons se rapprochent des couleuvrines bâtardes, dont les boulets pesaient 6 ou 7 livres. Les pièces les plus lourdes, couleuvrines doubles et basilics, tiraient des boulets de 30 à 40 livres[22].

Le nom de « canon » désigne alors les pièces de siège, au tube plus court et aux parois plus épaisses que les couleuvrines. Le tir en brèche exige en effet une plus grande résistance des tubes que les pièces de campagne, qui ne servent que durant les batailles rangées. Au XVIIe siècle encore, Vauban recommandera à ses artilleurs de siège de ne pas faire tirer plus de 100 coups par jour et par canon, et de faire réformer et refondre les tubes après 1 000 coups[23]. *Mutatis mutandis*, couleuvrines bâtardes et grandes couleuvrines tenaient sur les champs de bataille du début du XVIe siècle la place qu'ont occupée au temps des guerres de la Révolution et de l'Empire les canons Gribeauval de 6 et 12 livres. À l'époque de Marignan, la technologie de l'artillerie est en passe d'arriver à pleine maturité. Après 1530-1540, elle n'évoluera quasiment plus jusqu'au milieu du XIXe siècle. Les progrès viendront de la standardisation, de la formation des artilleurs et de l'augmentation de la cadence de tir.

Technologie des armes à feu[24]

La composition et la fabrication de la poudre noire, apparue en Chine au Xe siècle, font l'objet de nombreux traités, qui témoignent de la diffusion et de l'amélioration des procédés. La poudre noire, composée de 70 % de salpêtre, 15 % de soufre et 15 % de charbon de bois, est d'abord mouillée, afin de favoriser l'adhérence du salpêtre au soufre et au charbon, puis mise à sécher en boules, qui sont ensuite émiettées. L'émiettage facilite la circulation de l'oxygène entre les particules et augmente la force explosive de la poudre. Une nouvelle technique se répand à l'époque de Marignan, qui consiste à grainer la poudre, en la faisant passer à travers un crible. Plus les grains sont fins, plus la poudre est puissante – jusqu'au point où la poudre devient trop dense et empêche la circulation de l'air. Le grainage permet de disposer de poudres homogènes, dont la force détonante est bien maîtrisée. En 1515, cela fait une trentaine d'années au moins que les grands États européens s'efforcent de contrôler la collecte du salpêtre, devenu matière première stratégique, ainsi que la fabrication de la poudre[25].

L'artillerie moderne est née en France à la fin du XVe siècle. Les couleuvrines, apparues dans les années 1430, caractérisées par de longues volées et des parois renforcées, deviennent le modèle dominant. Sous leur influence, les bombardes évoluent et disparaissent, pour donner naissance au canon de siège. Les pièces d'artillerie en fer forgé ou fondu, tirant des boulets de pierre, laissent la place aux tubes en bronze fondu, tirant des boulets de fer, ou, pour les pièces les plus légères, des boulets ou des balles de plomb. La fonte des canons passe en un demi-siècle du stade de l'art, maîtrisé par une poignée d'initiés, dont les princes s'arrachaient les talents, à celui de l'industrie. Les moules en argile sont façonnés autour d'un modèle en bois, cuits, puis enterrés à la verticale. Le bronze en fusion est ensuite versé dans le moule. Après la fonte, le moule est cassé, le canon est poli, et l'âme soigneusement alésée. Les pièces sont placées sur des affûts à deux roues, désormais systématiques, qui confèrent à l'artillerie une mobilité inégalée jusqu'alors. Il faut quatre chevaux pour tracter les faucons et les couleuvrines moyennes, qui pèsent 800 à 1 200 livres et tirent des boulets d'une ou deux livres, mais déjà de onze à dix-sept chevaux pour les couleuvrines bâtardes et les grandes couleuvrines, dont le poids va de 2 000 à 3 500 livres[26].

Les volées des couleuvrines ont une longueur d'une trentaine de calibres, c'est-à-dire qu'elles mesurent trente fois le diamètre des boulets tirés, au lieu d'une quinzaine à une vingtaine de calibres pour les canons – longueur encore très supérieure à celle des anciennes bombardes, qui dépassait rarement les cinq calibres. Plus le tube est long, plus le projectile est porté longtemps, et plus sa vitesse initiale est importante. Or l'énergie cinétique produite par le tir étant proportionnelle à la masse du boulet et au carré de sa vitesse, la force de l'impact dépend avant tout de ce dernier facteur. Les couleuvrines du XVIe siècle sont beaucoup plus longues que les canons de campagne de 12 livres du système Gribeauval, dont les tubes mesuraient une vingtaine de calibres. La puissance de leurs tirs est donc dévastatrice, mais cela n'est pas sans poser d'inconvénients pratiques, notamment pour le nettoyage des volées après le tir. Car l'artillerie, ce sont aussi des hommes, qui doivent savoir manier et dominer ces nouveaux engins de mort.

Les artilleurs du roi – Jacques Galiot de Genouillac

L'artillerie royale est pourvue d'une structure administrative légère, à la tête de laquelle est placé un maître et capitaine général, qui est, depuis 1512, Jacques Galiot de Genouillac. Celui-ci est assisté d'un lieutenant, Jean de Bournonville, de maîtres, d'officiers et de commissaires[27]. Les comptes sont vérifiés par un contrôleur, qui a fort à faire. En temps de paix, il faut en effet entretenir les pièces d'artillerie, vérifier la qualité des poudres et passer une multitude de petites commandes auprès de fondeurs, charpentiers, ferronniers, etc. En temps de guerre, les officiers de l'artillerie doivent recruter des centaines de valets, de pionniers et de charretiers, ainsi que plusieurs milliers de chevaux. Les charretiers sont payés en proportion du nombre de chevaux de trait qu'ils amènent, à raison de 5 sous par jour et par cheval – pas moins de 7,50 livres par mois, soit autant qu'un archer à cheval. Les dépenses deviennent aussitôt colossales[28]. Du jour au lendemain, il faut encadrer des centaines d'artisans et de manœuvres étrangers à l'univers militaire. Les quelque 200 canonniers ordinaires du roi, qui constituent tout le personnel permanent de l'artillerie royale, doivent former à la hâte des aides-canonniers et des servants.

L'état de guerre permanent depuis 1511 a sans doute professionnalisé une partie des artilleurs du roi. Il n'en demeure pas moins que le rôle tenu par le maître général est essentiel. Celui-ci est à la fois un meneur d'hommes, un technicien et un organisateur, pour ne pas dire un entrepreneur[29]. La charge de maître, visiteur et réformateur de l'artillerie a été créée en 1479 par Louis XI, qui la confie alors à Jacques de Genouillac, surnommé Galiot, oncle et homonyme du héros de Marignan. Issu d'une famille peu connue du Quercy, mais semble-t-il assez aisée, il avait profité de sa faveur auprès de Louis XI pour faire de sa famille l'une des plus notables du pays. Son neveu Jacques le jeune entre à la cour du roi comme page, puis devient écuyer de Charles VIII. Capitaine de 25 lances d'ordonnance, il accompagne le roi en Italie. À vrai dire, Jacques Galiot de Genouillac ne paraissait pas avoir beaucoup de dispositions pour commander une arme savante. Jouteur passionné, il s'était porté volontaire en 1501 pour une expédition navale contre le Turc, dirigée par Philippe de Clèves. Après avoir livré quelques combats malheureux et essuyé une formidable tempête au sud du Péloponnèse, les croisés s'étaient retrouvés en haillons, à mendier leur pain à Cythère[30]. C'est pourtant Genouillac que Louis XII nomme à la maîtrise générale de l'artillerie en 1512, après la mort du titulaire de la charge, Paul de Benserade, tué à la bataille de Ravenne. Il s'y révèle. Il reconstitue l'artillerie royale après les déroutes de 1513, notamment celle de Novare, et parvient à faire franchir le col de Larche aux pièces légères et moyennes, dans les conditions extrêmes que l'on a vues. L'artillerie lourde rejoint l'armée royale dans les premiers jours de septembre, en même temps que les bandes noires de Gueldre.

Les Suisses à l'assaut du duc de Bourbon

Le premier contact des Suisses avec l'artillerie française intervient au tout début de la bataille. Deux pièces moyennes et deux canons lourds tirent sur l'avant-garde suisse. Leurs boulets rasent les confédérés à hauteur de pique[31]. Le tir est ensuite mieux ajusté, mais les Suisses ne le distinguent guère de l'arquebusade des lansquenets et de la grêle de carreaux d'arbalète tirés par les Gascons. En effet, ce ne sont pas tant les canons français qui ont impressionné les Suisses que l'ensemble de la puissance de feu adverse, dans toutes ses composantes. Seul Schwinkhart insiste sur les pertes infligées aux Suisses par l'artillerie au début de la bataille. Le volume du feu ennemi est tel que les Suisses croient avoir affaire à 6 000, voire 8 000 arquebusiers (Anshelm). Les 20 000 lansquenets allemands n'avaient pas dans leurs rangs plus de 2 000 à 3 000 arquebusiers, et les Suisses n'ont d'abord été confrontés qu'au seul corps du duc de Bourbon, soit quelques centaines d'arquebusiers au maximum. Quant aux Gascons, il est fort peu probable, pour les mêmes raisons, que la majorité d'entre eux se soit trouvée face aux Suisses dès le début de la bataille.

Les corps français étaient en effet distants les uns des autres de 3 à 5 kilomètres. L'arrière-garde du duc d'Alençon ne semble pas avoir été engagée le 13 septembre. Quant à la « bataille » du roi, il lui a sans doute fallu une demi-heure ou une heure pour arriver jusqu'à San Giuliano, où se trouvaient les troupes du connétable. Les bandes d'infanterie et les compagnies d'ordonnance ne pouvaient que se gêner mutuellement, sur un terrain coupé de profonds fossés, qu'on ne pouvait franchir qu'avec les plus grandes difficultés, ou en prenant de petits chemins à la file. Pas moins de 40 000 Français, Allemands et Gascons se pressaient sur un champ de bataille de moins de 2 kilomètres de large sur 4 à 5 kilomètres de profondeur ! La supériorité de la puissance de feu française, déterminante sur un champ de bataille aussi confiné que celui de Marignan, ne peut donc jouer à plein au début de la confrontation.

Aussi impressionnants qu'aient été le bruit des tirs d'arquebuses et le spectacle des corps projetés dans les airs par les boulets français, les Suisses ne subissent que des pertes limitées avant d'aborder les lignes ennemies. Ils sont bel et bien parvenus, sinon à surprendre les Français, du moins à les déstabiliser par leur attaque lancée à un moment aussi incongru que la fin de la journée. Non sans avoir hésité ! D'après le chroniqueur Schodoler, certains capitaines suisses auraient préféré attendre le lendemain matin pour attaquer. Le témoignage de Florange indique que les Suisses se sont arrêtés un moment, et que les Français ont cru que leurs ennemis allaient camper pour la nuit à proximité de l'avant-garde française. Les commandants suisses décident finalement de marcher à l'ennemi, de crainte de laisser retomber l'ardeur offensive de leurs soldats. De fait, il est probable qu'une telle halte aurait été fatale à la cohésion de l'armée suisse, déjà bien mise à mal. La fureur de leurs hommes, exaspérés par des semaines de privation et d'ennui, était le seul avantage qui restait aux Suisses, presque deux fois moins nombreux que les Français, dépourvus de cavalerie et minés par les divisions. Les éclaireurs français préviennent aussitôt le roi et ses capitaines que les Suisses passent à l'attaque[32]. Les Suisses trouvent donc des Français en alerte, qui ont sonné l'alarme, mais sont encore très loin d'avoir ordonné et mis en ligne tous leurs hommes. Aucun témoin direct, suisse ou français, n'évoque les fortifications de campagne, palissades et pavois attachés les uns aux autres, dont fait état l'évêque et humaniste Paolo Giovio, qui a tant séduit les historiens militaires contemporains par sa capacité à restituer des ordres de bataille aussi précis que fantaisistes. Pourquoi les Français se seraient-ils donné tant de mal, alors qu'ils s'apprêtaient à lever leur camp pour se rapprocher de Milan ? Si les lansquenets avaient reçu leurs ennemis derrière des fortifications aussi formidables que le prétend Giovio, la bataille se serait soldée par un massacre à sens unique pour les Suisses, semblable en tout point à ceux de Cerignola, en 1503, ou de La Bicoque, en 1522.

De toute évidence, il règne un certain flottement chez les Français au début de la bataille. D'après François Ier, « l'avenue par où venoient lesd. Suisses était un peu serrée, et ne fut si bien possible de mettre nos gendarmes de l'avant-garde comme ce étoit en plain pays, qui nous cuida mettre en grand désordre ». Les compagnies d'ordonnance les plus avancées, dont celles des La Marck père (Robert II, seigneur de Sedan) et fils (Robert III, seigneur de Florange)[33], se trouvent en fâcheuse posture. Les gens d'armes sont « mis de façon qu'ils ne pouvaient dissimuler le combat ». Ils chargent pour couvrir leur retraite. Chacun fait « merveilleusement son devoir », mais de nombreux chevaux sont tués, dont celui de Florange, blessé à mort d'un coup d'arquebuse. Voyant cela, un millier de lansquenets franchissent le fossé derrière lequel ils attendaient l'assaut des Suisses pour leur porter secours. Mal leur en prend. Les Suisses, beaucoup plus nombreux et portés par leur élan, les mettent aussitôt en déroute. La plupart des hommes d'armes français en profitent pour se dégager, à pied ou sur la croupe des chevaux de leurs camarades.

Sur toute la ligne, les *Freiknechte* suisses se jettent avec fureur sur les lignes ennemies. Certains auteurs font état des bravades et des paris que s'étaient faits entre eux, juste avant la bataille, les soldats suisses les plus vigoureux. Barrillon rapporte ainsi qu'une espèce de géant aurait fait le serment de mettre hors de combat plusieurs canons français. Il se serait frayé un chemin sanglant jusqu'à une batterie d'artillerie, avant d'expirer aussitôt sur ses trophées : « Y avoit ung gros Suisse, du canton de Berne, qui avoyt juré de clouer[34] deux ou trois pièces de l'artillerye dud. seigneur, laquelle estoit gardée par les lansquenetz qui tenoyent bon ordre. Ledict gros Suisse, accompaigné de sept ou huict hommes, vint ruer sur deux ou trois pièces d'artillerie et les cloua. Touteffois, une bande de lansquenetz vint frapper sur luy, en sorte qu'il fut tué et tous les Suisses qui estoient avec luy[35]. » Si le récit est peut-être un peu enjolivé, il reflète une pratique d'émulation agonale entre champions qu'on ne peut mettre en doute. Elle rattache une fois de plus les Suisses à l'univers mental et guerrier des tribus celtes et germaniques, plutôt qu'à la discipline gréco-romaine, fondée au contraire sur le refus des actions d'éclat individuelles. Entre Titus Manlius faisant décapiter son propre fils, sorti des rangs pour relever le défi d'un guerrier ennemi, et Beowulf terrassant l'ogre Grendel au palais de Hrodgar, les Suisses avaient choisi leur référence.

Très vite, la rage et l'exaltation furieuse des Suisses emportent tout sur leur passage. L'esprit triomphe de la matière. Les Suisses percent la ligne ennemie en plusieurs points. Les attaquants franchissent deux lignes de fossés et repoussent leurs adversaires de plusieurs centaines de mètres. Ils s'emparent de nombreuses pièces d'artillerie. Plus d'une douzaine tombent entre leurs mains, dont six pièces lourdes, d'après Schwinkhart. Les lansquenets fléchissent et abandonnent à leurs ennemis une douzaine d'étendards. Les Suisses semblent alors sur le point de renouveler l'exploit de Novare.

Chapitre 11

La charge de François Ier : Suisses contre hommes d'armes

Après une demi-heure ou une heure de combat, la situation prend un tour fâcheux pour les Français. Les Suisses ont pris le dessus dans toutes les premières actions de la bataille. Les 150 lances de Florange et de son frère, le seigneur de Jametz, ont été repoussées ; les lansquenets qui avaient voulu les secourir sont en déroute. L'infanterie de l'avant-garde du duc de Bourbon a été enfoncée et l'ennemi s'est emparé de nombreuses pièces d'artillerie. Les confédérés jouissent alors de l'avantage numérique, face au duc de Bourbon, qui ne devait pas disposer de plus d'un tiers des lansquenets de l'armée royale, soit 7 000 à 8 000 hommes tout au plus, face à des Suisses trois fois plus nombreux. Les Gascons, armés d'arbalètes et d'épées, ne peuvent guère que combattre en tirailleurs, harceler l'ennemi à bonne distance et se disperser au plus vite lorsque celui-ci fait mine de charger. Le corps principal de lansquenets, qui accompagne le roi, et au milieu duquel se trouvent les bandes noires, est à Santa Brigida (aujourd'hui Santa Brera), soit à 2 ou 3 kilomètres de San Giuliano. D'ici à son arrivée, il faut tenir. Les compagnies d'ordonnance de l'avant-garde et de la bataille vont devoir multiplier les charges pour ralentir les Suisses et donner aux lansquenets le répit dont ils ont besoin.

L'homme d'armes et son armure

On l'a déjà dit, les compagnies d'ordonnance françaises sont à leur apogée en ce début de XVIe siècle. Jamais cavalerie lourde ne fut plus lourde qu'au tournant du XVe et du XVIe siècles. Une génération plus tard, les gendarmes commencent à se délester pièce par pièce du harnois complet. Plutôt que de se couvrir entièrement de plates dont aucune n'est assez épaisse pour se garantir d'un coup d'arquebuse à courte distance, on ne conserve que les parties les plus utiles au combat rapproché à l'arme blanche, à savoir le casque, le plastron, les lamelles articulées qui protègent le bassin et le haut des cuisses, et les protège-bras. Au début du XVIe siècle, le « harnois blanc », panoplie complète de l'homme d'armes, qui le protège des pieds à la tête, est un chef-d'œuvre technique, et même esthétique, lorsque, débarrassé de l'ornementation des armures de parade ou des équipements spéciaux des armures de joute, il retrouve toute la pureté de ses lignes. Le harnois de l'homme d'armes, à cause de son poids et de son apparence d'exosquelette extravagant, a suscité beaucoup de perplexité et d'ironie. Si l'on a renoncé depuis quelque temps déjà aux grues et aux poulies hissant l'homme d'armes sur son cheval, on s'imagine toujours celui-ci engoncé dans son armure comme dans une boîte de conserve, monté sur des sortes de percherons incapables de courir au galop.

C'est ignorer le savoir-faire accumulé en plus de trois siècles par l'armurerie médiévale. Le harnois blanc est l'aboutissement d'une évolution qui conduit à remplacer la cotte de mailles par des plaques de métal de mieux en mieux articulées et ajustées au corps de l'homme d'armes. À la fin du XIVe siècle, les pans de mailles ne protègent plus que les parties encore laissées à découvert par les plates, telles que la gorge, les aisselles, les coudes ou le bas-ventre. Tout au long du XVe siècle, des inventions ingénieuses permettent de réduire un à un les défauts de la cuirasse – pièces en forme de papillon pour protéger la saignée du coude et le côté extérieur du genou, rondelles pointues pour les aisselles, etc. Le harnois est beaucoup plus commode qu'une brogne carolingienne ou un haubert de l'époque féodale, longue jupe de mailles de fer, descendant jusqu'aux genoux, encombrante, certes deux fois plus légère que le harnois (12 kg environ au lieu de 25 à 30 kg[1]), mais dont tout le poids reposait sur les épaules du combattant, tandis que celui du harnois blanc était réparti sur tout le corps. Bayard et ses compagnons étaient en tout cas beaucoup moins à plaindre que le fantassin d'aujourd'hui, proprement écrasé sous le fardeau que constituent le fusil d'assaut, le casque, les protections balistiques, les munitions, l'eau et les vivres, sans oublier le coûteux équipement high-tech dont le soldat occidental semble désormais ne plus pouvoir se passer. À l'été 2012, de l'aveu même du chef d'état-major de l'armée de terre, les soldats français engagés en Afghanistan devaient porter plus de 50 kg d'équipement par 40 degrés à l'ombre[2] !

Quant aux chevaux, il faut bien sûr de solides montures, mais ce ne sont pas une trentaine de kilos supplémentaires, au grand maximum, qui vont entraver la mobilité de destriers de 500 kg ou plus, qui peuvent porter jusqu'au tiers de leur poids – d'autant que leurs cavaliers étaient en général des hommes de petit gabarit, dépassant rarement 1,75 mètre. Par ailleurs, les pièces d'armure sont peu épaisses. Paradoxalement, à mesure que les cavaliers se débarrasseront de leurs plates, au cours du XVIe siècle, le poids des plastrons tendra à s'accroître, afin de les rendre à l'épreuve des balles de pistolet[3]. De plus, il n'est pas certain que tous les hommes d'armes aient eu les moyens de s'offrir les armures complètes et sur mesure qu'arboraient les princes ou les officiers supérieurs tels que Bayard. N'oublions pas que les panoplies exposées de nos jours dans les musées sont le plus souvent des armures d'apparat ou de joute.

Au début du XVIe siècle, la mode propose alors deux modèles dominants, qui sont ceux de l'armure milanaise, aux lignes rondes, lisses et enveloppantes, et de l'armure gothique, plus ajustée, dont les plates sont nervurées. Si les productions de Milan et du sud de l'Allemagne sont les plus réputées, il existe toutefois un grand nombre de centres armuriers d'importance moyenne dans toute l'Europe, auprès desquels les hommes d'armes peuvent se fournir. La présence d'une cour princière favorise puissamment cette industrie. Les armuriers abondent ainsi à Bruxelles et à Tours, tandis que Paris, déserté par le roi, décline. Lyon, de par ses liens avec l'Italie, est également un grand centre de réexportation des armures italiennes.

Les harnois complets sont fort chers, et leur prix augmente tout au long du XVe siècle, pour atteindre les 40 à 60 livres tournois, sous le double effet de leur sophistication croissante et de l'inflation[4]. Le cours de l'écu d'or, pesant 3,4 g d'or fin, est de 1,25 livre tournois en 1436, et d'un peu plus de 1,8 en 1515[5]. Or la solde de l'homme d'armes, fixée à 15 livres tournois par mois lors de la création des compagnies d'ordonnance, en 1445, n'a pas été augmentée depuis. Autrement dit, l'homme d'armes, à qui les clercs du trésorier des guerres remettaient 12 pièces d'or par mois de service en 1445, n'en reçoit plus que 8 en 1515. Ainsi, au fil des ans, la solde de l'homme d'armes, très confortable sous Charles VII, s'effrite et devient nettement insuffisante. Elle n'est plus qu'une modeste indemnité, qui ne couvre qu'une partie des frais qui incombent à l'homme d'armes. Les officiers ou les doubles soldes des lansquenets, qui reçoivent douze livres par mois, et même les charretiers, défrayés à hauteur de 7,50 livres par mois et par cheval, sont mieux lotis que l'homme d'armes qui doit pourvoir à ses besoins et à ceux de trois chevaux, d'un coutillier et d'un valet ! Il faudra attendre 1550 pour que le roi se décide enfin à revaloriser de manière significative la solde des gendarmes[6].

L'homme d'armes et sa monture

Le harnois blanc représente un investissement considérable – l'équivalent d'un tiers de la solde annuelle –, mais une fois acheté, il ne nécessite pas d'entretien coûteux. Après une mêlée un peu mouvementée, il faut bien de temps en temps redresser quelques pièces cabossées ou faussées, et parfois changer de gantelets ou de casque, mais cela ne va pas très loin. On ne perd son harnois en totalité que si l'on est capturé. Au contraire, les chevaux représentent une charge exorbitante et permanente. Chaque jour, il faut leur fournir 10 kg de nourriture, dont la moitié d'orge ou d'avoine[7]. Le prix d'un cheval varie beaucoup, mais il faut sortir de sa bourse 30, 40 ou 60 écus, soit 50 à 100 livres tournois, pour s'offrir un bon destrier. La taille moyenne de celui-ci, longtemps exagérée par les historiens, semble en fait avoir été généralement comprise entre 1,50 et 1,60 mètre au garrot, l'équivalent d'un robuste cheval de selle contemporain, si l'on en croit les études menées par des chercheurs anglais[8].

Le destrier, qui apparaît au début du XIVe siècle à la suite de divers croisements, doit être rapide, bien charpenté, et surtout parfaitement dressé ! Faut-il le rappeler, le cheval est un paisible mammifère herbivore, peu porté à la querelle – sauf lorsqu'il s'agit de gagner les faveurs d'une jument, bien entendu… Pas plus que l'homme, le cheval ne se jette d'instinct sur un mur de piques ou un escadron de cavalerie ennemie. Le destrier est donc dressé pour être agressif, mordre tout ce qui passe à sa portée et décocher des coups de sabot vicieux dans la mêlée. Ses oreilles et ses crins sont coupés[9]. Maîtriser une telle monture exige des années d'entraînement intensif. Avant de revêtir le harnois, les gentilshommes passent leur jeunesse au milieu des chevaux. Dans une des scènes les plus touchantes de la *Joyeuse, plaisante et récréative histoire…*, et, pour le coup, les plus romancées, car reconstituée d'après les souvenirs déjà anciens de Bayard, le Loyal serviteur raconte comment le duc de Savoie a été subjugué par l'adresse avec laquelle le très jeune adolescent, à peine âgé de 12 ans, montait son petit roncin : « […] Le seigneur de Ligny gecta son œil sur le jeune Bayart, lequel estoit sur son ronssin qui trotoit fort mignonement, et le faisoit merveilleusement bon veoir. Si dist le seigneur de Ligny au duc de Savoye : “Monseigneur, vous avez là un page qui chevauche ung gaillart cheval, et davantage il le scet manyer gentement.” [...] Si [le duc de Savoie] dit au bon chevalier : “Bayard, picquez ! donnez une carrière à vostre cheval !” Ce que le jeune enfant, qui pas mieulx ne demandoit, fist incontinent, et très bien le sceut faire ; et si, au bout de la course, fist bondir le cheval, qui estoit fort gaillard, trois ou quatre merveilleux saulx, dont il resjouyt toute la compaignie[10]. »

Bayard y gagne le surnom de « Piquet », qu'il conserve longtemps parmi ses compagnons. Quel que soit le crédit que l'on accorde à cette charmante histoire, il est certain que la première qualité demandée à un homme d'armes était d'être parfaitement à son aise avec un cheval, de le jauger au premier coup d'œil et de le prendre en main très vite. En raison de l'effroyable mortalité des chevaux de guerre, l'affection ou l'attachement n'avaient pas leur place dans la relation qui unissait le cavalier à sa monture. Cependant, malgré leur espérance de vie limitée, les destriers ne constituaient pas pour les hommes d'armes une sorte de véhicule inanimé, anonyme et interchangeable. Ils étaient l'un de leurs principaux sujets de conversation, et le cadeau par excellence que l'on offrait à celui qu'on voulait honorer ou remercier. Certains chevaux, par leurs qualités exceptionnelles, par leur comportement ou par leur proximité avec l'homme, pour ne pas dire leur personnalité, se taillent une vraie notoriété. Tel est le cas du *Carman*, robuste animal pris aux Vénitiens à Brescia, en 1512, dont on fit présent à Bayard, qui combattit avec lui à Ravenne : « Et à la journée de Ravenne [le *Carman*] fut laissé pour mort, et en descendit le bon chevalier, parce que il avoit deux coups de piques aux flancs, et en la teste plus de vingtz coups d'espée ; mais le lendemain, quelc'un le trouva qu'il paissoit, et commença à hannir, par quoy fut ramené au logis du bon chevalier, qui le fist guarir ; mais c'estoit une chose non croyable que de son faict, car comme une personne, se laissoit coucher et mettre tentes en ses playes sans remuer aucunement. Et depuis, quant il voyoit une espée, couroit l'empoigner à belles dens ; ne jamais ne fut veu ung plus hardy cheval, et y feust Bucifal, celluy de Alexandre[11]. »

Quelle meilleure monture que le *Carman*, docile à son maître, se laissant panser sans opposer de résistance à ses soigneurs, et terrible aux ennemis, au point de mordre leurs armes ? Mais tout de même, chienne de vie que celle d'un destrier ! Pour la rendre plus agréable, les hommes d'armes et leurs valets leur prodiguaient toute leur attention. Les destriers n'étaient guère sollicités que lors des combats. En route, les gendarmes montaient des chevaux de selle – palefrois ou haquenées –, ou même les petits chevaux ordinaires qu'étaient les roncins. C'est sur des haquenées que les hommes d'armes français ont été surpris à Guinegatte par les Anglo-impériaux, alors qu'ils sortaient de la ville de Thérouanne, « n'ayans esgard à ce que pouvoit faire l'ennemy ». Celui-ci les attaque « devant qu'ils eussent loisir de monter sur leurs grands chevaux[12] ». Au combat, les destriers ne portaient que des protections fort sommaires. En effet, il ne faut surtout pas s'imaginer que les très rares armures complètes pour cheval encore conservées, et qui ne couvraient d'ailleurs que la croupe et une partie du poitrail, étaient un équipement commun[13]. Le plus souvent, les destriers n'étaient revêtus que de housses matelassées, principalement destinées à protéger leur dos des frottements de la selle de combat. Les seules pièces attestées et généralisées étaient les bardes d'encolure et le chanfrein[14], qui, comme leur nom l'indique, garantissaient tant bien que mal des coups d'épée et de hallebarde le chanfrein, le front, les yeux, et surtout l'encolure du cheval.

L'homme d'armes et sa lance

L'histoire de la chevalerie occidentale, du point de vue de son emploi sur le champ de bataille, est celle d'une spécialisation croissante et du développement de la charge à la lance. Cette évolution a été un temps interrompue par les victoires anglaises pendant la guerre de Cent Ans. Les volées de flèches tirées par les archers anglais, à raison de six ou sept à la minute, ont alors eu raison de toutes les charges des chevaliers français. Heureusement, cette tactique fort peu courtoise, qui consistait à mettre des gentilshommes à l'abri derrière des vilains armés de l'arc gallois, vit ses dernières heures dans les années 1450-1470. En dépit de leur efficacité, les archers anglais sont en effet désarmés face à des adversaires plus disciplinés, qui se refusent désormais à charger l'ennemi lorsqu'il est retranché derrière une ligne de pieux effilés. Les archers sont en outre beaucoup plus difficiles à former que des arquebusiers, qui n'ont besoin que de quelques heures pour apprendre à manier leur arme. Les défaites des Bourguignons, qui avaient adopté les méthodes anglaises, face aux Suisses à Grandson et à Morat révèlent les limites de celles-ci face à une infanterie nombreuse, rapide et déterminée.

La charge à la lance revient alors au goût du jour. Il ne s'agit pas exactement d'un retour aux sources, car ce n'est qu'au cours du XIIe siècle que les chevaliers en ont appris les secrets. Au temps de la tapisserie de Bayeux et de *La Chanson de Roland*, la lance est encore courte, et le chevalier s'en sert comme arme principale tout au long de la mêlée, en la brandissant et en délivrant des coups d'estoc, c'est-à-dire avec la pointe, de haut en bas. Vers 1200, la lance s'est allongée, le chevalier la tient sous l'aisselle, et lui-même est emboîté dans une selle enveloppante, solidement attachée au cheval. La puissance de percussion est alors délivrée par la monture, plutôt que par le bras, et la lance est systématiquement brisée au moment de l'impact. La lance se perfectionne à la fin du XIIIe siècle. Elle s'épaissit au niveau de la poignée, on la dote d'une rondelle, qui protège la main droite du cavalier. Derrière la main, un bourrelet en cuir, l'arrêt de lance, empêche celle-ci de glisser lors du choc.

Un siècle plus tard, l'armure du chevalier est pourvue d'un « arrêt de cuirasse », qui est un piton de 15 cm, fixé perpendiculairement au plastron, droit ou incurvé pour épouser la forme de la lance. L'arrêt de cuirasse permet au chevalier de « coucher » sa lance très rapidement, c'est-à-dire de la faire passer de la position verticale à la position horizontale, alors que le cheval est déjà en plein galop. Le cavalier n'a plus en effet qu'à basculer en avant la lance, déjà appuyée contre l'arrêt. Cette innovation majeure est née en France et se répand tout au long du XVe siècle, en particulier en Italie. Les magnifiques compositions de Paolo Uccello documentent à la perfection la technique de la charge à la lance posée sur arrêt. Les Allemands, quant à eux, continuent longtemps à appuyer leur lance sur un petit bouclier, pourvu d'une encoche à cet effet[15]. Au début du XVIe siècle, la lance mesure environ 4,5 mètres de longueur, de la poignée à la pointe. La lance de guerre, à section ronde, est pourvue d'une longue pointe en fer aciéré. Elle est beaucoup plus légère que la lance de tournoi, instrument monstrueux, pesant de 15 à 20 kg, à section polygonale, conçu pour voler en éclats au tout début de l'impact.

Déployés en formations très minces, d'un à trois rangs de profondeur au maximum, les hommes d'armes trottent vers l'ennemi, la lance posée sur la cuisse et appuyée contre l'arrêt de cuirasse. À une distance très courte de l'adversaire, une cinquantaine de mètres sans doute, les destriers sont mis au galop. Ce n'est qu'au tout dernier instant, à trois ou quatre pas de la cible, que les hommes d'armes font pivoter la lance sur l'arrêt de cuirasse. La lance coincée sous l'aisselle, dirigée par la main droite, est pointée en travers du cheval, du côté gauche de la tête du destrier. C'est l'impact ! La lance est rompue en deux ou trois morceaux. Dans le meilleur des cas, l'ennemi est traversé de part en part, ce qui, malgré l'armure, arrive encore parfois au début du XVIe siècle ; si le coup a été bien ajusté, il est au moins désarçonné. Quant au porteur de la lance, il doit encaisser un contrecoup très violent. Le choc est absorbé par le plastron, la selle, et bien sûr le cheval. Il ne reste plus à l'homme d'armes qu'à dégainer son épée et à replier l'arrêt de cuirasse. D'une main, il tient la bride de son cheval, de l'autre, il peut asséner des coups de taille en tirant parti de sa position surélevée. La diffusion du harnois blanc et de l'arrêt a rendu inutile le bouclier. Il n'y a plus qu'à espérer que l'ennemi a été suffisamment ébranlé par le choc de la charge…

Archers, coutilliers et valets

Les hommes d'armes constituent bien entendu le cœur de la compagnie d'ordonnance, mais ils ne sont pas seuls. À leurs côtés combattent les archers, qui avaient adopté les méthodes de combat des hommes d'armes, et cela dès les années 1470, ainsi que le suggèrent plusieurs indices. L'ordonnance de janvier 1515, déjà citée, prescrit aux capitaines de ne recruter que des archers sachant tirer à l'arc ou, nouveauté, à l'arbalète. Qu'il ait été nécessaire de le préciser prouve d'une part que ce n'était plus toujours le cas, d'autre part que le roi a tenté de conserver de vrais archers dans ses compagnies d'ordonnance. À partir du moment où l'on s'efforçait de recruter des archers de naissance noble, il était fatal que ceux-ci voulussent se battre comme les chevaliers d'antan. Le doublement de la solde des deux tiers des archers d'ordonnance, en 1533-1534, ainsi portée au niveau de celle des hommes d'armes, tandis que le tiers restant conservait les gages anciens de 7,50 livres tournois par mois, incite à penser que devaient alors coexister au sein de chaque compagnie une minorité d'archers toujours capable de tirer et une majorité qui ne se distinguait presque plus des hommes d'armes[16].

Outre le capitaine et son lieutenant, chaque compagnie disposait d'un enseigne et d'un guidon, qui portaient respectivement l'étendard de la compagnie et le fanion des archers. À l'origine, les archers d'ordonnance devaient mettre pied à terre et combattre à part, sous le commandement du guidon, avec les archers des autres compagnies. Cela ne pouvait plus être le cas dans la configuration de 1515, quoiqu'il y eût toujours enseigne et guidon[17]. Les vrais archers étaient devenus trop peu nombreux pour se risquer à démonter de cheval, et il semble qu'ils aient alors troqué l'arc long, inutilisable à cheval, et qui n'avait de toute façon jamais beaucoup séduit les Français, pour l'arbalète. Il est significatif que quelques mois après l'ordonnance du 23 janvier 1515 sur les compagnies d'ordonnance, au début de la campagne de Marignan, le roi ait décidé de créer deux compagnies de cent arbalétriers à cheval pour compléter son hôtel militaire[18]. Ainsi le roi avait bien compris la nécessité de disposer d'unités de tireurs à cheval, arbalétriers en 1515, auxquels succéderont arquebusiers à cheval et pistoliers.

Outre les archers à cheval et les hommes d'armes, ces derniers étaient assistés d'un « coutillier ». Le coutillier était inclus dans la suite de trois chevaux de l'homme d'armes ; il ne touchait pas de gages du roi. L'homme d'armes pourvoyait à ses besoins sur sa solde de 15 livres tournois. Il était légèrement armé, portant casque, brigandine[19], épée et javeline, mais on ignore sa fonction exacte. Sans doute participait-il aux courses, aux reconnaissances, et à la réquisition des vivres et surtout du fourrage. Quant aux valets – en principe un par homme d'armes et un pour les deux archers, en réalité souvent beaucoup plus –, ils constituaient une plèbe maltraitée, mal considérée et remuante, dont le rôle était strictement domestique. Ni les valets ni les coutilliers n'étaient recensés dans les rôles des revues des compagnies d'ordonnance.

Les compagnies d'ordonnance à l'assaut des Suisses

Face à la ruée des Suisses, les compagnies d'ordonnance n'ont d'autre choix que de charger les flancs des trois corps confédérés. Le terrain leur est très défavorable. Elles doivent charger par petits groupes, pour éviter d'être refoulées sur des unités amies, ce qui aurait signé leur arrêt de mort[20]. Les fossés sont suffisamment distants les uns des autres pour ne pas entraver la charge, dont on a vu qu'elle s'effectuait sur une distance très courte. En revanche, ils empêchent les compagnies de se mettre rapidement en ligne, et donc de prendre de vitesse les Suisses, qui ont tout le temps d'abaisser leurs piques pour les recevoir.

La suite est extrêmement frustrante, car on ne peut s'appuyer sur aucune source pour tenter de décrire ou de visualiser l'impact des lances de cavalerie contre les piques d'infanterie. Les documents figurés sont rares ; en outre, ils ne représentent pas le moment de l'impact, mais la mêlée consécutive à celui-ci, sans d'ailleurs qu'on puisse établir ce qui revient à l'imagination de l'artiste. On y voit des cavaliers isolés, brandissant des épées, entourés de piquiers et de hallebardiers. Que se passait-il donc lors de la rencontre ? Les destriers se jetaient-ils furieusement au milieu des piques, ou bien l'instinct de survie les faisait-il ralentir ? Lancés à pleine vitesse, talonnés par d'autres lignes de chevaux, ils ne pouvaient de toute façon plus s'arrêter. Quant aux piquiers, leur position n'était guère plus confortable. Le galop de quelques chevaux suffit à faire trembler le sol ; le bruit et les vibrations d'une charge de centaines de cavaliers lourdement armés devaient être très impressionnants. De plus, à moins de planter la pique dans le sol, possibilité qui ne s'offrait guère qu'au premier rang, le piquier ne pouvait qu'opposer une médiocre résistance à un cheval au galop, dont l'énergie cinétique était suffisante pour projeter en arrière la pique et son porteur.

Pour répondre à toutes ces questions, on ne peut s'appuyer sur les témoignages ou les récits, qui se bornent à dire si les charges ont réussi ou échoué. Force est de constater que les piquiers sont très loin d'avoir toujours le dessus, du moins sans facteurs extérieurs défavorables à la cavalerie. Ainsi la célèbre défaite de la chevalerie française à Courtrai, en 1302, doit autant à la présence de fossés et de ruisseaux qu'aux piquiers des milices de Flandre[21]. Celles-ci sont régulièrement écrasées par la cavalerie lourde française tout au long des XIVe et XVe siècles. À Novare, alors que les lansquenets royaux sont déjà balayés et que la défaite française ne fait plus de doute, le seigneur de Sedan, accompagné de 200 ou 300 hommes d'armes, parvient à délivrer une charge meurtrière sur les flancs des Suisses, à secourir ses fils Florange et Jametz, encerclés par des milliers d'ennemis, puis à s'extraire de la mêlée sans encombre[22]. La force des Suisses réside dans leur esprit offensif, qui les a toujours fait devancer les attaques ennemies, plus que dans leur capacité à résister à des charges de cavalerie. Ainsi, à Grandson aussi bien qu'à Morat, jamais les hommes d'armes de Charles le Téméraire ne furent en mesure de charger les Suisses dans des conditions favorables. Lors de toutes les batailles qu'ils ont remportées face à des armées constituées principalement de cavalerie, les Suisses ont réussi à prendre l'initiative dès les premières minutes de l'engagement, pour ne plus jamais la perdre par la suite.

À Marignan, les Français multiplient les charges ; il y en eut sans doute plusieurs dizaines, d'envergure limitée, n'impliquant jamais plus de 100, 200 ou 300 hommes d'armes à la fois. Les hommes d'armes se jettent sur les flancs des colonnes d'attaque suisses, qui refoulent devant eux les lansquenets. Quel en a été le succès ? Grand, de l'avis de François Ier, dans la lettre écrite à sa mère le 14 septembre, emporté par l'enthousiasme juvénile, sous oublier le souci de la propagande, car cette lettre devait servir à inspirer les communiqués de victoire qui seraient ensuite diffusés par la régente à toutes les villes et à tous les officiers du royaume. Le roi évoque une première charge, lancée par le connétable de Bourbon, avec quelque 300 à 350 lances[23]. Reçus avec vigueur par les Suisses, ils sont repoussés jusqu'à l'infanterie française. Ce que voyant, François Ier prend lui-même la tête de 200 lances et charge les flancs des Suisses : « Dieu me fit la grâce de venir sur le côté de ceux qui les [le connétable et ses hommes] chassaient un peu chaudement ; me sembla bon de les charger, et le furent de sorte, et vous promets, Madame, si bien accompagnés et quelques gentils galants qu'ils soient, deux cents hommes d'armes que nous étions, en défissent bien quatre mille Suisses, et les repoussâmes assez rudement, leur faisait jeter leurs piques[24]. »

La déroute des 4 000 Suisses est inventée de toutes pièces. Les Suisses ont tenu bon et repoussé toutes les charges ennemies. Les capitaines et les grands seigneurs français ont payé un très lourd tribut lors de la contre-attaque. Le frère cadet du duc de Bourbon, François de Bourbon-Montpensier, duc de Châtellerault, âgé de 23 ans, est tué, ainsi que le héros de Villafranca, le seigneur de Humbercourt, le fils unique de Louis de La Trémoille, Charles de La Trémoille, prince de Talmont, et Charles de Bueil, comte de Sancerre. Trois capitaines et un prince, voilà un tableau de chasse honorable… Les confédérés, voyant errer le cheval somptueusement harnaché du duc de Châtellerault, s'imaginent avoir tué le roi lui-même.

Cependant, la charge de François Ier a probablement permis de sauver la plupart des compagnies repoussées par les Suisses. En effet, par une bonne fortune et le soin de quelques érudits du XVIIIe siècle, les « montres d'armes » de sept compagnies françaises passées en revue pour le paiement de la solde de juillet à septembre 1515 sont parvenues jusqu'à nous. Ces grands parchemins, qui recensent tous les hommes d'armes et les archers inspectés par les commissaires royaux, puis payés par les clercs du trésorier des guerres, indiquent les remplacements intervenus à la suite d'événements fâcheux, ainsi que les temps de service accomplis par les gens de guerre rayés des contrôles et leurs remplaçants. Les remplacements enregistrés pour le trimestre de juillet à septembre 1515 sont donc imputables aux pertes de Marignan. Parmi ces sept compagnies – sur la quarantaine qui ont combattu à Marignan – figurent celles de La Palice, du duc de Gueldre ainsi qu'une partie de celle du seigneur de Humbercourt[25], qui ont pris part à l'attaque malheureuse du 13 septembre après-midi. La plus éprouvée a été celle du duc de Gueldre, qui a perdu 5 hommes d'armes et 13 archers, sur 60 hommes d'armes et 120 archers, soit tout juste 10 % des effectifs, tandis que les deux autres ont eu à déplorer la perte de 6 hommes d'armes et 19 archers, pour 130 lances[26].

Les pertes françaises sont donc légères, mais les hommes d'armes ont été incapables de mieux faire que ralentir les Suisses. Selon Florange, la gendarmerie fit

« merveilles », mais lorsque la nuit tomba, « les Suisses commencèrent à chasser les gens d'armes d'un costé et d'aultre. [...] Aussi estoient les lansquenets et les gens de pied françois tous escartés comme les autres[27] ». Le Loyal serviteur ne dit pas autre chose, quoique à demi-mot. Il nous présente en effet un Bayard en grande difficulté. Son cheval est tué ; le suivant, débridé par les coups de pique ennemis, l'emporte tout droit vers les Suisses, jusqu'à ce qu'il soit arrêté dans sa course par des enfilades de sarments de vigne attachés les uns aux autres. Bayard saute à terre et se presse de rejoindre à pied le camp français. Il croise le duc de Lorraine – son capitaine – qui lui fournit une troisième monture... Celle-ci n'est autre que le *Carman*, que Bayard retrouve avec plaisir. En revanche, il a perdu son armet, or, « en telz affaires fait moult fort dangereux avoir la teste nue[28] ». Il s'en fait prêter un et combat jusqu'à la nuit, avec autant de fougue mais sans plus de succès qu'auparavant. L'autre biographe de Bayard, Symphorien Champier, vante les moulinets du chevalier sans peur et sans reproche, qui porte secours au duc de Lorraine, en mauvaise posture après que son cheval s'est lui aussi effondré sous les coups de pique. Les insultes lancées par le chevalier à ses adversaires – « Trahistres et villains maudits, retournez menger du froumage en voz montaignes si pouvez, mais je vous promets qu'a ceste heure n'aurez loisir. Criez mercy à Dieu de vostre trahyson, car demain ne sera temps[29] » – cachent mal son impuissance...

Dans tous ces témoignages, il est bien plus souvent fait allusion aux piques suisses qu'à la hallebarde. Ce sont les piques qui tuent les chevaux et arrachent les pièces de harnais, et c'est aux piques qu'est exposé l'homme d'armes qui a perdu son casque, non aux hallebardes, dont l'allonge est moindre. François Ier lui-même, si l'on en croit le Loyal serviteur, aurait reçu un violent coup de pique au visage, qui aurait transpercé la « buffe », c'est-à-dire la partie basse du casque protégeant les joues. Heureusement, il est plus difficile de bien ajuster son coup avec une perche de 5 à 6 mètres de long qu'avec une hallebarde. La protection qu'assurent les harnois complets est très efficace. L'armure de François Ier est un harnois allemand « merveilleusement bien faict et fort aisé, tellement qu'on ne l'eust sceu blesser d'une esguille ou espingle[30] ». Cela explique sans doute pourquoi les archers ont été plus nombreux en proportion à périr au combat que les hommes d'armes[31]. Quant aux malheureux destriers, c'est à nouveau l'hécatombe.

Roi chevalier, roi-soldat ou roi de France ?

François Ier a donc payé de sa personne. Mais était-ce son rôle ? La place d'un roi de France se trouvait-elle au cœur de la mêlée ? En réalité, depuis le XIVe siècle, et depuis la capture de Jean II le Bon à la bataille de Poitiers, en 1356, bien des voix avaient commencé à s'élever pour affirmer que la personne du souverain, incarnation du corps mystique du royaume, était trop précieuse pour qu'il prît des risques inconsidérés. Par la suite, les rois guerriers alternent avec ceux qui préfèrent demeurer en retrait des champs de bataille. À Charles V, précocement handicapé et laissant à Du Guesclin la direction de la guerre, succède Charles VI, triomphant des Flamands à Roosebeke en 1382. À Charles VII, peu enclin à se montrer à ses troupes, Louis XI, qui, à rebours de sa réputation de manipulateur tapi dans l'ombre, prend d'assaut la bastille de Dieppe en 1443, charge les Bourguignons à Montlhéry en 1465, et commande encore en personne ses armées en 1477. Fait nouveau, Louis XI est un roi-soldat, formé à l'école de la guerre de Cent Ans, où le résultat compte plus que la manière. Il ne prend le risque de la bataille que lorsqu'il ne peut l'éviter, ou qu'il a mis toutes les chances de son côté.

Ses successeurs renouent avec la tradition chevaleresque des rois de France. Charles VIII manque de se faire capturer ou tuer à Fornoue, en 1495, tandis que Louis XII, de santé délicate, est présent à la bataille d'Agnadel en 1509. François Ier, parti en guerre avec sa joyeuse bande de jeunes aristocrates débordant de testostérone, sera heureusement l'ultime représentant de son espèce. La bataille de Pavie, en 1525, est la dernière où François Ier combat les armes à la main. Par la suite, les monarques « assistent » à certaines batailles ou aux grands sièges, suivant l'expression du temps, mais ne se risquent plus en première ligne – à l'exception notable de Henri IV, sans doute le seul roi de France à avoir été également un très grand général.

Comment dès lors ne pas s'étonner de la différence de traitement réservé par les historiens à François Ier, dont on célèbre l'héroïsme à Marignan et la dignité à Pavie, et à Jean le Bon, capturé à Poitiers dans les mêmes conditions, à qui l'on a fait une réputation de bretteur sans cervelle ? Dans les années 1350, la participation des rois à la mêlée était la règle. Près de deux siècles plus tard, elle témoigne d'une conception déjà surannée de la fonction royale, quoique encore assez largement partagée en Europe. L'aura de François Ier, demeurée intacte malgré Pavie, rend cependant compte d'une réalité nouvelle, à savoir la puissance de la propagande royale et de l'idéologie nationale, capable de transformer un désastre aussi bien qu'une victoire en événement générateur d'identité et d'unité pour tout un peuple.

Chapitre 12

Le tournant de la bataille : Suisses contre lansquenets

Le soir du 13 septembre, ni l'artillerie française ni les hommes d'armes n'ont réussi à arrêter les Suisses. L'avance de ces derniers s'est cependant beaucoup ralentie. Avec le roi sont arrivées les bandes noires, l'élite des mercenaires germaniques à son service. Les confédérés ont désormais en face d'eux la grande majorité des lansquenets. Le rapport de force est en train de basculer en faveur des Français. Le crépuscule puis la nuit vont obliger les deux adversaires à suspendre les hostilités. Lorsque François Ier charge pour dégager les compagnies qui étaient en train de se faire malmener, le ciel s'assombrit déjà, tandis que la poussière est toujours aussi dense. Les deux adversaires ont beaucoup de mal à se reconnaître.

Mettons-nous à leur place ! En l'absence d'uniformes, les armées du Moyen Âge et du début de la

Renaissance portent des signes distinctifs sur leurs vêtements. Le plus souvent, ce sont des croix : croix rouge droite pour les Anglais, croix rouge « fourchue », c'est-à-dire en forme de X, pour les Bourguignons, croix blanche droite pour les Français… et croix blanche droite pour les Suisses. Ce n'est que sur les bannières que la croix blanche suisse retrouve son fond rouge. Suisses et lansquenets parlent allemand, et même pour la plupart le dialecte d'Allemagne méridionale. Leur armement diffère très peu. La poussière, le combat qui réduit le champ de vision, l'épuisement, tout concourt à alimenter la confusion. Selon Martin du Bellay, les Suisses auraient volontairement tenté d'abuser les Français.

« Et dura le combat jusques à la nuict, qui fut si obscure, mesmes à cause de la grande poulcière que faisoient les deux armées, que nul ne cognoissoit l'autre, et mesmes que les Suisses portoient pour leur signal la croix blanche aussi bien que les François, ne portans pour différence, sinon une clef de drap blanc chacun en l'espaule ou en l'estomac ; et pour mieux surprendre nostre armée, n'avoient porté aucuns tabourins, mais seulement des cornets pour rallier ; et fut la chose en tel désordre, pour l'obscurité de la nuict, qu'en plusieurs lieux se trouvèrent les François et les Suisses couchés auprès les uns des autres, des nostres dedans leur camp, et des leurs dedans le nostre[1]. »

On peut y voir une nouvelle variante, fort suspecte, du sempiternel refrain sur la déloyauté des vachers suisses, mangeurs de fromage. N'oublions pas cependant que Martin du Bellay est un témoin oculaire, et qu'il pouvait être fort tentant pour les Suisses de semer le doute dans l'esprit d'hommes d'armes sur le point de charger à quelques dizaines de mètres de distance, en criant « France », pour leur faire croire qu'ils avaient en face d'eux des lansquenets plutôt que des ennemis, ainsi que le raconte le roi dans la lettre à sa mère. On a toutefois peine à croire à une stratégie d'intoxication mûrement réfléchie et préméditée.

Dilemme chez les Suisses : partir ou rester ?

Les combats diminuent peu à peu d'intensité, sans jamais cesser tout à fait. Les artilleurs français continuent à tirer, et visent les feux de camp allumés par les Suisses[2], qui sont obligés de les éteindre. Les confédérés s'installent où ils peuvent, dans l'obscurité, sans pouvoir se réchauffer, alors qu'un froid coupant a succédé à la chaleur étouffante de la journée et que les Suisses sont pour la plupart trempés après avoir repoussé les lansquenets à travers les canaux d'irrigation. Seize Suisses, qui avaient trouvé refuge dans les ruines d'une maison incendiée par les Français avant le commencement de la bataille pour signaler l'arrivée des Suisses, meurent écrasés sous les gravats lorsque les murs s'effondrent sur eux. Épuisés par deux à trois heures de mêlée et de tension nerveuse extrême, ils n'ont rien à se mettre sous la dent[3], sinon les rares provisions que le cardinal de Sion et les capitaines du château de Milan leur ont envoyées. Français et Suisses sont réduits à boire l'eau des fossés, plus ou moins stagnante et souillée par les cadavres. François Ier en aurait eu une violente diarrhée : « Et y eust un piéton qui luy alla quérir de l'eau, qui estoit toute pleine de sang, qui fist tant de mal audict seigneur, avecques le grand chaud, qu'il ne luy demeura rien dans le corps[4]. »

Les capitaines des deux camps tentent de rallier leurs troupes. Les Français font sonner leurs trompettes, tandis que retentissent les cors de guerre suisses, dont le bruit, démesurément amplifié par l'écho des montagnes, aurait d'après la légende glacé le sang des Bourguignons à Grandson... Les trois cantons fondateurs de la Confédération avaient fait de leurs cors un des symboles de l'armée confédérale. Ornementés, surnommés le Taureau d'Uri, la Vache de Schwyz et le Veau d'Unterwald, ils symbolisaient l'indéfectible union des *Waldstätten*. Florange croit avoir reconnu « les gros cornets » d'Uri et d'Unterwald. Du Bellay évoque lui aussi les « cornets » suisses, et tous deux s'étonnent de ne pas avoir entendu de tambour, l'instrument de musique le plus volontiers utilisé par les Suisses et les lansquenets pour rythmer la marche – qui n'est pas encore une marche au pas cadencé.

Ce bruyant intermède nocturne profite aux Français. Leurs arrières sont proches, la nourriture abonde et ils bénéficient du soutien d'une armée de valets et de domestiques, sans oublier les pionniers et les charretiers du train. Ils disposent de plus d'espace que les Suisses, dont les colonnes d'assaut sont enferrées dans le dispositif français, au point de devoir abandonner quelques canons pris au cours des combats afin de pouvoir mettre au moins un fossé entre leurs ennemis et eux.

Dans ces conditions, qui ne se prêtent guère à une réflexion sereine, les capitaines suisses doivent prendre une décision cruciale. Faut-il poursuivre le combat, ou profiter de la nuit pour se replier à Milan ? D'après les critères du temps, cela signifiait laisser la victoire à l'ennemi, puisqu'il fallait camper sur le champ de bataille – et même trois jours consécutifs – pour être déclaré vainqueur. Mais enfin, on pourrait se consoler avec les trophées de la journée, à savoir une belle brassée d'étendards pris aux lansquenets, une douzaine de pièces d'artillerie, les armures et les chevaux laissés par les compagnies d'ordonnance. D'après Giovio, plusieurs capitaines expérimentés plaident pour la retraite, tels Heinrich Hasler, de Zoug, un vétéran des guerres de Souabe, et l'amman Ulrich Kätzi, de Schwyz, âgé de plus de 70 ans, qui avait combattu les Bourguignons à Nancy, en 1477[5]. Raisonnable, cette option est cependant difficile à mettre en œuvre. Les blessés sont très nombreux – ce qui témoigne de la violence de la mêlée et de la bonne résistance des lansquenets – et on ne peut les abandonner. Comment partir sans éveiller l'attention des ennemis, qui se trouvent par endroits à quelques mètres seulement des Suisses ? Comment organiser une retraite en ordre, alors que plus personne ne retrouvait son enseigne ou la bannière de son canton ? Ainsi la confusion et le chaos ambiant, qui auguraient mal du lendemain et auraient donc dû inciter les Suisses à sortir du guêpier au plus vite, favorisaient l'inertie du commandement. Une fois de plus, on s'en remettrait au destin et à l'inébranlable foi en la victoire des soldats suisses.

« La nuit n'a point de honte » – Peur et désertions

Le courage et la volonté des combattants des deux camps sont mis à très rude épreuve. Après les horreurs de la journée, une fois retombée l'exaltation hallucinée de la mêlée, lorsque l'individu ne peut plus se réfugier, ou plutôt se dissoudre dans la totalité rassurante du groupe, lorsqu'il se retrouve face à ses sens, qui lui signalent qu'il a froid, qu'il a faim, qu'il a soif, qu'il est épuisé, parfois qu'il saigne ou qu'il a mal, lorsque plus rien ne l'empêche de réfléchir à sa situation, les nerfs lâchent. Les capitaines du temps n'ignoraient rien de tout cela. Dans une large mesure, l'art du commandement est d'abord un art de la maîtrise de la peur, la sienne, celle de ses hommes, et même celle de ses ennemis.

La sienne d'abord, car on l'a vu, les capitaines combattent au premier rang et sont parmi les premiers à tomber. Elle relève du non-dit ; il ne faut évidemment pas la montrer à ses hommes, et il n'est pas de bon ton d'en faire mention dans ses mémoires. À peine Philippe de Commynes, au détour d'une phrase, avoue-t-il qu'à un certain moment de la bataille de Montlhéry (1465), « je veiz telle demye heure que nous, qui estions demouré la, n'avions l'ueil que a fouyr s'il fust marché cent hommes[6] », mais il s'agit là du témoignage exceptionnel d'un auteur exceptionnel, et on ne peut pas dire qu'il s'attarde beaucoup sur son état psychologique, sur son « ressenti », pour employer un terme contemporain à la mode.

Une plaisante anecdote, tirée du recueil de Brantôme sur les grands capitaines de son temps, lève un tout petit bout du voile jeté sur la peur ressentie par le combattant et ses effets physiologiques. Elle se rapporte au sire de Humbercourt, connu pour son grand courage au combat, et dont on a pu apprécier la valeur lors de la capture de Prospero Colonna, mais également pour deux bizarreries. La première était son goût pour les chevauchées en armure complète en plein soleil, au plus chaud de la journée, afin d'endurcir les organismes de ses hommes, ce qui devait être excellent pour brûler les calories excédentaires, mais, il faut bien le dire, de peu d'agrément. La seconde était le besoin naturel qu'il devait satisfaire de manière aussi impérative que systématique juste avant de combattre : « Ce brave chevalier avait une complexion en luy que toutes les fois qu'il vouloit venir au combat, il falloit qu'il allast à ses affaires et descendist de cheval pour les faire ; et pour ce portoit ordinairement des chausses à la martingalle, ou autrement à pont-levis [...] On tenoit que l'animosité et le courage grand qu'il avoit de combattre lui esmouvoit ainsy les entrailles et le ventre[7]. » Les chausses à « pont-levis » du seigneur de Humbercourt devaient ressembler aux sous-vêtements « Long John » des cow-boys, boutonnés en bas du dos. Elles faisaient gagner un temps précieux à l'homme pressé, qui n'avait pas à délacer les aiguillettes en cuir qui retenaient les chausses médiévales. Infinies ressources du génie humain !

Serait-il sacrilège de supposer que les embarras gastriques de François Ier n'étaient pas seulement la conséquence de l'eau pourrie qu'il fut contraint de boire ? Les batailles de la Renaissance exposaient les combattants à l'épreuve de la mêlée, où il fallait soutenir le regard de l'homme qu'on allait tuer dans un corps à corps sordide, aussi bien qu'au risque d'être abattu par une arme à feu anonyme. Le soldat pouvait être blessé ou abattu de toutes les manières possibles, lacéré par une pique, embroché par une lance, débité en quartiers par une hallebarde, transpercé par un carreau d'arbalète, être emporté par un boulet, avoir la moitié du visage arrachée par un coup d'arquebuse, être étouffé ou piétiné par ses compagnons ou par l'ennemi, avant d'être achevé par la dague longue des Suisses ou le *Katzbalger* des lansquenets. Ces perspectives avaient de quoi soulever l'estomac.

Une fois leur propre peur dominée, les capitaines devaient être attentifs au moindre fléchissement dans leurs rangs, et cela sans cesser de donner eux-mêmes l'exemple. On l'a dit, et il faut le répéter, la meilleure barrière contre la panique est le regard des autres. Le désordre qui s'est insinué dans les rangs des Suisses est lourd de dangers, ainsi que l'obscurité qui est descendue sur le champ de bataille. « La nuit n'a point de honte », dit le Loyal serviteur[8], qui souligne à juste titre que les Français n'avaient pas accompli un mince exploit en évitant un effondrement général au crépuscule. Les chroniqueurs suisses lui font chorus. Anshelm, Schodoler et Steiner[9] évoquent de nombreuses désertions chez les Suisses, dissimulées par la nuit. Chaque blessé évacué du champ de bataille aurait ainsi été escorté par cinq ou six hommes valides. L'ampleur de ce phénomène a-t-elle été exagérée par les Suisses eux-mêmes ? C'est très possible, au vu des innombrables calomnies dont ont été victimes les capitaines suisses après la bataille. On a vite fait d'accuser de lâcheté un compagnon ou un capitaine qu'on ne voit pas dans la confusion de la bataille, et qu'on retrouve indemne quelques jours plus tard, surtout si on ne l'apprécie guère. Le grand nombre de ces accusations mensongères illustre au contraire la force du contrôle social qui s'exerçait sur le combattant suisse, plus terrorisé encore à l'idée de ne pas être considéré dans sa communauté comme un *Biedermann*, c'est-à-dire un homme d'honneur, qu'à celle d'être atrocement mutilé ou tué dans la bataille.

La peur, c'est enfin celle de l'ennemi, qu'on peut exacerber par l'accoutrement, le bruit ou l'ascendant moral, et qu'on peut exploiter à son profit. Ainsi Robert de Balsac, dans son traité sur l'art de la guerre, préconise de toujours laisser une voie de retraite à l'ennemi : « Car il fault toujours laisser ung passaige ouvert à ses ennemys par où ils se puissent retirer ou fouyr, car, qui les enferme de tous costez ils jouent au désespéréré et se vendent bien cher[10]. » Anshelm est convaincu que si les Suisses n'avaient pas détruit les ponts par lesquels les Français auraient pu s'échapper, ceux-ci se seraient tous enfuis[11]. On ignore quels ponts auraient pu avoir été abattus, mais Schwinkhart y fait aussi allusion et ajoute que Schiner, toujours adepte du *wishful thinking*, se serait au contraire réjoui, le 13 au soir, que les Français aient été ainsi réduits à la dernière extrémité : « Tous les Français seront à nous », aurait-il promis à un messager envoyé porter en Suisse la nouvelle de la victoire, de manière un peu prématurée[12]. Cela est sans doute très exagéré, car les Français tenaient fermement en main tout le sud du duché de Milan et les voies de retraite vers l'ouest et le sud-ouest. Quoi qu'il en soit, les capitaines de l'époque estimaient qu'il n'est jamais bon d'attaquer un ennemi dos au mur. Cette leçon, François Ier l'a toujours gardée présente à l'esprit, au moment des négociations de Gallarate, lorsqu'il prit soin de laisser la route de Côme ouverte aux Suisses, et au lendemain de sa victoire.

La bataille reprend – L'ultime assaut des Suisses contre les lansquenets

Lorsque le jour commence à poindre – ou « quand Phoebus fut revenu », comme dirait le lyrique Symphorien Champier –, la situation des Français s'est rétablie. Le roi et ses capitaines ne sont pas restés inactifs au cours de la nuit. Les pionniers ont travaillé d'arrache-pied et creusé des tranchées défensives tout autour des Suisses[13]. Galiot de Genouillac a placé ses pièces d'artillerie aux positions les plus favorables. Les Gascons se préparent à larder de carreaux d'arbalète les flancs des confédérés. Les Suisses se trouvent au beau milieu d'un champ de tir. Qu'importe ! Les capitaines regroupent leurs hommes en trois colonnes d'attaque et se préparent à lancer une dernière charge, sanglante et glorieuse. Les Gascons sont les premiers à reprendre le combat, d'après Steiner. À peine les Suisses se sont-ils mis en ordre qu'ils sont pris sous le tir de l'artillerie ; il est si meurtrier que les confédérés soupçonnent une trahison. Certains hommes, que l'on a vu rôder et dépouiller les cadavres, ont-ils renseigné les Français sur la position des Suisses ? Des prisonniers capturés par les Français ?

D'après Schwinkhart, les Français ont organisé leur défense autour de deux points d'appui principaux, garnis d'artillerie de tous calibres. Ces points d'appui encadrent un « gros village », sans doute le bourg de Zivido, auquel on met le feu pour interdire le passage des Suisses. Les trois colonnes suisses avancent, laissant derrière elles un sillage sanglant. Le terrain est propice au harcèlement des Gascons, qui décochent un carreau d'arbalète à la minute – la cadence de tir de l'arbalète est six à sept fois plus faible que celle de l'arc, mais elle est encore supérieure à celle de l'arquebuse. Quant à sa puissance, elle est dévastatrice : 500 kg de poussée pour l'arbalète à cric, ou cranequin, de la fin du XVe siècle, au lieu de 50 à 60 kg pour l'arc long[14]. On recharge l'arbalète en la posant à la verticale sur le sol. L'arbalète est prolongée d'un étrier, dans lequel on met le pied, tandis que le tireur tend la corde à l'aide d'un cric à manivelle coulissant vers l'arrière sur le corps de l'arme.

François Ier tient le centre de la ligne française, avec le connétable, à sa droite, et le duc d'Alençon, à sa gauche, près de la grande route de Milan. Dans un ordre de plus en plus approximatif, les bandes suisses s'approchent des lignes ennemies. D'après le roi, la colonne centrale est tenue à distance par l'artillerie française. Les deux autres colonnes se lancent à l'assaut des ailes françaises, ce que confirme Florange : « Et commençoient à aller autour du camp d'un costé et d'aultre, pour veoir s'ils pouvoient assaillir[15]. » Schwinkhart et Anshelm affirment qu'une partie des Suisses ont obliqué vers un côté de la ligne ennemie, sans préciser lequel, pour échapper au tir de l'artillerie, précise le premier, ou pour prendre de flanc les Français. Martin du Bellay évoque une violente attaque sur l'aile gauche[16], ce qui serait cohérent avec la topographie des lieux : les Suisses auraient tenté de se glisser entre le Lambro et le flanc gauche français.

Il est vain de tenter de reconstituer avec exactitude les actions de cette seconde journée, encore plus d'essayer de les situer avec précision sur une carte. Les chroniqueurs suisses ont retenu l'essentiel, à savoir une affreuse boucherie parfaitement vaine. D'après Schwinkhart, les pertes suisses sont telles que les trois colonnes d'assaut n'en forment bientôt plus qu'une seule. Son récit coïncide assez bien avec le compte rendu de François Ier, qui écrit qu'après que les attaques sur les ailes ont été repoussées, le corps central des Suisses se serait jeté à l'assaut de la bataille du roi, en agrégeant sans doute une partie des fuyards des deux colonnes qui venaient d'être défaites. Cette offensive de la dernière chance est un nouvel échec : « [Ils] furent si bien recueillis de coups de haches, [arque]butes, de lances et de canon, qu'il n'en réchappa la queue d'un[17]. » Peut-être s'agit-il du groupe rassemblé autour du cor d'Uri, dont parle Anshelm, qui aurait été en effet taillé en pièces par l'artillerie française et, pour la première fois de l'histoire suisse, mis en déroute.

Tout cela ne s'est pourtant pas passé avec autant de facilité que le disent les chroniqueurs suisses, qui exagèrent le contraste entre la première journée, victorieuse sur tous les fronts, et la seconde, désastreuse d'un bout à l'autre. Le roi lui-même indique que les hommes d'armes français ont dû ferrailler durement. Le choc avec les lansquenets a de nouveau été très violent. En un endroit au moins, les Suisses parviennent à faire reculer les lansquenets, à la stupéfaction mitigée d'admiration de Martin du Bellay, qui, pour la seule et unique fois de son témoignage, abandonne le tour impersonnel pour la première personne du singulier : « Le jour venu [...] commença le combat plus furieux que le soir ; de sorte que je vey un des principaux bataillons de nos lansquenets estre reculé plus de cent pas [...] et sans la gendarmerie, qui soustint le faix, on estoit en hazard[18]. »

Un pack de plusieurs milliers de Suisses repoussant sur une distance de cent mètres un nombre équivalent de lansquenets, la scène avait en effet de quoi laisser une forte impression. Quelle détermination de part et d'autre ! Reculer pied à pied sans partir en déroute, face à de tels adversaires, qui les avaient toujours vaincus en bataille rangée, a demandé aux lansquenets une force morale et un sang-froid proportionnés à la fureur enragée des Suisses, qui jetaient alors leurs dernières ressources physiques et mentales dans la balance. Au bout de trois à quatre heures de souffrances, les lansquenets avaient enfin pris leur revanche sur leurs frères ennemis.

Les lansquenets du roi de France

Après des années de tâtonnements et de défaites, les lansquenets étaient arrivés au niveau de leurs concurrents suisses. Performance d'autant plus remarquable que les mercenaires au service du roi de France étaient de formation plus récente que les lansquenets autrichiens de l'empereur Maximilien, qui faisait déjà défiler ses fantassins dans les rues de Gand en 1485. On l'a dit, les lansquenets de François Ier venaient de Souabe et de Gueldre. Le moins qu'on puisse dire est qu'on manque d'informations sur leur compte, et que les sources écrites se contredisent. La célèbre « bande noire », au singulier ou au pluriel, est l'objet de tous les fantasmes. La plupart des auteurs confondent les bandes noires avec les Gueldrois, voire avec l'ensemble des lansquenets au service du roi de France. Alors qu'elle vient sans conteste de Gueldre, Guicciardini la fait venir de la « Germanie la plus méridionale[19] ». De même, les ambassadeurs vénitiens affirment qu'elles tirent leur nom d'un certain Mont

Noir, près de Fribourg-en-Brisgau, c'est-à-dire de la Forêt-Noire. D'après l'historien Jules-Édouard Struick, les bandes noires auraient en fait été composées de mercenaires saxons, amenés par le duc Georges de Saxe lors des guerres frisonnes des années 1500. Le duc de Gueldre les aurait pris à son service, en y incorporant sans doute des soldats natifs de ses possessions. Cette hypothèse est séduisante, car la « garde noire » du duc de Saxe est en effet abondamment citée dans les textes, et Martin du Bellay indique que les bandes noires de Marignan « estoient six mille Allemans nourris et aguerris ensemble depuis vingt ans[20] ». Florange entend déjà parler d'eux en 1512, alors qu'il recrute des milliers de lansquenets gueldrois pour le compte de Louis XII[21].

En quelques années, les « bandes noires » se multiplient un peu partout en Europe, ce qui peut expliquer bien des confusions ou des assimilations hâtives. Il est probable que d'anciens mercenaires au service de Georges de Saxe ou du duc de Gueldre aient profité de la notoriété des bandes noires pour lever leurs propres bannières, grossies de volontaires venus de partout. En 1513, au siège de Thérouanne, Henri VIII d'Angleterre emploie ainsi une bande noire forte de 6 000 à 7 000 hommes, parmi des dizaines de milliers d'autres lansquenets[22]. Dans les années immédiatement postérieures à Marignan, des rebelles frisons prennent aussi le nom de *Zwarte Hoop*. Lorsque le chevalier franconien Florian Geyer combat aux côtés des paysans révoltés pendant la terrible guerre des Paysans de 1524-1525, il donne à ses troupes des vêtements noirs. C'est sans aucun doute la *Schwarzer Haufen* de Geyer qui a laissé l'empreinte la plus profonde dans l'historiographie allemande[23]. Enfin, les soldats de Giovanni de Médicis, dernier grand *condottiere* indépendant des guerres d'Italie, prennent l'habit noir après la mort de Léon X en 1521[24]. Cette appellation de « bande noire », quoique son origine gueldro-frisonne ne fasse pas de doute, semble être devenue une sorte de franchise, un terme générique que se donnent certaines bandes armées, soldats professionnels ou non. Le noir était devenu depuis un demi-siècle une couleur élégante, fort prisée dans les cours princières, à commencer par celle de Bourgogne[25]. Chez les mercenaires et les rebelles du début du XVIe siècle, elle devient une couleur subversive, la couleur de ceux qui ont choisi, au sens propre du terme, de se mettre au ban de la société. Les bandes noires qui combattent à Marignan auraient teint en noir jusqu'à leurs piques[26].

À l'habit noir, les lansquenets préfèrent de plus en plus les tenues provocantes aux couleurs criardes, aux bérets à plumes extravagants, aux manches à crevés, aux hauts-de-chausses bouffants, sans oublier les volumineuses coques mettant en valeur leurs attributs virils. Cette nouvelle mode apparaît à la fin des années 1510, pour atteindre sa plénitude dans les années 1530-1540. Qu'ils soient vêtus de noir ou au contraire habillés de toutes les couleurs de la Création, les lansquenets veillent à cultiver leur différence. Ce groupe inquiétant, ultraviolent et mal-aimé, traduit une aspiration profondément médiévale à la liberté par l'égalité et le communautarisme ; elle coexiste avec l'idéologie dominante, qui assigne à chacun une place précise, et si possible immuable, dans une société très hiérarchisée. Les lansquenets sont des communautés liées par la volonté librement exprimée par chacun de ses membres de partager les profits et les misères de la guerre[27]. Ils sont recrutés par des capitaines, qui sont le plus souvent des nobles, voire des grands seigneurs, tels que Florange, Tavannes, les comtes de Lupfen ou de Zollern. Ils leur obéissent, à condition qu'ils tiennent leurs engagements, c'est-à-dire que la solde soit payée avec exactitude et régularité, et que le butin soit réparti équitablement. Les gradés subalternes, en particulier les *Rottmeister*, sorte de chefs de peloton de six à dix hommes, sont élus.

Ces troupes exigeantes, rapaces, perpétuellement insatisfaites, mettent au supplice leurs employeurs. Les commissaires du roi qui accompagnent les bandes de lansquenets au cours de leurs déplacements en pays ami ont fort à faire pour éviter qu'ils ne mettent au pillage tous les villages traversés. Il faut soigneusement préparer les itinéraires : « Et ont une coustume en France de mettre ces lansquenets en garnison ès lieux où il y a quelques vins, car ils l'aiment mieux que l'eaue bouillie[28]. » Doux euphémisme… Malgré toutes ces précautions, les débordements sont nombreux. En janvier 1516, les lansquenets, alors sur le chemin du retour, pillent plusieurs villages bourguignons. Les Français s'en débarrassent en les envoyant de l'autre côté de la Saône, en Franche-Comté, possession de l'archiduc Charles, où ils font « tous les maulx du monde[29] ».

En guerre, leurs « mutineries » – le terme fait alors son entrée dans la langue française – sont un souci permanent. À chaque fois qu'une ville se rend, il faut veiller à ce que les lansquenets en soient tenus à bonne distance. Le jour de son entrée à Novare, le 30 août 1515, François Ier doit intervenir en personne, alors que des lansquenets commencent à dépouiller les habitants. Il fait fermer les portes de la ville et, avec l'aide des gentilshommes et des archers de son hôtel, refoule hors de Novare les lansquenets déjà entrés[30]. D'après le Florentin Girolami, les mercenaires allemands se seraient mutinés une semaine plus tôt, exigeant de savoir pour combien de temps François Ier comptait les garder à son service[31]. Le jour même de Marignan, alors que le roi venait les exhorter à faire bonne figure et à donner le meilleur d'eux-mêmes lors de la bataille qui s'annonçait, les lansquenets réclament un tiers du produit du pillage de Milan – c'est-à-dire en fait un dédommagement, puisque le roi voulait épargner à la capitale de son duché les horreurs d'une prise d'assaut. Le moment était bien choisi, et François Ier n'avait guère d'autre choix que de ravaler sa colère… Le roi leur accorde sur-le-champ une prime équivalant à quinze jours de solde, soit un peu moins de 3 livres tournois par homme. Bagatelle de 70 000 livres tournois pour le trésor royal, à payer comptant, bien entendu[32]. Enfin, il faut reconnaître que le roi en a eu pour son argent !

Les lansquenets au combat

Plusieurs revues de lansquenets passées en avril et septembre 1514 donnent quelques détails sur la composition de ces bandes[33]. Les onze enseignes inspectées totalisaient 4 347 hommes. Il semble que l'effectif plein d'une enseigne fût de 500 hommes, dont 50 arquebusiers et 50 doubles soldes. Ces doubles soldes comprenaient aussi bien les gradés que les combattants de choc qu'étaient les hallebardiers et les épéistes maniant les *Zweihänder*, gigantesques flamberges à deux mains dont la longueur totale pouvait atteindre les deux mètres. Une seule des onze bandes de lansquenets passées en revue comptait 500 hommes, tandis qu'une autre s'en approchait avec 495 hommes[34]. Les autres n'alignaient que de 312 à 393 hommes, et accusaient donc un sous-effectif de l'ordre de 25 %. Tandis que le nombre d'arquebusiers variait dans chaque enseigne, le nombre de doubles soldes était soit de 50 par enseigne (neuf fois sur onze), soit d'exactement 10 % des hommes présents (deux fois sur onze)[35]. Il s'agissait donc probablement d'un contingent global, accordé par les trésoriers du roi, dont la distribution était laissée à la discrétion du capitaine. Les simples soldes – les piquiers – étaient la catégorie la plus touchée par le sous-effectif, de sorte que les arquebusiers représentaient de l'ordre de 12 à 13 % des effectifs réels. Une seule des onze enseignes était explicitement constituée de Gueldrois. Le nom de son capitaine – Gabriel Pelgrim, francisé en « Pelegrin » – est d'ailleurs typiquement néerlandais. Les arquebusiers y sont beaucoup plus nombreux (173 sur 495, soit près de 35 % de l'effectif), sans qu'on puisse dire si cette spécificité était partagée par l'ensemble des enseignes originaires de Gueldre.

L'état-major de chaque bande était constitué par le capitaine, son lieutenant et l'enseigne (*Fähnrich*) ; parmi les doubles soldes, il y avait un chapelain, un fourrier et un commis aux écritures. Outre les simples et doubles soldes de 6 et 12 livres tournois par mois, un supplément de 15 sous tournois était accordé aux arquebusiers, qui touchaient donc 6,75 livres tournois par mois. Rémunération dans tous les cas fort grasse, pour des hommes qui n'avaient à payer que leur nourriture et leur boisson (en principe…).

Ces quelques revues confirment les proportions générales entre différentes catégories de combattants, indiquées dans un document repris par la plupart des auteurs qui se sont intéressés aux lansquenets ou à Marignan, à savoir un feuillet imprimé, rédigé et diffusé autour du lac de Constance au lendemain de la bataille[36]. Il s'agit d'un véritable communiqué de victoire, qui célèbre le triomphe des lansquenets souabes sur l'ennemi suisse. On y trouve des informations très précises et très locales, qui paraissent dignes de confiance. En particulier, il est dit que parmi les 17 000 lansquenets au service de François Ier – ce chiffre ne comprendrait donc pas les bandes noires – se trouvaient 12 000 piquiers, 2 000 arquebusiers, 2 200 épéistes et 800 hallebardiers. La proportion d'épéistes et de hallebardiers, de près d'un cinquième, est supérieure à celle des doubles soldes recensées dans les revues du printemps 1514, mais rien ne dit que tous les épéistes et hallebardiers aient bénéficié d'une double solde.

L'armement des lansquenets différait donc quelque peu des Suisses. Chez ces derniers, quoique la proportion de hallebardiers tendît à diminuer, les piquiers venaient tout juste de devenir majoritaires en nombre, et près de 40 % des Suisses étaient encore armés de hallebardes[37]. En revanche, comme les Suisses, les lansquenets ne portent pas de cuirasse, à l'exception notable des bandes noires, dont tous ceux qui ont pu les voir font remarquer la qualité de leur équipement, y compris défensif. Cependant, même les Gueldrois étaient beaucoup moins protégés que les gens de guerre des compagnies d'ordonnance. C'est la raison pour laquelle ils regimbaient à participer aux assauts des villes ennemies. Sur la brèche, ils ne pouvaient tenir à distance leurs adversaires avec leur pique ou leur épée longue. C'est ainsi qu'au siège de Novare, en 1513, les lansquenets acceptent de monter à l'assaut, mais demandent à être accompagnés par les archers et les hommes d'armes, « pour ce qu'ils estoient mieux armés pour soutenir un gros faict qu'un piéton qui est tout nud[38] ».

En dépit de ces différences mineures, Suisses et lansquenets ont rigoureusement la même tactique. Les arquebusiers sont à peine plus nombreux chez les lansquenets. Les Espagnols eux-mêmes, dont l'infanterie est alors la plus moderne d'Europe et allait le rester pendant plus d'un siècle, n'en comptent pas plus d'un sixième dans leurs rangs[39]. L'usage de l'arquebuse est alors le même que celui de l'arbalète ; c'est une arme puissante, à rechargement lent, qu'on utilise dans les sièges, ou retranché derrière une palissade ou une levée de terre. L'arquebuse est très peu précise, malgré une très forte vitesse initiale du projectile, de l'ordre de 500 mètres par seconde, supérieure à celle d'un revolver contemporain. Les balles rondes produisent en effet un maximum de frottements avec l'air, ce qui les ralentit très vite et les soumet à une forte déviation, de sorte qu'un arquebusier a seulement 60 % de chances d'atteindre une cible de la taille d'un bataillon d'infanterie ennemi à 75 mètres de distance. Par la suite, on cherche à compenser le manque de précision par l'augmentation de la cadence de tir. En 1742, à la bataille de Chotusitz, l'infanterie prussienne, la plus rapide du monde, tire pas moins de 650 000 coups de feu pour tuer ou blesser 5 000 Autrichiens, soit 130 par ennemi[40] !

L'arquebuse n'est donc une arme décisive ni pour les Suisses ni pour les lansquenets. La pique est désormais la pierre angulaire de leur tactique. Attention cependant à ne pas commettre d'anachronismes ! Le temps n'est pas encore venu des formations en carré, qui domineront les champs de bataille européens des années 1540-1550 au siècle suivant. Il n'y aura plus alors que deux catégories de combattants dans les unités d'infanterie européennes, de plus en plus standardisées, des piquiers en carré et des arquebusiers disposés tout autour des piquiers, suivant des proportions variant d'une armée à l'autre, mais globalement équilibrées. Les officiers et sous-officiers feront alors graver sur leurs bâtons de commandement les tables des racines carrées pour connaître le nombre de rangs et de files à constituer pour former des carrés parfaits, quel que soit le nombre d'hommes à leur disposition[41].

Lansquenets et Suisses adoptent des formations beaucoup plus profondes qu'auparavant, mais affectant encore la forme de rectangles assez minces. Ainsi, à Novare, les lansquenets présentent un front de 300 à 400 hommes, sur douze ou seize rangs de profondeur[42]. En avançant, les hommes tiennent leur pique à deux mains, à la verticale, et ne la baissent qu'au tout dernier moment. La pique des Suisses semble avoir été plus longue que celle des lansquenets, au moins au XVᵉ siècle, puisqu'elle mesure alors 18 pieds de long, soit 5,4 mètres, et peut aller jusqu'à 22 pieds, soit plus de 6,6 mètres[43], tandis que la taille moyenne des piques des lansquenets aurait été de l'ordre de 4 mètres à 4,5 mètres[44]. Cette longueur est suffisante face à la cavalerie, puisque la lance des hommes d'armes ne dépasse pas la tête des chevaux de plus de 2 à 3 mètres. Par ailleurs, plus la pique est courte, moins elle a tendance à vibrer à son extrémité, mais bien sûr, il est fâcheux de se trouver confronté à un adversaire armé de piques plus longues. Les pointes des piques tardo-médiévales sont en fer forgé, minces, longues d'une dizaine de centimètres, et prolongées de deux attelles clouées à la hampe de bois sur une quarantaine de centimètres. Le fût de la lance est plus épais au milieu qu'à ses extrémités – de l'ordre de 3,5 centimètres de diamètre au lieu de 2,5. La pique suisse ou allemande est en tous les cas beaucoup plus maniable que la sarisse des phalanges macédoniennes d'Alexandre le Grand, gigantesque perche de 6,2 à 7,2 mètres de long, constituée de deux morceaux assemblés par une virole, pourvue d'une longue et large pointe et d'un talon en fer pesant plus d'un kilo[45].

Les formations des Suisses et des lansquenets sont loin d'avoir la rigidité et la régularité des phalanges macédoniennes, ordonnées sur seize rangs. La sarisse est suffisamment longue pour que les cinq premiers rangs puissent l'utiliser contre l'ennemi. Les rangs suivants servent à pousser les premiers, au moyen d'un petit bouclier d'une cinquantaine de centimètres de diamètre, attaché par des lanières au bras gauche[46]. Les Suisses et les lansquenets n'avaient pas de bouclier ; ils ne pouvaient donc pousser les rangs de devant qu'avec les plus grandes difficultés, puisqu'ils devaient tenir leur pique à deux mains. En outre, comme ils ne portaient pas de casque, il était dangereux pour les têtes amies d'abaisser les piques au-delà du troisième rang. Les artistes de la Renaissance qui ont cherché à représenter de manière réaliste les chocs d'infanterie nous montrent du reste des forêts de piques encore à la verticale au beau milieu de la mêlée – ainsi dans un dessin de Hans Holbein le Jeune, datant probablement des années 1520, conservé au Kunstmuseum de Bâle, dont il existe une copie à l'Albertina de Vienne, qui propose un panorama de la mêlée beaucoup plus étendu. Par ailleurs, la hallebarde et plus encore l'épée à deux mains, que les *Doppelsöldner* faisaient tournoyer au-dessus de leur tête, nécessitaient un espace dégagé pour ceux qui les maniaient.

À quoi ressemble une mêlée de Suisses et de lansquenets ? Les Suisses s'élancent, en utilisant leurs piques pour pousser sur les côtés celles de l'ennemi et essayer de toucher leurs vis-à-vis. Les hallebardiers se glissent entre les piques et pénètrent dans les rangs ennemis. S'ils ont assez de place autour d'eux, ils peuvent utiliser le tranchant de leur arme et l'abattre à toute volée sur la tête ou les épaules d'un adversaire. Si ce n'est pas le cas, ils se servent de la pointe. Sur le dessin de Holbein, on voit les hallebardiers manier leur arme du haut vers le bas, un peu de la manière dont les hoplites de l'âge classique utilisaient leurs lances courtes, à ceci près que les Grecs n'avaient qu'une seule main disponible pour tenir la lance. Le hallebardier, bien campé sur ses deux pieds, le buste droit, les deux mains sur son arme, la main gauche à 50 centimètres de la pointe, la main droite au milieu de la hampe, peut délivrer des coups d'estoc d'une formidable puissance, capable de perforer une armure. Les épéistes allemands utilisent soit le tranchant de leur *Zweihänder*, soit la pointe, soit encore, à très courte distance, la longue garde pour donner des coups au visage de leurs adversaires. L'épée à deux mains reste en effet très maniable, en raison de sa légèreté – 2 à 2,5 kg, soit deux fois moins que la hallebarde. Lorsque rien de tout cela n'est possible, il reste la dague, que portent à la ceinture tous les fantassins du temps. L'« épée suisse » est en fait une longue dague, de près d'un mètre. Le *Katzbalger* – littéralement, « bagarre de chat » – des lansquenets est une épée courte, dont la lame mesure 50 à 70 centimètres, qu'on peut utiliser en combat rapproché, tel cet homme, dessiné par Holbein, qui, empoignant d'une main ferme son adversaire par les cheveux, s'apprête à lui donner de l'autre un coup de taille avec son *Katzbalger*.

Dans la mêlée, il vaut mieux éviter de tomber à terre ! C'est la mésaventure survenue au jeune Claude de Guise, dans la matinée du 14 septembre, alors qu'il tentait de contenir les Suisses à la tête de ses lansquenets. Blessé d'un coup de hallebarde dans la cuisse, qui perfore la cuirasse et s'enfonce de trois doigts dans les chairs[47], il est gratifié d'une pluie de coups de pique et de hallebarde. D'après Martin du Bellay, un écuyer allemand se serait jeté sur lui pour le protéger[48]. Guise est ensuite piétiné, avant d'être difficilement extrait de la mêlée, les côtes brisées, parvenant à peine à respirer. Après sa guérison, le jeune cadet ambitieux de la maison de Lorraine sut faire fructifier l'honneur acquis sur le champ de bataille au-delà de toute espérance. François Ier érigea le comté de Guise en duché en 1527 ; le fil de l'illustre et tragique destin des Guise, qui aurait pu être coupé en ce 14 septembre 1515, continua de se dévider pendant tout le siècle, à travers le fils et le petit-fils du héros de Marignan, François et Henri le Balafré, champions du parti catholique durant les guerres de Religion.

On l'aura compris, la confrontation des Suisses avec les lansquenets fut une boucherie, mais également l'une des mêlées les plus acharnées et les plus épiques de l'histoire. Depuis Charles Ardant du Picq[49], on sait que les combats à l'arme blanche sont en fait très rares et brefs, l'un des adversaires prenant rapidement l'ascendant moral sur l'autre, et le mettant aussitôt en déroute, parfois avant même le contact. À Marignan, Suisses et lansquenets combattirent jusqu'aux dernières limites de leurs forces, des heures durant.

Le dénouement de la bataille et l'arrivée des Vénitiens

Tandis que les lansquenets repoussent victorieusement les assauts des Suisses, les compagnies d'ordonnance françaises repartent à l'attaque. Hommes d'armes et archers profitent du désordre qui s'insinue dans les rangs des confédérés pour charger leurs flancs avec plus de succès que la veille, mais non sans subir de nouveau des pertes assez sévères. D'après Schwinkhart, les Suisses séparés de leurs enseignes se regroupent par dix, vingt ou trente et se défendent avec acharnement[50]. Par ailleurs, il est douteux que les compagnies d'ordonnance aient retrouvé toute leur vigueur de la veille, avant le massacre d'un très grand nombre de leurs chevaux. Ainsi le seigneur de Florange, pourtant très complaisant avec lui-même, ne dit mot sur ce qu'il a fait le 14 septembre. Le Loyal serviteur, pour sa part, continue d'attirer l'attention du lecteur sur la vaillance personnelle de Bayard, plutôt que sur sa contribution réelle à la victoire. D'après François Ier, les hommes d'armes du duc d'Alençon se font sèchement repousser par le corps principal suisse, après qu'ils se sont trop vite lancés à la poursuite de la colonne qui les avait attaqués en début de matinée. La compagnie du duc d'Alençon y perd 10 % de ses effectifs[51]. En dépit de leur ténacité, les Suisses doivent reculer partout. Après l'écrasement du corps central, leur défaite est consommée, d'autant qu'ils doivent à présent faire face aux renforts vénitiens.

Le 13 septembre après-midi, lorsque arrive la nouvelle que les Suisses marchent en direction de l'armée du roi, Bartolomeo d'Alviano se trouve avec François Ier[52]. Le capitaine vénitien rejoint aussitôt son armée, qui campe à Lodi Vecchio, à une dizaine de kilomètres de là, mais il ne croit pas que la bataille commencera avant le lendemain. Dans la soirée du 13, le roi fait écrire une lettre pour le prévenir que la bataille allait reprendre au petit matin, et qu'il était encore temps pour lui de se joindre à la fête. D'Alviano se met en route avant l'aube et arrive sur les lieux vers 8 heures du matin, une heure ou deux après la reprise des combats. Il a dû laisser en arrière son infanterie, mais il emmène avec lui ses hommes d'armes et surtout la cavalerie légère gréco-albanaise, soit 2 000 à 3 000 hommes. Les Vénitiens aident l'aile gauche française à repousser leurs adversaires.

On ne s'étonnera pas que la portée de l'arrivée des Vénitiens ait été jugée différemment par les Français et les Vénitiens. Pour le provéditeur général Contarini[53], il ne fait pas de doute que d'Alviano a sauvé les Français d'une défaite certaine. Les Français, quant à eux, s'attardent peu sur son intervention. D'Alviano, vrai vainqueur de Marignan, à l'instar de Blücher à Waterloo ? On ne peut que partager l'avis de l'érudit suisse Emil Usteri et de l'historien allemand Harkensee, pour qui la bataille était déjà perdue pour les Suisses au moment de l'arrivée des Vénitiens. Les chroniqueurs suisses contemporains des événements ne parlent presque pas de d'Alviano, alors qu'il leur était facile de lui imputer la défaite et de la rendre ainsi encore plus glorieuse. En réalité, à partir du moment où les lansquenets avaient résisté à l'assaut initial des Suisses ; à partir du moment où les capitaines confédérés avaient décidé de ne pas se retirer dans la nuit du 13 au 14 septembre ; à partir du moment où les Français avaient réussi à transformer la charge suisse en bataille d'usure, le sort des Suisses était scellé. Il n'en demeure pas moins que d'Alviano était arrivé à temps, et qu'une partie de la gloire de Marignan rejaillissait sur lui. Ce n'est que justice ; ce grand *condottiere* méritait de voir récompenser sa constance et sa capacité à encaisser les revers sans jamais rien perdre de sa détermination.

Chapitre 13

La retraite des Suisses

Leurs assauts brisés, leurs enseignes étrillées sous les coups de l'artillerie, des arbalétriers gascons et des charges des compagnies d'ordonnance, les Suisses se retirent du champ de bataille. À certains endroits, c'est la déroute ; certains capitaines suisses tentent de rallier les fuyards, le plus souvent en vain. Les autres, avec les plus braves de leurs hommes, s'efforcent de tenir l'ennemi à distance. Les combats d'arrière-garde sont très durs. L'épée dans les reins, les Suisses repassent en sens inverse les fossés qu'ils avaient eu tant de mal à franchir. Les sources narratives sont très brèves sur la retraite suisse. Deux visions s'y affrontent. Pour les uns, les Suisses auraient montré une nouvelle fois leur ténacité, en parvenant à quitter le champ de bataille avec la plupart des enseignes ennemies et des pièces d'artillerie capturées[1]. Les autres mettent en scène un grand classique de Marignan, à savoir la clémence de

François Ier, interdisant à ses capitaines et à Bartolomeo d'Alviano de poursuivre les Suisses. C'est notamment la version d'Anshelm – Bernois, il est vrai, et donc plus favorable aux Français que les cantons de l'intérieur[2]. Schwinkhart n'en est pas très éloigné, qui affirme que les Français auraient interpellé les Suisses en retraite, pour leur dire qu'ils ne voulaient pas leur mort et souhaitaient s'en tenir aux termes du traité de Gallarate[3].

Il ne faut pas y voir un thème de la propagande royale ; dans la lettre adressée à sa mère, François Ier n'y fait du reste pas du tout allusion. Il s'agit d'une réalité, mais ce n'est pas par bonté d'âme que le roi a laissé les Suisses se replier. Ainsi que Schwinkhart le fait dire par le duc de Bourbon à d'Alviano, la priorité des Français est désormais de se réconcilier avec les Suisses, sans lesquels ils ne pouvaient espérer conserver durablement le duché de Milan. À coup sûr, la cavalerie légère vénitienne, les Gascons et les hommes d'armes auraient pu faire un véritable carnage des troupes suisses épuisées, qui avaient perdu un grand nombre de leurs capitaines.

Malheur aux vaincus !

Le massacre des vaincus n'a donc pas eu lieu ; en revanche, la retraite est l'occasion de combats sanglants. Poursuivis par la cavalerie ennemie, les Suisses se réfugient dans les nombreux bâtiments clos des environs, grosses fermes ou établissements religieux. Florange se vante d'avoir brûlé vifs 800 Suisses qui s'étaient retranchés dans une *cascina*[4]. La poursuite n'est pas sans risques pour les vainqueurs. Jacques d'Amboise, seigneur de Bussy, est tué d'un coup d'arquebuse alors qu'il talonnait les rescapés de la *cascina* en flammes. Anshelm évoque quant à lui le sort funeste de 300 Zurichois, morts dans l'incendie d'un cloître. D'après Barrillon, des lansquenets et des aventuriers français auraient réservé le même sort à des Suisses cachés dans une grande maison de San Giuliano, massacrant sans pitié ceux qui tentaient d'échapper aux flammes en sautant par les fenêtres. Une bande suisse – forte de 2 500 hommes d'après le provéditeur Contarini, 1 500 d'après Barrillon – qui avait cherché le couvert d'un bois y est encerclée et détruite par les Vénitiens[5].

L'acharnement des combats, l'ampleur des pertes subies, le relâchement de la tension nerveuse à l'issue de la bataille et la griserie de la victoire sont à l'origine de quelques scènes horrifiques, rapportées avec complaisance par Anshelm et notre « journaliste » de la feuille imprimée diffusée autour du lac de Constance, déjà mentionnée. On ne saurait les écarter d'emblée comme fantaisistes, bien qu'il soit impossible d'en apporter la preuve formelle. Les lansquenets auraient ainsi profané la dépouille de l'amman Püntener, d'Uri. Son cadavre est éventré. Sa graisse – abondante, semble-t-il – sert à lustrer les armes et les bottes des mercenaires, qui jettent de l'avoine dans ses entrailles pour que les chevaux les dévorent. Les lansquenets massacrent les blessés avec des raffinements de cruauté. On s'amuse comme on peut, car le butin est bien maigre. Pas d'armures et pas d'argent, sinon quelques pièces d'or dans les bourses des capitaines. En revanche, les lansquenets font une prise symbolique de taille : le Taureau d'Uri et la Vache de Schwyz, tombés aux mains de soldats originaires d'Engen et de Lindau, en Basse-Souabe. Le Taureau d'Uri aurait été offert à François Ier, qui aurait rendu l'illustre cor de guerre à celui qui l'avait arraché des mains de son porteur, en lui accordant de surcroît, en guise de pension, une triple solde perpétuelle[6]. Seul le Veau d'Unterwald serait donc rentré sain et sauf à l'étable des « vachers suisses »…

« On ne charpente sans esclatz » – Les pertes

Les pertes subies par les Français et les Suisses ont fait l'objet de nombreuses controverses, et ce dès le lendemain de la bataille. Guicciardini constate ainsi l'énorme écart des estimations avancées par le vainqueur et le vaincu : « Si jamais le nombre des morts fut incertain dans une bataille – et il l'est presque toujours –, il le fut dans celle-ci, car les avis divergeaient beaucoup, que ce fût par passion ou par erreur[7]. » Même au sein de chaque camp, les chiffres varient beaucoup, et parfois du simple au double. Faut-il se refuser à cet exercice, pourtant classique, et se contenter de fourchettes aussi larges qu'imprécises ? Non, car contrairement aux apparences, les estimations sont d'une grande cohérence, et les écarts s'expliquent fort bien, à la seule condition de rejeter les chiffres des pertes que chaque camp attribue à son ennemi. Elles sont toujours surestimées, car à ce jeu où le rapport des pertes prend les allures d'un score de match, l'orgueil national le dispute à l'optimisme, et le souci de la propagande à la difficulté d'établir des décomptes précis. Dix cadavres dispersés sur cent mètres carrés donnent aisément l'impression d'une hécatombe. Songeons à la poignée de soldats russes morts noyés dans les étangs d'Austerlitz, profonds de quelques dizaines de centimètres, dont le nombre a été multiplié par cent ou mille dans les bulletins de la Grande Armée[8]…

Ainsi aucun Suisse n'avoue que les pertes confédérées ont été plus importantes que celles du roi de France. Schodoler, le plus honnête, concède l'égalité, avec 7 000 tués par camp, soit 14 000 en tout. Tous les autres se plaisent à souligner que les Français ont encaissé des pertes très supérieures à celles des Suisses. Bornons-nous donc à interroger chaque camp sur ses propres victimes. Anshelm avance pour les confédérés le chiffre de 6 000 morts, soit un tiers des soldats suisses engagés dans la bataille. Schwinkhart reprend la même proportion, mais rapportée à 12 000 Suisses seulement, soit 4 000 morts. Par canton, Anshelm dénombre 800 morts chez les Zurichois, tandis que le contingent de Zoug aurait eu 203 tués exactement, d'après le décompte aussi précis que crédible de Steiner, car établi dans le cadre limité d'un canton de quelques milliers d'habitants. Les cantons de Zurich et de Zoug fournissaient respectivement 10 % et 3,5 % des effectifs des levées votées par la diète confédérale[9]. Si on extrapole ces pertes à l'ensemble de l'armée qui a combattu à Marignan, et si l'on tient compte de l'absence des contingents de Berne, Fribourg et Soleure, on parvient à un total de 5 000 à 6 000 tués.

La proportion d'un tiers, indiquée à la fois par Schwinkhart et Anshelm, est à prendre en considération, car c'est manifestement celle qui a été le plus souvent constatée par les survivants au sein de leurs bannières. Or les chroniqueurs suisses contemporains des événements ont pu confronter des dizaines, sinon des centaines de témoignages d'anciens combattants de Marignan, et c'est pourquoi leurs écrits sont beaucoup plus dignes de foi que ceux des humanistes italiens, qui n'ont eu accès qu'à des sources très partiales, quoique de haute volée – émissaires florentins, pontificaux et vénitiens, pour l'essentiel. Si l'on applique cette proportion d'un tiers à un nombre de combattants suisses révisé à la hausse par rapport à celui d'Anshelm, dont on a vu qu'il était trop bas, soit 25 000 hommes plutôt que 18 000, le nombre de tués monte à un peu plus de 8 000, ce qui nous rapproche de l'estimation de Schodoler.

Ainsi l'amplitude de la fourchette des pertes suisses, qui s'étend en théorie de 4 000 morts à plus de 25 000 (!), se resserre autour de 6 000-8 000 morts. Disons plutôt 8 000 tués, afin d'y inclure les pertes plus lourdes subies par certains contingents, notamment ceux de Schwyz et d'Uri. On se rappelle le massacre de la colonne rassemblée autour du cor d'Uri. Schwyz et Uri ont été les plus acharnés au combat, et ce sont leurs capitaines qui ont payé le tribut le plus lourd : outre Johannes Püntener, un autre magistrat honoraire d'Uri, l'amman Walter Imhof, tombe à Marignan, ainsi que le vétéran de Nancy, l'amman Kätzi de Schwyz. Par contraste, Zurich et Zoug paraissent avoir été relativement épargnés. Le bourgmestre de Zurich Marx Röist est blessé, mais parvient à s'échapper, de même que les Steiner père et fils.

Aux tués, il convient d'ajouter les blessés, mais la proportion entre tués et blessés, au début du XVIe siècle, est à peu près inverse de celle des guerres de la Révolution et de l'Empire, qui s'établissait à hauteur de quatre ou cinq blessés pour un tué, en raison du grand nombre de blessures légères faites par des projectiles à basse vélocité. Trois siècles plus tôt, les blessures perforantes à la pique et à l'arbalète ne pardonnent pas ! Un grand nombre de blessés suisses sont hospitalisés à Milan après la bataille, souvent dans un état désespéré[10]. Les chiffres avancés par les Suisses, qui écrivent quelques années après la bataille, sont sans doute consolidés, et doivent inclure aussi bien les soldats qui ont succombé à leurs blessures que les *Freiknechte* et les volontaires de Berne, Soleure et Fribourg. On voit en tout cas qu'ils concordent, à l'exception de ceux de Schwinkhart, très sous-évalués, et que les différences tiennent sans doute plus à la variation des pertes d'un canton à l'autre qu'à de véritables imprécisions.

Du côté des Français, le roi aussi fait ses comptes : « et des nôtres j'ai fait faire revue, et n'en trouve à dire qu'environ quatre mille », autant dire une paille, semble penser François Ier... Contarini, Pasqualigo et d'Alviano confirment cette estimation, en la précisant. Il y aurait eu environ 200 gentilshommes tués, ainsi que 3 000 fantassins, dont plus de 2 000 lansquenets[11]. On arrive ainsi à 10 % de tués, aussi bien pour l'armée en général que pour les lansquenets et les hommes d'armes, puisque c'est dans les compagnies d'ordonnance que se trouvait l'écrasante majorité des nobles présents à Marignan. Cette proportion coïncide avec le taux de renouvellement des effectifs constaté dans les revues de sept compagnies d'ordonnance passées pour le troisième trimestre 1515. 35 hommes d'armes et 78 archers ont été remplacés, sur un total de 490 hommes d'armes et 980 archers, soit 7 à 8 %. On a toutes les raisons de croire que cet échantillon d'un peu moins d'un quart des ordonnances présentes à Marignan est représentatif, puisqu'on y trouve quelques compagnies signalées parmi celles qui ont été les plus éprouvées par les combats[12].

Les compagnies d'ordonnance auraient donc perdu quelque 150 hommes d'armes et 300 archers, non compris les blessés, qui pour le coup ont dû être nombreux, en raison de la qualité de la protection assurée par les armures complètes. Moins graves, les blessures des hommes d'armes étaient aussi plus nombreuses et pouvaient les laisser sévèrement handicapés : le cas du comte de Guise, battu comme plâtre, polytraumatisé et emporté sur une civière, n'était sans doute pas isolé. Le seigneur de Florange avait lui aussi passé un moment très désagréable à la bataille de Novare, avant d'être sauvé *in extremis* par son père. Florange s'en était tiré avec quarante-six blessures ouvertes et soixante-douze points de suture, qui lui avaient valu plusieurs mois de convalescence[13]. Ainsi le croisement entre documents d'archives et sources narratives, auquel il est rare de pouvoir se livrer pour ces hautes époques, est tout ce qu'il y a de plus concluant. On constate que les pertes françaises sont réparties de manière assez équilibrée entre les différentes catégories de combattants, chacune d'elles ayant activement contribué à la victoire.

Avec 4 000 morts dans l'armée royale et près du double chez les confédérés, le bilan est sensiblement plus faible que les 16 500 cadavres qui auraient été inhumés dans des fosses communes, d'après Barrillon, et d'après la feuille imprimée contemporaine des événements, qui se réfère au témoignage d'un lansquenet. Il reste effroyable. Dans les batailles médiévales, il n'était pas rare que les vaincus soient massacrés dans des proportions encore plus importantes que les Suisses à Marignan. Jamais cependant la Confédération suisse n'avait subi de pertes d'une telle ampleur : 8 000 morts, cela représente plus de 1 % de la population des treize cantons, voire deux, trois ou quatre fois plus pour les cantons de l'intérieur. À l'échelle de la Première Guerre mondiale, c'est l'équivalent de toute l'année 1916 pour la France, soit Verdun et la bataille de la Somme condensées en moins de vingt-quatre heures[14].

Marignan s'inscrit dans la logique nouvelle des batailles de la période moderne, caractérisées par des pertes beaucoup plus équilibrées qu'auparavant, et donc beaucoup plus lourdes chez le vainqueur. Barrillon peut bien écrire qu'« on ne charpente sans éclat[15] » – variante de l'adage « on ne fait pas d'omelettes sans casser des œufs » –, ce n'est pas sur lui qu'était passé le rabot. 4 000 tués chez les Français, dont quatre capitaines d'ordonnance et le frère du duc de Bourbon, constituaient une terrible saignée. 10 % de morts, c'est cinq à six fois plus qu'à Austerlitz, où les Français eurent à déplorer un peu plus de 1 500 tués pour 7 000 blessés, sur un effectif total de l'ordre de 65 000 à 70 000 hommes[16]. Pendant la Seconde Guerre mondiale, le haut commandement allié estimait qu'une division ayant subi plus de 30 % de pertes, dont 10 % de tués, était hors de combat et devait être retirée de la première ligne[17].

Cas absolument unique dans les annales militaires, la plupart des victimes françaises ont succombé dans le corps à corps de la mêlée. À Ravenne, ainsi que dans les batailles postérieures, les pertes du vainqueur sont dues au feu, plutôt qu'au choc. Les mêlées les plus disputées, comme celle de Novare, se soldaient par un rapport de pertes de un pour le vainqueur à quatre ou cinq pour le vaincu[18]. Le plus souvent, le vainqueur massacre le vaincu au prix de pertes infimes. Ce rapport de un à deux témoigne de la férocité de cette « bataille de géants », suivant l'expression de Trivulce[19], qui vit s'affronter des heures durant deux volontés d'égale intensité. Par le meurtre, les combattants de Marignan se sont élevés au-dessus des servitudes de la condition humaine. Suprême paradoxe de l'expérience de la guerre !

Les suites immédiates de la bataille – Conquête du Milanais

Après la victoire française, la campagne de l'été 1515 se dénoue très vite. Les Suisses avaient joué leur va-tout et ils avaient perdu. Lorsque les bannières suisses reviennent décimées de Marignan, avec leur cortège de blessés, les Milanais savent à quoi s'en tenir, et les capitaines des cantons également. On dépose les blessés dans les hôpitaux, et la garnison du château se prépare à subir un siège en règle. Au lieu de prendre le large et de s'exiler au nord des Alpes, Massimiliano Sforza décide de rester au château avec quelques fidèles. Heinrich Rahn fait expulser du château les bouches inutiles, valets, femmes, enfants, chevaux, chiens… et blessés, décision qui lui sera reprochée par la suite, car des 300 ou 400 blessés évacués, seule une trentaine arriveront vivants à Côme. Les compagnies suisses sont passées en revue et leurs effectifs uniformément portés à 100 hommes, pour un total de 1 500, non compris quelques centaines d'Italiens[20]. Le « château » de Milan est une très puissante citadelle, conçue pour soutenir de longs sièges. Après la conquête du Milanais par les Suisses, à l'été 1512, les Français avaient réussi à s'y maintenir jusqu'à la fin de l'année suivante[21]. Le jeune duc espérait sans doute attendre l'arrivée de secours venus de Suisse ou des États de Maximilien. Sans un ducat vaillant pour payer les Suisses, qui avaient dû se contenter d'un acompte de quelques piécettes d'argent, l'affaire était plutôt mal engagée…

Après Marignan, les Français doivent revoir leur stratégie. Barrillon reconstitue dans un dialogue fictif entre deux gentilshommes les débats qui ont eu lieu dans le camp français après la victoire. Faut-il poursuivre les Suisses, qui se retirent vers Côme, ou au contraire les laisser partir et investir au plus vite le château de Milan ? La première option consiste à tirer parti de la désorganisation et de l'épuisement de l'ennemi afin de parachever la victoire et d'écraser l'armée suisse. Et quel plaisir ce serait « d'extirper et destruire cette petite et meschante nacion », élevée « en sy grand orgueil que se disoient correcteurs des princes[22] » ! La poursuite de l'armée vaincue permettrait en outre de reconquérir les districts alpins annexés par les Suisses en 1500 et 1512, et de reconstituer ainsi l'intégrité territoriale du duché. À cette vision étroite et purement militaire s'oppose une stratégie globale, intégrant les dimensions politique, diplomatique et psychologique de la guerre. La prise du château de Milan est une priorité, car tant que Massimiliano Sforza sera en liberté, et tant que la très remuante capitale du duché restera sous la menace des canons de la citadelle, une sédition antifrançaise pourra éclater à tout moment. On craint également les désordres que commettraient les gens de guerre du roi lancés à la poursuite des Suisses, alors que déjà, « en plusieurs lieux de ce duché de Milan, les François sont hays » et que les « villains du paÿs n'aiment guère les Françoys ». Et enfin, argument décisif, à quoi bon massacrer des Suisses avec lesquels on souhaite se réconcilier ?

C'est bien sûr à cette seconde option que se rallient les Français. Les Suisses prennent donc la route de Côme, dernière étape avant les bailliages italophones de la Confédération. Si les Français ne recherchent pas la bataille avec leurs ennemis, ils ne se privent pas de les harceler, ni de leur infliger par endroits de lourdes pertes. Plusieurs centaines de Suisses sont tués sur les rives du lac de Côme[23], tandis que 1 500 malades et blessés, épuisés par la retraite, s'arrêtent à Lugano, incapables d'aller plus loin[24].

Le gros de l'armée du roi reste dans les environs de Milan, qui fait aussitôt sa soumission. François Ier met en place les cadres du nouveau gouvernement. Le roi accorde une amnistie très large et confirme les privilèges de la cité. Il s'attache surtout à maintenir l'ordre : il interdit à ses gens de guerre de quitter leurs unités sans autorisation, de prendre des vivres sans les payer, ou de faire irruption chez les particuliers sous prétexte d'y saisir des biens appartenant aux Suisses. Le roi impose tout d'abord à la ville de Milan une contribution exceptionnelle de 100 000 ducats[25], mais il renoncera peu après à la lever en totalité. En effet, quelques mois plus tard, à la veille de son départ de Milan pour rentrer en France, le 7 janvier 1516, le roi reçoit dans la grande salle du palais le serment de fidélité des notables de sa capitale. À l'issue de ce rituel bien rodé, qui met en scène la concorde retrouvée entre le prince et ses sujets, François Ier absout les derniers rebelles encore exclus de son pardon et fait grâce aux Milanais du paiement du reste de la composition[26]. Cette politique faite de punitions légères, d'un soupçon de menaces et, au fond, d'une grande mansuétude, est classique du paternalisme monarchique français. Il produit peu d'effets sur l'état d'esprit des Milanais qui, élites comprises, continuent à pencher du côté du parti gibelin.

François Ier prend soin des blessés suisses dispersés dans les hôpitaux de la ville, qui sont placés sous la sauvegarde royale. D'après Schwinkhart, les Milanais en auraient d'ailleurs fait une des conditions de leur soumission[27]. Le roi confie au connétable la direction du siège du château, mais les opérations sont en fait placées sous le commandement de Pedro Navarro. Grand poliorcète, celui-ci est un spécialiste de la guerre de mines, dont il avait été l'un des précurseurs ; pour le compte des Espagnols et de Gonzalve de Cordoue, il avait réussi par ce moyen à faire tomber le Castelnuovo de Naples en juin 1503[28]. Navarro s'était vanté de venir à bout de la citadelle de Milan en moins d'un mois. L'Espagnol y déploie autant d'énergie que d'inventivité. Navarro vide l'eau des fossés, s'empare d'un bastion extérieur situé au nord-est du château, et fait creuser des galeries de mine sous les murailles principales[29]. D'après Guicciardini, ces travaux n'auraient permis de venir à bout de la résistance de la garnison qu'au prix de « beaucoup de temps et de difficulté ». Il a sans doute raison ; il ne suffisait pas de pratiquer une brèche dans la muraille ; il aurait ensuite fallu lancer un assaut aussi aléatoire que coûteux en vies humaines. Les bombardements de l'artillerie française et les sapes de Navarro soumettent pourtant les assiégés à une très forte pression, qui a tôt fait d'abattre la volonté chancelante du duc et de son entourage.

Massimiliano comprend qu'il a commis une folle erreur en s'enfermant au château plutôt que de fuir le duché. Il s'est ainsi privé de toute possibilité de communiquer avec ses alliés et de coordonner leur action. Son entourage italien s'inquiète et noue des contacts avec les assiégeants. Les Suisses s'agitent. Le chancelier Girolamo Morone négocie un accord avec les Français ; celui-ci est vite trouvé. Le traité du 4 octobre 1515 consacre la défaite de Massimiliano Sforza. Il renonce au duché de Milan et s'engage à remettre au roi de France les citadelles de Milan et de Crémone, les dernières que ses partisans contrôlaient encore. Moins de trois semaines après la bataille de Marignan, la bannière fleurdelisée flotte sur toutes les villes et places du duché de Milan. De généreuses contreparties sont accordées à Massimiliano, qui reçoit une indemnité de 94 000 écus, ainsi qu'une pension annuelle de 36 000 écus[30], bref, de quoi mener grand train, ce qui ne pouvait que convenir à un homme qui, d'après Guicciardini, « par son incapacité, ses pensées extravagantes et ses mœurs très sordides, était indigne de toute grandeur[31] ». Massimiliano se satisfera de son sort et mourra en France en 1530, à l'âge de 37 ans.

L'exploitation politique de la victoire – L'adoubement de François Ier par Bayard

La victoire de François Ier se propage dans toute l'Europe à la vitesse de l'éclair, dans les cours princières aussi bien que dans les villes et les campagnes, ainsi qu'en témoigne le feuillet imprimé des environs de Constance. Le roi de France avait mis fin à deux siècles d'invincibilité des armées cantonales. Non sans mal, ni sans avoir eu à mettre en œuvre des moyens colossaux, mais enfin le résultat était là, et nul ne pouvait le contester. La régente Louise de Savoie avait toutes les raisons d'être fière de son grand fils. Son « journal », dans lequel elle a consigné en quelques pages d'une sécheresse absolue les principaux événements de sa vie, témoigne de la joie qu'elle ressentit alors : « Ce jour propre, je partis d'Amboise pour aller à pié à Nostre-Dame de Fontaines, lui recommander ce que j'aime plus que moi-mesme, c'est mon fils glorieux et triomphant César, subjugateur des Helvétiens[32]. » Folle d'amour pour son fils, la régente ne cesse de prier pour lui et guette les signes du destin. On lui rapporte qu'on a observé dans le ciel de Flandre un « flambeau de feu de la longueur d'une lance » le soir du 13 septembre. Les beaux couchers de soleil automnaux, enflammant d'écarlate les nuées vespérales, alimentent un peu partout les augures les plus sinistres. Schwinkhart, sans cacher son scepticisme sur l'origine miraculeuse du phénomène, rapporte que ce même soir, dans de nombreuses parties de la Suisse, on vit dans le ciel une gigantesque croix rouge[33].

Tous ces signes avant-coureurs de la victoire de François Ier ont été largement exploités par les propagandistes du roi, qui n'ont pas manqué de les réinventer et de les amplifier *a posteriori*. Ceux-ci ne manquent pas de grain à moudre. Ce n'est pas l'objet du présent ouvrage que de s'étendre sur les thèmes et les vecteurs de la propagande royale, déjà finement étudiée par Didier Le Fur. Elle met en scène un François Ier choisi par Dieu pour punir le fol orgueil des Suisses, leur cruauté et leurs incessantes trahisons. Si les présages célestes ne suffisaient pas, la bataille ne s'était-elle pas dénouée le 14 septembre, jour de l'Exaltation de la Sainte Croix, commémorant la victoire de l'empereur byzantin Héraclius sur les Perses et le recouvrement de la Sainte Croix sur les païens, en l'an 628 ? Quant à la comparaison avec Jules César, premier vainqueur des Helvètes en 58 av. J.-C., elle s'imposait naturellement.

Arrêtons-nous cependant quelques instants sur l'un des épisodes les plus connus de la bataille, sinon le plus connu, à savoir l'adoubement de François Ier par Bayard. Celui-ci est décrit en détail par Symphorien Champier[34], expédié en trois lignes par le Loyal serviteur[35], et mentionné en coup de vent par Florange[36]. Avant (Florange) ou après (Champier, Loyal serviteur) la bataille, Bayard donne « l'ordre de chevalerie » au roi, à la demande de ce dernier, qui doit insister pour que Bayard surmonte ses scrupules. En effet, celui-ci se récrie : il est indigne de cet honneur, et de toute façon, le roi de France, oint du Seigneur, n'a nul besoin d'être adoubé, car il est de par sa naissance le premier chevalier du royaume. Bayard finit bien sûr par se laisser fléchir, le roi s'agenouille devant lui, et le héros dauphinois lui touche les deux épaules du plat de l'épée.

Didier Le Fur a très bien montré que les récits de Champier et du Loyal serviteur, parus en 1525 et 1527, s'inscrivent dans le contexte particulier de la défaite de Pavie et de la captivité du roi[37]. Il fallait alors justifier la conduite du roi, qui avait préféré une captivité honorable à une fuite honteuse, en un temps où, on l'a vu, cela pouvait paraître quelque peu vieux jeu, voire tout à fait hors de propos chez un souverain moderne un tant soit peu conscient de ses devoirs à l'égard de son peuple[38]. En se laissant capturer à Pavie, le roi n'aurait fait qu'honorer le serment prêté à Marignan de ne pas fuir au combat. Didier Le Fur, cependant, va jusqu'à contester la réalité même de l'adoubement, dont il fait une invention forgée pour les seuls besoins de la propagande royale. Il est vrai que le doute est permis. Champier est un auteur aussi savant que fantaisiste, ainsi que le démontre son récit de la capture de Prospero Colonna. Le Loyal serviteur et Florange s'étendent peu sur l'adoubement ; Florange est un ami d'enfance du roi, et il n'est pas besoin d'insister sur l'admiration nourrie par Jacques de Mailles envers Bayard. Les récits postérieurs de Marignan ne font plus guère allusion à cet épisode et il faut attendre la fin du XVIIIe siècle pour que la figure de Bayard soit élevée au rang de mythe national[39].

Cependant, de la propagande à l'invention pure et simple, il y a un pas qu'on ne franchit pas encore si allègrement. Se faire adouber avant ou après la bataille est une pratique très répandue au tournant du XVe et du XVIe siècle. Choisir pour cela un chevalier qui avait déjà une réputation exceptionnelle de bravoure dans toute l'Europe aurait été un geste conforme à la ligne politique de François Ier à son avènement, qui veut alors affirmer l'étroite union du roi et de la noblesse. Premier des chevaliers, le roi tient cependant à prouver sa valeur et à prendre sa place dans la mêlée comme n'importe quel gentilhomme de son âge. De l'autre côté, Bayard se fait le porte-parole de la chevalerie du royaume, en reconnaissant la prééminence du roi sur leur fraternité d'élite. Une société hiérarchisée, où chaque communauté se soumet de bonne grâce à l'autorité d'un chef naturel, et où celui-ci fait mine d'être égal aux autres, tel est le monde idéal pour les hommes du temps, le seul monde où puissent régner ordre, justice et harmonie[40].

Que seuls trois auteurs aient parlé de l'adoubement du roi avec des arrière-pensées évidentes ne suffit pas à prouver que ceux-ci se sont rendus coupables d'affabulation. L'entrée du roi en chevalerie, destinée à un public relativement restreint qui disposait de ses propres relais d'information, n'a jamais fait l'objet de cérémonies aussi médiatisées que les entrées royales ou le sacre à Reims. Cela faisait longtemps que l'adoubement était devenu une formalité, toujours importante, mais bien pâle reflet du rite initiatique entouré des solennités qui avaient cours à l'époque féodale. *A contrario*, il aurait été étonnant qu'un roi qui venait d'avoir 21 ans et allait connaître son baptême du feu ne se fît pas adouber. Et pourquoi ne se serait-il pas tourné vers Bayard ? En l'absence d'éléments positifs démontrant le caractère mensonger des récits de Champier, du Loyal serviteur et de Florange, on leur accordera donc le bénéfice du doute[41].

Réactions diplomatiques

Les cours européennes sont loin de partager l'admiration éperdue de Louise de Savoie pour son « subjugateur des Helvètes ». Les réactions peuvent cependant se révéler aussi passionnelles. Henri VIII d'Angleterre trépigne de rage. Le contraste était cruel entre Marignan et l'échauffourée de Guinegatte, dont il avait dû partager la gloire toute relative avec Maximilien d'Autriche, et qui n'avait débouché que sur la prise de Tournai. Que le roi de France fût de trois ans son cadet ne faisait qu'exciter encore un peu plus sa jalousie. Aussi Henri VIII renoue-t-il aussitôt avec Maximilien et les Suisses, qu'il avait abandonnés à leur sort un an plus tôt en faisant la paix avec Louis XII.

Quelques jours après Marignan, François Ier installe ses quartiers à Pavie, préférant attendre la reddition du château de Milan pour faire sa joyeuse entrée dans sa nouvelle capitale. Dans la logique de la stratégie qu'il avait définie avec ses capitaines, le roi renonce pour l'heure à reconquérir les places tenues par les Suisses sur le versant méridional des Alpes, pour se concentrer sur les affaires de la péninsule. La victoire de François Ier inquiète l'Espagne, qui n'a cependant pas les moyens de s'opposer aux Français en Italie du Nord. Pour Ferdinand le Catholique, très affaibli par l'âge et la maladie, il ne s'agit plus de chasser le roi du Milanais, mais bien de sauver le royaume de Naples. Ramón de Cardona, dont les mouvements sont toujours entravés par le manque d'argent, obtient un prêt de quelques milliers de ducats qui lui permet de se replier vers Naples. Les Vénitiens ont désormais le champ libre pour reprendre Brescia et Vérone, encore occupées par les Impériaux.

Est-il besoin d'évoquer le pape et son armée fantôme ? En moins d'un mois, la paix est signée entre le roi et Léon X. Le traité de Viterbe, ratifié par le pape le 13 octobre 1515, reconnaît François Ier comme duc de Milan, et lui rend Parme et Plaisance. Quelques mois plus tard, le concordat de Bologne met fin à une querelle qui opposait depuis près d'un siècle le roi de France et le Saint-Siège sur la question de la collation des bénéfices ecclésiastiques. Le concordat réserve au roi la nomination à presque tous les bénéfices majeurs, soit une dizaine d'archevêchés, plus de 80 évêchés, 527 abbayes et un millier de prieurés. Les candidats sont ensuite investis par le pape[42]. Le concordat de Bologne restera en vigueur jusqu'à la Révolution.

Ainsi, à la mi-octobre, seuls les Suisses et Maximilien sont encore en état de guerre avec le roi. L'alliance entre les confédérés et l'empereur est plutôt mal assortie, non parce qu'elle unit deux ennemis héréditaires – la diplomatie du temps n'avait pas la mémoire très longue –, mais parce que les deux parties sont confrontées au même problème et que leur apport est strictement identique : toutes deux ont à leur disposition des forces armées nombreuses et redoutables, mais point d'argent pour les utiliser. Deux bourses plates n'ont jamais fait une bourse pleine. L'Angleterre, en sous-main, se dit prête à financer la guerre contre la France, mais la marge de manœuvre de Henri VIII est limitée, car il sait bien que sa jalousie pour François Ier ne sera pas un motif suffisant pour convaincre le Parlement de lui accorder des subsides.

Les Suisses après Marignan

Lorsque les Suisses apprennent la défaite de Marignan, ils sont d'autant plus stupéfaits qu'ils avaient reçu des communiqués de victoire écrits le soir du 13 septembre, lorsque le sort des armes leur était encore favorable. Le 16 septembre encore, Uri annonce à Zurich que les Suisses ont triomphé du roi et tué plus de 14 000 lansquenets[43]. Quand la défaite est confirmée, la première réaction des confédérés est de décider la levée d'une nouvelle armée de

30 000 hommes, dont 22 000 sont aussitôt répartis entre les cantons et les communautés alliées. Les Suisses veulent venger leur honneur, et bien sûr porter secours au château de Milan. Ce bel enthousiasme retombe vite, car ils sont confrontés aux difficultés habituelles. Les princes alliés sont toujours aussi incertains. L'évêque de Veroli, nonce apostolique auprès des cantons, les pousse à la guerre, alors que le pape est déjà en train de négocier le traité de Viterbe. Les cantons peinent à maintenir des garnisons suffisantes à Lugano, Locarno et Bellinzona. Le 15 octobre, les commissaires suisses présents sur place constatent que rien n'a été fait pour approvisionner les places et les mettre en état de défense[44]. Le 15 octobre, un mois après Marignan, plus de dix jours après la reddition de la citadelle de Milan, deux jours après le traité de Viterbe ! La levée de 30 000 hommes, encore confirmée le 4 octobre – jour de la capitulation de Massimiliano Sforza –, est annulée peu après.

Alors qu'une action prompte aurait permis de sauver le duc et se serait prêtée aux moyens limités des Suisses, il faut maintenant trouver l'argent pour financer la reconquête du Milanais, autrement plus coûteuse que ne l'avait été sa défense sous le règne de Massimiliano. Après la saignée de Marignan, les campagnes grondent, en particulier dans les bailliages communs. Les habitants de Thurgovie se plaignent d'être méprisés par les cantons titulaires. On ne leur demande des hommes que pour les expéditions menées sous la bannière confédérale, et non pour le service des princes étrangers, le seul qui fût rémunérateur. En campagne, on les tient à l'écart des délibérations des capitaines et on leur réserve la portion congrue du butin[45]. En plus d'avoir perdu l'initiative, les Suisses agissent à contretemps. Alors que François Ier est à Pavie, en train de désarmer le pape, les Suisses décident le 4 octobre d'envoyer à Bellinzona une grosse garnison de 50 hommes par canton, y compris les alliés, soit plus de 650 hommes. Début novembre, bien qu'aucun danger ne menace, celle-ci est au complet – ce qui donne d'ailleurs lieu à de regrettables échanges d'insultes entre les Bernois, accusés de lâcheté et de trahison, et les cantons de l'intérieur[46]. Un mois plus tard, tout le monde est déjà rentré chez soi, faute de solde, à l'exception d'un tout petit noyau de soldats des *Waldstätten*[47]... De médiocres garnisons de quelques dizaines d'hommes tiennent Locarno et Lugano.

L'impuissance des Suisses à réagir après Marignan n'a d'égale que la violence du sentiment antifrançais, qui demeure intact. Les partisans des Français sont pourchassés avec plus de détermination encore qu'avant la bataille. Sous la pression de l'opinion publique, les cantons organisent des procès où l'on scrute avec soin l'attitude des capitaines et des officiers suisses pendant toute la campagne. En décembre, les paysans du plat pays de Berne et de Zurich se soulèvent. À Berne, certains notables prennent la fuite[48]. À Zurich, les troubles menacent de dégénérer. Contraint de lâcher du lest, le conseil de la ville décide de juger une quinzaine de notables soupçonnés de trahison ou de lâcheté. Les accusés passent un mauvais moment. Le malheureux capitaine Engelhart doit ainsi se défendre d'avoir voulu fuir à Marignan, après le témoignage à charge d'un homme qui ne faisait que répéter ce qu'un deuxième lui avait dit qu'un troisième prétendait avoir vu ! Les frères Rahn, appréhendant à juste titre le festival de calomnies qui s'annonçait, préfèrent mettre un peu d'air entre leurs compatriotes et eux. Leurs biens sont mis sous séquestre. En dépit de la faiblesse des témoignages, pour la plupart indirects, de lourdes condamnations sont prononcées en janvier 1516, à la satisfaction des insurgés qui campent sous les murs de Zurich. C'est la fin de la « guerre du pain d'épices ». Il faudra plusieurs mois pour que les accusés puissent se disculper[49]. Malgré leur iniquité, ces procès ont permis de relâcher les tensions sociopolitiques qui menaçaient alors l'unité des cantons, et de contenir la violence dans des limites acceptables. Ils mettent en scène, dans le cadre d'un rituel agréé par tous, le conflit entre élites urbaines et monde rural, et le résolvent par un simulacre de condamnation. Ces procès étaient le prix à payer par la bourgeoisie des villes suisses pour faire accepter sa domination sur les campagnes environnantes.

La reprise des négociations avec les Français

Très vite, par l'entremise du duc de Savoie, les discussions sont rouvertes entre Français et Suisses. Grâce au soutien des villes occidentales, elles débouchent sur un nouveau projet de traité, qui reprend pour l'essentiel les articles de Gallarate. Les préliminaires sont signés à Genève le 7 novembre 1515[50]. Ce traité achève de diviser les cantons : Berne, Soleure et Fribourg y sont favorables, tandis qu'Uri et Schwyz continuent à refuser l'alliance avec le roi et veulent honorer leur traité avec Maximilien. Finalement, les villes obtiennent l'adhésion de Glaris, Zoug, Lucerne et Appenzell, tandis qu'Uri et Schwyz rallient à leur position Bâle, Schaffhouse et Zurich. À Unterwald, le demi-canton d'Obwald accepte de signer le traité, mais pas celui de Nidwald, qui reste solidaire des cantons originels. Fin janvier 1516, les Français procèdent au paiement de la première tranche de l'argent dû pour les soldes. Elle s'élève à 200 000 couronnes d'or, dont 161 000 destinées aux hommes des trois levées régulières de 1515, et 39 000 au défraiement des *Freiknechte*[51]. Les émissaires français ne distribuent leur part qu'aux sept cantons et demi signataires du traité de Genève. Les autres se préparent à une nouvelle expédition en Milanais. À la fin de l'hiver 1515-1516, la Confédération est au bord de la rupture.

Chapitre 14

Le dénouement
Les leçons de Marignan

Au début de février 1516, la domination française en Milanais est toujours fragile. François Ier, qui avait un moment caressé l'espoir de conquérir le royaume de Naples dans la foulée de la reddition de Massimiliano Sforza, est rentré en France, après avoir confié la défense du duché au connétable de Bourbon. Français et Vénitiens s'attendent à une nouvelle attaque des Suisses et de Maximilien au printemps. La victoire de Marignan a permis de faire tomber le duché de Milan aux mains des Français, mais toujours pas de mettre un terme à la guerre de la Sainte Ligue, commencée sept ans plus tôt.

La campagne du printemps 1516 – L'argent, toujours l'argent !

Tout serait-il à refaire ? Non, car la position des Franco-Vénitiens est bien plus forte qu'il n'y paraît. Certes, le connétable est sur la défensive. Il surveille Milan comme le lait sur le feu et doit y maintenir une garnison considérable. Mais il sait que le temps joue pour lui. Il lui suffit d'appliquer la stratégie mise en œuvre par Charles d'Amboise en 1510 et par Gaston de Foix en 1511, à savoir refuser la bataille et attendre que l'armée ennemie se dissolve d'elle-même faute d'argent. L'offensive alliée est lancée plus tôt que prévu. L'énergie du cardinal Schiner, qui avait couru se réfugier à Innsbruck après Marignan, conjuguée à l'action des diplomates anglais et impériaux, parvient à entraîner cinq cantons de l'intérieur, ainsi que des milliers de volontaires venus de toutes les parties de la Suisse. Henri VIII, en finançant les puissances désireuses d'entrer en guerre contre la France, inaugure une stratégie que ses successeurs allaient employer avec beaucoup de succès à partir du XVIIe siècle. Ses moyens ne sont pas encore ceux de l'Angleterre enrichie par le commerce maritime et colonial, mais il met tout de même sur la table deux mois de solde de 14 000 hommes, soit environ 100 000 écus[1]. L'argent devait être déposé à Anvers aux mains des Fugger, banquiers attitrés de l'empereur, qui se chargeraient du paiement comptant à Innsbruck.

Muni de ces assurances, l'empereur rassemble une armée de 30 000 hommes, dont 5 000 cavaliers, 15 000 soldats suisses et 10 000 Espagnols et lansquenets. Maximilien, accompagné de Matthäus Schiner, Galeazzo Visconti, Marcantonio Colonna et de plusieurs centaines d'exilés milanais, quitte Trente le 2 mars 1516 et descend la vallée de l'Adige. Les Franco-Vénitiens, qui tentaient alors de reprendre Brescia, se replient aussitôt. Leur cavalerie légère et leurs hommes d'armes sont très nombreux, mais ils manquent d'infanterie. Les Français s'empressent de demander l'application du traité de Genève. À la diète de Lucerne, le 4 mars 1516, les ambassadeurs du roi dénoncent l'alliance des cinq cantons avec Maximilien et réclament l'envoi immédiat de 3 000 hommes à Ivrée et à Milan[2]. François Ier est aussi impuissant à empêcher l'enrôlement de milliers de Suisses par l'empereur que ce dernier l'avait été l'année précédente lorsqu'il avait tenté d'interdire aux lansquenets souabes de combattre dans l'armée royale. Les cantons suisses, tiraillés entre les anciennes alliances et les nouvelles, ne savent plus que faire. Berne veut honorer le traité de Genève, à la condition que les Français promettent par écrit que les soldats qu'ils recruteraient n'auraient pas à se battre contre leurs compatriotes. On décide d'interdire les levées de gens de guerre des deux côtés, mais les cantons signataires du traité de

Genève doivent peu après se résoudre à honorer leurs engagements ; un corps de 10 000 hommes, sous le commandement d'Albrecht vom Stein, prend la route de Milan pour aller au secours des Français.

Il était temps ! L'armée franco-vénitienne avait dû se retirer derrière le Mincio, puis l'Oglio. Quelques jours plus tard, Maximilien franchit l'Adda. Lodi lui ouvre ses portes. Le 25 mars 1516, il somme Milan de se rendre. D'après Guicciardini, le moral de l'armée franco-vénitienne est alors au plus bas. Bartolomeo d'Alviano était mort d'une dysenterie aiguë un mois après Marignan, et le médiocre Lautrec n'avait pu mieux faire que de franchir un à un les affluents du Pô, d'est en ouest, comme il l'avait fait en 1512 après Ravenne. Heureusement, la fermeté des provéditeurs[3] vénitiens Gritti et Trevisano sauve la situation. On incendie les faubourgs de Milan et on réprime les troubles qui n'avaient pas manqué de se manifester à l'approche de l'armée impériale. Lorsque les Suisses d'Albrecht vom Stein arrivent à Milan le lendemain de l'ultimatum de Maximilien, la messe est dite. Les alliés campent deux jours à Marignan, puis rebroussent chemin à Lodi. L'échec de l'empereur sous les murs de Milan est le véritable tournant de la guerre[4]. Les opérations s'enlisent alors et sombrent dans la confusion. Les Suisses désertent en masse de part et d'autre, ceux d'Albrecht vom Stein pour éviter d'avoir à se battre contre d'autres confédérés[5], ceux de Maximilien faute d'argent. À Lodi, les Suisses se mutinent et réclament le paiement de leur solde, déjà en retard. Tandis que Maximilien perd son temps autour de Bergame avec les Allemands et les Espagnols, Visconti, Schiner et l'ambassadeur anglais sont pris en otages par les Suisses. Lorsque les subsides anglais arrivent enfin, le 7 mai, ils permettent tout juste d'éponger les arriérés[6].

Maximilien n'a plus qu'à se retirer au nord des Alpes, son armée en pleine déroute, harcelée par la cavalerie franco-vénitienne. Des milliers de lansquenets et d'Espagnols se mettent à la solde des Français. Le sort des deux dernières places fortes tenues par les Impériaux est scellé. Brescia capitule le 26 mai ; lorsque les Franco-Vénitiens mettent le siège devant Vérone, les diplomates ont déjà pris le relais. Le traité de Noyon, signé en août 1516 par François Ier et l'archiduc Charles de Habsbourg, qui n'est pas encore l'empereur Charles Quint, mais qui est déjà maître de l'Espagne depuis la mort de son grand-père Ferdinand d'Aragon en janvier précédent, reconnaît à la France la possession du Milanais, et à l'Espagne celle du royaume de Naples. Maximilien et Henri VIII se joignent au traité en décembre. Venise recouvre tous les territoires qu'elle avait perdus en 1509, y compris Vérone, pour laquelle elle accepte de verser à Maximilien une indemnité de 200 000 ducats. Les clés de Vérone sont remises le 14 décembre 1516 aux représentants de Charles de Habsbourg, qui les remettent aux Français, lesquels restituent la ville aux Vénitiens le 17 janvier 1517[7]. Après huit ans d'une guerre qui avait dévasté l'Italie du Nord comme jamais auparavant et ruiné les finances de Venise aussi bien que celles de Maximilien, on en était à peu de chose près revenu au *statu quo ante*. Les Français, qui avaient reconquis le Milanais en 1500 avec l'aide de Venise, avant de se retourner contre elle en 1508, finissaient la guerre réconciliés avec la Sérénissime. Mise à part la réintégration de Crémone et de la Ghiaradadda au duché de Milan, les seuls résultats tangibles de ce conflit absurde auront été des centaines de milliers de morts, les campagnes de Lombardie et de Terre ferme réduites en cendres, et des millions de ducats engloutis en vain[8].

La paix perpétuelle de Fribourg

Après l'échec de l'expédition impériale et la signature de la paix franco-espagnole, les cantons de l'intérieur, toujours en semi-sécession, se résolvent peu à peu à traiter avec la France. Que pourraient-ils désormais espérer ? Les Suisses doivent quémander auprès de leurs alliés les subsides nécessaires à la défense de leurs propres forteresses. En février 1516, Maximilien avait proposé de verser 5 000 florins par mois pour le paiement des soldes des garnisons de Lugano, Locarno et Bellinzona. Tous les cantons pourraient y émarger, au prorata de leurs contingents[9]. Trois mois plus tard, les Suisses n'en avaient pas touché le premier florin, à la colère des cinq cantons alliés à l'empereur. À la diète de Baden, tenue le 3 juin 1516, ils font savoir aux ambassadeurs de Maximilien que cette nouvelle promesse non tenue, malgré la modicité du subside, les exposait aux railleries des autres confédérés[10]. Ainsi que le résume Barrillon, « promectre et tenir [sont] deux choses ; de faire la première, l'empereur estoit assez coustumier, mais de la seconde, il n'estoyt fort usité[11] »... Maximilien repasse l'addition aux Anglais, sans plus d'effets. Ce n'était pas un chèque en bois de 5 000 malheureux florins que venaient apporter les émissaires du roi de France, mais des sacs remplis de centaines de milliers de bons écus d'or au soleil.

De leur côté, les Français ont compris qu'il faudrait du temps pour que s'estompent les séquelles de la crise ouverte en 1510. La paix perpétuelle, ou *Ewiger Frieden*, de Fribourg, signée le 29 novembre 1516[12], leur est nettement moins profitable que le traité de Gallarate, conclu quelques semaines avant Marignan, ainsi que l'indique son seul intitulé : il s'agit d'une paix perpétuelle, et non d'une alliance (*Bund*), comme l'aurait souhaité le roi. Autre concession majeure, les confédérés conservent finalement les districts alpins conquis en 1500 et 1512, à savoir les bailliages communs de Mendrisio, Lugano, Locarno et du Valle Maggia, ainsi que la haute vallée de l'Adda (Valteline, comté de Bormio, comté de Chiavenna), possession particulière des Grisons[13]. Les Français conservent cependant Domodossola, reprise peu après Marignan par le bâtard de La

Clayette, le 25 octobre 1515[14], ainsi que le comté de Luino, que la plupart des cantons avaient de toute façon accepté de restituer au duc de Milan dès 1514. La frontière entre la Confédération et Milan ne bougera plus par la suite. En 1797, la Valteline réintègre le giron italien lorsqu'elle est rattachée à la toute nouvelle République cisalpine par Bonaparte. Les autres articles de la paix de Fribourg reprennent les dispositions prévues à Gallarate et à Genève. Les Français s'engagent à verser 400 000 écus pour l'expédition de Dijon, en 1513, et 300 000 écus pour les soldes des levées suisses envoyées en Milanais en 1515, dont sont déduites les sommes déjà remises aux cantons qui avaient ratifié le traité de Genève. Les treize cantons, ainsi que le Valais et les Ligues grises, reçoivent une pension annuelle de 2 000 francs. Les alliés mineurs de la Confédération (Mulhouse, ville et abbé de Saint-Gall, etc.) se partagent une seizième pension de 2 000 francs. Ainsi l'obstination d'Uri, de Schwyz et de leurs soutiens avait payé…

L'heure des comptes…
– Le coût de Marignan pour la France

Lorsque la paix est enfin rétablie en Europe, les officiers de finances de François Ier font leurs comptes. Le temps est venu d'apurer le passif et de rembourser les nombreux prêts consentis au roi par ses généreux sujets. Quel a été le coût de Marignan pour le budget royal, et plus globalement celui des deux campagnes de 1515 et 1516, à l'issue desquelles la victoire est revenue au roi ? Dans son ouvrage de référence sur les finances de François Ier, Philippe Hamon s'est livré à une « pesée globale » des recettes et des dépenses de la monarchie de 1515 à 1547[15]. Le budget militaire de ces deux années peut être reconstitué dans ses grandes masses, grâce à un cahier abrégé des principales dépenses de la monarchie entre 1494 et 1552, extraites des archives de la Chambre des comptes par des officiers de Henri II, sans doute dans la perspective d'une révision générale des dépenses de l'État[16].

L'ordinaire de la guerre, c'est-à-dire les soldes des compagnies d'ordonnance, calculées à partir de leurs effectifs, s'élève à près de 1,5 million de livres pour 1515 et 1,2 million de livres pour 1516. Maintenues pendant toute l'année 1515 à hauteur de 3 010 lances, portées à 3 340 lances pour le premier trimestre 1516, les ordonnances sont ensuite ramenées par paliers à 1 810 lances au dernier trimestre. L'extraordinaire de la guerre, soit les soldes de l'infanterie, s'établit à hauteur de 2 673 051 livres pour 1515 et 2 484 627 livres pour 1516. Le compte de l'extraordinaire de l'artillerie fait quant à lui apparaître une dépense de 214 557 livres pour les années 1515 et 1516. Ainsi les dépenses militaires de la monarchie se sont élevées à plus de 8 millions de livres tournois pour ces deux années[17].

Sur ces dépenses, peuvent être imputés à la guerre en Italie tout l'extraordinaire de la guerre, la grande majorité des dépenses d'artillerie et même une partie de l'ordinaire de la guerre, car l'armée « permanente » est soumise à d'importantes et brutales variations d'effectifs, ainsi que le montre la forte réduction des compagnies d'ordonnance après la campagne du printemps 1516. On peut grossièrement estimer à 6 millions de livres le surcroît de dépenses qu'il a fallu financer pour permettre à François Ier de reconquérir le Milanais et de vaincre les puissances liguées contre lui.

Comment « Messieurs des finances » ont-ils procédé ? La taille, principale ressource de la monarchie, est maintenue au niveau élevé des dernières années du règne de Louis XII, mais elle n'est pas augmentée. Le montant total de la taille pour l'année fiscale 1515-1516 est fixé à 2,9 millions de livres – 100 000 livres de plus seulement que l'année précédente, affirme le roi dans les mandements adressés aux officiers de finances[18]. Y sont inclus le « principal » de la taille et les « crues » additionnelles décidées en cours d'année. Ce montant ne comprend pas les impôts directs de Bretagne, de Provence et de Bourgogne, provinces récemment conquises, ni ceux du Dauphiné, qui restait en dehors du royaume. De même, la Picardie, réintégrée au domaine royal en 1477, fait l'objet d'un compte à part. La comparaison avec les années antérieures en est facilitée, puisque le ressort territorial imposé à hauteur de 2,9 millions de livres, à savoir les quatre grandes généralités du royaume, est strictement le même qu'au temps de Charles VII et de Louis XI. Si la taille imposée en 1515 et 1516 est la même, à peu de chose près, que celle de 1513 et de 1514, elle est près de deux fois et demie plus lourde qu'en 1510[19]. Elle équivaut au double de la taille accordée par les états généraux de Tours en 1484, elle-même légèrement supérieure à ce qu'elle était à la fin du règne de Charles VII, en 1461[20].

Si on la compare aux années de paix qu'étaient 1461, 1484 ou 1510, la taille levée pour Marignan est donc lourde. En revanche, elle reste très raisonnable par rapport aux montants vertigineux imposés par Louis XI durant les dernières années de son règne, soit 3,8 millions de livres tournois[21], et plus encore si l'on tient compte du cours de la monnaie, dévaluée de 20 % entre 1483 et 1515. Là où Louis XI prélevait sur ses sujets 2,5 millions d'écus, François Ier se contentait de 1,6 million d'écus, à répartir entre des contribuables que l'essor démographique avait rendus plus nombreux. La taille n'est pas la seule source de revenus de la monarchie, mais les aides, la gabelle et les revenus domaniaux ne peuvent être aussi facilement augmentés. Les recettes globales de la monarchie, pendant la plus grande partie du règne de François Ier, sont assez stables d'une année sur l'autre et tiennent dans une fourchette comprise entre 4 et 5 millions de livres tournois[22].

Si les recettes varient peu, c'est que les guerres sont financées par des emprunts, qu'il faut rembourser par la suite, et par des reports de dépenses sur d'autres exercices. Le chancelier Duprat, dans un discours prononcé devant les états de Normandie en août 1517, a résumé les grands principes de la politique financière de la monarchie au début du règne de François Ier : « Et avec ce, le roy n'a voulu demander une chascune année ce qui luy estoit nécessaire pour subvenir aux affaires de l'année, pour craincte et doubte que le peuple ne feust trop chargé, et aymoit beaucoup mieulx le distribuer par année, et, pour actendre l'heure et opportunité, prendre l'argent à intérest, vendre et engager son domaine. Et si a plus faict, car des gaiges et pensions des seigneurs et ses officiers de deux années il en a faict une, et si a cassé grand nombre de gens d'armes pour soullager ses finances et restrainct l'estat de sa maison et de la royne[23]. » Le revers de ce procédé est que les sujets du royaume ne peuvent apprécier à leur juste valeur les années de paix, puisque la pression fiscale reste constante, et dans l'ensemble assez élevée. Par ailleurs, les archives qui subsistent contredisent quelque peu le discours de Duprat sur les mesures de rigueur budgétaire prises par le nouveau souverain. Les dons et les pensions distribués par la monarchie et les frais de fonctionnement de la cour royale représentent une charge plus lourde que sous le règne de Louis XII, même si le roi s'efforce en effet de reporter leur charge sur les années de paix[24]. Si la taille est la variable d'ajustement des recettes, les dons et pensions sont celle des dépenses.

Par ailleurs, au sein des dépenses militaires, par nature les plus incompressibles, le roi prend des libertés nouvelles avec les soldes des compagnies d'ordonnance. Alors qu'elles étaient auparavant payées avec régularité, et sans que les retards excèdent plus de trois à quatre mois[25], le roi ne se prive plus de faire attendre ses gendarmes plusieurs dizaines de mois, quand il ne supprime pas purement et simplement un trimestre de solde pour rétablir l'équilibre de ses finances. Les ordonnances sont le réceptacle de la noblesse du royaume ; le souverain sait qu'il peut compter sur sa fidélité[26]. Il s'agit là d'un renversement complet par rapport aux règnes précédents, et notamment ceux de Charles VII et de Louis XI, lorsque les ordonnances étaient l'enfant chéri de la monarchie.

François Ier passe pour un roi qui a été prodigue de l'argent de ses sujets. Philippe Hamon invite à relativiser fortement cette thèse. S'il est vrai que François Ier a été un monarque dépensier, il s'est toujours montré soucieux de ne pas imposer à ses sujets une charge trop écrasante. L'addition de la campagne de Marignan a été salée, mais le contribuable français a eu la satisfaction de payer pour une guerre offensive, qui s'est déroulée à l'étranger plutôt que sur le sol du royaume, et qui a été victorieuse. Dépenser 6 millions de livres pour s'assurer la possession du duché de Milan, dont les recettes annuelles étaient de l'ordre de 400 000 livres tournois, apparaît comme un investissement certes coûteux, mais encore rentable. Ce ne sera plus le cas lorsqu'il faudra le défendre face à une nouvelle coalition, puis tenter de le reconquérir, tout en protégeant les frontières d'un royaume désormais attaqué de toutes parts[27]...

La première leçon de Marignan : « À la guerre, trois choses sont absolument nécessaires, premièrement de l'argent, secondement de l'argent, troisièmement de l'argent »

Ce célébrissime aphorisme, que Brantôme prête à Trivulce, en réponse à une question de Louis XII, pourrait fort bien résumer à lui seul toute l'histoire de la campagne de Marignan. Parmi les causes de la victoire française, l'écrasante supériorité des moyens financiers du roi de France est à l'évidence la plus importante. Elle est aveuglante, lorsqu'on les compare avec les quelques dizaines de milliers de ducats qui coulent avec un débit toujours incertain des petits robinets espagnol, pontifical et milanais. Elle l'est encore plus lorsqu'on se tourne vers la Confédération suisse, qui ne dispose que du produit très limité des impôts que de toutes petites cités-États peuvent lever sur des cantons peuplés de 50 000 à 60 000 habitants pour les plus importants.

François Ier et ses financiers ont très bien su profiter de cet avantage. Plus que les charges de cavalerie à Marignan, ce fut la capacité des Français à trouver les sommes colossales nécessaires au paiement comptant des insatiables lansquenets qui a emporté la décision. La campagne de Marignan peut de ce point de vue apparaître comme une exception, ou plutôt comme la fin d'une exception française. En effet, lorsque la guerre reprendra en 1519, cette fois sur tous les fronts, le royaume ne pourra plus s'offrir le luxe de telles facilités. Après les désastres des années 1521-1525, la France rejoint le peloton des monarchies occidentales, dont les ambitions excèdent de beaucoup les moyens. Les armées royales, pourtant moins nombreuses que celle de Marignan, seront confrontées aux mutineries incessantes de leurs mercenaires. Qui dit gens de guerre impayés, dit habitants rançonnés et campagnes dévastées. Dès les années 1520, les provinces frontalières, de nouveau exposées aux invasions, renouent avec les horreurs de la guerre de Cent Ans, en attendant les guerres de Religion et les chevauchées de reîtres allemands en plein cœur du royaume. Malgré tout l'or d'Amérique, l'empereur Charles Quint, roi d'Espagne, empereur du Saint Empire, maître des Pays-Bas, de la Franche-Comté, du duché de Milan, du royaume de Naples, de la Sicile et des possessions héréditaires des Habsbourg, n'est pas logé à meilleure enseigne. Après la bataille de Pavie, Charles Quint doit à ses troupes plus de 600 000 ducats d'arriérés de solde[28] ! Deux ans plus tard, ses lansquenets déchaînés s'emparent de Rome, qu'ils mettent à sac pendant des semaines.

La deuxième leçon de Marignan : « À cœur vaillant, rien d'impossible »

Aussi cruciale que soit la capacité des États à financer la guerre plusieurs mois ou plusieurs années d'affilée, ce ne sont pas toujours les plus riches qui gagnent. L'argent n'est jamais une condition suffisante pour obtenir la victoire ; parfois, elle n'est même pas une condition nécessaire. L'étonnant parcours des Suisses le démontre avec éclat. Une petite confédération de quelques centaines de milliers d'habitants, et pour l'essentiel les quatre à cinq cantons réellement intéressés à la politique d'expansion vers le sud, est parvenue à mettre sous tutelle pendant trois ans l'un des plus puissants États italiens. Face aux Suisses, le roi de France, l'empereur, les ducs de Savoie et de Milan n'ont eu d'autre choix que de verser des indemnités colossales ou de grasses pensions, et de payer le prix fort pour avoir le privilège d'employer leurs soldats.

Il est tout à fait inutile de s'appesantir sur les raisons de la défaite suisse, à la fois parce que d'autres l'ont déjà fait[29] et parce que ce qu'il convient d'expliquer n'est pas tant leur défaite finale que leur quasi-victoire le 13 septembre au soir, malgré leur infériorité numérique, leurs divisions et l'absence de cavalerie ou d'artillerie. Le secret de la réussite suisse réside dans leur système militaire, certes peu élaboré, mais qui reproduit à la guerre les solidarités du temps de paix. Les

Suisses combattent aux côtés de leurs amis, de leurs parents, de leurs voisins. En ce sens, l'armée suisse est encore une armée médiévale, au bon sens du terme. Les meilleures armées médiévales sont celles qui ont su se construire à partir de ce socle si solide, sans céder aux sirènes du modernisme et d'une rationalité apparente. On sait ce qu'il advint de l'armée permanente de Charles le Téméraire, minutieusement organisée en compagnies, escadres, dizaines et chambres. Les francs-archers français, milice d'infanterie recrutée dans tout le royaume, firent bien pâle figure sur le champ de bataille, en dépit des multiples ordonnances militaires des rois de France.

Les armées du premier âge moderne, composées de déracinés et de miséreux venus de toute l'Europe, n'ont pas la cohésion des Suisses. Les gros carrés de piquiers et d'arquebusiers de la fin du siècle auraient-ils pu combattre comme les Suisses à Marignan ? Auraient-ils pu, une fois mis en désordre par le tir ennemi, continuer à résister par petits groupes de quelques dizaines d'hommes aux charges furieuses des compagnies d'ordonnance françaises ? C'est plus que douteux !

La discipline, l'entraînement et la généralisation des formations massives d'infanterie compenseront en partie la disparition des liens entre individus préexistant à l'enrôlement. Naîtront alors une culture et un milieu militaires spécifiques. De ce point de vue, les moralistes protestants ou les républicains florentins qui flétriront le mercenariat n'ont pas tort. Toutefois, ce n'est pas la vénalité réelle ou supposée des mercenaires qui est la première en cause, mais plutôt la disparition de ce facteur essentiel à la cohésion et au moral d'une unité, qui est de savoir que l'on se bat sous le regard de camarades ou de parents qu'on retrouvera après le retour au foyer.

La troisième leçon de Marignan : le Suisse et le chevalier, un combat pour l'honneur

La Confédération suisse est une société guerrière, où il importe de faire la preuve de son courage. Le système de valeurs des soldats suisses est-il si éloigné de celui des gentilshommes français ? Les uns et les autres se battent pour leur honneur, individuel et collectif. Les Suisses, on l'a dit, veulent se voir reconnaître la qualité de *Biedermann*. Ils veulent aussi défendre l'honneur de la Confédération tout entière. Plutôt que d'accepter l'or de François Ier, des milliers de Suisses sont morts dans des conditions souvent atroces, pour tenir leurs obligations à l'égard de Massimiliano Sforza, cet homme « aux mœurs très sordides ». Ils veulent aussi montrer leur supériorité sur les lansquenets, ces frères dévoyés chez qui, pour le coup, l'appât du gain l'emporterait sur tout le reste. Enfin, les soldats confédérés veulent faire ravaler aux hommes d'armes français leurs insultes. S'exprimerait-il là une forme de haine sociale à l'égard de la noblesse ? En réalité, les sentiments des Suisses sont très ambivalents.

Cette haine existe bien chez les Suisses des cantons ruraux, où la noblesse est une espèce en voie de disparition, faute de prince pour anoblir les nouvelles élites, mais toujours présente. Lors de la guerre de Souabe, en 1499, les châteaux des nobles sont une de leurs cibles favorites. C'est également au XVe siècle, lorsque se forge une histoire officielle de la Suisse, que naît la légende de Guillaume Tell, et que l'on réinterprète les origines de la Confédération, pensées comme une longue et héroïque lutte contre le pouvoir seigneurial et la tyrannie des Habsbourg[30]. Pourtant, ce discours antinobiliaire n'est pas spécifique à la Suisse. On le retrouve chez Guicciardini, qui, évoquant précisément les insultes lancées par les Français aux roturiers suisses, affirme : « Comme si, au commencement, tous les hommes n'avaient pas eu une seule et même origine, une seule et même naissance, et comme s'il pouvait exister quelqu'un qui, à l'heure actuelle, fût noble et grand sans que ses ancêtres eussent été, à un moment ou à un autre, pauvres, roturiers et humbles[31]. »

Faut-il voir en Guicciardini un épigone des Lollards anglais, qui proclamaient en 1380 : « Lorsque Ève filait et qu'Adam bêchait, où était le gentilhomme ? » Certainement pas. Comme tous les hommes de son temps, Guicciardini était convaincu que c'était l'hérédité qui déterminait la qualité de l'individu. Si le rejeton d'une lignée illustre peut se montrer indigne de son sang, si bon sang peut parfois mentir, la caque, elle, sent toujours le hareng. Son œuvre exprime avec constance le mépris dans lequel il tenait les humbles. Quels propos Guicciardini met-il dans la bouche des Génois qui implorent la clémence de Louis XII après la capitulation de leur cité en 1507 ? Ceux-ci : « Nous pourrions affirmer, ô Roi Très Chrétien et très clément, que, si, à l'origine, la plus grande partie des roturiers a bien pris part au conflit qui nous a opposés aux gentilshommes, néanmoins, les actes pleins d'arrogance, et, surtout, la rébellion et la désobéissance aux commandements royaux n'a été le fait que de la lie de la plèbe la plus misérable ; [...] ce sont des vagabonds et des mendiants qui manquent de tout ; on ne les compte pas au nombre des hommes, encore moins des citoyens[32]. » Les élites, nobles ou bourgeoises, sont le résultat d'une sélection artificielle et constante des meilleurs, telle est la théorie de Guicciardini. Les Suisses des cantons ruraux eux-mêmes considèrent que la vocation naturelle des nobles est de commander les bannières cantonales[33].

Les gentilshommes français n'ont guère besoin qu'on le leur rappelle ! La recherche de l'honneur est bien entendu le fondement de l'éthique chevaleresque. Cette quête n'est plus seulement d'ordre individuel. Bayard est aussi un commandant, et le Loyal serviteur prend soin de nous le décrire comme tel. Les compagnies d'ordonnance permettent aux hommes de valeur de s'illustrer et de « gagner de l'honneur », mais ce sont aussi des unités régulières et permanentes au service du roi. La victoire de Marignan lave la honte de la défaite de Novare ; « et ne dira-t-on plus que les gendarmes sont lièvres armés », écrit François Ier à sa mère au lendemain de Marignan.

Depuis fort longtemps, on attribue aux hommes d'armes, ainsi qu'à l'artillerie, un rôle décisif dans la victoire de Marignan. Les historiens modernes ont ainsi largement repris les communiqués de victoire du roi et de ses principaux capitaines. Est-il étonnant que ceux-ci aient fait la part belle à ce qui faisait la fierté de l'armée royale, à savoir l'artillerie, fleuron de la technologie du temps, et les compagnies d'ordonnance, où se trouvait la fine fleur de l'aristocratie française ? On n'allait quand même pas laisser les lauriers de la victoire à ces voyous de lansquenets, ni à ces Basques hirsutes, gens de rien, qui se partageaient trois ou quatre patronymes ridiculement courts par centaine d'individus ? En vérité, les lauriers méritent d'être équitablement répartis entre tous. L'artillerie et les Gascons ont infligé de lourdes pertes aux Suisses tout au long de la bataille, les lansquenets ont été la digue qui a brisé les assauts ennemis, tandis que les compagnies d'ordonnance ont ralenti l'avance suisse le 13 septembre, puis parachevé la victoire le lendemain matin.

La quatrième leçon de Marignan : deux modèles militaires à bout de souffle

La victoire de Marignan a masqué les limites de l'armée royale, tant il est vrai que, comme le disait l'historien britannique Basil Liddell Hart, les armées n'apprennent que dans la défaite. *A contrario*, Marignan a mis en lumière les limites de l'art de la guerre suisse, mais les confédérés n'en tireront aucun profit. Comment réformer une armée sur laquelle les autorités cantonales ont si peu de prise ? Ainsi, alors que de la victoire française et de la paix perpétuelle de Fribourg devait naître une armée très performante, alliant la meilleure infanterie d'Occident avec la meilleure cavalerie lourde et la meilleure artillerie, les annales militaires franco-suisses de la décennie 1520-1530 seront une litanie de défaites toutes plus navrantes les unes que les autres. Les compagnies d'ordonnance françaises sont constamment dominées par la cavalerie légère ennemie dans la guerre d'escarmouches, harcelées à distance par les arquebusiers montés espagnols à la bataille de la Sesia en 1524, réduites à l'impuissance par des arquebusiers retranchés derrière un fossé à La Bicoque en 1522, ou dispersés sur un terrain accidenté et broussailleux à Pavie en 1525.

Le rôle important joué par l'artillerie française à Marignan est l'exception, et non les prémices de temps nouveaux qui ne viendront qu'à la fin du XVIIIe siècle.

Le terrain cloisonné, la nuit, qui a permis à l'artillerie de se redéployer, et la longueur de la confrontation ont avantagé une arme qui n'aura guère l'occasion de s'exprimer sur le champ de bataille dans les décennies suivantes. Pendant encore deux siècles, la décision viendra de l'infanterie et, toujours, de la cavalerie – mais d'une infanterie et d'une cavalerie réformées en profondeur. Tandis que la cavalerie s'allège et se dote de pistolets à rouet, avant de commencer à charger à l'épée plutôt qu'à la lance, l'infanterie adopte les formations en carré auxquelles on associe en général l'art de la guerre des XVIe et XVIIe siècles.

Les Suisses ne tardent pas à faire la douloureuse expérience de l'efficacité nouvelle des armes à feu. C'en est fini des mêlées épiques. Leur folle charge à La Bicoque se solde par le massacre de milliers des leurs, tandis que les lansquenets et les Espagnols de Prospero Colonna ne perdent qu'une poignée d'hommes. Albrecht vom Stein et le chroniqueur Schwinkhart y trouvent la mort. Les Suisses finiront par se plier à la loi d'airain de la guerre moderne. Ils se disciplineront, obéiront à des règlements de plus en plus stricts et savants, tout en conservant leur endurance et leur ténacité au combat. Les régiments suisses compteront parmi les meilleures unités de l'infanterie royale jusqu'à la Révolution.

La cinquième leçon de Marignan : la France en Suisse, une prépondérance toujours remise en question

On a coutume de faire de la paix perpétuelle de Fribourg le point de départ de l'alliance franco-suisse. Comme toujours, la réalité est plus nuancée. Les relations entre le roi de France et la Confédération ont commencé soixante-dix ans avant Marignan. Elles furent toujours difficiles et empreintes de méfiance réciproque. Au temps des guerres de Bourgogne, les Suisses sont très loin d'avoir été des marionnettes entre les mains de Louis XI. Le roi fut même en conflit ouvert avec la Confédération en 1478-1479. Une génération plus tard, l'attitude jugée désinvolte et offensante de Louis XII à l'égard des Suisses fut à l'origine d'une crise très grave que François Ier eut le plus grand mal à surmonter. Entre 1510 et 1515, les partisans du roi de France firent l'objet de véritables persécutions. La victoire de Marignan mit un terme au protectorat suisse sur le Milanais, mais elle excita d'abord la haine des vaincus. Quant aux vainqueurs, c'est peu de dire qu'ils saluèrent la défaite de ces bouviers impies, traîtres et sanguinaires. La paix perpétuelle de Fribourg a été une paix de résignation, et non une paix d'adhésion.

Par la suite, les relations franco-suisses se normalisèrent, s'apaisèrent et prirent la forme d'une alliance durable, mais qui connut quelques trous d'air. La conversion au protestantisme d'une grande partie des cantons, parmi lesquels Berne, puis la révocation de l'édit de Nantes par Louis XIV ne contribuèrent pas à réchauffer les relations franco-suisses. À la paix de Fribourg succédèrent de très nombreux traités, conclus avec la Confédération ou une partie seulement des cantons. La Suisse ne cessa pas d'entretenir des relations diplomatiques avec les autres puissances européennes. Les Grisons, maîtres de la Valteline, par où passait la route stratégique qui permettait aux Espagnols d'acheminer des renforts dans l'Empire et aux Pays-Bas, durent ménager aussi bien les intérêts de la France que ceux de l'Espagne. La neutralité suisse ne date pas de la paix de Fribourg, mais du début du XIXe siècle. En aucun cas elle ne fut la conséquence de Marignan. Si l'influence française en Suisse resta prépondérante jusqu'à la Révolution, celle-ci n'a jamais été exclusive, et jamais les cantons ne se sont résignés à accepter une quelconque tutelle de la France.

En guise d'épilogue… Quelques destinées individuelles

La bataille de Marignan apporta une gloire trompeuse aux vainqueurs. François Ier ne profita pas longtemps de son duché de Milan. Pour avoir voulu y ajouter le royaume de Naples, et pour avoir défié Charles Quint à l'élection impériale, le roi de France perdit tout. Les défaites de La Bicoque et de Pavie sonnèrent le glas des ambitions françaises en Italie. Les Habsbourg parvinrent à maintenir leur domination sur l'Italie du Nord jusqu'au XIXe siècle. En 1535, le duché de Milan devint une province de l'Empire espagnol ; dix ans plus tard, il fut amputé de Parme et de Plaisance, érigées en duché, que le pape Paul III Farnèse donna. à son fils naturel. Le rêve de Léon X s'était accompli au profit d'une autre dynastie que celle des Médicis.

La plupart des héros de Marignan eurent un destin tragique. Bayard tomba en 1524 à la bataille de la Sesia. Le duc de Bourbon, brouillé avec le roi, condamné pour lèse-majesté, se mit au service de l'empereur, dont il devint l'un des généraux. Il fut tué en 1527, par un tir d'arquebuse, comme Bayard, lors de la prise de Rome par les lansquenets. Le Bourbonnais et toutes ses possessions furent annexés au domaine royal. Le duc d'Alençon, accusé d'avoir fui à Pavie, mourut de maladie peu de temps après. De nombreux capitaines qui s'étaient illustrés à Marignan ou dans les guerres d'Italie furent victimes de l'hécatombe de Pavie, tels Louis de La Trémoille, Louis d'Ars ou Galeazzo Sanseverino. Quant à l'indomptable cardinal Matthäus Schiner, il vécut assez longtemps pour prendre sa revanche et assister à la « libération » du Milanais. Il continua à lutter contre l'influence française en Italie, et prit naturellement le parti de Charles Quint. En 1522, il faillit monter sur le trône de saint Pierre après la mort de Léon X. Il mourut quelques mois plus tard de la peste.

Annexe

Compagnies d'ordonnance soldées par le roi en 1515

3 010 lances ont été soldées par l'ordinaire des guerres du roi de France tout au long de l'année 1515[1]. Les sources ont permis de recenser 42 compagnies, dont les capitaines ont participé à la campagne d'Italie, ou étaient en fonction avant et après la bataille de Marignan, pour un effectif total de 2 800 lances. On peut y ajouter : – la compagnie de Jean de Poitiers, seigneur de Saint-Vallier – le père de Diane de Poitiers –, qui commandait 50 lances fin 1514 et sans doute encore l'année suivante, – la compagnie du marquis de Montferrat, réduite à 50 lances en juin 1514, en garnison à Castres en janvier 1515, – la compagnie de 100 lances de Jean d'Albret-Navarre, passée en revue à Vic-en-Bigorre au même moment, – la compagnie de 50 lances de Gracien d'Aguerre, mort au cours de l'année 1515[2], mais toujours en fonction en

mars de cette année-là. Les 10 lances manquantes par rapport aux effectifs soldés par les trésoriers des guerres correspondent probablement aux effectifs mis à disposition des prévôts des maréchaux[3]. Le roi a levé en outre 420 lances supplémentaires, qu'il a attribuées à des capitaines italiens[4].

L'astérisque (*) suivant le nom du capitaine indique que celui-ci a été tué à Marignan.

Entre parenthèses figurent les sources mentionnant la participation des capitaines à l'expédition d'Italie (JB : Jean Barrillon, MB : Martin du Bellay, Fl : Florange, LS : Loyal serviteur, Fr Ier : lettre de François Ier à Louise de Savoie du 14 septembre 1515).

Outre le capitaine, est indiqué le lieutenant de la compagnie lorsque celui-ci en exerçait le commandement effectif.

	Effectifs	Participe à la campagne d'Italie
Charles de Valois, duc d'Alençon (1489-1525)	50 lances[5]	Oui (JB, etc.)
Robert Stuart, seigneur d'Aubigny (1470-1544)	100 lances[6]	Oui (JB, MB, LS, Fl)
Charles III, duc de Bourbon (1490-1527) / Marc de Chantemerle, bâtard de La Clayette, lieutenant	100 lances[7]	Oui (JB, etc.) [en garnison à Lodi les 13 et 14 septembre 1515]
Charles III, duc de Bourbon (1490-1527) / Guichard d'Albon, seigneur de Saint-André, lieutenant	50 lances[8]	Oui[9]
Charles de Bourbon, duc de Vendôme (1489-1537)	80 lances[10]	Oui (JB, MB, Fl)
François de Bourbon-Vendôme, comte de Saint-Pol (1491-1545)	30 lances[11]	Oui (JB, MB, LS)
René de Savoie, comte de Tende (1473-1525)	100 lances[12]	Oui (JB, MB, Fl)
Antoine Ier de Lorraine (1489-1544) / Pierre du Terrail, seigneur de Bayard, lieutenant (1476-1524)	80 / 100 lances[13]	Oui (JB, MB, Fl, LS)
Claude de Lorraine, comte de Guise (1496-1550)	50 lances[14]	Oui (JB, MB, LS)

Charles d'Egmont, duc de Gueldre (1467-1538) / François de Théligny, seigneur de Lierville, lieutenant	60 / 100 lances[15]	Oui (JB, MB, Fl)
Robert II de La Marck, seigneur de Sedan (1468-1536)	100 lances[16]	Oui (JB, Fl[17])
Robert III de La Marck, seigneur de Florange (1491-1536)	50 lances[18]	Oui (JB, Fl)
Odet de Foix, seigneur de Lautrec (1485-1528)	100 lances[19]	Oui (JB, MB, Fl)[20]
Jacques de Chabannes, seigneur de La Palice, maréchal de France (1470-1525)	100 lances[21]	Oui (JB, LS, Fl)
Louis II de La Trémoille (1460-1525)	100 lances[22]	Oui (JB, MB)
Charles de La Trémoille, prince de Talmont (1485-1515)*	40 lances[23]	Oui (JB, MB, LS)
Jacques Galiot de Genouillac (1465-1546)	25 lances[24]	Oui (JB, Fl)
Artus Gouffier de Boisy, grand maître de France (1474-1519)	50 lances[25]	Oui (JB, MB, Fl)
Guillaume Gouffier de Bonnivet (1488-1525)	50 lances[26]	Oui (JB, MB, Fl)
Galeazzo San Severino (1468-1525), grand écuyer	100 lances[27]	Oui (JB, Fl)

Camille Trivulce	100 lances[28]	Oui
Théodore Trivulce (1458-1532)	50 lances[29]	Oui
Roger de Béarn, seigneur de La Bastide	100 lances[30]	Oui (MB, Fl)
Jacques d'Amboise, seigneur de Bussy*	50 lances[31]	Oui (JB, MB, LS, Fl)
Antoine de Créqui, seigneur de Pont-Rémy	80 lances[32]	Oui (JB)
Jean de Poitiers, seigneur de Saint-Vallier	50 lances[33]	Oui (JB)
Adrien de Brimeu, seigneur de Humbercourt*	80 lances[34]	Oui (JB, MB, LS, Fl)
Charles de Bueil, comte de Sancerre*	50 lances[35]	Oui (JB, MB, LS, Fl)
Gaspard de Châtillon-Coligny	50 lances[36]	Oui (JB)
Louis d'Ars (v. 1465-1525)	100 lances[37]	Oui (JB) [en garnison à Pavie les 13 et 14 septembre 1515]
Aymar de Prie	50 lances[38]	Oui (JB) [envoyé à Gênes par voie maritime]
Jean de Durfort, seigneur de Duras	50 lances[39]	Oui [avec Aymar de Prie à Gênes]
Jean de Bonneval, seigneur du Teil	50 lances[40]	?

Guillaume IX Paléologue, marquis de Montferrat (1486-1518)	50 lances[41]	?
Gracien d'Aguerre	50 lances[42]	?
Louis Malet de Graville (1438-1516)	50 lances[43]	?
Jean de Rieux, maréchal de Bretagne (1447-1518)	50 lances[44]	?
Jean d'Albret, roi de Navarre (1469-1516)	100 lances[45]	?
Lancelot du Lac, seigneur de Chamerolles, gouverneur d'Orléanais	50 lances[46]	?
John Stuart, duc d'Albany (1481-1536)	50 lances[47]	Non[48]
Louis de Hallewin, seigneur de Piennes, gouverneur de Picardie	80 lances[49]	Non [Picardie]
Marc de La Baume, comte de Montrevel	50 lances[50]	Non [Languedoc]
Jean de Baissey, seigneur de Beaumont, gruyer de Bourgogne	45 lances[51]	Non [Bourgogne ?]
Nicolas de Louvain, seigneur de Nesle	50 lances[52]	Non [Bourgogne]
Jean d'Albret, seigneur d'Orval, gouverneur de Champagne	100 lances[53]	Non [Champagne]

Liste des cartes

Notes

Prologue

1. Didier Le Fur, *Marignan. 13-14 septembre 1515*, Paris, Perrin, 2003.

2. Point sur l'historiographie de Marignan par François Walter, « Marignan 1515. Traces de la mémoire d'une bataille de géants », *in* B. Roth-Lochner, M. Neuenschwander et F. Walter (dir.), *Des archives à la mémoire. Mélanges d'histoire politique, religieuse et sociale offerts à Louis Binz*, Genève, Société d'histoire et d'archéologie de Genève, 1995, p. 477-503.

3. Laurent Henninger, « La "révolution militaire". Quelques éléments historiographiques », *Mots. Les langages du politique*, n° 73 (2003), mis en ligne le 9 octobre 2008 (http://mots.revues.org/16312).

4. Jean-Louis Fournel, « La brutalisation de la guerre : des guerres d'Italie aux guerres de Religion », *Astérion*, 2 (2004), p. 105-131.

5. Sur ce sujet, la référence est toujours l'ouvrage majeur de Walter Schaufelberger, *Der alte Schweizer und sein Krieg. Studien zur Kriegsführung vornehmlich im 15. Jahrhundert*, Zurich, Europa Verlag, 1952.

6. Voir les travaux récents de Hervé Drévillon et Benjamin Deruelle sur l'éthique nobiliaire et les valeurs chevaleresques, de l'aube des Temps modernes à la fin du règne de Louis XIV (voir la bibliographie en fin d'ouvrage).

7. L. Henninger, *Marignan, 1515*, Paris, Socomer, 1991.

8. Au premier rang desquels ceux de Roger Sablonier sur la société suisse et les origines de la confédération au XIVe siècle (voir la bibliographie).

9. Emil Usteri, *Marignano. Die Schicksalsjahre 1515/1516 im Blickfeld der historischen Quellen*, Zurich, Komm. Berichthaus, 1974.

CHAPITRE PREMIER
La France et la Suisse en 1515

1. Tableau de la France et des Français au début du XVIe siècle dans Jean Jacquart, *François Ier*, Paris, Fayard, [1981] 1994, p. 29-71.

2. Jean Favier (dir.), *Histoire de France*, t. II, *Le temps des principautés. De l'an mil à 1515*, Paris, LGF, 1992.

3. En 1483, dons et pensions représentent 24,4 % du budget de la monarchie (Jean-François Lassalmonie, *La Boîte à l'enchanteur. Politique financière de Louis XI*, Paris, Comité pour l'histoire économique et financière de la France, 2002, p. 625-626). Pour le règne de François Ier, Philippe Hamon évalue à 30 % en moyenne les dépenses de cour, dont les dons et pensions représentaient la plus grande part (Philippe Hamon, *L'Argent du roi. Les finances sous François Ier*, Paris, Comité pour l'histoire économique et financière de la France, 1994, p. 9-13).

4. J.-F. Lassalmonie, *La Boîte à l'enchanteur…*, *op. cit.*, p. 60.

5. Francis Rapp, *Maximilien d'Autriche, souverain du Saint Empire romain germanique, bâtisseur de la maison d'Autriche*, Paris, Tallandier, 2007, p. 183-184 ; Hermann Wiesflecker, *Kaiser Maximilien I. Das Reich, Österreich und Europa an der Wende zur Neuzeit*, t. IV, *Gründung des habsburgischen Weltreiches, Lebensabend und Tod*, Munich, Oldenbourg, 1981, p. 304-305.

6. Sur la politique de Ferdinand, voir Francesco Guicciardini, *Histoire d'Italie (1492-1534)*, J.-L. Fournel et J.-C. Zancarini (éd.), Paris, Robert Laffont, 1996, t. I, p. 855.

7. J.-F. Lassalmonie, *La Boîte à l'enchanteur…*, *op. cit.*, p. 613-614.

8. *Id.*, « Les finances de la monarchie française sous le gouvernement des Beaujeu, 1483-1491 », *Études et documents*, Paris, Comité pour l'histoire économique et financière de la France, 1994, p. 3-141.

9. Neithard Bulst, *Die französischen Generalstände von 1468 und 1484. Prosopographische Untersuchungen zu den Delegierten*, Sigmaringen, Thorbecke, 1992, p. 49-57.

10. Jean Masselin, *Journal des États généraux de France tenus à Tours en 1484 sous le règne de Charles VIII*, A. Bernier (éd.), Paris, Imprimerie royale, 1835, p. 353.

11. Philippe de Commynes, *Mémoires*, J. Blanchard (éd.), Paris, LGF, 2001, p. 454-455.

12. Peter Shervey Lewis, « The Failure of the French Medieval Estates », *Essays in Later Medieval French History*, Londres, Hambledon, 1985, p. 105-126.

13. Pierre Chaunu et Richard Gascon, *Histoire économique et sociale de la France*, publié sous la direction de Fernand Braudel et Ernest Labrousse, t. I, *De 1450 à 1660*, vol. I, *L'État et la ville*, Paris, PUF, 1977, p. 150-158.

14. D. Le Fur, *Louis XII, un autre César*, Paris, Perrin, 2001, p. 154-171.

15. Ph. Hamon, *L'Argent du roi…*, *op. cit.*, p. 3.

16. F. Rapp, *Maximilien d'Autriche…*, *op. cit.*, p. 56.

17. Guy Paul Marchal, « Les racines de l'indépendance, 401-1394 », *in* J.-C. Favez (dir.), *Nouvelle histoire de la Suisse et des Suisses*, Lausanne, Payot, 1982, t. I, p. 97-130.

18. Les recherches contemporaines tendent à montrer que le statut des paysans suisses ne se distinguait pas fondamentalement de celui des régions environnantes. Le servage y subsiste longtemps, sous des formes atténuées (Nicolas Morard, « Servage et manumission dans le canton de Fribourg à la fin du Moyen Âge [XIVe-XVe siècle] », *Mémoires de la Société pour l'histoire du droit et des institutions des anciens pays bourguignons, comtois et romands*, Dijon, 28 (1967), p. 89-140), et le régime seigneurial n'est pas contesté (Roger Sablonier, *Gründungszeit ohne Eidgenossen : Politik und Gesellschaft in der Innerschweiz um 1300*, Baden, Hier + Jetzt, 2008, p. 79-83).

19. G. P. Marchal, « Les racines de l'indépendance… », *op. cit.*, p. 130-151.

20. Les communautés de vallée ne sont pas propres aux Alpes suisses : voir, entre autres, Pierre Vaillant, « Les origines d'une libre confédération de vallées : les habitants des communautés briançonnaises au XIIIe siècle », *Bibliothèque de l'École des chartes*, 125 (1967), p. 301-348, ou encore, sur la large autonomie des communautés montagnardes de Béarn – et les droits limités d'intervention du vicomte –, Paul Ourliac et Monique Gilles, *Les Fors anciens de Béarn*, Paris, Éditions du CNRS, 1990.

21. G. P. Marchal, « Les racines de l'indépendance… », *op. cit.*, p. 159.

22. Voir, par exemple, Claude Cuendet, *Les Traités de combourgeoisie en pays romands, et entre ceux-ci et les villes de Berne et Fribourg (XIIIe au XVIe siècle)*, Lausanne, Bibliothèque historique vaudoise, 1979.

23. Niklaus et Marianne Flüeler (dir.), *Geschichte des Kantons Zürich*, t. I, *Frühzeit bis Spätmittelalter*, Zurich, Werd, 1994, p. 366-370.

24. G. P. Marchal, « Les racines de l'indépendance… », *op. cit.*, p. 186-187.

25. N. Morard, « L'heure de la puissance, 1394-1536 », *in* J.-C. Favez (dir.), *Nouvelle Histoire de la Suisse et des Suisses*, *op. cit.*, t. I, p. 199-329.

26. Alexandre Tuetey, *Les Écorcheurs sous Charles VII. Épisodes de l'histoire militaire de la France d'après des documents inédits*, Montbéliard, H. Barbier, 1874.

27. Adolf Gasser, « Les guerres de Bourgogne, leurs causes, leur déclenchement », *in* D. Reichel (dir.), *Grandson – 1476. Essai d'approche pluridisciplinaire d'une action militaire du XVe siècle*, Lausanne, Centre d'histoire, 1976, p. 66-111.

28. N. Morard, « L'heure de la puissance… », *op. cit.*, p. 199-202.

29. *Amtliche Sammlung der ältern eidgenössischen Abschiede*, Philipp Anton von Segesser (éd.), vol. 3, t. II (1500-1520), Lucerne, Zurich, 1869, ci-après abrégé en « *Eidgenössischen Abschiede…* »

Chapitre II
Le hallebardier et le piquier

1. Si Guy Paul Marchal qualifie Sempach de « choc décisif », il considère que la Confédération résulte avant tout de « conditions particulières étroitement liées au Gothard : une volonté politique convergente, des intérêts commerciaux communs et l'interdépendance économique croissante de ses membres » (G. P. Marchal, « Les racines de l'indépendance... », *op. cit.*, p. 185-193).

2. Ainsi Nicolas Machiavel qualifie-t-il les Suisses de « soldats nés et élevés dans un État de droit et strictement sélectionnés par la commune » (*L'Art de la guerre*, trad. J.-Y. Boriaud, Paris, Perrin, 2012, p. 61). La conscription est alors la pierre angulaire de l'idéologie républicaine florentine (Charles Calvert Bayley, *War and Society in Renaissance Florence, the "De Militia" of Leonardo Bruni*, Toronto, University of Toronto Press, 1961).

3. Georges Duby, *Les Trois Ordres ou l'imaginaire du féodalisme*, Paris, Gallimard, 1978 ; sur la spécificité et l'ambiguïté de la fonction guerrière, voir Georges Dumézil, *Aspects de la fonction guerrière chez les Indo-Européens*, Paris, PUF, 1956.

4. Philippe Contamine, *La Guerre au Moyen Âge*, Paris, PUF, [1980] 1994, p. 86-107.

5. Jan-Frans Verbruggen, *The Battle of the Golden Spurs (Courtrai, 11 July 1302). A Contribution to the History of Flanders' War of Liberation (1297-1305)*, Woodbridge, Boydell, [1952] 2002.

6. C.C. Bayley, *War and Society in Renaissance Florence...*, *op. cit.*, p. 1-58.

7. Hans Delbrück, *Geschichte der Kriegskunst*, t. III, *Das Mittelalter*, Berlin, De Gruyter, [1923] 2000, p. 679-694.

8. W. Schaufelberger, *Der alte Schweizer und sein Krieg...*, *op. cit.*, p. 42-53.

9. David Lasserre, *Alliances confédérales (1291-1815)*, Zurich, E. Rentsch, 1941, p. 51-53.

10. Hans-Rudolf Kurz, « Grandson. 2 mars 1476, le déroulement de la bataille », *in* D. Reichel (dir.), *Grandson – 1476*, *op. cit.*, p. 201-213.

11. Ainsi Richard W. Kaeuper (*Guerre, justice et ordre public. La France et l'Angleterre à la fin du Moyen Âge,* trad. N. et J.-P. Genet, Paris, Aubier, [1988] 1994, chap. III, « Chevalerie, État et ordre public », p. 183-260) fait de la guerre privée un phénomène qui découle du système de valeurs de la chevalerie ; or le souci de défendre son honneur et de se faire justice soi-même traverse toute la société. Sur cette question centrale, voir Claude Gauvard, *« De grace especial ». Crime, État et société en France à la fin du Moyen Âge*, Paris, Publications de la Sorbonne, 1991, p. 705-788.

12. Peter Haggenmacher, « La guerre, les belligérants et la compétence de guerre », *Grotius et la doctrine de la guerre juste*, Paris, PUF, 1983, mis en ligne le 8 mars 2013, http://books.openedition.org/iheid/615. Au XIVe siècle, dans les montagnes béarnaises – hors de tout peuplement germanique –, l'homicide est autorisé, à condition d'avoir adressé à son adversaire un défi public dix jours auparavant (P. Ourliac et M. Gilles, *Les Fors anciens…*, *op. cit.*, p. 114-120 et 533).

13. Sur l'opposition entre l'honneur (et sa défense) et la paix et la justice, voir Bernard Guenée, *Un meurtre, une société. L'assassinat du duc d'Orléans (23 novembre 1407)*, Paris, Gallimard, 1992, p. 62.

14. Dans un article audacieux et convaincant, Roland Rumpel estime que les élites dirigeantes des cantons forment elles-mêmes un clan, dont la domination sur les autres est sans cesse contestée et remise en question : « Der Krieg als Lebenselement in der alter und spätmittelalterlichen Eidgenossenschaft », *Schweizerische Zeitschrift für Geschichte*, 33 (1983), p. 192-206.

15. Pierre Streit, *Morat (1476). L'indépendance des cantons suisses*, Paris, Economica, 2013, p. 31.

16. Eugène Heer, « Armes et armures au temps des guerres de Bourgogne », *in* D. Reichel (dir.), *Grandson – 1476*, *op. cit.*, p. 170-200.

17. W. Schaufelberger, *Der alte Schweizer und sein Krieg…*, *op. cit.*, p. 17.

18. Sur les rapports entre tactique, instruction et initiative laissée au soldat, qui ont fait l'objet de débats passionnés en France dans les

années 1860-1870, voir Hervé Drévillon, *L'Individu et la guerre. Du chevalier Bayard au Soldat inconnu*, Paris, Belin, 2013, p 233-238.

19. Victor Davis Hanson en arrive à la même conclusion pour les hoplites grecs de l'âge classique : « À la différence de la plupart des armées modernes, les liens entre les hoplites n'avaient pas leur origine dans le service militaire ou les semaines d'entraînement partagé dans un camp. Ils étaient l'extension naturelle d'amitiés et de parentés anciennes du temps de paix » (*Le Modèle occidental de la guerre*, trad. A. Billault, Paris, Tallandier, [1989] 2007, p. 164).

20. W. Schaufelberger, *Der Wettkampf in der alten Eidgenossenschaft. Zur Kulturgeschichte vom 13. bis ins 18. Jahrhundert*, Berne, Paul Haupt, 1972, p. 59-83.

21. R. Sablonier, « État et structures militaires dans la confédération autour des années 1480 », Institut régional de recherche en sciences sociales, humaines et économiques (éd.), *Cinq centième anniversaire de la bataille de Nancy*, Nancy, université de Nancy II, 1978, p. 429-447.

22. N. Morard, « L'heure de la puissance... », *op. cit.*, p. 292.

23. Entre 1500 et 1510, le budget de la ville de Bâle – trois fois plus peuplée que Berne et Zurich – fluctue entre 18 101 livres et 30 330 livres (Josef Rosen, « Kriegsausgaben im Spätmittelalter. Der militärische Aufwand in Basel, 1360-1535 », *Vierteljahrschrift für Sozial- und Wirtschaftsgeschichte*, 71 (1984), p. 457-484).

24. Entre 1474 et 1477, la grande confrontation contre Charles le Téméraire coûta 48 000 livres aux finances de Bâle (*ibid.*), et 75 000 florins (environ 100 000 livres tournois) à celles de Strasbourg (F. Rapp, « Strasbourg et Charles le Hardi : l'ampleur et le prix de l'effort militaire », *Cinq centième anniversaire de la bataille de Nancy*, *op. cit.*, p. 395-414). Dans les deux cas, il s'agissait là d'un effort exceptionnel, justifié par la lutte à mort engagée contre la Bourgogne ; aucune de ces deux villes, de loin les plus riches et les plus peuplées de la région, ne put aligner plus de 500 à 1 000 hommes pour des campagnes de plus de deux ou trois mois.

25. W. Schaufelberger, *Der alte Schweizer und sein Krieg...*, *op. cit.*, p. 89-92. Ce système est appliqué par les souverains carolingiens

au IXe siècle pour la levée des hommes libres n'appartenant pas à la classe des combattants à cheval (Ph. Contamine, *La Guerre au Moyen Âge*, *op. cit.*, p. 101). C'est également de ce principe que dérive la fiscalité mise en place dans les grandes monarchies occidentales à partir du XIVe siècle, la différence étant que c'est désormais l'État royal qui collecte l'argent et le redistribue.

26. W. Schaufelberger, *Der alte Schweizer und sein Krieg…, op. cit.*, p. 139-140.

27. *Ibid.*, p. 110.

Chapitre III
L'homme d'armes, le canonnier et le lansquenet

1. J. Masselin, *Journal des États généraux de France…*, *op. cit.*, p. 371.

2. *Ordonnances des rois de France de la troisième race*, t. XIII [1422-1447], L.-G. de Vilevault, L. de Bréquigny et E. de Pastoret (éd.), Paris, Imprimerie royale, 1782, p. 306-313.

3. Ph. Contamine, *Guerre, État et société à la fin du Moyen Âge : études sur les armées du roi de France (1337-1494)*, Paris, EHESS, 1972, p. 278-287.

4. Minimum de 1 460 lances en 1506, maximum de 3 590 lances en 1513 ; les effectifs de l'ordonnance sont ramenés à 3 020 lances en juillet 1514. Ils sont de 3 010 lances pendant les quatre trimestres de 1515 (Ferdinand Lot, *Recherches sur les effectifs des armées françaises des guerres d'Italie aux guerres de Religion (1494-1562)*, Paris, SEVPEN, 1962, pièce justificative n° XI, p. 241-253).

5. Les États italiens entretiennent aussi des forces armées en permanence, mais il s'agit de compagnies sous contrat, qui ne peuvent tout à fait être comparées aux compagnies d'ordonnance françaises (voir, pour Venise, John R. Hale et Michael Mallett, *The Military Organization of a Renaissance State : Venice*, t. I, *1400-1508*, Cambridge, Cambridge University Press, 1984, p. 20-87).

6. Paul Stewart, « The Soldier, the Bureaucrat and Fiscal Records in the Army of Ferdinand and Isabella », *Hispanic American Historical Review*, 49 (1969), p. 281-292.

7. Le niveau général des salaires atteint son apogée en Europe vers 1450 (Ph. Contamine *et al.*, *L'Économie médiévale*, Paris, Armand Colin, 1993, p. 352-359).

8. Ph. Contamine, *Guerre, État et société…*, *op. cit.*, p. 399-530.

9. En mai 1495, à la veille de son retour en France, Charles VIII dispose à Naples de 1 760 lances, réparties en 40 compagnies de 25 à 80 lances (F. Lot, *Recherches sur les effectifs des armées…*, *op. cit.*, p. 194-196).

10. Blaise de Montluc, *Commentaires*, A. de Ruble (éd.), Paris, Renouard, 1864, t. I, p. 42-43. Au XVe siècle, seuls 10 % des archers étaient d'origine noble (Ph. Contamine, *Guerre, État et société…*, *op. cit.*, p. 464-465).

11. L'ordonnance royale du 26 janvier 1515 conforte encore le statut subalterne de l'archer par rapport aux hommes d'armes : elle fait obligation aux archers, coutilliers et valets de porter un hoqueton à la devise de leurs capitaines, afin de faciliter l'identification de fauteurs de troubles éventuels. Elle confirme également le rétablissement des archers « sujets », attachés aux hommes d'armes, qui percevaient leurs gages à leur place, dans la limite de 40 archers sujets pour 100 lances, et autorise les capitaines à disposer d'une retenue personnelle pouvant aller jusqu'à 6 gentilshommes et 12 archers pour 100 lances (*Ordonnances des rois de France. Règne de François Ier*, Paris, Imprimerie nationale, 1902, t. I, p. 48-66). En 1533-1534, en revanche, la solde des archers est doublée et portée à 15 livres tournois par mois pour les deux tiers d'entre eux. Dans le même temps, un quart des hommes d'armes voyaient leur solde revalorisée de 15 à 20 l.t. par mois. Ainsi, dans chaque compagnie, les deux tiers des archers et les trois quarts des hommes d'armes percevaient la même solde de 15 l.t. par mois, indice que la condition des archers s'était améliorée et avait rejoint celle des hommes d'armes (F. Lot, *Recherches sur les effectifs des armées…*, *op. cit.*, p. 247). L'ordonnance du 12 novembre 1549 fait obligation aux capitaines de recruter archers et hommes d'armes parmi les gentilshommes exclusivement – cette prescription indique que ce n'était pas ou plus le cas (citée dans Gaston Zeller, *Les Institutions de la France au XVIe siècle*, Paris, PUF, [1948] 1987, p. 299).

12. Ph. Contamine, *Guerre, État et société…*, *op. cit.*, p. 466-470.

13. Benjamin Deruelle, « Entre cavalerie et chevalerie : la formation du noble dans l'écurie du roi au XVIe siècle », *in* B. Deruelle et B. Gainot (dir.), *La Construction du militaire*, t. I, *Savoirs et savoir-faire militaires à l'époque moderne*, Paris, Publications de la Sorbonne, 2013, p. 27-54.

14. Sur la jeunesse et la formation de Bayard, voir J. Jacquart, *Bayard*, Paris, Fayard, 1987, p. 35-80.

15. B. de Montluc, *Commentaires*, *op. cit.*, p. 40.

16. Jacques de Mailles, *La Très Joyeuse, Plaisante et Récréative Histoire du gentil seigneur de Bayart, composée par le Loyal serviteur*, J. Roman (éd.), Paris, H. Loones, 1878, p. 100, ci-après abrégé en « Loyal serviteur… ». Jacques de Mailles, secrétaire de Bayard et archer dans sa compagnie, fit paraître sa biographie, en 1527, peu après la mort du chevalier.

17. Ph. de Commynes, *Mémoires*, *op. cit.*, p. 451-452.

18. David Nicolle, *Fornovo 1495. France's Bloody Fighting Retreat*, Westport (Connecticut), Greenwood Press, 2005.

19. F. Guicciardini, *Histoire d'Italie…*, *op. cit.*, t. I, p. 68-70.

20. Ainsi, dans la châtellenie de Lille en 1475, parmi une sélection de 250 nobles, un tiers déclarait moins de 50 livres de Flandre de revenus fonciers annuels, 70 % moins de 120 l., et seulement 20 % plus de 180 l. (Félix Brassart, « La féodalité dans le nord de la France : bans et arrière-bans de la Flandre wallonne sous Charles le Téméraire et Maximilien d'Autriche », *Souvenirs de la Flandre wallonne*, 5 (1884), p. 5-78). En 1488, dans trois bailliages du Massif central, 76,2 % des nobles déclaraient moins de 100 l. de revenus par an (Ph. Contamine, *Guerre, État et société…*, *op. cit.*, p. 393). Dans les années 1550, le revenu moyen, qui correspond alors à une aisance relative, semble avoir été de l'ordre de 80 livres tournois par an (Michel Nassiet, « La noblesse en France au XVIe siècle d'après l'arrière-ban », *Revue d'histoire moderne et contemporaine*, 46 (1999), p. 107-108).

21. *Loyal serviteur…*, *op. cit.*, p. 85-86 et 100.

22. *Ibid.*, p. 39-40.

23. *Ibid.*, p. 28.

24. Sur le système de la récompense dans le monde militaire du XVIe siècle, voir B. Deruelle, « “Pour Dieu, le roi et l'honneur” : *ethos* chevaleresque, mérite et récompense au XVIe siècle », *Hypothèses*, 12 (2008), p. 209-220.

25. Thomas Arnold, *The Renaissance at War*, Londres, Cassell, 2001, p. 23-53.

26. Emmanuel de Crouy-Chanel, *Canons médiévaux. Puissance du feu*, Paris, REMPART, 2010, p. 23-24.

27. Ph. Contamine, *Guerre, État et société…*, *op. cit.*, p. 298.

28. Ainsi les dépenses de l'extraordinaire de l'artillerie ne dépassent pas 214 556 livres pour les trois années 1514, 1515 et 1516, soit moins d'un vingtième des sommes déboursées pour payer les soldes de l'infanterie en 1515 et 1516 (F. Lot, *Recherches sur les effectifs des armées…*, *op. cit.*, pièce justificative n° XI, p. 249-252). Les soldes des 3 000 lances de l'ordonnance, à 372 l. par lance et par an, représentaient une charge annuelle de 1 120 000 l.

29. Édouard Perroy, « L'artillerie de Louis XI pendant la campagne d'Artois (1477) », *Revue du Nord*, 162 (1942), p. 171-196 et 163 (1943), p. 293-315.

30. Ph. Contamine, « L'artillerie royale française à la veille des guerres d'Italie », *Annales de Bretagne*, 71 (1964), p. 221-261.

31. BNF, Fr 2930, fol. 136-141.

32. Ph. Contamine, « Les industries de guerre dans la France de la Renaissance : l'exemple de l'artillerie », *Revue historique*, 550 (1984), p. 252-257.

33. Frederick Lewis Taylor, *The Art of War in Italy (1494-1529)*, Cambridge, Cambridge University Press, 1921, p. 180-215.

34. Olivier Bangerter, *Novare (1513), dernière victoire des fantassins suisses*, Paris, Economica, 2012, p. 99.

35. Ph. Contamine, *Guerre, État et société…*, *op. cit.*, p. 337-366.

36. Lorsque la république de Venise prend pied sur le continent, au début du XVe siècle, elle impose la conscription aux hommes de 16 à 60 ans dans toute la Terre ferme, d'abord pour trouver les pionniers indispensables aux sièges, puis pour disposer d'une infanterie capable de combattre sur le champ de bataille. En 1477, elle institue ainsi un

corps de *provisionati di San Marco*, très semblable aux francs-archers, qui est cependant dissous deux ans plus tard. Après d'autres tentatives avortées, la milice vénitienne est définitivement constituée en 1508 (J.R. Hale et M. Mallett, *The Military Organization*..., *op. cit.*, p. 74-81 et 350-366).

37. L'assiette indicative théorique est d'un homme par paroisse, mais en réalité, pour lever 16 000 francs-archers, il suffit de recruter un homme pour 750 à 1 000 habitants. Nicolas Machiavel consacre la première partie de son *Art de la guerre* au recrutement de l'infanterie, et s'intéresse à la question de savoir s'il faut préférer un recrutement « étroit », à la façon des francs-archers, ou « large », c'est-à-dire la conscription telle que la pratiquaient les anciens Romains et les Suisses. Machiavel penche bien sûr pour la seconde solution ; il pointe la difficulté d'insuffler un esprit de corps à des hommes vivant à plusieurs dizaines de kilomètres les uns des autres (N. Machiavel, *L'Art de la guerre*, *op. cit.*, p. 82).

38. Philippe Contamine et André Corvisier (dir.), *Histoire militaire de la France*, t. I, *Des origines à 1715*, Paris, PUF, 1992, p. 250-256.

39. Ph. Contamine, *Guerre, État et société*..., *op. cit.*, p. 367-398.

40. M. Nassiet, « La noblesse en France au XVIe siècle d'après l'arrière-ban », *op. cit.*, p. 86-116.

41. Au tarif de 4,50 florins du Rhin par mois, soit un peu moins de 6 livres tournois, arrondis à l'entier supérieur par les trésoriers sur ordre du roi (J.-F. Lassalmonie, *La Boîte à l'enchanteur*..., *op. cit.*, p. 521).

42. F. Lot, *Recherches sur les effectifs des armées*..., *op. cit.*, p. 15-21.

43. Ainsi le capitaine Hetzel, de Berne, commande 500 hommes au service du roi de France sur les frontières de Picardie en 1514 – alors que la Confédération est en guerre contre Louis XII (*Eidgenössischen Abschiede*..., *op. cit.*, diète de Zurich, 3 octobre 1514, p. 822-825) !

44. Reinhard Baumann, *Landsknechte. Ihre Geschichte und Kultur vom späten Mittelalter bis zum dreissigjährigen Krieg*, Munich, C.H. Beck, 1994, p. 62-71.

45. Georges Bischoff, « Honneur, argent et trahison. Les lansquenets allemands des rois de France, de Charles VIII à Henri II »,

Terres d'Alsace, chemins de l'Europe. Mélanges offerts à Bernard Vogler, Strasbourg, Presses universitaires de Strasbourg, 2004, p. 91-120.

46. Louis XI, à la fin de son règne, songe déjà à recruter des soldats dans les pays de Sigismond d'Autriche pour remplacer les Suisses, jugés trop violents et indisciplinés (Bernard de Mandrot, *Relations de Charles VII et de Louis XI, rois de France, avec les cantons suisses (1444-1461, 1461-1483)*, Zurich, J.-J. Ulrich, 1881, p. 185-186).

47. Jean-Marie Cauchies, « Principauté d'Empire, allié de la France. Le duché de Gueldre, épine des Valois dans la chair des Habsbourg, et son duc "spoliateur" (1494-1506) », *Publication du Centre européen d'études bourguignonnes (XIVe-XVIe siècle)*, 42 (2002), p. 23-34.

48. F. Guicciardini, *Histoire d'Italie…*, *op. cit.*, t. I, p. 804-809.

49. Ph. Contamine, *Guerre, État et société…*, *op. cit.*, p. 342-345.

50. Blaise de Montluc signale qu'en 1523, après une campagne en Navarre, Lautrec licencie ses compagnies d'infanterie, à l'exception de deux enseignes, réduites à 300 hommes, « qui feust la première fois que jamais l'on avoict réduict les compaignies à ce nombre, car auparavant, elles estoinct toutes de cinq cens ou de mil hommes » (*Commentaires*, *op. cit.*, t. I, p. 63-64).

51. F. Guicciardini, *Histoire d'Italie…*, *op. cit.*, t. I, p. 774-776.

CHAPITRE IV
L'Italie et les « barbares »

1. Les recettes prévisionnelles du royaume de Naples s'élevaient pour l'année 1502 à 721 864 ducats, soit 1 142 152 livres tournois (BNF, Fr 2930, fol. 13-19) ; voir également Antonio Calabria, *The Cost of Empire. The Finances of the Kingdom of Naples in the Time of Spanish Rule*, Cambridge, Cambridge University Press, 1991, p. 41-42.

2. Sur les luttes de parti dans les villes italiennes, voir Jacques Heers, *La Ville au Moyen Âge*, Paris, Fayard, [1990] 2010, p. 208-250 ; sur l'histoire du mouvement communal, voir François Menant, *L'Italie des communes (1100-1350)*, Paris, Belin, 2005.

3. Jane Black, *Absolutism in Renaissance Milan. Plenitude of Power under the Visconti and the Sforza (1329-1535)*, Oxford, Oxford University Press, 2009.

4. Patrick Boucheron, *Le Pouvoir de bâtir. Urbanisme et politique édilitaire à Milan (XIVe-XVe siècles)*, Rome, École française de Rome, 1998.

5. F. Guicciardini, *Histoire d'Italie…*, *op. cit.*, t. I, p. 341.

6. Sur l'histoire de Venise, voir Élisabeth Crouzet-Pavan, *Venise triomphante. Les horizons d'un mythe*, Paris, Albin Michel, 1999, et Frederic Chapin Lane, *Venise. Une république maritime*, trad. Y. Bourdoiseau et M. Ymonet, Paris, Flammarion [1973] 1985.

7. Ph. de Commynes, *Mémoires*, *op. cit.*, p. 553.

8. Yves Renouard, *Histoire de Florence*, Paris, PUF, 1964 ; Jean-Louis Fournel et Jean-Claude Zancarini, *La Politique de l'expérience : Savonarole, Guicciardini et le républicanisme florentin*, Alessandria, Éd. dell'Orso, 2002 ; J.-L. Fournel, « Une république de guerre : Florence (1494-1530) », *in* C. Moatti et M. Riot-Sarcey (dir.), *La République dans tous ses états. Pour une histoire intellectuelle de la république en Europe*, Paris, Payot, 2009, p. 187-225.

9. F. Guicciardini, *Histoire d'Italie…*, *op. cit.*, t. I, p. 852.

10. Laurent Vissière, Alain Marchandisse et Jonathan Dumont (dir.), *1513, l'année terrible. Le siège de Dijon*, Dijon, Faton, 2013.

CHAPITRE V
Mobilisations

1. Pas moins d'un million de livres sterling, soit environ 7 millions de livres tournois, ou encore dix ans de recettes de la monarchie anglaise (John Edward Bowle, *Henry VIII : A Biography*, Londres, Allen & Unwin, 1965, p. 62) !

2. Sur la jeunesse de François Ier, sa formation, ses rapports avec Louis XII, voir J. Jacquart, *François Ier*, *op. cit.*, p. 13-17.

3. Sur la référence aux empereurs romains, dont les rois de France prétendent désormais être les continuateurs, sur les emprunts des entrées royales aux triomphes romains, et sur l'image non tout à fait

dénuée d'ambiguïté de César, grand général, mais tyran païen mort assassiné, voir D. Le Fur, *Louis XII, un autre César*, *op. cit.*, p. 236-261.

4. La dot devait également comprendre le duché de Bretagne, possession personnelle de la reine Anne, ainsi que la Bourgogne, dont Maximilien exigeait depuis longtemps la rétrocession (*ibid.*, p. 295-313).

5. Charles Giry-Deloison, « Henri VIII, pensionnaire de François Ier », *in* Ch. Giry-Deloison (dir.), *François Ier et Henri VIII. Deux princes de la Renaissance (1515-1547)*, Villeneuve-d'Ascq, Centre d'histoire de la région du Nord et de l'Europe du Nord-Ouest, 1996, p. 121-143.

6. François Ier conclut avec Henri VIII un nouveau traité le 5 avril 1515, confirmant les dispositions du traité de 1514 et réglant la question du remboursement partiel de la dot de Marie Tudor (D. Le Fur, *Louis XII, un autre César*, *op. cit.*, p. 57-58).

7. Maximilien avait gouverné les Pays-Bas pour le compte de son fils mineur Philippe le Beau, de 1482 à 1494 (H. Wiesflecker, *Kaiser Maximilian I. Das Reich, Österreich und Europa an der Wende zur Neuzeit*, t. I, *Jugend, burgundisches Erbe und Römisches Königtum bis zur Alleinherrschaft*, Munich, Oldenbourg, 1971, p. 167-247 et F. Rapp, *Maximilien d'Autriche...*, *op. cit.*, p. 85-92).

8. Erwin Eugster, « Die Entwicklung zum kommunalen Territorialstaat », *in* N. et M. Flüeler (dir.), *Geschichte des Kantons Zürich*, *op. cit.*, p. 298-335.

9. O. Bangerter, *Novare...*, *op. cit.*, p. 105-107.

10. *Eidgenössischen Abschiede...*, *op. cit.*, diète de Lucerne, 30 janvier 1514, p. 766-768.

11. *Ibid.*, diète de Zurich, 4 avril 1514, p. 782-784.

12. *Ibid.*, diète de Baden, 30 octobre 1514, p. 829-830, et diète de Lucerne, 22 novembre 1514, p. 841. Les *Freie Ämter* réclament le paiement des soldes dues pour la campagne de Dijon, ou, s'il était vrai que les Français refusaient de ratifier le traité, une nouvelle expédition contre la France.

13. *Ibid.*, diète de Lucerne, 14 février 1515, p. 853.

14. Sebastian Grüter, *Geschichte des Kantons Luzern im 16. und 17. Jahrhundert*, Lucerne, Räber, 1945, p. 17-26.

15. *Eidgenössischen Abschiede...*, *op. cit.*, diète de Baden, 28 juin 1514, p. 801-803.

16. *Ibid.*, diète de Lucerne, 14 mars 1515, p. 859-861.

17. *Ibid.*, diète de Locarno, 27 février 1514, p. 773-774.

18. Ainsi, en 1467, une imposition générale sur toute la population du canton de Zurich, combinant un impôt par tête et une taxe sur le capital, ne rapporte que 5 138 florins (Ulrich Schlüer, *Untersuchungen über die soziale Struktur von Stadt und Landschaft Zürich im fünfzehnten Jahrhundert*, Zurich, Juris-Verlag, 1982, p. 182).

19. Charles Kohler, *Les Suisses dans les guerres d'Italie de 1506 à 1512*, Genève, Mégariotis, [1897] 1978, p. 394-395 et 500-501.

20. F. Guicciardini, *Histoire d'Italie...*, *op. cit.*, t. I, p. 847.

21. La garnison de Crema compte 150 hommes d'armes, 200 arbalétriers à cheval et 1 879 fantassins en juin 1514 (Marino Sanudo, *Diarii*, R. Fulin, F. Stefani, N. Barozzi, G. Berchet (éd.), vol. XVIII, Venise, 1887, col. 315-322).

22. 4 000 ducats pour les soldes des garnisons de Milan, Crémone, Novare, « Pizleone » (Pizzighetone ?) et « Trez » (Trecate ?), 2 000 ducats pour la garde à pied et à cheval, 8 000 ducats pour les lances et les cavaliers légers, levés pour la sûreté du pays, et 1 500 ducats pour les fantassins et la cavalerie employés contre les Vénitiens devant Crema (*Eidgenössichen Abschiede...*, diète de Zurich, 17 septembre 1514, p. 817-822).

23. *Ibid.*, diète de Zurich, 17 septembre 1514, p. 817-822 et entrevue du duc avec les ambassadeurs suisses à Milan, février 1515, p. 854-856.

24. Sur la difficulté du duc de Milan à mettre en place une fiscalité permanente aussi bien acceptée par les contribuables que dans les cités italiennes gouvernées par un régime républicain, voir P. Boucheron, « Les enjeux de la fiscalité directe dans les communes italiennes (XIIIe-XVe siècle) », *in* D. Menjot et M. Sánchez Martínez (dir.), *La Fiscalité des villes au Moyen Âge. France méridionale, Catalogne et Castille*, t. II, *Les systèmes fiscaux*, Toulouse, Privat, 1999, p. 153-168.

25. Alfred Spont, « Marignan et l'organisation militaire sous François Ier », *Revue des questions historiques*, t. II (1899), p. 59-77.

26. En septembre 1514, Louis XII avait licencié la plupart des 22 000 lansquenets qu'il avait recrutés en mai 1513, n'en conservant que

8 000, dont la moitié en garnison en Provence et l'autre en Bourgogne (BNF, Fr 25719, It 1997, p. 245 et 294, *Ordonnances des rois de France. Règne de François Ier*, *op. cit.*, p. 191-194).

27. A. Spont, « Marignan et l'organisation militaire sous François Ier », *op. cit.*

28. Jules Édouard Anne Louis Struick, *Gelre en Habsburg (1492-1528)*, Arnhem, Gouda Quint-Brouwer, 1960, p. 227-244.

29. Fritz Redlich, *The German Military Enterpriser and his Work Force*, Wiesbaden, Franz Steiner Verlag, 1964-1965.

30. Le florin du Rhin valait 27 sous 6 deniers depuis l'ordonnance monétaire de 1487, soit 1,375 livre tournois.

31. Ainsi l'élection de Lyon a dû fournir 100 chevaux de trait, 23 charrettes et 25 pionniers pour l'armée royale en avril 1515 (*Ordonnances des rois de France. Règne de François Ier*, *op. cit.*, t. I, p. 198-199). Par extrapolation, la quote-part de l'élection de Lyon dans l'assiette de la crue de 600 000 livres décidée au même moment s'étant élevée à 0,96 % (*ibid.*, t. I, p. 191-194), on peut évaluer la réquisition à 2 500 pionniers et 10 000 chevaux pour l'ensemble du royaume. On ne peut cependant exclure que le Lyonnais, proche du théâtre des opérations, ait été plus lourdement imposé.

32. Non compris les crues (*ibid.*, t. I, p. 84-89).

33. Philippe Hamon a mis en lumière dans *L'Argent du roi* (*op. cit.*, « La monarchie et le crédit », p. 135-244) les rouages qui composaient le mécanisme du crédit sous le règne de François Ier, ainsi que le rôle dévolu au groupe dirigeant et aux grands officiers, en particulier les généraux des finances, à la fois en tant que prêteurs directs et en tant qu'intermédiaires auprès des banquiers, relayant ainsi le crédit royal jugé insuffisant.

Chapitre VI
François Ier, nouvel Hannibal

1. *Eidgenössischen Abschiede...*, *op. cit.*, diète de Zurich, 25 août 1514, p. 814-816 et diète de Lucerne, 14 mars 1515, p. 859-861.

2. Le manque à gagner s'élevait à 72 000 ducats par an pour les finances milanaises, d'après les officiers du duc (*ibid.*, entretiens avec les ambassadeurs suisses à Milan, février 1515, p. 854-856).

3. L'ouvrage le plus complet sur Schiner demeure la biographie d'Albert Büchi, *Kardinal Matthäus Schiner als Staatsmann und Kirchenfürst : ein Beitrag zur allgemeinen und schweizerischen Geschichte von der Wende des XV-XVI Jahrhunderts*, Leipzig, Rütschi & Egloff, 2 vol., 1932-1937.

4. *Ibid.*, t. I, p. 207-263. De 1505 à 1522, la vie politique valaisanne est dominée par la lutte qui oppose Matthäus Schiner et Georges Supersaxo (Auf der Flüe), issu d'une des familles les plus influentes du pays. Après avoir soutenu l'élection de Schiner en 1499, Supersaxo prend le parti de la France en 1505 et parvient à convaincre trois des sept communautés autonomes du Valais, les « dizains », à s'allier à Louis XII en 1510.

5. *Eidgenössischen Abschiede…*, *op. cit.*, diète de Baden, 23 octobre 1514, p. 826-829, et entrevue du duc avec les ambassadeurs suisses à Milan, février 1515, p. 854-856.

6. *Ibid.*, diète de Lucerne, 4 juillet 1515, p. 892-894.

7. Dont 20 000 ducats à la charge du pape, 10 000 ducats à celle de l'Espagne, 10 000 ducats à celle du duc de Milan, 10 000 ducats à celle de Gênes et 6 000 ducats à celle de Maximilien. Ces 56 000 ducats devaient servir à la solde des fantassins, dont les deux tiers seraient des Suisses, le tiers restant étant à la discrétion du capitaine général des forces alliées, avec l'assentiment du pape, du roi d'Aragon et de Maximilien, pour le recrutement et la solde de gens de pied italiens, espagnols ou allemands. Par ailleurs, le pape devait mettre à la disposition de l'alliance 800 hommes d'armes, ou 600 hommes d'armes et 400 cavaliers légers, le roi d'Aragon 800 hommes d'armes et 400 cavaliers légers, Maximilien 400 hommes d'armes à la mode d'Allemagne, et le duc de Milan 500 hommes d'armes et 300 cavaliers légers, tous soldés par leurs soins (texte du projet de traité dans *Eidgenössischen Abschiede…*, *op. cit.*, annexes, p. 1385-1387).

8. *Eidgenössischen Abschiede…*, *op. cit.*, diète de Zurich, 5 décembre 1514, p. 842-844.

9. F. Guicciardini, *Histoire d'Italie...*, *op. cit.*, t. I, p. 658-661 et 754-762.

10. Ch. Kohler, *Les Suisses dans les guerres d'Italie...*, *op. cit.*, p. 401-411.

11. L. Vissière, « Dijon assiégée », *in* L. Vissière, A. Marchandisse et J. Dumont (dir.), *1513, l'année terrible...*, *op. cit.*, p. 102-115.

12. O. Bangerter, *Novare...*, *op. cit.*, p. 104-105.

13. Le projet de traité avec le pape, sur lequel les représentants du pape et des cantons s'étaient accordés en décembre 1514, indique en détail les conditions d'engagement et de rémunération que le pape devait respecter pour pouvoir lever jusqu'à 12 000 fantassins suisses (*Eidgenössischen Abschiede...*, *op. cit.*, annexes, p. 1365-1369).

14. E. Usteri, *Marignano...*, *op. cit.*, p. 113-118.

15. *Eidgenössischen Abschiede...*, *op. cit.*, diète de Lucerne, 25 avril 1515, p. 870.

16. *Ibid.*, diète de Lucerne, 14 mai 1515, p. 877-878.

17. La Suisse compte 900 000 habitants au début du XVIe siècle, dans ses limites actuelles, donc encore moins – peut-être 800 000 habitants – pour les treize cantons, le Valais et les Grisons de 1515 (N. Morard, « L'heure de la puissance... », *op. cit.*, p. 200-201). On dénombre dans le canton de Zurich entre 48 000 et 59 000 habitants en 1529 (N. et M. Flüeler (dir.), *Geschichte des Kantons Zürich*, *op. cit.*, p. 391-392).

18. *Korrespondenzen und Akten zur Geschichte des Kardinals Matthäus Schiner*, A. Büchi (éd.), Bâle, R. Geering, 1920, t. I, p. 363-364.

19. *Ibid.*, p. 196-201.

20. Au tout début du mois de juillet, le duc de Milan adjure les cantons suisses de se contenter pour l'instant des 50 000 ducats, péniblement arrachés aux représentants des insurgés, et encore sous la réserve expresse qu'il n'y aurait plus de nouvelles impositions. Les sujets du duc lui ont fait savoir que s'il refusait l'offre, il n'aurait pas un liard, et que l'on s'en remettrait alors au destin ! (*Eidgenössischen Abschiede...*, *op. cit.*, diète de Lucerne, 4 juillet 1515, p. 892-894.)

21. Fin juin, on délivre 14 000 écus aux soldats suisses, soit un écu par homme, y compris les *Freiknechte* (lettres de Gambaro, émissaire du

pape à Milan, des 25 et 29 juin 1515, adressées au cardinal Bibbiena et au pape, citées par E. Usteri, *Marignano…, op. cit.*, p. 178).

22. Le 5 juillet 1515, l'ambassadeur de Florence auprès du duc de Savoie, à Turin, écrit que 6 000 *Freiknechte* gardent les cols près de Saluces, tandis que quatre enseignes régulières (*Fähnlein*) ont été envoyées à Perosa, à quelques kilomètres à l'ouest de Pignerol. On attend 12 000 hommes supplémentaires. Le Florentin évalue l'ensemble des forces suisses à 24 000-25 000 hommes (E. Usteri, *Marignano…, op. cit.*, p. 210). Le 4 juillet, les capitaines des contingents des sept cantons de l'intérieur demandent à leurs collègues des cantons occidentaux, qui arrivaient par le Val d'Aoste, d'aller à Verceil plutôt que vers les cols alpins (*ibid.*, p. 209). Le 13 juillet, lorsque tous les capitaines suisses se retrouvent à Chivasso pour se concerter et tenter de s'accorder, les premiers sont à Verceil, les autres à Rivoli et Pignerol (*ibid.*, p. 215).

23. Lettre du gouverneur de Plaisance à Laurent de Médicis (*ibid.*, p. 179-180). Le roi de France avait accordé au marquis de Montferrat, Guillaume IX Paléologue, une compagnie de 100 lances qui avait combattu les Suisses à Novare (revue de sa compagnie à Dijon, après la bataille, 12 août 1513, BNF, Fr 21508, n° 865).

24. *Ibid.*, p. 211.

25. L'affaire, très souvent évoquée aux séances de la diète, n'est toujours pas réglée un an plus tard, malgré les menaces des Lucquois de faire intervenir le pape (*Eidgenössischen Abschiede…, op. cit.*, diète de Lucerne, 23 juin 1516, p. 982).

26. Le 16 juillet, l'émissaire du duc de Savoie prévient les cantons que le marquis de Rothelin (Louis d'Orléans-Longueville) est au pied des Alpes avec 10 000 lansquenets et autant de fantassins français, et que le duc de Bourbon le suit avec 12 000 lansquenets et autant de gens de pied, tandis que 2 000 lances se trouvent dans les environs de Lyon, avec le roi. Une quinzaine de jours plus tard, les Suisses et les Milanais évaluent les forces françaises à 24 000 lansquenets, 12 000 Gascons, 3 000 cavaliers et 150 canons (*ibid.*, diète de Lucerne, 16 juillet 1515, p. 894-897 et conférence de Moncalieri, 1er août 1515, p. 898-899).

27. Pierre Duval, géographe ordinaire du roi, *Le Voyage et la description d'Italie, montrant exactement les raretez et choses remarquables qui se*

trouvent ès provinces et en chaque ville, et les distances d'icelles, avec un dénombrement des places et champs de bataille qui s'y sont données, Paris, G. Clouzier, 1656, p. 9-10.

28. Peter Spufford, *Power and Profit. The Merchant in Medieval Europe*, Londres, Thames & Hudson, 2002, p. 165-169.

29. Letizia Arcangeli, *Gentiluomini di Lombardia : ricerche sull'aristocrazia padana nel Rinascimento*, Milan, Unicopli, 2003, p. 3-70, « Gian Giacomo Trivulzio Marchese di Vigevano e il governo francese nello Stato di Milano (1499-1518) ».

30. F. Guicciardini, *Histoire d'Italie…*, *op. cit.*, t. I, p. 334-335.

31. Le mérite de la « découverte » du col de Larche est attribué à Trivulce aussi bien par Guicciardini (*ibid.*, t. II, p. 44) que par le Français Barrillon (*Journal de Jean Barrillon, secrétaire du chancelier Duprat*, Pierre de Vaissière (éd.), Paris, Renouard, 1897, t. I, p. 65-66).

32. *Journal de Jean Barrillon…*, *op. cit.*, p. 82-83.

33. François-Auguste Mignet, *Rivalité de François Ier et de Charles Quint*, Paris, Didier et Cie, 1875, t. I, p. 77.

34. Olivier Bangerter, dans son ouvrage sur la bataille de Novare, consacre un très intéressant développement à cette question essentielle (*Novare…*, *op. cit.*, p. 7-9).

35. *Eidgenössichen Abschiede…*, *op. cit.*, conférence de Moncalieri, 1er août 1515, p. 898-899.

36. E. Usteri, *Marignano…*, *op. cit.*, p. 289-290.

Chapitre VII
La surprise de Villafranca

1. Après sa mort, les Espagnols exigent et obtiennent la restitution de Parme et de Plaisance au duc de Milan, mais Léon X parvient à se les faire remettre de nouveau. Le pape espérait constituer à partir de ces deux villes, jointes à Modène et Ferrare, dont il voulait chasser la famille d'Este, une vaste principauté médicéenne qu'il aurait donnée à son frère Julien (F. Guicciardini, *Histoire d'Italie…*, *op. cit.*, t. II, p. 27).

2. Fornoue (1495), Cerignola et le Garigliano (1503), Agnadel (1509), Ravenne (1512), Marignan (1515), La Bicoque (1522), Pavie (1525).

3. *Traité sur l'art de la guerre de Bérault Stuart, seigneur d'Aubigny*, Élie de Comminges (éd.), La Haye, M. Nijhoff, 1976, p. 16. Sur la genèse de ce texte, composé en 1502 par Robert de Balsac (v. 1440-1503), puis enrichi par Béraud Stuart (v. 1447-1508) en 1508, voir Ph. Contamine, « The War Literature of the Late Middle Ages. The Treatises of Robert de Balsac and Béraud Stuart, lord of Aubigny », *La France aux* XIVe *et* XVe *siècles*, Londres, Variorum, 1981, p. 102-121.

4. *Traité sur l'art de la guerre*..., *op. cit.*, p. 18-19.

5. *Loyal serviteur*..., *op. cit.*, p. 90.

6. Philippe de Clèves, *Instructions de toutes manières de guerroyer, tant par terre que par mer, et des choses y servantes*, Paris, G. Morel, 1558, p. 102-103.

7. Johan Huizinga, *Homo ludens. Essai sur la fonction sociale du jeu*, trad. C. Seresia, Paris, Gallimard, [1938] 1988, p. 34-35.

8. On trouve dans *Le Kalendrier des guerres de Tournai*, du clerc Jean Nicolay (F. Hennebert (éd.), Tournai, Malo et Levasseur, 2 vol., 1853-1856), qui relate au jour le jour les opérations de la garnison française de Tournai entre mai 1477 et juin 1478, une source sans doute unique par son exhaustivité pour mesurer les activités d'une grosse garnison de place frontière en temps de guerre. En douze mois, les Français conduisirent en Flandre et en Hainaut quarante-huit raids majeurs, pour des effectifs de 200 à 400 lances. Vingt-et-un d'entre eux donnèrent lieu à des combats, soit contre des paysans retranchés dans leurs villages (huit occurrences), soit contre des gens de guerre ennemis (treize occurrences, dont dix succès français). À ces quarante-huit courses majeures s'ajoutent soixante-dix courses d'importance moyenne, impliquant de 50 à 100 lances françaises, dont vingt-deux débouchèrent sur des affrontements (sept contre des paysans, quinze contre des gens de guerre ennemis). Les compagnies françaises ne participèrent qu'à deux batailles rangées, livrées contre les milices de Flandre. S'y ajoutent encore plusieurs dizaines de courses « privées », qui sont le fait de quelques dizaines d'hommes, autorisés par leur capitaine à tenter leur chance.

9. L'historien militaire britannique Sir Basil Liddell Hart est sans doute l'un des rares à avoir livré de la guerre de Du Guesclin une appréciation exacte : il n'y voit pas de vulgaires échauffourées opposant des bandes de demi-sauvages, mais bien un chef-d'œuvre de stratégie indirecte (*Les Guerres décisives de l'histoire*, trad. B. Mayra et lieutenant-colonel de Fonlongue, Paris, Payot, [1929] 1933, p. 68-69).

10. H. Wiesflecker, *Kaiser Maximilian I. Das Reich, Österreich und Europa an der Wende zur Neuzeit*, t. I, *op. cit.*, p. 204-207.

11. Guicciardini le décrit comme « fort lent de nature » (*Histoire d'Italie...*, *op. cit.*, t. II, p. 47).

12. E. Usteri, *Marignano...*, *op. cit.*, p. 237.

13. *Ibid.*, p. 216 (lettres des capitaines de Fribourg à leurs autorités).

14. *Ibid.*, p. 218 (lettre de Baldassare Taculi à Alessandro Ruggiero).

15. *Ibid.*, p. 305 (lettre d'Ardinghelli à Giuliano et Laurent de Médicis).

16. *Ibid.*, p. 252 (lettre des capitaines de Zurich à leurs autorités).

17. Jean de Bueil, *Le Jouvencel*, L. Lecestre (éd.), Paris, H. Laurens, 1887-1889, t. I, p. 64-73.

18. *Ibid.*, p. 148-149.

19. *Loyal serviteur...*, *op. cit.*, p. 371-380.

20. Le récit de Champier, approximatif et farci de références aux auteurs antiques et aux romans de chevalerie, attribue à Bayard toute la conception et l'exécution de l'opération (*Histoire des gestes du preux et vaillant chevalier Bayard Dauphinois*, Lyon, Rigaud, 1580, p. 89-94).

21. *Mémoires de Martin et Guillaume du Bellay*, V.-L. Bourrilly et F. Vindry (éd.), Paris, H. Laurens, 1908-1919, t. I, p. 62-65.

22. Robert de La Marck, seigneur de Florange, *Mémoires du maréchal de Florange, dit le Jeune Adventureux*, R. Goubaux et P.-A. Lemoisne (éd.), Paris, H. Laurens, 1913-1924, t. I, p. 178-180.

23. *Journal de Jean Barrillon...*, *op. cit.*, p. 79-80.

24. E. Usteri, *Marignano...*, *op. cit.*, p. 298-301, lettre de Girolami à Laurent de Médicis, Matthäus Schiner, un secrétaire du duc de Milan et Galeazzo Visconti.

25. *Loyal serviteur...*, *op. cit.*, p. 377.

26. Bert S. Hall, *Weapons and Warfare in Renaissance Europe. Gunpowder, Technology and Tactics*, Baltimore, Johns Hopkins University Press, 1997, p. 157-200.

CHAPITRE VIII
Cantons contre cantons

1. Lettre de Goro Gheri, gouverneur de Plaisance pour le pape, au cardinal de Médicis, 14 août 1515 (E. Usteri, *Marignano…*, *op. cit.*, p. 308-310).

2. À la diète de Zurich, le 8 août 1515, on décide d'ouvrir une enquête pour faire la lumière sur les circonstances qui ont poussé les Suisses à mobiliser prématurément leur armée (*Eidgenössischen Abschiede…*, *op. cit.*, diète de Zurich, 8 août 1515, p. 899-901).

3. Récit de l'attentat contre vom Stein dans la lettre adressée le 28 juillet par les capitaines de Zurich à leurs autorités, et dans les pièces du procès ouvert à la diète plusieurs mois après les faits (E. Usteri, *Marignano…*, *op. cit.*, p. 249-250).

4. Lettre des capitaines de Bâle à leurs autorités, le 6 août 1515 (*ibid.*, p. 273).

5. *Ibid.*, p. 292-293. Les deux contingents de Berne comptent 2 000 hommes, 500 pour la première levée de 4 000 hommes, et 1 500 pour la deuxième de 12 000 hommes (13 600 en y comptant les contingents des pays alliés).

6. Cf. *supra*, p. 153.

7. « *Ista est natio et gens sui juris, sui capitis, sine jugo et ad vocem populi, non propter dimensionem rationis totius gubernat. Audiat, qui habet aures : plebs et turba non semper omnia suo modo sed tumultu passioneque metitur* » (*Korrespondenzen und Akten…*, *op. cit.*, t. I, p. 377).

8. Lettres de Goro Gheri à Julien de Médicis, 6 et 14 août 1515, lettre du secrétaire d'État de Léon X à Gambaro, représentant le Saint-Siège auprès des Suisses, du 14 août 1515 (E. Usteri, *Marignano…*, *op. cit.*, p. 306).

9. Compte rendu des discussions dans une lettre de Galeazzo Visconti au protonotaire Caracciolo, le 11 août (*ibid.*, p. 294-296).

10. Lettre déjà mentionnée des capitaines de Berne adressée à leurs autorités, le 9 août (*ibid.*, p. 292).

11. Dépositions recueillies par les autorités de Zurich en décembre 1515 ou janvier 1516 (*ibid.*, p. 313-314).

12. *Eidgenössischen Abschiede…*, *op. cit.*, diète de Lucerne, 12 juin 1515, p. 884-888.

13. Par Scarnafigi et Carmagnola (*Journal de Jean Barrillon…*, *op. cit.*, p. 84).

14. Lettre des capitaines de Fribourg à leurs autorités, 22 août 1515 (E. Usteri, *Marignano…*, *op. cit.*, p. 326-327).

15. Lettre des capitaines de Berne à leurs autorités, 28 août 1515 (*Eidgenössischen Abschiede…*, *op. cit.*, p. 902-903).

16. *Ibid.*, diète de Zurich, 1er mars 1515, p. 856-858.

17. *Ibid.*, diète de Berne, 29 avril 1515, p. 871-874.

18. Lettre de Gambaro, représentant du pape auprès des Suisses en campagne, à Filonardi, ambassadeur du pape auprès des cantons suisses, le 18 août (E. Usteri, *Marignano…*, *op. cit.*, p. 334-336).

19. *Eidgenössischen Abschiede…*, *op. cit.*, diète de Lucerne, 16 juillet 1515, p. 894-897.

20. Récit de la retraite suisse dans la lettre, déjà citée, des capitaines de Berne à leurs autorités (*ibid.*, p. 902-903). Le Vénitien Pasqualigo, qui accompagne les Français, écrit le 28 août que chaque jour, les cavaliers français tuent « 20, 30 ou 50 Suisses » (E. Usteri, *Marignano…*, *op. cit.*, p. 325). Ces assertions paraissent exagérées ; les capitaines de Berne n'évoquent qu'une seule grosse escarmouche, survenue le 23 août, qui coûte aux Suisses une trentaine d'hommes, plusieurs chariots, ainsi qu'un baril de poudre.

21. *Ibid.*, p. 338 (d'après Anshelm).

22. Résumées dans *Eidgenössischen Abschiede…*, *op. cit.*, p. 907-913.

23. Dont 2 000 Grisons et 3 000 Valaisans (*Eidgenössischen Abschiede…*, *op. cit.*, diète de Zurich, 20 août 1515, p. 905-906). Le nombre de 15 090 hommes est celui qui a été établi par les cantons en janvier 1516, pour calculer la répartition des soldes dues par les Français.

Comme les chiffres retenus pour les deux premiers contingents sont de 4 000 et 12 000 hommes, et ne comprenaient donc pas les contingents alliés, on en a déduit que ces 15 090 hommes représentaient également les effectifs des contingents des treize cantons, hors alliés (*ibid.*, diète de Berne, 30 janvier 1516, p. 952-954).

24. E. Usteri, *Marignano…*, *op. cit.*, p. 355.

25. Lettre des capitaines de Berne, Fribourg, Soleure et du Valais aux capitaines suisses en campagne, 31 août, et lettre de Marx Röist aux autorités de Zurich, 29 août (*ibid.*, p. 358-360).

26. Lettre du duc de Bari au duc de Milan, 26 août 1515 (*ibid.*, p. 356-357).

27. *Ibid.*, p. 350-351.

28. *Ibid.*, p. 399-400.

29. Lettre de Marx Röist aux autorités de Zurich, 1er septembre 1515, de Varèse (*ibid.*, p. 391).

30. *Ibid.*, p. 391-392.

31. *Journal de Jean Barrillon…*, *op. cit.*, p. 87.

32. *Ibid.*, p. 85-92. D'après Barrillon, l'armée royale, partie de Chivasso le 23 ou le 24 août, fait étape à Saluggia, Cigliano, San Germano Vercellese, Montonero, Cameriano, puis Novare. La distance moyenne parcourue par le gros de l'armée tombe alors à une douzaine de kilomètres par jour.

33. 300 lances d'après les informations dont disposait le cardinal Bibbiena le 3 août, alors qu'Aymar de Prie n'était encore qu'annoncé à Gênes, 400 lances, dont 150 déjà arrivées à Gênes le 6 août 1515, d'après un émissaire vénitien alors à Rome (E. Usteri, *Marignano…*, *op. cit.*, p. 283-284), et 400 lances d'après le Vénitien Pasqualigo, le 28 août 1515 (M. Sanudo, *Diarii*, *op. cit.*, vol. XXI, col. 22-23). Aymar de Prie commandait une compagnie de 50 lances en octobre 1515 (BNF, Fr 21509, n° 904).

34. Lettres de Goro Gheri à Lorenzo et au cardinal de Médicis, le 16 août, et au cardinal de Médicis et à Cardona, le 20 août 1515 (E. Usteri, *Marignano…*, *op. cit.*, p. 323 et 369-370).

35. Lettre du provéditeur Contarini aux ambassadeurs de Venise auprès du roi, 16 août 1515 (*ibid.*, p. 367). À Vérone ne se trouvent

plus que 1 000 fantassins espagnols, 200 hommes d'armes espagnols, et les hommes d'armes du pape (lettre d'un Italien anonyme à son frère, 24-26 août 1515, *ibid.*, p. 384).

36. Auxquels s'ajoutent d'autres contingents, en opération ou en garnison dans d'autres villes du duché. En tout, ils auraient été 1 500 en octobre 1514 (M. Sanudo, *Diarii*, *op. cit.*, vol. XIX, col. 182), 3 000 en novembre 1514 (*ibid.*, col. 271).

37. Ainsi de cette prime de 15 écus par capitaine qui excite la jalousie des soldats en septembre 1514 (*Eigenössischen Abschiede*..., diète de Zurich, 17 septembre 1514, p. 817-822).

38. F. Guicciardini, *Histoire d'Italie*..., *op. cit.*, t. II, p. 53.

39. Lettres du cardinal Schiner des 4, 5 et 6 septembre (*Korrespondenzen und Akten*..., *op. cit.*, p. 385-388).

40. Rapport adressé au marquis de Mantoue le 7 septembre (E. Usteri, *Marignano*..., *op. cit.*, p. 409).

41. Lettre des provéditeurs vénitiens aux autorités vénitiennes, 9 septembre (*ibid.*, p. 413). Le château de Lodi, encore tenu par les Milanais, capitule le lendemain (*ibid.*, p. 421). Au même moment, Renzo, brouillé avec le capitaine général de Venise Bartolomeo d'Alviano, décide de se mettre au service du pape. Les Vénitiens le laissent partir, mais gardent à leur solde une partie de sa compagnie. Il s'agit là d'un bel exemple de changement d'employeur en pleine guerre, qui, sans réjouir les Vénitiens, se passe sans conflit majeur. Le *condottiere* rend Crema et Lodi aux Vénitiens, et s'en va avec ses hommes, du moins ceux qui acceptent de le suivre (manifestement fort peu, d'après les Vénitiens, et comme Renzo s'en plaint lui-même : M. Sanudo, *Diarii*..., *op. cit.*, vol. XXI, col. 49 et 202-203). Il quitte Crema le 13 septembre, après avoir répété qu'il restait à la disposition de Venise et qu'il ne partait qu'à cause de Bartolomeo d'Alviano (*ibid.*, col. 108-109).

42. Texte du traité, dans sa version française, dans le *Journal de Jean Barrillon*..., *op. cit.*, p. 102-108.

CHAPITRE IX
L'engrenage

1. Lettre de Gambaro, émissaire du pape auprès de l'armée suisse, à Laurent de Médicis, 4 septembre 1515, prévenant ce dernier que l'armée suisse, alors à Cantù, devait aller le lendemain à Monza (E. Usteri, *Marignano...*, *op. cit.*, p. 410-411).

2. *Ibid.*, p. 460-462.

3. *Ibid.*, p. 414-415.

4. *Journal de Jean Barrillon...*, *op. cit.*, p. 99-101.

5. Lettres du 1er et du 4 septembre des capitaines suisses du château de Milan aux autorités helvétiques (E. Usteri, *Marignano...*, *op. cit.*, p. 395-396).

6. *Journal de Jean Barrillon...*, *op. cit.*, p. 101 et 108-109.

7. Lettre d'un certain Bonaventura Pistophilo au marquis de Mantoue, écrite le 8 septembre depuis le camp espagnol (E. Usteri, *Marignano...*, *op. cit.*, p. 409-410).

8. Celle de Louis d'Ars à Pavie, et celle de Marc de Chantemerle, bâtard de La Clayette, à Lodi (*Journal de Jean Barrillon...*, *op. cit.*, p. 109), toutes deux fortes de 100 lances (BNF, Fr 21509, n° 892, montre de la compagnie du bâtard de La Clayette, le 27 août 1515, et n° 894, montre de la compagnie de Louis d'Ars, le même jour).

9. Lettre de Bartolomeo d'Alviano lui-même, adressée aux autorités vénitiennes le 10 septembre (E. Usteri, *Marignano...*, *op. cit.*, p. 422).

10. Lettre du marquis de Mantoue à Laurent de Médicis, 8 septembre 1515 (*ibid.*, p. 420), et F. Guicciardini, *Histoire d'Italie...*, *op. cit.*, t. II, p. 52.

11. M. Sanudo, *Diarii*, *op. cit.*, vol. XXI, col. 66.

12. E. Usteri, *Marignano...*, *op. cit.*, p. 437-439.

13. Déposition de Hans Haldensteiner lors des procès tenus à Zurich à la fin de l'année 1515 (*ibid.*, p. 450-451).

14. Lettre des négociateurs bernois à Gallarate, aux capitaines de Berne à Domodossola, 10 septembre 1515 (*ibid.*, p. 434).

15. Lettre du conseil de Berne aux capitaines de Berne, 7 septembre (*ibid.*, p. 429-430).

16. Ce n'est que quelques jours plus tard, les 13 et 14 septembre, que Fribourg et Soleure approuvent le traité et ordonnent à leurs troupes de rentrer en Suisse (*ibid.*, p. 435). Ces deux cantons avaient sans doute déjà été tenus au courant par Berne, et avaient très certainement donné à leurs représentants pouvoir de conclure.

17. Lettre de la diète aux capitaines en campagne en Milanais, 14 septembre, scellée du sceau de Zurich (*ibid.*, p. 440).

18. Cela explique pourquoi on signale la présence d'une bannière d'Unterwald à Varèse le 2 septembre (*ibid.*, p. 356), puis à la bataille de Marignan (cf. *infra*), bien que les contingents d'Unterwald aient fait route avec ceux de Berne, Fribourg et Soleure à Arona et Domodossola. Cela reflète également les positions ultérieures de Nidwald et Obwald durant les négociations avec la France en 1515-1516.

19. « *Krumm und lahm* » (lettre du 7 septembre de Heini Erb aux capitaines suisses en campagne, E. Usteri, *Marignano*..., *op. cit.*, p. 430).

20. Lettre des capitaines de Zurich à leurs autorités, 3 septembre (*ibid.*, p. 393).

21. Déposition de Marx Röist durant l'enquête ordonnée par les autorités de Zurich (*ibid.*, p. 465).

22. Au moins six (*ibid.*, p. 463-464).

23. Les soldats sont « *schwurend und tobottind uber die hoptlutt* » (*ibid.*, p. 467, d'après une déposition enregistrée par le conseil de Zurich).

24. Wernher Steiner, « Chronicon Tugiense de anno 1503 usque ad annum 1516 », *Helvetia*, Aarau, 1826-1833, vol. VII, p. 239-240 (cité par E. Usteri, *Marignano*..., *op. cit.*, p. 468).

CHAPITRE X
Les Suisses prennent l'avantage

1. *Journal de Jean Barrillon*..., *op. cit.*, p. 116.

2. On ne peut qu'être émerveillé par la précision de l'ordre de bataille proposé en 1909 par le capitaine de Vallière, qui, inspiré sans doute

par sa lecture de la topographie du champ de bataille, n'a pas hésité non plus à indiquer le tracé de fortifications françaises plus qu'hypothétiques (« Les Suisses en Italie », *Revue militaire suisse*, 54e année, 8 (1909), p. 633-641).

3. Lettre du Vénitien Pasqualigo, le 28 août 1515 (M. Sanudo, *Diarii*, *op. cit.*, vol. XXI, col. 22).

4. Voir en annexe la liste des compagnies d'ordonnance soldées par le roi en 1515.

5. F. Lot, *Recherches sur les effectifs des armées...*, *op. cit.*, p. 41-44. Dans un extrait des comptes aujourd'hui disparus de la trésorerie des guerres, sont recensées, pour le quartier de juillet à septembre 1515, les 100 lances du doge Fregoso – faisant sans doute partie des 400 lances placées sous le commandement d'Aymar de Prie –, les 50 lances du comte Francesco Torrelli, apparenté aux Trivulce, les 50 lances de Giovanni Gonzaga et les 50 lances de Bernabo Visconti, soit 250 lances (BNF, Fr 20684, p. 158).

6. *Ibid.*

7. *Loyal serviteur...*, *op. cit.*, p. 346.

8. *Mémoires de Martin et Guillaume du Bellay...*, *op. cit.*, p. 69-70. Recruté en avril 1513 par Louis XII (G. Bischoff, « Honneur, argent et trahison... », *op. cit.*, p. 91-120), Tavannes figure parmi les capitaines de lansquenets que le roi a gardés à son service après le licenciement de la plupart des mercenaires allemands à l'été 1514 (BNF, Fr 25785, n° 213, montre d'une bande de 378 lansquenets levée et commandée par Jean de Tavannes, alors en route pour la Provence, le 20 septembre 1514).

9. Description du champ de bataille par Heinrich Harkensee, *Die Schlacht bei Marignano* (dissertations de l'université de Göttingen), Göttingen, Druck von E.A. Huth, 1909, p. 79-80. Heinrich Harkensee reste à ce jour l'auteur qui a le mieux utilisé et analysé les sources narratives sur la bataille de Marignan, sans partager le dédain excessif d'Emil Usteri pour les sources françaises, ni accorder un crédit exagéré au texte de Paolo Giovio. En revanche, Harkensee réduit beaucoup trop le périmètre du champ de bataille. On ne peut le suivre lorsqu'il affirme que la bataille a eu lieu entre la grande route de Milan à Lodi et la route de Zivido à San Brera, c'est-à-dire sur un front de 400 à 500 mètres

seulement. Sa démonstration repose sur le postulat que la bataille s'est entièrement déroulée à l'ouest de la grande route, et donc que la « *via publica* » dont parle Giovio – le seul auteur à donner des détails sur la topographie et la position des différents corps à Marignan – ne peut être que la petite route de Zivido à San Brera. Harkensee prête par ailleurs aux Suisses des formations profondes, extrêmement compactes, de cinquante ou cent rangs de profondeur, qui sont nettement postérieures à Marignan.

10. *Journal de Jean Barrillon*..., *op. cit.*, p. 116.

11. *Ibid.*, p. 113 (récit de la bataille, p. 115-126).

12. Valerius Anshelm, *Berner Chronik*, Berne, K.J. Wyss, 1881-1901, t. IV, p. 143 (récit de la bataille, p. 138-146).

13. Ludwig Schwinkhart, *Chronik,* Historischer Verein des Kantons Bern (éd.), Berne, H. Lang & Co, 1941, p. 174 (récit de la bataille, p. 174-180).

14. *Mémoires du maréchal de Florange, dit le Jeune Adventureux*, *op. cit.*, t. I, p. 187-188 (récit de la bataille, p. 184-199).

15. *Mémoires de Martin et Guillaume du Bellay*..., *op. cit.*, p. 74 (récit de la bataille, p. 70-75).

16. J.-F. Michaud et J.-J.-F. Poujoulat (éd.), *Nouvelle collection de mémoires pour servir à l'histoire de France*, 1re série, t. V, Paris, 1838, p. 595-597, ci-après citée *Lettre de François Ier*...

17. « *Das soll unser kilchof sin, frommen, lieben Eydtgenossen. [...] Wir wellen mit Gottes hil uf den hütigen tag noch gross lob und ehr inlegen ; thund als byderlüt, und nemend d'sach mannlich und unversagt zu handen* » (*Die Eidgenössische Chronik des Wernher Schodoler um 1510 bis 1535. Kommentar zur Faksimile-Ausgabe der dreibändigen Handschrift, Ms 62 in der Leopold-Sophien-Bibliothek Überlingen, MS 2 im Stadtarchiv Bremgarten, MS Bibl. Zurl. Fol. 18 in der Aargauischen Kantonsbibliothek Aarau*, Walther Benz (éd.), p. 282 (récit de la bataille, p. 281-283). Schodoler, originaire de Bremgarten, a écrit son histoire de la Confédération entre 1509 et 1535.

18. L'invocation de la Trinité et le lancer de mottes de terre sont également attestés chez les lansquenets (R. Baumann, *Landsknechte*..., *op. cit.*, p. 36).

19. Dépêche de Berne du 23 juin 1515 adressée à la diète de Baden (E. Usteri, *Marignano...*, *op. cit.*, p. 190-191).

20. *Eidgenössischen Abschiede...*, *op. cit.*, conférence de Moncalieri, 1er août 1515, p. 898-899.

21. Cf. *supra*, note 2.

22. E. de Crouy-Chanel, *Canons médiévaux. Puissance du feu*, *op. cit.*, p. 113 et 116.

23. B.S. Hall, *Weapons and Warfare in Renaissance Europe...*, *op. cit.*, p. 155.

24. Cf. l'excellente synthèse d'Emmanuel de Crouy-Chanel, *Canons médiévaux. Puissance du feu* (*op. cit.*), sur les techniques de fabrication de la poudre, les typologies des pièces d'artillerie, leur évolution et la terminologie employée.

25. René Gandilhon, *Politique économique de Louis XI*, Rennes, Impr. réunies, 1940, p. 205-209, et Ph. Contamine, « Les industries de guerre... », *op. cit.*, p. 263-268. À partir de 1477, la production de salpêtre est prise en charge par la monarchie. Dix commissaires sont chargés de rassembler les chaudières nécessaires, de lessiver les murs des caves et d'affiner le salpêtre, avant de les transporter dans les arsenaux. Trois « trésoriers des salpêtres », attestés de 1510 jusqu'au milieu du siècle, succèdent à ces commissaires.

26. François de Vaux de Foletier, *Galiot de Genouillac, maître de l'artillerie de France (1465-1546)*, Paris, A. Picard, 1925, p. 41.

27. L'administration de l'artillerie se développe considérablement entre les années 1470 et les années 1530. On n'en suit pas toujours aisément l'évolution, car elle d'une grande plasticité, l'artillerie étant le royaume des offices temporaires. De nombreux maîtres de l'artillerie sont nommés pour diriger l'artillerie d'une armée ou d'une province (voir Ph. Contamine, « L'artillerie royale française à la veille des guerres d'Italie », *op. cit.*, p. 224-231).

28. Ainsi, en septembre 1512, 196 chevaux conduits par 52 charretiers, levés pour l'artillerie du roi, reviennent à 1 127 livres tournois pour 23 jours de service (BNF, NAF 8615, n° 18). Les attelages des pièces les plus lourdes nécessitant 25 à 30 chevaux, la soixantaine de

canons moyens et lourds de l'armée de 1515 devait employer de 500 à 1 000 chevaux, non compris la poudre, les boulets et les accessoires.

29. Outre ses gages ordinaires de 2 000 livres tournois par an, le maître reçoit un supplément de 500 l.t. par mois en temps de guerre, ce qui laisse supposer qu'il devait y aller de sa poche lorsque l'argent tardait à arriver (F. de Vaux de Foletier, *Galiot de Genouillac*..., *op. cit.*, p. 36).

30. Sur cette expédition avortée, voir notamment Hans Cools, « Philip of Cleves at Genoa : The Governor Who Failed », *in* J. Haemers, H. Wijsman et C. Van Hoorebeeck (dir.), *Entre la ville, la noblesse et l'État : Philippe de Clèves (1456-1528), homme politique et bibliophile*, Turnhout, Brepols, 2007, p. 106-108.

31. *Eidgenössische Chronik des Wernher Schodoler*..., *op. cit.*, p. 282.

32. Le seigneur de Florange s'attribue tout le mérite d'avoir averti le roi et le duc de Bourbon de l'imminence de l'attaque suisse...

33. La compagnie du seigneur de Sedan est alors commandée par un autre de ses fils, Guillaume de La Marck, seigneur de Jametz, frère cadet de Florange (*Mémoires du maréchal de Florange, dit le Jeune Adventureux*, *op. cit.*, p. 191).

34. C'est-à-dire d'introduire à coups de marteau un clou dans la lumière des canons, pour empêcher la mise à feu de la poudre.

35. *Journal de Jean Barrillon*..., *op. cit.*, p. 119-120.

Chapitre XI
La charge de François Ier

1. Jean Flori, « Chevalerie et idéologie chevaleresque au Moyen Âge : de la réalité au mythe », *in* A.-M. Capdeboscq et L. Fe Canto (dir.), *La Chevalerie castillane au* XV*e* *siècle. À propos du* Victorial *de Gutierre Diaz de Games*, Limoges, PULIM, 2000, p. 15-16. Que Mme Marion Bernard, auteur d'une thèse d'École des chartes sur les armuriers parisiens (*Les « mestiers touchans habillemens de guerre ». Armuriers et fourbisseurs d'épées parisiens à la fin du Moyen Âge*, thèse pour le diplôme d'archiviste-paléographe, Paris, 2012), soit ici remerciée pour les

éléments qu'elle a bien voulu me communiquer sur la composition des « harnois complets » et des « harnois simples » aux XIVe et XVe siècles.

2. Séance du 24 juillet 2012 de la Commission de la défense nationale et des forces armées de l'Assemblée nationale, compte rendu n° 7 (http://www.assemblee-nationale.fr/14/cr-cdef/11-12/c1112007.asp#P6_477).

3. Charles Buttin, « Notes sur les armures à l'épreuve (XIVe-XVIe siècle) », *Revue savoisienne*, 42 (1901), p. 60-92 et 150-210.

4. Simon Painsonneau, *Fabrication et commerce des armures. L'armurerie tourangelle au XVe siècle*, Paris, AEDEH, 2004, p. 71-75 ; Ph. Contamine, *Guerre, État et société…, op. cit.*, p. 662.

5. Une ordonnance de 1436 fixe le cours de l'écu neuf au soleil à 25 sous tournois (J.-F. Lassalmonie, *La Boîte à l'enchanteur*, *op. cit.*, p. 57), l'ordonnance du 23 janvier 1515 celui de l'écu au soleil à 36 s. 3 d. (*Ordonnances des rois de France. Règne de François Ier*, *op. cit.*, p. LVI-LVII).

6. En 1550, la solde est portée à 400 livres tournois par an pour les hommes d'armes et 200 l.t. pour les archers (F. Lot, *Recherches sur les effectifs des armées…, op. cit.*, p. 247).

7. Carroll Gillmor, « Practical Chivalry. The Training of Horses for Tournaments and Warfare », *Studies in Medieval and Renaissance History*, n.s. 13 (1992), p. 27.

8. Sur la base de fouilles archéologiques, effectuées au cours des années 1970 dans la City de Londres, et d'une étude de l'iconographie médiévale (John Clark (dir.), *The Medieval Horse and its Equipment, c. 1150-c. 1450*, Woodbridge, Boydell, 2004, p. 22-26).

9. Frédéric Chauviré, « Bayard chevalier ou cavalier ? Le combat de cavalerie sous la Renaissance », *Bulletin de la société archéologique et historique de Nantes*, 139 (2004), p. 197-216.

10. *Loyal serviteur…, op. cit.*, p. 16-17.

11. *Ibid.*, p. 383-384.

12. *Mémoires de Martin et Guillaume du Bellay…, op. cit.*, p. 33-34.

13. Cf. l'excellente mise au point d'Amélie Tsaag Valren, « Destrier médiéval : le mythe du "cheval de trait blindé" » (*Cheval savoir*,

n° 35, septembre 2012, http://www.cheval-savoir.com/1032-destrier-medieval-mythe-cheval-trait-blinde).

14. S. Painsonneau, *Fabrication et commerce des armures…*, *op. cit.*, p. 67-68.

15. Sur l'histoire de la charge à la lance et des innovations techniques auxquelles elle a donné lieu, on ne saurait trop recommander le remarquable article que François Buttin a consacré à l'arrêt de cuirasse. À partir du dépouillement d'un nombre impressionnant de sources narratives et comptables, l'auteur y livre une démonstration impeccable et une étude lexicographique très convaincante (François Buttin, « La lance et l'arrêt de cuirasse », *Archaeologia*, 49 (1965), p. 77-178).

16. Cf. *supra*, chapitre 3, note 11.

17. Mention explicite (et rare) dans la montre de la compagnie d'Artus Gouffier de Boisy, 20 mai 1516 (BNF, NAF 8616, n° 12).

18. BNF, Fr 25786, n° 15, revue de 100 des 200 arbalétriers français « nouvellement mis sus pour la garde du corps du roi », soldés à partir du 20 août 1515, à raison de 10 l.t. par mois et par homme. Les capitaines de ces deux compagnies étaient Hardouin de Cossé et le seigneur de Maugiron (*ibid.*, n° 23).

19. La brigandine est une armure protégeant le torse et l'abdomen, constituée de petites plaques de fer rivetées sur du cuir ou de la toile épaisse. Bon marché, facile à fabriquer et efficace – quoique sans manches –, elle est très utilisée au XVe siècle.

20. Récit d'une mésaventure de ce type, arrivée au seigneur de Laval lors du siège de Naples en 1528, dans B. de Montluc, *Commentaires*, *op. cit.*, p. 96-97. Comme à Marignan, le terrain était coupé de fossés, et le seul chemin par lequel les hommes d'armes du seigneur de Laval auraient pu reculer était encombré par une colonne de piquiers français.

21. Xavier Hélary, *Courtrai. 11 juillet 1302*, Paris, Tallandier, 2012, p. 100-103.

22. O. Bangerter, *Novare…*, *op. cit.*, p. 95-96.

23. Le roi cite le seigneur de Théligny (60 lances), Humbercourt (80 lances), La Palice (100 lances) et Antoine de Créqui, seigneur de Pont-Rémy (80 lances), ainsi que le connétable, dont la compagnie se trouvait alors en garnison à Lodi sous le commandement de son lieutenant, Marc

de Chantemerle (voir en annexe la liste des compagnies d'ordonnance soldées par le roi en 1515).

24. *Lettre de François Ier…*, *op. cit.*, p. 595.

25. BNF, Clairambault 243, fol. 735 (revue des 60 lances commandées par le seigneur de Théligny, faisant partie des 100 lances du duc de Gueldre, 9 janvier 1516), 739 (revue des 30 lances du seigneur de Vendenesse, faisant partie des 80 lances précédemment commandées par le sire de Humbercourt, 15 janvier 1516), BNF, Fr 21509, n° 899 (revue des 100 lances de la compagnie du seigneur de La Palice, 5 janvier 1516).

26. Il s'agit là de pertes maximales probables. En effet, les temps de service accomplis par les hommes remplacés ne correspondent jamais, sauf exceptions rarissimes, aux deux mois et treize ou quatorze jours séparant le 1er juillet, date du début du trimestre soldé, des 13 et 14 septembre (ainsi par exemple, dans le rôle de la compagnie du seigneur de Vendenesse, seul un des archers, parmi les trois hommes d'armes et les sept archers remplacés, a été payé pour deux mois et treize jours, les autres l'ayant été pour deux mois et vingt-trois jours). Il n'est pas exclu que certains hommes d'armes et archers aient disparu avant ou après la bataille, mais il est bien sûr inimaginable que les sept compagnies dont les montres d'armes ont été conservées aient subi toutes leurs pertes ou presque en dehors de la bataille de Marignan. Le plus probable, et c'est l'hypothèse qui a été retenue ici, est que tous les remplacements intervenus le même jour (en l'occurrence, deux mois et cinq jours pour Théligny, et un mois et vingt-huit jours pour La Palice) sont imputables à Marignan. Les quelques jours payés en plus ou en moins – plus souvent en moins – doivent correspondre à des ajustements effectués par les clercs du trésorier des guerres au bénéfice des remplaçants ou des ayant droit des soldats décédés.

27. Robert de La Marck, seigneur de Florange, *Mémoires du Jeune Adventureux*, in *Choix de chroniques et mémoires relatifs à l'histoire de France*, Jean Alexandre C. Buchon (éd.), Paris, A. Pilon, 1875, p. 265.

28. *Loyal serviteur…*, *op. cit.*, p. 384.

29. Symphorien Champier, *Histoire des gestes…*, *op. cit.*, p. 95-96.

30. *Mémoires du Jeune Adventureux…*, *op. cit.*, p. 264.

31. Dans les montres mentionnées ci-dessus, 11 hommes d'armes et 32 archers, sur un effectif de départ de 190 hommes d'armes et 380 archers, soit respectivement 5,8 et 8,4 % de pertes.

CHAPITRE XII
Le tournant de la bataille

1. Martin et Guillaume du Bellay, *Mémoires*, in *Choix de chroniques et mémoires relatifs à l'histoire de France*, *op. cit.*, p. 329.

2. « [...] Ils avoient faict un feu au milieu d'eulx, là où une volée d'artillerie alla donner à travers d'eulx, qui leur porta un merveilleux grand dommage » (*Mémoires du Jeune Adventureux...*, *op. cit.*, p. 265).

3. « *Und wiewol die Eydtgenossen weder spis noch narung haben mochtend une die nacht vil ellentz litten, müedt und hälllig warendt und darzu nit vil rüw hattend von denen verwuntten knächten* [...] » (L. Schwinkhart, *Chronik...*, *op. cit.*, p. 177). « *So bliben aber d'Eidgenossen zerströwt an hufen ston, wie dan si die nacht hat begriffen, der merteil uf der Franzosen lägerstat in grossem frost und hunger* [...] » (V. Anshelm, *Berner Chronik...*, *op. cit.*, p. 141).

4. *Mémoires du Jeune Adventureux...*, *op. cit.*, p. 265.

5. Kätzi est déjà signalé comme bailli des *Freie Ämter* en 1467 ; il a été landamman de Schwyz de 1497 à 1500 et en 1512-1513 (http://www.hls-dhs-dss.ch/textes/f/F18984.php, notice mise à jour le 6 décembre 2006). Mentionné pour la première fois en 1478 en tant qu'huissier, Hasler ne devait pas être de beaucoup son cadet (http://www.hls-dhs-dss.ch/textes/f/F26674.php, notice mise à jour le 20 mai 2008).

6. Ph. de Commynes, *Mémoires*, *op. cit.*, p. 117.

7. Pierre de Bourdeille, seigneur de Brantôme, *Œuvres complètes. Les vies des grands capitaines estrangers, les vies des grands capitaines françois*, L. Lalanne (éd.), t. II, Paris, Vve Renouard, 1866, p. 404.

8. *Loyal serviteur...*, *op. cit.*, p. 382.

9. Steiner a participé à la bataille de Marignan en tant que chapelain (« Chronicon Tugiense... », *op. cit.*, p. 241-242).

10. *Traité sur l'art de la guerre…*, *op. cit.*, p. 28 (variante d'un manuscrit antérieur à Béraud Stuart, et qu'on peut donc attribuer à Robert de Balsac).

11. « […] *und ouch einen so grossen schrecken ins kungs hör gebracht, dass, wo d'Eidgenossen die nüwen bruken nit hättid abgeworfen, der nacht kein reisiger da des tags erwartet hätte* » (V. Anshelm, *Berner Chronik…*, *op. cit.*, p. 140).

12. « *Wir habendt verschaffet, dass alle bruggen in dem landt abgeworfen sind, und die Frantzossen müessend all unser eygen sin* » (L. Schwinkhart, *Chronik…*, *op. cit.*, p. 176-177).

13. « *In glichem hattendt ouch die Frantzossen kein ruw, dann dass sy die ganze nacht grübendt und schantzeten und umb sich allenthalben gross gräben ufwurfendt und ir geschütz darhinder legtend nach vermügen* » (*ibid.*, p. 177).

14. Andrew W. Boardman, *The Medieval Soldier in the Wars of the Roses*, Phoenix Mill, Sutton, 1998, p. 167.

15. *Mémoires du Jeune Adventureux…*, *op. cit.*, p. 266.

16. M. et G. du Bellay, *Mémoires…*, *op. cit.*, p. 330.

17. *Lettre de François I*[er]*…*, *op. cit.*, p. 596.

18. M. et G. du Bellay, *Mémoires…*, *op. cit.*, p. 329.

19. F. Guicciardini, *Histoire d'Italie…*, *op. cit.*, t. II, p. 45.

20. M. et G. du Bellay, *Mémoires…*, *op. cit.*, p. 328.

21. *Mémoires du Jeune Adventureux…*, *op. cit.*, p. 242.

22. *Ibid.*, p. 251.

23. La chanson *Wir sind des Geyers schwarzer Haufen*, composée en 1919, eut autant de succès auprès de l'extrême gauche, qui voyait en Florian Geyer un précurseur de la lutte des classes, qu'auprès des nationaux-socialistes, qui en prisaient les accents anticléricaux. Elle est passée directement du répertoire musical de la SS à celui de l'armée est-allemande.

24. Maurizio Arfaioli, *The Black Bands of Giovanni*, Pise, Pisa University Press, 2005.

25. Michel Pastoureau, *Noir. Histoire d'une couleur*, Paris, Points, 2011, p. 93-130.

26. *Eidgenössischen Abschiede…*, *op. cit.*, diète de Zurich, 8 août 1515, p. 899-901.

27. R. Baumann, *Landsknechte…*, *op. cit.*, p. 109-130 (Gewerkschaft und Orden).

28. *Mémoires du Jeune Adventureux…*, *op. cit.*, p. 243.

29. BNF, Moreau 809, n° 148, lettre d'un officier du roi au seigneur d'Aumont. Dans une autre lettre, le même se lave les mains de ce que peuvent faire les lansquenets en Franche-Comté, sous prétexte que les Francs-Comtois avaient laissé passer les Suisses en 1513, et que cela n'était qu'un juste retour des choses (*ibid.*, n° 159) !

30. *Journal de Jean Barrillon…*, *op. cit.*, p. 92.

31. Lettre de Raphaello Girolami au cardinal de Médicis, 9 septembre 1515. Girolami date cette mutinerie du jour où François Ier est entré à Chivasso, soit le 22 août (E. Usteri, *Marignano…*, *op. cit.*, p. 421). Le roi aurait promis de les payer pour six mois au moins.

32. *Journal de Jean Barrillon…*, *op. cit.*, p. 127. Il consent à leur payer sur-le-champ leur solde de septembre, et à ce que le mois de solde suivant commence dès le lendemain 14 septembre, au lieu du 1er octobre.

33. BNF, Fr 25785, n° 213 et 214 (capitaines Sching et Tavannes, 20 septembre 1514), 201 à 209 (capitaines Gabriel Pelegrin, 18 avril 1514, Hans Hinger, 22 avril, « Repergue », 24 avril, « Thiedric », 24 avril, Liénart Seimach, [24] avril, Jacob Spech, 24 avril, Jacob Deconde, 23 mai, Christophe Fottingue, 22 mai 1514, Wolf Stamfort, 23 mai).

34. Respectivement celles de Fottingue et Pelegrin.

35. 50 soldes pour les revues passées en avril et mai 1514, 10 % pour les revues de septembre, soit 37,5 et 38 doubles payes pour 374 hommes et 378 hommes respectivement. Cela semblerait indiquer un changement du mode de calcul des soldes, à l'avantage de l'employeur, intervenu entre mai et septembre 1514.

36. Trouvé dans la bibliothèque ducale de Wolfenbüttel, il était en 1870 conservé aux archives de Lucerne (*Anzeiger für Schweizerische Geschichte*, 1 (1870), p. 251-254).

37. O. Bangerter, *Novare…*, *op. cit.*, p. 64-65.

38. *Mémoires du Jeune Adventureux…*, *op. cit.*, p. 247.

39. F.L. Taylor, *The Art of War in Italy (1494-1529)*, *op. cit.*, p. 34.

40. B.S. Hall, *Weapons and Warfare in Renaissance Europe…*, *op. cit.*, p. 134-156.

41. Th. Arnold, *The Renaissance at War*, *op. cit.*, p. 68-72.

42. O. Bangerter, *Novare…*, *op. cit.*, p. 12-13.

43. Taille des piques commandées par Louis XI en 1480, pour équiper son infanterie sur le modèle suisse (R. Gandilhon, *Politique économique de Louis XI*, *op. cit.*, p. 203-205).

44. R. Baumann, *Landsknechte…*, *op. cit.*, p. 41.

45. Cf. article classique de Manolis Andronicos, « Sarissa », *Bulletin de correspondance hellénique*, 94 (1970), p. 91-107.

46. Éric Foulon, « La garde à pied, corps d'élite de la phalange hellénistique », *Bulletin de l'Association Guillaume Budé*, 1 (1996), p. 17-31. Je suis redevable à Mme Jouys Barbelin de m'en avoir indiqué les références, ainsi que celles qui précèdent.

47. S. Champier, *Histoire des gestes…*, *op. cit.*, p. 96. Champier parle d'un coup de pique, mais un coup de hallebarde est bien plus probable, compte tenu de la profondeur et de l'emplacement de la blessure.

48. M. et G. du Bellay, *Mémoires…*, *op. cit.*, p. 329-330.

49. Charles Ardant du Picq, *Étude du combat d'après l'antique*, Besançon, Vve Valluet et fils, 1868.

50. « *Aber die Eydtgnossen tradtend zusamen in hufen, in etlichen zächen, zwanzig oder tryssig, minder oder mer ungefarlich, und warten sich da mannlichen und stachend deren Frantzossen vil von iren pfärden, die da tödtlich zu der erden fielendt* » (L. Schwinkhart, *Chronik…*, *op. cit.*, p. 179).

51. BNF, Fr 21509, n° 900, revue passée le 13 janvier 1516 des 50 lances du duc d'Alençon, indiquant le remplacement de 5 hommes d'armes et 10 archers, tous payés pour un mois et quatre jours. La compagnie n'ayant pas été engagée le 13 septembre, toutes ses pertes ont été subies le lendemain.

52. M. Sanudo, *Diarii*, *op. cit.*, vol. XXI, col. 99-100 ; *Journal de Jean Barrillon…*, *op. cit.*, p. 116 ; *Mémoires du Jeune Adventureux…*, *op. cit.*, p. 264.

53. M. Sanudo, *Diarii*, *op. cit.*, vol. XXI, col. 102 à 104.

Chapitre XIII
La retraite des Suisses

1. C'est le cas de Wernher Steiner (« Chronicon Tugiense... », *op. cit.*, p. 241-242) et de Guicciardini : « [...] maintenant sans cesse leur ordre coutumier, [les Suisses] marchèrent à pas lent vers Milan – ce qui laissa les Français dans une telle stupeur que, dans toute leur armée, pas un fantassin ni un cavalier n'eut l'audace de les poursuivre » (F. Guicciardini, *Histoire d'Italie...*, *op. cit.*, t. II, p. 59). Résumé des positions des différents auteurs contemporains dans E. Usteri, *Marignano...*, *op. cit.*, p. 485.

2. V. Anshelm, *Berner Chronik...*, *op. cit.*, p. 143.

3. L. Schwinkhart, *Chronik...*, *op. cit.*, p. 179.

4. *Mémoires du Jeune Adventureux...*, *op. cit.*, p. 266.

5. M. Sanudo, *Diarii*, *op. cit.*, vol. XXI, col. 99-103 ; *Journal de Jean Barrillon...*, *op. cit.*, p. 123.

6. *Anzeiger für Schweizerische Geschichte...*, *loc. cit.*

7. F. Guicciardini, *Histoire d'Italie...*, *op. cit.*, t. II, p. 59.

8. Jacques Garnier, *Austerlitz. 2 décembre 1805*, Paris, Fayard, 2005, p. 337.

9. Ainsi Zurich fournit 1 250 hommes pour les deux levées de Novare, sur 12 000 hommes, et Zoug 450 hommes (O. Bangerter, *Novare...*, *op. cit.*, p. 68).

10. 2 000 d'après Barrillon (*Journal de Jean Barrillon...*, *op. cit.*, p. 123).

11. M. Sanudo, *Diarii*, *op. cit.*, vol. XXI, col. 97 et 113.

12. 5 hommes d'armes et 10 archers pour les 50 lances du duc d'Alençon (BNF, Fr 21509, n° 900), 7 hommes d'armes et 8 archers pour les 100 lances du baron de Béarn (*ibid.*, n° 901), 3 hommes d'armes et 12 archers pour les 100 lances de la compagnie de La Palice (*ibid.*, n° 899), 7 hommes d'armes et 14 archers pour les 100 lances de la compagnie de René, bâtard de Savoie (*ibid.*, n° 903), 5 hommes d'armes et 13 archers pour les 60 lances du duc de Gueldre sous le seigneur de Théligny (BNF, Clairambault 243, fol. 735), 5 hommes

d'armes et 14 archers pour les 50 lances de Gouffier de Boisy (*ibid.*, fol. 741), 3 hommes d'armes et 7 archers pour les 30 lances du seigneur de Vendenesse, anciennement sous le seigneur de Humbercourt (*ibid.*, fol. 743). Seules ont été prises en compte les pertes « par grappe », c'est-à-dire les hommes d'armes et les archers disparus ou remplacés le même jour que d'autres.

13. *Mémoires du Jeune Adventureux...*, *op. cit.*, p. 248.

14. Antoine Prost, « Compter les vivants et les morts : l'évaluation des pertes françaises de 1914-1918 », *Le Mouvement Social*, 222 (2008), p. 41-60.

15. *Journal de Jean Barrillon...*, *op. cit.*, p. 124.

16. J. Garnier, *Austerlitz. 2 décembre 1805*, *op. cit.*, p. 337.

17. John Ellis, *Cassino, une amère victoire,* trad. P.-A. Léger, Paris, Albin Michel, [1984] 1987, p. 159-160.

18. Elles sont très rares... sauf dans l'histoire militaire suisse. Ainsi, à Sempach, les Suisses eurent 120 tués, contre plus de 650 Autrichiens (Sir Charles Oman, *History of the Art of War in the Middle Ages*, t. II, *1278-1515*, Londres, Greenhill Books, [1924] 1991, p. 251-252). À Arbedo, en 1422 (*ibid.*, p. 262-264), et à Saint-Jacques-sur-la-Birse, en 1444 (Markus Lutz, *Die Schlacht bei Sankt Jakob am 26 August 1444. Eine historische Darstellung*, Bâle, Wocher, 1824), les Suisses infligèrent à leurs vainqueurs des pertes très supérieures. Pendant la guerre de Cent Ans, le vainqueur, français ou anglais, n'essuie que des pertes dérisoires, en raison, encore une fois, de l'excellente protection dispensée par les armures complètes. À de rares exceptions près, les mêlées en elles-mêmes sont peu meurtrières, et les vaincus sont pour la plupart tués lors de la poursuite.

19. « Trivulzio, capitaine qui avait vu tant de choses, affirmait que cela avait été une bataille non pas d'hommes, mais de géants, et que les dix-huit batailles auxquelles il avait participé n'avaient été en comparaison de celle-ci que des batailles d'enfants » (F. Guicciardini, *Histoire d'Italie...*, *op. cit.*, t. II, p. 59).

20. Dépositions de plusieurs Suisses de la garnison, lors des procès de Zurich, en décembre 1515-janvier 1516 (E. Usteri, *Marignano...*, *op. cit.*, p. 518-519) ; la garnison compte 1 600 Suisses ainsi que des

Espagnols d'après Barrillon (*Journal de Jean Barrillon*..., *op. cit.*, p. 131), 1 500 Suisses et 500 Espagnols d'après Guicciardini (*Histoire d'Italie*..., *op. cit.*, t. II, p. 60), 1 200 Suisses et 500 Milanais d'après Florange (*Mémoires du Jeune Adventureux*..., *op. cit.*, p. 267).

21. F. Guicciardini, *Histoire d'Italie*..., *op. cit.*, t. I, p. 887.

22. *Journal de Jean Barrillon*..., *op. cit.*, p. 129.

23. *Anzeiger für Schweizerische Geschichte*..., *loc. cit.*

24. *Eidgenössischen Abschiede*..., *op. cit.*, diète de Lucerne, 4 octobre 1515, p. 921-924.

25. E. Usteri, *Marignano*..., *op. cit.*, p. 502-503.

26. *Journal de Jean Barrillon*..., *op. cit.*, p. 186.

27. L. Schwinkhart, *Chronik*..., *op. cit.*, p. 180.

28. F. Guicciardini, *Histoire d'Italie*..., *op. cit.*, t. I, p. 417-418.

29. *Ibid.*, t. II, p. 63-64 ; *Mémoires de Martin et Guillaume du Bellay*..., *op. cit.*, p. 330-331.

30. Copie collationnée à l'original du traité dans BNF, Fr 20615, n° 38.

31. F. Guicciardini, *Histoire d'Italie*..., *op. cit.*, t. II, p. 64.

32. *Journal de Louise de Savoie*, in *Choix de chroniques et mémoires relatifs à l'histoire de France*, *op. cit.*, p. 299.

33. L. Schwinkhart, *Chronik*..., *op. cit.*, p. 177.

34. S. Champier, *Histoire des gestes*..., *op. cit.*, p. 98-99.

35. *Loyal serviteur*..., *op. cit.*, p. 385-386.

36. *Mémoires du Jeune Adventureux*..., *op. cit.*, p. 264.

37. D. Le Fur, *Marignan*..., *op. cit.*, p. 248-267.

38. Jean-Marie le Gall, « Autopsie d'une figure de la défaite. Le roi prisonnier ou les embarras du vainqueur, François Ier après Pavie », *Hypothèses*, II (2008), p. 297-314.

39. D. Le Fur, *Marignan*..., *op. cit.*, p. 276-281.

40. Voir sur ce point l'essai novateur de Jacques Dalarun, *Gouverner, c'est servir* (Paris, Alma, 2012), consacré à l'essor d'une doctrine nouvelle du pouvoir, élaborée et diffusée par Abélard, saint Dominique et saint François, où le gouvernant se fait le serviteur de la communauté qu'il dirige.

41. Sans toutefois aller jusqu'à dire que l'adoubement a « frappé tous les observateurs » (J. Jacquart, *Bayard*, *op. cit.*, p. 236-237).

42. J. Jacquart, *François Ier*, *op. cit.*, p. 106-107.

43. *Eidgenössischen Abschiede...*, *op. cit.*, p. 919.

44. *Ibid.*, diète du 15 octobre 1515, p. 924-925.

45. *Ibid.*, diète de Lucerne, 18 octobre 1515, p. 925-928.

46. *Ibid.*, diète de Zurich, 6 novembre 1515, p. 933-935.

47. *Ibid.*, diète de Brunnen, 6 décembre 1515, p. 943-944.

48. *Ibid.*, diète de Lucerne, 12 décembre 1515, p. 947.

49. E. Usteri, *Marignano...*, *op. cit.*, p. 511-522.

50. *Journal de Jean Barrillon...*, *op. cit.*, p. 164 et 191.

51. *Eidgenössischen Abschiede...*, *op. cit.*, diète de Berne, 30 janvier 1516, p. 952-954.

Chapitre XIV
Le dénouement

1. E. Usteri, *Marignano...*, *op. cit.*, p. 523. À la diète de Berne, tenue le 14 janvier 1516 (*Eidgenössischen Abschiede...*, *op. cit.*, p. 950), Zurich annonce l'arrivée de l'ambassade du roi d'Angleterre ; celui-ci prétend apporter 150 000 florins.

2. *Ibid.*, diète de Lucerne, 4 mars 1516, p. 960.

3. Les armées vénitiennes étaient commandées par un capitaine général, assisté de « provéditeurs », commissaires représentant la république, qui s'occupaient de l'intendance et veillaient à ce que le capitaine général conduisît les opérations en accord avec les directives politiques définies par le Sénat.

4. F. Guicciardini, *Histoire d'Italie...*, *op. cit.*, t. II, p. 75-80.

5. M. et G. du Bellay, *Mémoires...*, *op. cit.*, p. 332-333 ; *Mémoires du Jeune Adventureux...*, *op. cit.*, p. 271.

6. A. Büchi, *Le Cardinal Mathieu Schiner*, trad. A. Donnet, Neuchâtel, A. La Baconnière, 1950, p. 158-177.

7. Michael Mallett et Christine Shaw, *The Italian Wars (1494-1559). War, State and Society in Early Modern Europe*, Harlow, Pearson, 2012, p. 130-136.

8. 5 millions de ducats pour la seule Venise, d'après Guicciardini (*Histoire d'Italie…*, *op. cit.*, t. II, p. 91).

9. *Eidgenössischen Abschiede…*, *op. cit.*, diète de Schwyz, 4 février 1516, p. 954.

10. *Ibid.*, diète de Baden, 3 juin 1516, p. 978.

11. *Journal de Jean Barrillon…*, *op. cit.*, p. 192.

12. Texte du traité dans *Eidgenössischen Abschiede…*, *op. cit.*, p. 1406-1415.

13. Le traité laisse un an aux cantons pour choisir entre ces districts et l'indemnité de 300 000 écus offerte par les Français. Les cantons décident finalement de garder leurs conquêtes.

14. A. Büchi, *Le Cardinal Mathieu Schiner*, *op. cit.*, p. 163.

15. Ph. Hamon, *L'Argent du roi…*, *op. cit.*, p. 3-133.

16. BNF, Fr 4523, fol. 44 à 52.

17. 7,5 ou 8,5 millions d'après Ph. Hamon (*L'Argent du roi…*, *op. cit.*, p. 45), selon que l'ordinaire de la guerre se soit élevé à 2 ou 3 millions de livres. Ainsi qu'indiqué plus haut, le total des soldes théoriquement dues aux ordonnances pour chaque trimestre, en fonction de leurs effectifs, s'élève à 2,7 millions de livres. Il s'agit de dépenses prévisionnelles, ne tenant pas compte d'éventuels retards ou reports de paiement. Ceux-ci semblent cependant avoir été encore assez rares au début du règne (cf. *infra*).

18. *Ordonnances des rois de France. Règne de François Ier*, *op. cit.*, p. 279-283, 3 août 1515, commission pour procéder à la levée de la part des jugeries de Rivière et Verdun d'une aide de 2,9 millions de livres. Ce chiffre ne tient pas compte d'un versement anticipé de 500 000 livres en septembre 1515, le reste étant exigible aux termes habituels, du 1er décembre 1515 au 1er septembre 1516. En effet, ce petit artifice a probablement déjà été utilisé en 1514 – il l'est en tout cas encore en 1517-1518 (discours du chancelier Duprat aux États de Normandie, *Journal de Jean Barrillon…*, *op. cit.*, p. 322).

19. A. Spont, « La taille en Languedoc de 1450 à 1515 », *Annales du Midi*, 2 (1890), p. 365-384 et 3 (1891), p. 482-494.
20. Cf. *supra*, p. 25.
21. J.-F. Lassalmonie, *La Boîte à l'enchanteur*, *op. cit.*, p. 610.
22. Ph. Hamon, *L'Argent du roi…*, *op. cit.*, p. 76.
23. *Journal de Jean Barrillon…*, *op. cit.*, p. 321.
24. Les pensions annuelles sont de l'ordre de 350 000 l. sous le règne de Louis XII, tandis que sous François Ier, elles s'élèvent à 575 000 l. en moyenne de 1515 à 1520, avec de très fortes variations d'une année sur l'autre (BNF, Fr 4523 fol. 39v-40 et Ph. Hamon, *L'Argent du roi…*, *op. cit.*, p. 10).
25. Ph. Contamine, *Guerre, État et société…*, *op. cit.*, p. 504-505.
26. Ph. Hamon, *L'Argent du roi…*, *op. cit.*, p. 22-25.
27. *Id.*, « L'Italie finance-t-elle les guerres d'Italie ? », *in* J. Balsamo (dir.), *Passer les monts : Français en Italie – L'Italie en France (1494-1525)*, Paris, Honoré Champion, 1998, p. 25-37.
28. M. Mallett et Ch. Shaw, *The Italian Wars…*, *op. cit.*, p. 155.
29. E. Usteri, *Marignano…*, *op. cit.*, p. 463-498 ; W. Schaufelberger, *Marignano, Strukturelle Grenzen eidgenössischer Militärmacht zwischen Mittelalter und Neuzeit*, Frauenfeld, Huber, 1993.
30. G. P. Marchal, « Les racines de l'indépendance… », *op. cit.*, p. 161-162.
31. F. Guicciardini, *Histoire d'Italie…*, *op. cit.*, t. I, p. 804.
32. *Ibid.*, t. I, p. 514-515.
33. Albert Sennhauser, *Hauptmann und Führung im Schweizerkrieg des Mittelalters*, Zurich, Fretz und Wasmuth, 1965, p. 115-130.

Annexe
Compagnies d'ordonnance soldées par le roi en 1515

1. BNF, Fr 4523, fol. 44-46.
2. *Ménaut et Gratien d'Aguerre*, Versailles, E. Aubert, 1867.
3. Les deux prévôts des maréchaux disposaient chacun de 25 archers à cheval, passés en revue les 27 août et 4 septembre 1515 (BNF,

Fr 25786, n° 9 et 10). Par commodité, les archers auraient été convertis en lances par le trésorier des guerres, pratique attestée en 1478 (BNF, Fr 2906, fol. 17), à raison de 5 archers par lance.

4. F. Lot, *Recherches sur les effectifs des armées…*, *op. cit.*, p. 41-44. Parmi ces 420 lances : 50 lances sous Giovanni Gonzaga, 50 lances sous Francesco Torelli, 50 lances sous Barnabo Visconti, et 100 lances sous le doge de Gênes Ottaviano Fregoso (BNF, Fr 20684, « Extraits de plusieurs titres de la Chambre des comptes de Paris », copiés aux XVIIe-XVIIIe siècles, p. 158). La revue de la compagnie de Fregoso, passée le 8 juillet 1516 près de Brescia pour la solde du trimestre d'octobre à décembre 1515, indique qu'elle avait été réduite à 50 lances et que tous les hommes d'armes étaient d'origine française, et non italienne (BNF, Clairambault 243, p. 749-750).

5. Revue de sa compagnie le 13 janvier 1516 à « Caron » en Piémont, pour la solde du trimestre de juillet à septembre 1515 (BNF, Fr 21509, n° 900).

6. Sa compagnie est désignée en novembre 1514 pour l'expédition projetée en Italie l'année suivante (BNF, It 1997, p. 294-295, dépêche de Marco Dandolo) ; revue de sa compagnie le 18 décembre 1516 à Villafranca di Verona, pour la solde du trimestre d'avril à juin 1516 (BNF, Fr 21508, n° 872).

7. Revue de sa compagnie le 23 août 1515 à Salluggia, pour la solde du trimestre d'avril à juin 1515 (BNF, Fr 21509, n° 892).

8. Revue de sa compagnie le 5 septembre 1515 à [?], pour la solde du trimestre d'avril à juin 1515 (BNF, Fr 25786, n° 11).

9. Bien que le lieu de la revue passée le 5 septembre soit illisible, la date de la revue et le trimestre payé – avril à juin – correspondent à ce qui est attesté pour les autres compagnies qui ont participé à l'expédition d'Italie, alors que les compagnies restées en France ont été payées avec deux à trois mois de retard supplémentaires (voir ci-dessous, notes 49 à 53).

10. Revue de sa compagnie le 28 août 1515 à Verceil, pour la solde du trimestre d'avril à juin 1515 (BNF, Clairambault 242, p. 721-722).

11. Revue de sa compagnie le 1er septembre 1515 à Boffalora sopra Ticino, pour la solde du trimestre d'avril à juin 1515 (BNF, Clairambault 243, p. 727-728).

12. Revue de sa compagnie le 3 septembre 1515 à Turbigo, pour la solde du trimestre d'avril à juin 1515 (BNF, Clairambault 243, p. 725-726), et le 28 mars 1516 à Savigliano, pour la solde du trimestre de juillet à septembre 1515 (BNF, Fr 21509, n° 903).

13. Revue passée le 19 mai 1515 à Senlis et Melun, pour la solde du trimestre de janvier à mars 1515 de « 80 lances de la compagnie de 100 lances » du duc de Lorraine (BNF, Clairambault 242, p. 701-702).

14. Figure parmi les compagnies soldées par les trésoriers des guerres au premier trimestre 1515 (BNF, Fr 20684, « Extraits de plusieurs titres de la Chambre des comptes de Paris », copiés aux XVIIe-XVIIIe siècles, p. 156) ; revue de sa compagnie le 28 août 1515 à « Seranne », pour la solde du trimestre d'avril à juin 1515 (BNF, Clairambault 242, p. 719-720).

15. Revue passée le 5 septembre 1515 à Rebecco sul Naviglio, pour la solde du trimestre d'avril à juin 1515 (BNF, NAF, 8616, n° 7), et le 9 janvier 1516 près de Brescia, pour la solde du trimestre de juillet à septembre 1515 de « 60 lances de la compagnie de 100 lances » du duc de Gueldre (BNF, Clairambault 243, p. 735-736).

16. Revue de sa compagnie le 17 mai 1515 à Château-Thierry, pour la solde du trimestre de janvier à mars 1515 (BNF, Clairambault 242, p. 695-696).

17. La compagnie du seigneur de Sedan est commandée par son fils Guillaume, seigneur de Jametz, frère cadet du seigneur de Florange.

18. Sa compagnie est désignée en novembre 1514 pour l'expédition projetée en Italie l'année suivante (BNF, It 1997, p. 294-295, dépêche de Marco Dandolo).

19. Revue de sa compagnie le 7 mars 1515 à Agen, pour la solde du trimestre d'octobre à décembre 1514 (BNF, Fr 21508, n° 877).

20. Lautrec ne participe pas en personne à la bataille de Marignan, étant retenu par les négociations avec les Suisses ; on ignore si sa compagnie se trouvait avec lui ou avec le roi.

21. Revue de sa compagnie le 28 août 1515, à Verceil, pour la solde du trimestre d'avril à juin 1515 (BNF, NAF 8616, n° 5), et le 5 janvier

1516, à Novare, pour la solde du trimestre de juillet à septembre 1515 (BNF, Fr 21509, n° 899).

22. Revue de sa compagnie le 28 août 1515, à Novare, pour la solde du trimestre d'avril à juin 1515 (BNF, Fr 21509, n° 895).

23. Revue de sa compagnie le 29 août 1515 à Novare, pour la solde du trimestre d'avril à juin 1515 (BNF, Clairambault 242, p. 723-724).

24. Revue de sa compagnie le 25 août 1515 à Savigliano, pour la solde du trimestre d'avril à juin 1515 (BNF, Clairambault 242, p. 715-716).

25. Revue de sa compagnie le 18 janvier 1516 à Carmagnola, pour la solde du trimestre de juillet à septembre 1515 (BNF, Clairambault 243, p. 741-742).

26. Quittance du 1er mars 1515, pour 150 livres à lui dues pour son état de capitaine de 50 lances (BNF, Fr 26114, quittances, 1515-1516, n° 16) ; revue de sa compagnie le 15 août 1516 à Joigny, pour la solde du trimestre d'octobre à décembre 1515 (BNF, Fr 25786, n° 26).

27. Revue de sa compagnie le 31 mai 1515 à Autun, pour la solde du trimestre de janvier à mars 1515 (BNF, Fr 21509, n° 883).

28. Figure parmi les compagnies soldées par les trésoriers des guerres au deuxième trimestre 1515 (BNF, Fr 20684, « Extraits de plusieurs titres de la Chambre des comptes de Paris », copiés aux XVIIe-XVIIIe siècles, p. 155). Camille Trivulce est le fils du maréchal de Trivulce, parfois désigné comme capitaine de cette compagnie, au même titre que son fils.

29. Quittance du 12 juin 1515, pour 150 livres à lui dues pour son état de capitaine de 50 lances pour le trimestre de janvier à mars 1515 (BNF, Fr 26114, quittances, 1515-1516, n° 48). Théodore Trivulce est le neveu du maréchal.

30. Revue passée le 4 septembre 1515 à Turbigo (BNF, NAF 8616, n° 6) pour la solde du trimestre d'avril à juin 1515, et le 13 janvier 1516 à [?] pour la solde du trimestre de juillet à septembre 1515 (BNF, Fr 21509, n° 901).

31. Revue passée le 23 juillet 1514 (BNF, Fr 25719, n° 255) ; il est alors prisonnier en Angleterre,et son fils commande la compagnie en son absence.

32. Revue passée le 20 mai 1515 à Étampes, pour la solde du trimestre d'avril à mars 1515 (BNF, Clairambault 242, p. 697-698), et le 18 décembre 1516 près de Mantoue pour la solde du trimestre d'avril à juin 1516 (BNF, Fr 21509, n° 920).

33. Sa compagnie est désignée en novembre 1514 pour l'expédition projetée en Italie l'année suivante (BNF, It 1997, p. 294-295, dépêche de Marco Dandolo).

34. Revue de sa compagnie le 23 août 1515, en Piémont, pour la solde du trimestre d'avril à juin 1515 (BNF, 21509, n° 891). Après sa mort, 50 lances de sa compagnie sont attribuées au duc de Longueville, et 30 lances à Jean de Chabannes, seigneur de Vendenesse. La compagnie du seigneur de Vendenesse est passée en revue le 16 janvier 1516 à Coni, pour la solde du trimestre de juillet à septembre 1515 (BNF, Clairambault 243, p. 739-740).

35. Revue de sa compagnie – dont le commandement était passé au seigneur de Tournon – le 1er février 1516 à Castiglione delle Stiviere, pour la solde du trimestre de juillet à septembre 1515 (BNF, Clairambault 243, p. 743-744).

36. Revue de sa compagnie le 24 août 1515 à « Sillen » (Sigliano ?), pour la solde du trimestre d'avril à juin 1515 (BNF, Fr 21509, n° 893).

37. Revue de sa compagnie le 27 août 1515 à Verceil, pour la solde du trimestre d'avril à juin 1515 (BNF, Fr 21509, n° 894).

38. Revue de sa compagnie le 10 avril 1516 à Tortone, pour la solde du trimestre d'octobre à décembre 1515 (BNF, Fr 21509, n° 904).

39. Montre de sa compagnie le 8 septembre 1515 à Alessandria, pour la solde du trimestre d'avril à juin 1515 ; la compagnie a sans doute fait partie du corps d'Aymar de Prie, envoyé à Gênes par mer, en garnison à Tortone et Alessandria les 13 et 14 septembre 1515 (BNF, Clairambault 243, p. 729-730).

40. Revue de sa compagnie le 8 juin 1515 à Saintes, pour la solde du trimestre de janvier à mars 1515 (BNF, NAF 8616, n° 3). Sa compagnie figure également sur les rôles de l'ordinaire des guerres pour la solde du trimestre de juillet à septembre 1515 (BNF, Fr 20684, « Extraits de plusieurs titres de la Chambre des comptes de Paris », copiés aux XVIIe-XVIIIe siècles, p. 157).

41. Revue de sa compagnie le 16 janvier 1515 à Castres, pour la solde du trimestre de juillet à septembre 1514 (BNF, Fr 21508, n° 876). Sa compagnie comptait 100 lances le 28 juin 1514 (BNF, Fr 21508, n° 871) ; elle a sans doute été réduite à la fin du premier semestre, alors que Louis XII ramenait les effectifs de ses ordonnances de 3 590 lances à 3 020 lances (BNF, Fr 4523, fol. 44-46).

42. Le 2 mars 1515, il signe une quittance pour ses gages de capitaine de 50 lances d'ordonnance (BNF, Fr 26114, quittances, 1515-1516, n° 17). Sa compagnie est passée en revue le 9 décembre 1514 à Mouzon, pour la solde du trimestre de juillet à septembre 1514 (BNF, Fr 25785, n° 220).

43. Revue de sa compagnie le 5 juillet 1514 à Caudebec, pour la solde du trimestre d'avril à juin 1514 (BNF, Fr 25785, n° 211). On donne congé aux gens de guerre de sa compagnie le 10 février 1518, après leur avoir réglé la solde du trimestre de janvier à mars 1515 (BNF, Fr 25786, n° 47).

44. Revue de sa compagnie le 4 mai 1514 à Coutances, pour la solde du trimestre d'octobre à décembre 1513 (BNF, NAF 8615, n° 25), et le 20 août 1516 pour la solde du trimestre d'avril à juin (BNF, Fr 25786, n° 29).

45. Revue de sa compagnie le 25 janvier 1515 à Vic-en-Bigorre (BNF, NAF 8615, n° 27).

46. Revue de sa compagnie le 15 août 1516 à [?], pour la solde du trimestre de juillet à septembre 1515 (BNF, Fr 25786, n° 27).

47. Revue de sa compagnie le 6 novembre 1515 à « Albic », pour la solde du trimestre d'avril à juin 1515 (BNF, Clairambault 243, p. 731-732).

48. Martin du Bellay cite le duc d'Albany parmi les princes ayant accompagné François Ier en Italie, mais la date à laquelle sa compagnie a été payée pour le trimestre d'avril à juin incite à penser que celle-ci est restée en France (voir ci-dessous).

49. Revue de sa compagnie le 29 mai 1515 à Roye, pour la solde du trimestre de janvier à mars 1515, et le 14 novembre 1515 à Péronne et Montreuil-sur-Mer, pour la solde du trimestre d'avril à juin 1515 (BNF, Fr 21509, n° 898).

50. Revue de sa compagnie le 20 novembre 1515 à Béziers, pour la solde du trimestre d'avril à juin 1515 (BNF, NAF 8616, n° 8).

51. Revue de sa compagnie le 16 novembre 1515 à « Sèvre », pour la solde du trimestre d'avril à juin 1515 (BNF, Fr 25786, n° 13). Sa compagnie figure encore sur les rôles de l'ordinaire des guerres pour la solde du trimestre de juillet à septembre 1515 (BNF, Fr 20684, « Extraits de plusieurs titres de la Chambre des comptes de Paris », copiés aux XVIIe-XVIIIe siècles, p. 157).

52. Revue de sa compagnie le 14 novembre 1515 à Chalon-sur-Saône, pour la solde du trimestre d'avril à juin 1515 (BNF, Clairambault 243, p. 733-734).

53. Revue de sa compagnie le 2 juillet 1515 à Langres, pour la solde du trimestre de janvier à mars 1515 (BNF, Fr 21509, n° 890), et le 14 novembre 1515 à Langres, pour la solde du trimestre d'avril à juin 1515 (BNF, Fr 21509, n° 897).

Index

Les noms de lieux sont en italique. La francisation des noms italiens, pratiquée sans excès, suit les usages les plus communément admis. Ainsi, on a préféré Trivulce à Trivulzio, et au contraire Sanseverino à Saint-Séverin. Les districts ou villes suisses qui n'étaient pas encore cantons ou chefs-lieux de canton en 1515 mais le sont devenus depuis sont simplement situés en Suisse (Genève (Suisse)) ; les autres lieux sont identifiés par le canton actuel (Baden (Suisse, canton)). Les provinces françaises sont associées à un fief lorsqu'il s'agit d'annexions récentes (ainsi, Normandie, mais Bourgogne (duché de)).

B

C

G

H

I

N

O

P

U

V

Bibliographie

Sources manuscrites

Bibliothèque nationale de France

Fr 2930-2931 : recueil de lettres, pièces originales et copies (XVe-XVIe siècle).
Fr 3897 : recueil de lettres, pièces originales et copies (1515-1558).
Fr 4523 : état récapitulatif des dépenses de la monarchie de 1484 à 1558, dressé par la Chambre des comptes, XVIe siècle.
Fr 4525 : recueil de copies de pièces diverses relatives aux finances, XVIe siècle.
Fr 20615 : recueil de pièces originales, lettres patentes des rois de France et quittances, concernant les gages, dons, emprunts, tailles (XIVe-XVIe siècle).
Fr 20684 : extrait des comptes de la trésorerie des guerres, 1515 et 1516.
Fr 25719-25720 : chartes royales, classées chronologiquement, années 1510-1526.

Fr 26114 : quittances, 1515-1516.
It 1997 : copies des dépêches vénitiennes adressées au conseil des Dix.
Moreau 809 : pièces manuscrites concernant l'histoire de France.

Montres d'armes

Fr 21508-21509 : années 1510-1517.
Fr 25785-25786 : années 1510-1516.
NAF 8615-8616 : années 1510-1520.
Clairambault 242-243 : années 1510-1520.

Sources imprimées

« Ain neüwe Warhafftige gezit tung der kriegsleüff, so zwischen der Aidgenossen und künig von Franckreich ergangen seind in dem MCCCCC und XV Jare », Th. von Liebenau (éd.), *Anzeiger für schweizerische Geschichte*, 1 (1870), p. 251-255.
Amtliche Sammlung der ältern eidgenössischen Abschiede, Philipp Anton von Segesser (éd.), vol. 3, t. II (1500-1520), Lucerne, Zurich, 1869.
« Die anonyme Chronik der Mailänderkriege », August Bernoulli (éd.), *Basler Chroniken*, vol. VI, Leipzig, Hirzel, 1902, p. 23-85.

« Eine zürcherische Chronik der Schwaben-und Mailänder Kriege (1499-1516) », August Bernoulli (éd.), *Anzeiger für schweizerische Geschichte*, 6 (1891), p. 292-293.

Korrespondenzen und Akten zur Geschichte des Kardinals Matthäus Schiner, Albert Büchi (éd.), Bâle, R. Geering, 2 vol., 1920-1925.

*Ordonnances des rois de France. Règne de François I*er, t. I, *1515-1516*, Académie des sciences morales et politiques (éd.), Paris, Imprimerie nationale, 1902.

ANSHELM (Valerius), *Berner Chronik*, Berne, K.J. Wyss, 6 vol., 1881-1901.

BARRILLON (Jean), *Journal de Jean Barrillon, secrétaire du chancelier Duprat (1515-1521)*, Pierre de Vaissière (éd.), Paris, Renouard, 2 vol., 1897-1899.

BELLAY (Martin et Guillaume du), *Mémoires*, Victor-Louis Bourrilly et Fleury Vindry (éd.), Paris, H. Laurens, 4 vol., 1908-1919.

–, *Mémoires*, *in* Jean Alexandre C. Buchon (éd.), *Choix de chroniques et mémoires relatifs à l'histoire de France*, Paris, A. Pilon, 1875, p. 303-801.

BRANTÔME (Pierre de BOURDEILLE, seigneur de), *Œuvres complètes. Les vies des grands capitaines estrangers, les vies des grands capitaines françois*, Ludovic Lalanne (éd.), Paris, Vve Renouard, 1866.

BUEIL (Jean de), *Le Jouvencel*, Léon Lecestre (éd.), Paris, H. Laurens, 2 vol., 1887-1889.

CHAMPIER (Symphorien), *Histoire des gestes du preux et vaillant chevalier Bayard Dauphinois*, Lyon, Rigaud, 1580.

CLÈVES (Philippe de), *Instructions de toutes manières de guerroyer, tant par terre que par mer, et des choses y servantes*, Paris, G. Morel, 1558.

COMMYNES (Philippe de), *Mémoires*, Joël Blanchard (éd.), Paris, LGF, 2001.

DUVAL (Pierre), *Le voyage et la description d'Italie, montrant exactement les raretez et choses remarquables qui se trouvent ès provinces et en chaques villes, les distances d'icelles, avec un dénombrement des places et champs de batailles qui s'y sont données*, Paris, G. Clouzier, 1656.

FRANÇOIS Ier, « Lettre de François Ier à la duchesse d'Angoulême sur la bataille de Marignan », *in* Joseph-François Michaud et Jean Joseph François Poujoulat (éd.), *Nouvelle collection de mémoires pour servir à l'histoire de France*, 1re série, t. V, Paris, chez l'éditeur du Commentaire analytique du Code civil, 1838, p. 595-597.

GIOVIO (Paolo), *Pauli Jovii historiarum sui temporis*, t. I [livres I à XVIII], Rome, Libreria dello Stato, 1957.

–, *Les histoires de Paolo Iovio, comois, evesque de Nocera, trad. du latin en françois par le seigneur du Parcq-Champenois*, Lyon, G. Roville, 2 vol., 1555.

GUICCIARDINI (Francesco), *Histoire d'Italie, 1492-1534*, Jean-Louis Fournel et Jean-Claude Zancarini (éd.), Paris, Robert Laffont, 2 vol., 1996.

MAILLES (Jacques de), *La très joyeuse, plaisante et récréative histoire du gentil seigneur de Bayart, composée par le Loyal serviteur*, Joseph Roman (éd.), Paris, H. Loones, 1878.

MARCK (Robert de LA), *Mémoires du maréchal de Florange, dit le Jeune Adventureux*, Robert Goubaux et Paul-André Lemoisne (éd.), Paris, H. Laurens, 2 vol., 1913-1924.

–, *Mémoire du Jeune Adventureux. Histoire des choses mémorables advenues du reigne de Louis XII et François Ier en France, Italie, Allemagne et ès Pays-Bas depuis l'an 1500 jusques en l'an 1521*, *in* Jean Alexandre C. Buchon (éd.), *Choix de chroniques et mémoires relatifs à l'histoire de France*, Paris, A. Pilon, 1875, p. 216-295.

MIROT (Léon), « Dom Bévy et les comptes des trésoriers des guerres », *Bibliothèque de l'École des chartes*, 86 (1925), p. 245-379.

MONTLUC (Blaise de), *Commentaires*, Alphonse de Ruble (éd.), Paris, Renouard, 5 vol., 1864-1872.

NICOLAY (Jean), *Le kalendrier des guerres de Tournai*, Frédéric Hennebert (éd.), Tournai, Malo et Levasseur, 2 vol., 1853-1856.

SANUDO (Marino), *Diarii*, Rinaldo Fulin, Federico Stefani, Nicolò Barozzi, Guglielmo Berchet et Marco Allegri (éd.), t. XVI à XXII, mars 1513-septembre 1516, Venise, 1886-1888.

SAVOIE (Louise de), *Journal de Louise de Savoie*, *in* Jean Alexandre C. Buchon (éd.), *Choix de chroniques et mémoires relatifs à l'histoire de France*, Paris, A. Pilon, 1875, p. 296-302.

SCHODOLER (Wernher), *Die eidgenössische Chronik des Wernher Schodoler um 1510 bis 1535 – Kommentar zur Faksimile-Ausgabe der dreibändigen Handschrift Ms 62 in der Leopold-Sophien-Bibliothek Überlingen MS 2 im Stadtarchiv Bremgarten MS Bibl. Zurl. Fol. 18 in der Aargauischen Kantonsbibliothek Aarau*, Walther Benz (éd.), Lucerne, 1983.

SCHWINKHART (Ludwig), *Chronik 1506 bis 1521*, Hans von Greyerz (éd.), Berne, H. Lang & Co, 1941.

STEINER (Wernher), « Chronicon Tugiense de anno 1503 usque ad annum 1516 », *Helvetia*, 7 (1832).

STUART (Bérault), *Traité sur l'art de la guerre de Bérault Stuart, seigneur d'Aubigny*, Élie de Comminges (éd.), La Haye, M. Nijhoff, 1976.

Histoire politique de l'Italie, de la France et de la Suisse aux XVe-XVIe siècles et monographies générales sur les guerres d'Italie

BALSAMO (Jean) (dir.), *Passer les monts : Français en Italie – L'Italie en France (1494-1525)*, Paris, Honoré Champion, 1998.

BARBICHE (Bernard), *Les Institutions de la monarchie française à l'époque moderne (XVIe-XVIIIe siècle)*, Paris, PUF, 1999.

BERGER (Hans), *Der alte Zürichkriege im Rahmen der europäischen Politik. Ein Beitrag zur "Aussenpolitik" Zürichs in der ersten Hälfte des 15. Jahrhunderts*, Zurich, Rohr, 1978.

BLACK (Jane), *Absolutism in Renaissance Milan. Plenitude of Power under the Visconti and the Sforza (1329-1535)*, Oxford, Oxford University Press, 2009.

BOILLET (Danielle) et PIÉJUS (Marie-Françoise) (dir.), *Les Guerres d'Italie. Histoire, pratiques, représentations*, actes du colloque tenu à Paris [9-11 décembre 1999], Paris, Université Paris 3-Sorbonne nouvelle, 2002.

BOUCHERON (Patrick), *Le Pouvoir de bâtir. Urbanisme et politique édilitaire à Milan (XIVe-XVe siècles)*, Rome, École française de Rome, 1998.

–, « Les enjeux de la fiscalité directe dans les communes italiennes (XIIIe-XVe siècle) », *in* Denis Menjot et Manuel Sánchez Martínez (dir.), *La Fiscalité des villes au Moyen Âge. France méridionale, Catalogne et Castille*, Toulouse, Privat, 1999, t. II, *Les systèmes fiscaux*, p. 153-168.

BOWLE (John Edward), *Henry VIII. A Biography*, Londres, Allen & Unwin, 1965.

BRAUDEL (Fernand) et SPOONER (Franck C.), « Prices in Europe from 1450 to 1750 », *in* M.M. Postan,

D.C. Coleman et P. Mathias (dir.), *The Cambridge Economic History of Europe*, vol. 4, *The Economy of Expanding Europe in the Sixteenth and Seventeenth Centuries*, E.E. Rich et C.H. Wilson (éd.), Cambridge, Cambridge University Press, 1967, p. 378-486.

CALABRIA (Antonio), *The Cost of Empire. The Finances of the Kingdom of Naples in the Time of Spanish Rule*, Cambridge, Cambridge University Press, 1991.

CAUCHIES (Jean-Marie), « Principauté d'Empire, allié de la France. Le duché de Gueldre, épine des Valois dans la chair des Habsbourg, et son duc "spoliateur" (1494-1506) », *Publication du Centre européen d'études bourguignonnes (XIVe-XVIe siècle)*, 42 (2002), p. 23-34.

CHAUNU (Pierre) et GASCON (Richard), *Histoire économique et sociale de la France*, Fernand Braudel et Ernest Labrousse (dir.), t. I, *De 1450 à 1660*, vol. 1, *L'État et la ville*, Paris, PUF, 1977.

CONTAMINE (Philippe), BOMPAIRE (Marc), LEBECQ (Stéphane) et SARRAZIN (Jean-Luc), *L'Économie médiévale*, Paris, Armand Colin, 1993.

CONTAMINE (Philippe) et GUILLAUME (Jean) (dir.), *Louis XII en Milanais*, actes du XLIe colloque international d'études humanistes [Tours, 30 juin-3 juillets 1998], Paris, Honoré Champion, 2003.

CROUZET-PAVAN (Élisabeth), *Venise triomphante. Les horizons d'un mythe*, Paris, Albin Michel, 1999.

DENIS (Anne), « 1513-1515 : “*La nazione svizzera*” et les Italiens », *Revue suisse d'histoire*, 47 (1997), p. 111-128.

–, « *1515 : il serenissimo Francesco*, roi de France, duc de Milan », *in* J. Balsamo (dir.), *Passer les monts...*, p. 259-276.

DUBOST (Jean-François), *La France italienne (XVIe-XVIIe siècles)*, Paris, Aubier, 1997.

FAVEZ (Jean-Claude) (dir.), *Nouvelle Histoire de la Suisse et des Suisses*, Lausanne, Payot, 3 vol., 1982-1983.

FLÜELER (Niklaus et Marianne) (dir.), *Geschichte des Kantons Zürich*, t. I, *Frühzeit bis Spätmittelalter*, Zurich, Werd, 1994.

FOURNEL (Jean-Louis), « Stratégies des citoyens (la question des *armi proprie* chez Machiavel et Guicciardini) », *in* D. Boillet et M.-F. Piéjus (dir.), *Les Guerres d'Italie...*, p. 135-154.

–, « La “brutalisation” de la guerre. Des guerres d'Italie aux guerres de Religion », *Astérion*, 2004/2, mis en ligne le 1er juillet 2004, http://asterion.revues.org/100.

–, « Une république de guerre : Florence (1494-1530) », *in* C. Moatti et M. Riot-Sarcey (dir.), *La République dans tous ses états. Pour une histoire intellectuelle de la république en Europe*, Paris, Payot, 2009, p. 187-225.

FOURNEL (Jean-Louis) et ZANCARINI (Jean-Claude), *La Politique de l'expérience : Savonarole, Guicciardini et*

le républicanisme florentin, Alessandria, Éd. dell'Orso, 2002.
–, *Les Guerres d'Italie. Des batailles pour l'Europe (1494-1559)*, Paris, Gallimard, 2003.
GASSER (Adolf), « Les guerres de Bourgogne, leurs causes, leur déclenchement », *in* D. Reichel (dir.), *Grandson – 1476...*, p. 66-111.
GAUVARD (Claude), « *De grace especial* ». *Crime, État et société en France à la fin du Moyen Âge*, Paris, Publications de la Sorbonne, 2 vol., 1991.
GENET (Jean-Philippe) et LE MENÉ (Michel) (éd.), *Genèse de l'État moderne. Prélèvement et redistribution*, actes du colloque de Fontevraud [1984], Paris, Éditions du CNRS, 1987.
GIRY-DELOISON (Charles), « Henri VIII, pensionnaire de François Ier », *in* Charles Giry-Deloison (dir.), *François Ier et Henri VIII. Deux princes de la Renaissance (1515-1547)*, Villeneuve-d'Ascq, Centre d'histoire de la région du Nord et de l'Europe du Nord-Ouest, 1996, p. 121-143.
GRUBER (Eugen), *Geschichte des Kantons Zug*, Berne, Francke, 1968.
GRÜTER (Sebastian), *Geschichte des Kantons Luzern im 16. und 17. Jahrhundert*, Lucerne, Räber, 1945.
HAMON (Philippe), *L'Argent du roi. Les finances sous François Ier*, Paris, Comité pour l'histoire économique et financière de la France, 1994.
–, « L'Italie finance-t-elle les guerres d'Italie ? », *in* J. Balsamo (dir.), *Passer les monts...*, p. 25-37.

–, *« Messieurs des finances ». Les grands officiers de finance dans la France de la Renaissance*, Paris, Comité pour l'histoire économique et financière de la France, 1999.

–, « Aspects administratifs de la présence française en Milanais sous Louis XII », *in* Ph. Contamine et J. Guillaume (dir.), *Louis XII en Milanais...*, p. 109-127.

–, *Les Renaissances (1453-1559)*, Paris, Belin, 2009.

JACQUART (Jean), *François Ier*, Paris, Fayard, [1981] 1994.

KAEUPER (Richard W.), *Guerre, justice et ordre public. La France et l'Angleterre à la fin du Moyen Âge*, traduction de l'anglais par Nicole et Jean-Philippe Genet, Paris, Aubier, [1988] 1994.

KNECHT (Robert Jean), *Francis I*, Cambridge, Cambridge University Press, 1982.

–, *Un prince de la Renaissance. François Ier et son royaume*, traduction de l'anglais par Patrick Hersant, Paris, Fayard, [1994] 1998.

LANE (Frederic Chapin), *Venise. Une république maritime*, traduction de l'anglais par Yannick Bourdoiseau et Marie Ymonet, Paris, Flammarion [1973] 1985.

LASSALMONIE (Jean-François), « Les finances de la monarchie française sous le gouvernement des Beaujeu (1483-1491) », *Études et documents*, Paris, Comité pour l'histoire économique et financière de la France, 1994, p. 3-141.

–, *La Boîte à l'enchanteur. Politique financière de Louis XI*, Paris, Comité pour l'histoire économique et financière de la France, 2002.

LE FUR (Didier), *Louis XII, un autre César*, Paris, Perrin, 2001.

MALLETT (Michael) et SHAW (Christine), *The Italian Wars (1494-1559). War, State and Society in Early Modern Europe*, Harlow, Pearson, 2012.

MANDROT (Bernard de), *Relations de Charles VII et de Louis XI, rois de France, avec les cantons suisses (1444-1461, 1461-1483)*, Zurich, J.-J. Ulrich, 1881.

MARCHAL (Guy Paul), « Les racines de l'indépendance (401-1394) », *in* J.-C. Favez (dir.), *Nouvelle Histoire de la Suisse…*, t. I, p. 97-198.

MENANT (François), *L'Italie des communes (1100-1350)*, Paris, Belin, 2005.

MIGNET (François-Auguste), *Rivalité de François Ier et de Charles Quint*, Paris, Didier et Cie, 2 vol., 1875.

MORARD (Nicolas), « L'heure de la puissance (1394-1536) », *in* J.-C. Favez (dir.), *Nouvelle Histoire de la Suisse…*, t. I, p. 199-329.

OURLIAC (Paul) et GILLES (Monique), *Les Fors anciens de Béarn*, Paris, Éditions du CNRS, 1990.

QUILLIET (Bernard), *Louis XII, Père du peuple*, Paris, Fayard, 1986.

RAPP (Francis), *Maximilien d'Autriche, souverain du Saint Empire romain germanique, bâtisseur de la maison d'Autriche*, Paris, Tallandier, 2007.

RENOUARD (Yves), *Histoire de Florence*, Paris, PUF, 1964.

RICHET (Denis), « Le cours officiel des monnaies étrangères circulant en France au XVIe siècle », *Revue historique*, 225 (1961), p. 359-396.

ROTT (Édouard), *Histoire de la représentation diplomatique de la France auprès des cantons suisses, de leurs alliés et de leurs confédérés*, Paris, Alcan, 10 vol., 1900-1935.

SABLONIER (Roger), *Adel im Wandel. Eine Untersuchung zur sozialen Situation des ostschweizerischen Adels um 1300*, Göttingen, Vandenhoeck und Ruprecht, 1979.

–, « Schweizer Eidgenossenschaft im 15. Jahrhundert », *in* J. Wiget (éd.), *Die Entstehung der Schweiz : vom Bundesbrief 1291 zur nationalen Geschichtskultur des 20. Jahrhunderts*, Schwyz, Historischer Verein des Kantons Schwyz, 1999, p. 9-42.

–, *Gründungszeit ohne Eidgenossen : Politik und Gesellschaft in der Innerschweiz um 1300*, Baden, Hier + Jetzt, 2008.

SCHLÜER (Ulrich), *Untersuchungen über die soziale Struktur von Stadt und Landschaft Zürich im fünfzehnten Jahrhundert*, Zurich, Juris-Verlag, 1982.

SPONT (Alfred), « La taille en Languedoc de 1450 à 1515 », *Annales du Midi*, 2 (1890), p. 365-384 et 3 (1891), p. 482-494.

STETTLER (Bernhard), *Die Eidgenossenschaft im 15. Jahrhundert. Die Suche nach einem gemeinsamen Nenner*, Zurich, M. Widmer-Dean, 2004.

STRUICK (Jules Édouard Anne Louis), *Gelre en Habsburg (1492-1528)*, Arnhem, Gouda Quint-Brouwer, 1960.

VAILLANT (Pierre), « Les origines d'une libre confédération de vallées : les habitants des communautés briançonnaises au XIIIe siècle », *Bibliothèque de l'École des chartes*, 125 (1967), p. 301-348.

WALTER (François), *Histoire de la Suisse*, t. I, *L'invention d'une Confédération (XVe-XVIe siècles)*, Neuchâtel, Alphil, [2009] 2011.

WIESFLECKER (Hermann), *Kaiser Maximilian I. Das Reich, Österreich und Europa an der Wende zur Neuzeit*, t. I, *Jugend, burgundisches Erbe und Römisches Königtum bis zur Alleinherrschaft*, Munich, Oldenbourg, 1971 ; t. IV, *Gründung des habsburgischen Weltreiches, Lebensabend und Tod*, Munich, Oldenbourg, 1981.

ZELLER (Gaston), *Les Institutions de la France au XVIe siècle*, Paris, PUF, [1948] 1987.

La guerre aux XVe-XVIe siècles

Cinq centième anniversaire de la bataille de Nancy, actes du colloque de Nancy [22-24 septembre 1977], Institut régional de recherche en sciences sociales, humaines et économiques (éd.), Nancy, université de Nancy II, 1978.

Histoire militaire de la Suisse, Berne, Commissariat central des guerres, 4 vol., 1915-1921.

ABRAM (Nicolas), « Les techniques de combat à l'arme d'hast et de choc aux XIVe et XVe siècles en Occident », *Duels en scène*, 2 (2004), p. 55-85.

ALLMAND (Christopher), « Entre honneur et bien commun : le témoignage du Jouvencel », *Revue historique*, 301 (1999), p. 463-481.

ANDRONICOS (Manolis), « Sarissa », *Bulletin de correspondance hellénique*, 94 (1970), p. 91-107.

ARCANGELI (Letizia), *Gentiluomini di Lombardia : ricerche sull'aristocrazia padana nel Rinascimento*, « Gian Giacomo Trivulzio Marchese di Vigevano e il governo francese nello Stato di Milano (1499-1518) », Milan, Unicopli, 2003, p. 3-70.

ARDANT DU PICQ (Charles), *Étude du combat d'après l'antique*, Besançon, Vve Valluet et fils, 1868.

ARFAIOLI (Maurizio), *The Black Bands of Giovanni*, Pise, Pisa University Press, 2005.

ARNOLD (Thomas F.), *The Renaissance at War*, Londres, Cassell, 2001.

ASCHERL (Rosemary), « The Technology of Chivalry », *in* H.D. Chickering et T.H. Seiler (dir.), *The Study of Chivalry…*, p. 263-311.

BACHRACH (Bernard S.), « Animals and Warfare in Early Medieval Europe », *L'uomo di fronte al mondo animale nell'alto Medioevo*, Spolète, Centro Italiano di Studi sull'Alto Medioevo, 1985.

–, « *Caballus* and *Caballarius* in Medieval Warfare », *in* H.D. Chickering et T.H. Seiler (dir.), *The Study of Chivalry…*, p. 173-211.

BANGERTER (Olivier), *Novare (1513), dernière victoire des fantassins suisses*, Paris, Economica, 2012.

BARKER (Juliet R.V.), *The Tournament in England (1100-1400)*, Woodbridge, Boydell Press, 1986.

BAUMANN (Reinhard), *Landsknechte. Ihre Geschichte und Kultur vom späten Mittelalter bis zum dreissigjährigen Krieg*, Munich, C.H. Beck, 1994.

BAYLEY (Charles Calvert), *War and Society in Renaissance Florence, the "De Militia" of Leonardo Bruni*, Toronto, University of Toronto Press, 1961.

BERNARD (Marion), *Les « mestiers touchans habillemens de guerre ». Armuriers et fourbisseurs d'épées parisiens à la fin du Moyen Âge*, thèse pour le diplôme d'archiviste-paléographe, Paris, École des chartes, 2012.

BISCHOFF (Georges), « Honneur, argent et trahison. Les lansquenets allemands des rois de France, de Charles VIII à Henri II », *Terres d'Alsace, chemins de l'Europe. Mélanges offerts à Bernard Vogler*, Strasbourg, Presses universitaires de Strasbourg, 2004, p. 91-120.

BOARDMAN (Andrew W.), *The Medieval Soldier in the Wars of the Roses*, Phoenix Mill, Sutton, 1998.

BOYER (Pierre), « Réflexions sur l'évolution de l'infanterie française au XVIe siècle », *Histoire et Défense*, 13 (1986), p. 7-29.

–, « La mutation de la cavalerie française au XVIe siècle », *Histoire et Défense*, 18 (1988), p. 47-69.

–, « L'opinion des chefs de guerre français de la première moitié du XVIe siècle sur les contingents suisses », *Les relations militaires de la Suisse avec la France*, journée franco-suisse [26 octobre 1991], *Histoire et Défense*, numéro spécial (1992), p. 59-71.

BÜCHI (Albert), *Kardinal Matthäus Schiner als Staatsmann und Kirchenfürst : ein Beitrag zur allgemeinen und schweizerischen Geschichte von der Wende des XV-XVI Jahrhunderts*, Leipzig, Rütschi & Egloff, 2 vol., 1932-1937.

BURGENER (L.W.), « Les jeux et les exercices physiques en Suisse aux XVe et XVIe siècles », *in* Ph. Ariès et J.-C. Margolin (éd.), *Les Jeux à la Renaissance*, Paris, Vrin, 1982, p. 109-118.

BUTTIN (Charles), « Notes sur les armures à l'épreuve (XIVe-XVIe siècle) », *Revue savoisienne*, 42 (1901), p. 60-92 et 150-210.

BUTTIN (François), « La lance et l'arrêt de cuirasse », *Archaeologia*, 99 (1965), p. 77-178.

CAUCHIES (Jean-Marie) (dir.), *Art de la guerre, technologie et tactique en Europe occidentale de la fin du Moyen Âge à la Renaissance*, Bâle, Centre européen d'études bourguignonnes, 1986.

CHALINE (Olivier), « Faire la guerre au temps de la Renaissance », *in* J.-P. Poussou (dir.), *La Renaissance, des années 1470 aux années 1560*, Paris, Armand Colin, 2002, p. 225-318.

CHAUVIRÉ (Frédéric), « Bayard, chevalier ou cavalier ? Le combat de cavalerie sous la Renaissance », *Bulletin de la société archéologique et historique de Nantes*, 139 (2004), p. 197-216.

–, *Histoire de la cavalerie*, Paris, Perrin, 2013.

CHICKERING (Howell D.) et SEILER (Thomas H.) (dir.), *The Study of Chivalry. Resources and Approaches*, Kalamazoo, Medieval Institute Publications, 1988.

CLARK (John) (dir.), *The Medieval Horse and its Equipment (c. 1150-c. 1450)*, Woodbridge, Boydell, 2004.

CONTAMINE (Philippe), « L'artillerie royale française à la veille des guerres d'Italie », *Annales de Bretagne*, 71 (1964), p. 221-261.

–, *Guerre, État et société à la fin du Moyen Âge. Études sur les armées du roi de France (1337-1494)*, Paris, EHESS, 2 vol., [1972] 2004.

–, « René II et les mercenaires de langue germanique. La guerre contre Robert de La Marck, seigneur de Sedan (1496) », *Cinq centième anniversaire de la bataille de Nancy…*, p. 377-394.

–, *La Guerre au Moyen Âge*, Paris, PUF, [1980] 1994.

–, *La France aux XIVe et XVe siècles*, « The War Literature of the Late Middle Ages. The Treatises of Robert de Balsac and Béraud Stuart, Lord of Aubigny », Londres, Variorum, 1981, p. 102-121.

–, « Les industries de guerre dans la France de la Renaissance : l'exemple de l'artillerie », *Revue historique*, 550 (1984), p. 249-280.

–, « Naissance de l'infanterie française (milieu XVe-milieu XVIe siècle) », *Quatrième centenaire de la bataille de Coutras*, actes du colloque de Coutras [16-18 octobre 1987], Pau, Association Henri IV, 1989, p. 63-87.

– (dir.), *L'Homme armé en Europe (XIVe siècle-XVIe siècle)*, Cahiers d'études et de recherches du musée de l'Armée, 3 (2002).

– (dir.), *Guerre et concurrence entre les États européens du XIVe au XVIIIe siècle*, Paris, PUF, 1998.

CONTAMINE (Philippe) et CORVISIER (André) (dir.), *Histoire militaire de la France*, t. I, *Des origines à 1715*, Paris, PUF, 1992.

COOLS (Hans), « Philip of Cleves at Genoa. The Governor Who Failed », *in* J. Haemers, H. Wijsman et C. Van Hoorebeeck (dir.), *Entre la ville, la noblesse et l'État. Philippe de Clèves (1456-1528), homme politique et bibliophile*, Turnhout, Brepols, 2007.

COVINI (Maria Nadia), *L'esercito del Duca. Organizzazione militare istituzioni al tempo degli Sforza, 1450-1480*, Rome, Istituto storico italiano per il Medioevo, 1998.

CROUY-CHANEL (Emmanuel de), *Canons médiévaux. Puissance du feu*, Paris, REMPART, 2010.

CROUZET (Denis), *Charles de Bourbon, connétable de France*, Paris, Fayard, 2003.

–, « Mourir en Milanais », *in* Ph. Contamine et J. Guillaume (dir.), *Louis XII en Milanais…*, p. 173-188.

DELBRÜCK (Hans), *Geschichte der Kriegskunst im Rahmen der politischen Geschichte*, Berlin, De Gruyter, 4 vol., [1900-1920] 2000.

DERUELLE (Benjamin), « Représentation et investissement du paysage dans les pratiques et la réflexion militaire du XVIe siècle », *Géographie et géographie historique*, Cahiers du CEHD, 36 (2008), p. 35-52.

–, « "Pour Dieu, le roi et l'honneur". *Ethos* chevaleresque, mérite et récompense au XVIe siècle », *Hypothèses*, 12 (2008), p. 209-220.

–, « Enjeux politiques et sociaux de la culture chevaleresque au XVIe siècle : les prologues de chansons de geste imprimées », *Revue historique*, 655 (2010), p. 551-576.

–, « Entre cavalerie et chevalerie : la formation du noble dans l'écurie du roi au XVIe siècle », *in* B. Deruelle et B. Gainot (dir.), *La Construction du militaire*, vol. I, *Savoirs et savoir-faire militaires à l'époque moderne*, Paris, Publications de la Sorbonne, 2013, p. 27-54.

DEVRIES (Kelly Robert), *Guns and Men in Medieval Europe (1200-1500). Studies in Medieval Military History and Technology*, Aldershot, Ashgate Variorum, 2002.

DRÉVILLON (Hervé), *L'Individu et la Guerre. Du chevalier Bayard au Soldat inconnu*, Paris, Belin, 2013.

DRÉVILLON (Hervé), BRIOIST (Pascal) et SERNA (Pierre), *Croiser le fer. Violence et culture de l'épée dans la*

France moderne (XVIe-XVIIIe siècle), Seyssel, Champ Vallon, 2008.

DUFFY (Christopher), *Siege Warfare. The Fortress in the Early Modern War (1494-1660)*, Londres, Routledge & Kegan Paul, 1979.

DUFFY (Michael), *The Military Revolution and the State (1500-1800)*, Exeter, University of Exeter, 1980.

DUMÉZIL (Georges), *Aspects de la fonction guerrière chez les Indo-Européens*, Paris, PUF, 1956.

DÜRR (Émile), « 1315-1515. De Morgarten à Marignan », *Histoire militaire de la Suisse*, 4e cahier, Berne, Commissariat central des guerres, 1915.

DURRER (Robert), « Premiers combats de la Suisse primitive pour la liberté », *Histoire militaire de la Suisse*, 1er cahier, Berne, Commissariat central des guerres, 1915, p. 29-105.

ELGGER (Carl), *Kriegswesen und Kriegskunst der schweizerischen Eidgenossen im XIV., XV. und XVI. Jahrhundert*, Lucerne, Militärisches Verlagsbureau, 1873.

EL HAGE (Fadi), *Histoire des maréchaux de France à l'époque moderne*, Paris, Nouveau Monde Éditions, 2012.

ELTIS (David), *The Military Revolution in Sixteenth-Century Europe*, Londres, Tauris Academic Studies, 1995.

ESCH (Arnold), « Mit Schweizer Söldnern auf dem Marsch nach Italien. Das Erlebnis der Mailänderskriege 1510-1515 nach bernischen Akten », *Quellen und Forschungen aus italienischen Archiven und Bibliotheken*, 70 (1990), p. 348-440.

FIEDLER (Siegfried), *Kriegswesen und Kriegsführung im Zeitalter der Landsknechte*, Coblence, Bernard & Graefe, 1985.

FLORI (Jean), « Chevalerie et idéologie chevaleresque au Moyen Âge : de la réalité au mythe », *in* A.-M. Capdeboscq et L. Fe Canto (dir.), *La Chevalerie castillane au* XVe *siècle. À propos du* Victorial *de Gutierre Diaz de Games*, Limoges, PULIM, 2000.

FOERSTER (Hubert), « Le métier de fantassin et de chef d'infanterie suisse dans l'iconographie de quelques chroniques des années 1500 », *Actes du symposium 1983*, Lausanne, Centre d'histoire et de prospective militaires, 1983, p. 27-43.

FOULON (Éric), « La garde à pied, corps d'élite de la phalange hellénistique », *Bulletin de l'Association Guillaume Budé*, 1 (1996), p. 17-31.

FRAUENHOLZ (Eugen von), *Das Heerwesen in der Zeit des freien Söldnertums*, Munich, C.H. Beck, 1937.

GAIER (Claude), « L'opinion des chefs de guerre français du XVIe siècle sur les progrès de l'art militaire », *Revue internationale d'histoire militaire*, 29 (1969), p. 723-746.

–, « La cavalerie lourde en Europe occidentale du XIIe au XVIe siècle : un problème de mentalité », *Revue internationale d'histoire militaire*, 31 (1971), p. 385-396.

GAGLIARDI (Ernst), *Novara und Dijon, Höhepunkt und Verfall der schweizerischen Grossmacht in 16. Jahrhundert*, Zurich, Gebr. Leemann & Co, 1907.
GAL (Stéphane) (dir.), *Bayard. Histoires croisées du chevalier*, Grenoble, Presses universitaires de Grenoble, 2007.
GILLMOR (Carroll), « Practical Chivalry. The Training of Horses for Tournaments and Warfare », *Studies in Medieval and Renaissance History*, 13 (1992), p. 5-29.
HAGGENMACHER (Peter), *Grotius et la doctrine de la guerre juste*, Paris, PUF, 1983.
HALE (John Rigby), « War and Public Opinion in the Fifteenth and Sixteenth Centuries », *Past and Present*, 22 (1962), p. 18-33.
–, *War and Society in Renaissance Europe (1450-1620)*, Stroud, Sutton, [1985] 1998.
HALE (John Rigby) et MALLETT (Michael), *The Military Organization of a Renaissance State. Venice (c. 1400-1617)*, Cambridge, Cambridge University Press, 1984.
HALL (Bert S.), *Weapons and Warfare in Renaissance Europe. Gunpowder, Technology and Tactics*, Baltimore, Johns Hopkins University Press, 1997.
HAMMER (Paul E.J.) (dir.), *Warfare in Early Modern Europe (1450-1660)*, Aldershot, Ashgate, 2007.
HÄNE (Johannes), *Zum Wehr- und Kriegswesen in der Blütezeit der alten Eidgenossenschaft*, Zurich, 1900.

–, « L'organisation militaire des anciens Suisses », *Histoire militaire de la Suisse*, 3e cahier, Berne, Commissariat central des guerres, 1915, p. 6-33.

HANSON (Victor Davis), *Le Modèle occidental de la guerre*, traduction de l'anglais par Alain Billault, Paris, Tallandier, [1989] 2007.

HARDŸ DE PÉRINI (Édouard), *Origines de la tactique française*, Paris, J. Dumaine, 2 vol., 1879-1881.

HARKENSEE (Heinrich), *Die Schlacht bei Marignano* (dissertations de l'université de Göttingen), Göttingen, Druck von E.A. Huth, 1909.

HEER (Eugène), « Armes et armures au temps des guerres de Bourgogne », *in* D. Reichel (dir.), *Grandson – 1476…*, p. 170-200.

HÉLARY (Xavier), *Courtrai. 11 juillet 1302*, Paris, Tallandier, 2012.

HENNINGER (Laurent), *Marignan, 1515*, Paris, Socomer, 1991.

–, « La “révolution militaire”. Quelques éléments historiographiques », *Mots. Les langages du politique*, 73 (2003), mis en ligne le 9 octobre 2008, http://mots.revues.org/16312.

HUIZINGA (Johan), « La valeur politique et militaire des idées de chevalerie à la fin du Moyen Âge », *Revue d'histoire diplomatique*, 35 (1921), p. 126-138.

–, *Homo ludens. Essai sur la fonction sociale du jeu*, traduction du néerlandais par Cécile Seresia, Paris, Gallimard, [1938] 1988.

JACQUART (Jean), *Bayard*, Paris, Fayard, 1987.
–, « De quelques capitaines des guerres d'Italie : de la réalité à l'image », *in* J. Balsamo (dir.), *Passer les monts...*, p. 83-90.
–, « Le chevalier Bayard avant 1515 », *in* S. Gal (dir.), *Bayard. Histoires croisées...*, p. 71-77.
KOHLER (Charles), *Les Suisses dans les guerres d'Italie de 1506 à 1512*, Genève, Mégariotis, [1897] 1978.
KURZ (Hans-Rudolf), « Grandson – 2 mars 1476, le déroulement de la bataille », *in* D. Reichel (dir.), *Grandson – 1476...*, p. 201-213.
LAMY (Jérôme) et MOUNIER (Matthieu), « La chair et le canon : problématiques pour une histoire des blessures de guerre », *La Blessure corporelle. Violences et souffrances. Symboles et représentations*, Cahiers du GERHICO, 4 (2003), p. 25-39.
LE BRUSQUE (Georges), « Du chevalier à l'officier du roi : images du soldat professionnel noble dans les chroniques françaises des premières guerres d'Italie (1494-1500) », *Revue historique des armées*, 222 (2001), p. 3-12.
LE FUR (Didier), *Marignan, 13-14 septembre 1515*, Paris, Perrin, 2003.
–, « Bayard et le souvenir de Marignan », *in* S. Gal (dir.), *Bayard. Histoires croisées...*, p. 115-129.
LE GALL (Jean-Marie), « Autopsie d'une figure de la défaite. Le roi prisonnier ou les embarras du vainqueur, François Ier après Pavie », *Hypothèses*, II (2008), p. 297-314.

–, « Les combattants de Pavie. Octobre 1524 – 24 février 1525 », *Revue historique*, 671 (2014), p. 567-596.

LELUC (Sylvie), « L'artillerie du règne de François Ier. Essai d'une approche typologique », *in* Ph. Contamine (dir.), *L'Homme armé en Europe…*, p. 205-215.

LENZI (Maria Ludovica), « Le chevalier Bayard et la "révolution militaire" du XVIe siècle », *in* S. Gal (dir.), *Bayard. Histoires croisées…*, p. 65-69.

LIDDELL HART (Basil), *Les Guerres décisives de l'histoire*, traduction de l'anglais par B. Mayra et le lieutenant-colonel de Fonlongue, Paris, Payot, [1929] 1933.

LOT (Ferdinand), *Recherches sur les effectifs des armées françaises des guerres d'Italie aux guerres de Religion (1494-1562)*, Paris, SEVPEN, 1962.

LUTZ (Markus), *Die Schlacht bei Sankt Jakob am 26 August 1444. Eine historische Darstellung*, Bâle, Wocher, 1824.

MACHIAVEL (Nicolas), *L'Art de la guerre*, traduction par Jean-Yves Boriaud, Paris, Perrin, 2012.

MALLETT (Michael), *Mercenaries and Their Masters. Warfare in Renaissance Italy*, Londres, Bodley Head, [1974] 2009.

–, « *Condottieri* and Captains in Renaissance Italy », *in* D.J.B. Trim (dir.), *The Chivalric Ethos…*, p. 67-88.

MISKIMIN (Harry A.), « L'or, l'argent, la guerre dans la France médiévale », *Annales. Économies. Sociétés. Civilisations*, 40/1 (1985), p. 171-184.

MONNET (Camille), *Petite Histoire véridique des faits et gestes du capitaine Bayard avant et pendant les guerres d'Italie*, Grenoble, R. Félix, 1970.

MOUNIER-KUHN (Alain), *Chirurgie de guerre. Le cas du Moyen Âge*, Paris, Economica, 2006.

NASSIET (Michel), « La noblesse en France au XVIe siècle d'après l'arrière-ban », *Revue d'histoire moderne et contemporaine*, 46 (1999), p. 86-116.

–, « Les capitaines de gendarmerie dans la première moitié du XVIe siècle. Parenté et reproduction familiale », *Combattre, gouverner, écrire. Mélanges Jean Chagniot*, Paris, Economica, 2003, p. 559-578.

NICOLLE (David), *Fornovo 1495. France's Bloody Fighting Retreat*, Westport (Connecticut), Greenwood Press, 2005.

OMAN (Charles), *History of the Art of War in the Middle Ages*, t. II, *1278-1515*, Londres, Greenhill Books, [1924] 1991.

–, *A History of the Art of War in the Sixteenth Century*, New York, AMS Press, [1937] 1979.

ORTENBURG (Georg), *Waffe und Waffengebrauch im Zeitalter der Landsknechte*, Coblence, Bernard & Graefe, 1984.

PAINSONNEAU (Simon), *Fabrication et commerce des armures. L'armurerie tourangelle au XVe siècle*, Paris, AEDEH, 2004.

PARKER (Geoffrey), *La Révolution militaire. La guerre et l'essor de l'Occident (1500-1800)*, traduction de l'anglais par Jean Joba, Paris, Gallimard, [1988] 1993.

PERROY (Édouard), « L'artillerie de Louis XI pendant la campagne d'Artois (1477) », *Revue du Nord*, 162 (1942), p. 171-196, et 163 (1943), p. 293-315.

PFAFFENBICHLER (Matthias), *Armourers*, Londres, British Museum Press, 1992.

PHILLIPS (Gervase), « "Of Nimble Service". Technology, Equestrianism and the Cavalry Arm of Early Modern Western European Armies », *War and Society*, 20 (2002), p. 1-22.

PIÉJUS (Marie-Françoise), « Marignan, 1515 : échos et résonances », *in* J. Balsamo (dir.), *Passer les monts...*, p. 245-258.

PIERRARD (Alexandre), « 16 août 1513 : "La journée des esperons" ou les tenants et les aboutissants de la guerre de 1513-1514 en Picardie », *Bulletin de la Société des antiquaires de Picardie*, 666 (2002), p. 425-443.

PITTS (Vincent Joseph), *The Man Who Sacked Rom. Charles de Bourbon, Constable of France (1490-1527)*, New York, Peter Lang, 1993.

POTTER (David), « Chivalry and Professionalism in the French Armies of the Renaissance », *in* D.J.B. Trim (dir.), *The Chivalric Ethos...*, p. 149-182.

–, *Renaissance France at War. Armies, Culture and Society (c. 1480-1560)*, Woodbridge, Boydell Press, 2008.

PROUTEAU (Nicolas), CROUY-CHANEL (Emmanuel de) et FAUCHERRE (Nicolas) (dir.), *Artillerie et fortification (1200-1600)*, actes du colloque international de

Parthenay [1er-3 décembre 2006], Rennes, PUR, 2011.

RAPP (Francis), « Strasbourg et Charles le Hardi : l'ampleur et le prix de l'effort militaire », *Cinq centième anniversaire de la bataille de Nancy...*, p. 395-414.

RAVAILLE (Ludwig), « La "petite guerre" dans les commentaires de Monluc », *Mediterran Tanulmanyok*, 14 (2005), p. 5-26.

REDLICH (Fritz), *The German Military Enterpriser and his Work Force*, Wiesbaden, Franz Steiner Verlag, 2 vol., 1964-1965.

REICHEL (Daniel) (dir.), *Grandson – 1476. Essai d'approche pluridisciplinaire d'une action militaire du XVe siècle*, Lausanne, Centre d'histoire, 1976.

REVERSEAU (Jean-Pierre), « Repenser l'armure (XIVe-XVIe siècle) », *in* Ph. Contamine (dir.), *L'Homme armé en Europe...*, p. 127-139.

RICHARDOT (Philippe), *Végèce et la culture militaire au Moyen Âge (Ve-XVe siècle)*, Paris, Economica, 1998.

ROCHE (Daniel) (dir.), *Le Cheval et la Guerre, du XVe au XXe siècle*, Paris, Association pour l'Académie d'art équestre de Versailles, 2002.

ROGG (Matthias), *Landsknechte und Reisläufer. Bilder vom Soldaten. Ein Stand in der Kunst des 16 Jahrhunderts*, Paderborn, Schöningh, 2002.

ROSEN (Josef), « Kriegsausgaben im Spätmittelalter. Der militärische Aufwand in Basel (1360-1535) »,

Vierteljahrschrift für Sozial- und Wirtschaftsgeschichte, 71 (1984), p. 457-484.

ROULET (Louis-Édouard), « Société-armée-État en Suisse à l'époque des guerres de Bourgogne et d'Italie », actes du Ve congrès de la Commission internationale d'histoire militaire, Bucarest, 1981, p. 324-334.

–, « Le soldat suisse et la mort à l'époque des guerres de Bourgogne et d'Italie (XVe et XVIe siècles) », *Le Soldat, la stratégie, la mort. Mélanges André Corvisier*, Paris, Economica, 1989, p. 351-366.

–, « Des Préalpes à l'Europe : le combattant suisse à la fin du Moyen Âge », actes du XXIIe congrès de la CIHM, Vienne, 1997, p. 121-131.

RUMPEL (Roland), « Der Krieg als Lebenselement in der alter und spätmittelalterlichen Eidgenossenschaft », *Schweizerische Zeitschrift für Geschichte*, 33 (1983), p. 192-206.

SABLONIER (Roger), « État et structures militaires dans la confédération autour des années 1480 », *Cinq centième anniversaire de la bataille de Nancy...*, p. 429-447.

SALLMANN (Jean-Michel), « L'évolution des techniques de guerre pendant les guerres d'Italie (1494-1530) », *in* J. Balsamo (dir.), *Passer les monts...*, p. 59-81.

SCHAUFELBERGER (Walter), *Der alte Schweizer und sein Krieg. Studien zur Kriegführung im 15. Jahrhundert*, Zurich, Europa Verlag, 1952.

–, « Guerre et guerriers suisses à la fin du Moyen Âge », *Revue militaire suisse*, 115/7 (1970), p. 297-312.

–, *Der Wettkampf in der alten Eidgenossenschaft. Zur Kulturgeschichte vom 13. bis ins 18. Jahrhundert*, Berne, Paul Haupt, 1972.

–, « Zum Problem der militärischen Integration in der spätmittelalterlichen Eidgenossenschaft », *in* U. von Gersdorff (éd.), *Geschichte und Militärgeschichte. Wege der Forschung*, Francfort, Bernard & Graefe, 1974, p. 261-274.

–, « "*Montales et bestiales homines sine domino.*" Der alpine Beitrag zum Kriegswesen in der spätmittelalterliche Eidgenossen », *Revue internationale d'histoire militaire*, 65 (1988), p. 105-132.

SCHAUFELBERGER (Walter) et STÜSSI-LAUTERBURG (Jürg), *Marignano. Strukturelle Grenzen eidgenössischer Militärmacht zwischen Mittelalter und Neuzeit*, Frauenfeld, Huber, 1993.

SCHMIDT (Hans-Joachim), « Les Suisses en Milanais : coopération et concurrence avec Louis XII », *in* Ph. Contamine et J. Guillaume (dir.), *Louis XII en Milanais*..., p. 189-225.

SCHMIDTCHEN (Volker), « Aspekte der Strukturwandels im europäischen Kriegswesen des späten Mittelalters und seine Ursachen », *in* Ferdinand Seibt et Winfried Eberhard (éd.), *Europa 1500. Integrationsprozesse im Widerstreit : Staaten, Regionen, Personenverbände, Christenheit*, Stuttgart, Klett-Cotta, 1987, p. 445-467.

–, *Kriegswesen im späten Mittelalter. Technik, Taktik, Theorie*, Weinheim, VCH, Acta humaniora, 1990.

SENNHAUSER (Albert), *Hauptmann und Führung im Schweizerkrieg des Mittelalters*, Zurich, Fretz und Wasmuth, 1965.

SHAW (Christine) (dir.), *Italy and the European Powers. The Impact of War (1500-1530)*, Leyde, Brill, 2006.

SMITH (Marc Hamilton), « Émulation guerrière et stéréotypes nationaux dans les guerres d'Italie », *in* D. Boillet et M.-F. Piéjus (dir.), *Les Guerres d'Italie…*, p. 155-176.

SOLIGNAT (Anne-Valérie), « L'absence de formation au ban et arrière-ban en Auvergne au XVIe siècle ? », *in* B. Deruelle et B. Gainot (dir.), *La Construction du militaire*, vol. I, *Savoirs et savoir-faire militaires à l'époque moderne*, Paris, Publications de la Sorbonne, 2013, p. 55-78.

SPONT (Alfred), « Marignan et l'organisation militaire sous François Ier », *Revue des questions historiques*, 2 (1899), p. 59-77.

STEWART (Paul), « The Soldier, the Bureaucrat and Fiscal Records in the Army of Ferdinand and Isabella », *Hispanic American Historical Review*, 49 (1969), p. 281-292.

STREIT (Pierre), *Morat (1476). L'indépendance des cantons suisses*, Paris, Economica, 2013.

SWAIN (Elisabeth Ward), « The Wages of Peace. The Condotta of Ludovico Gonzaga (1436-1478) », *Renaissance Studies*, 3 (1989), p. 442-452.

TALLETT (Frank), *War and Society in Early-Modern Europe (1495-1715)*, Londres, Routledge, 1992.

TAYLOR (Frederick Lewis), *The Art of War in Italy (1494-1529)*, Cambridge, Cambridge University Press, 1921.

TRIM (David J.B.) (dir.), *The Chivalric Ethos and the Development of Military Professionalism*, Leyde, Brill, 2003.

USTERI (Emil), *Marignano. Die Schicksalsjahre 1515/1516 im Blickfeld der historischen Quellen*, Zurich, Komm. Berichthaus, 1974.

VALLIÈRE (capitaine de), « Les Suisses en Italie », *Revue militaire suisse*, 54 (1909), p. 633-641, 705-716 et 777-791.

VAUX DE FOLETIER (François de), *Galiot de Genouillac, maître de l'artillerie de France (1465-1546)*, Paris, A. Picard, 1925.

VERBRUGGEN (Jan-Frans), *The Battle of the Golden Spurs (Courtrai, 11 July 1302). A Contribution to the History of Flanders' War of Liberation (1297-1305)*, Woodbridge, Boydell, [1952] 2002.

VISSIÈRE (Laurent), « L'éternel gambit : Thérouanne sur l'échiquier européen (1477-1559) », *Bulletin de la commission d'histoire et d'archéologie du Pas-de-Calais*, 18 (2000), p. 61-106.

–, *Louis II de La Trémoille (1460-1525). « Sans poinct sortir hors de l'orniere »*, Paris, Honoré Champion, 2008.

VISSIÈRE (Laurent), MARCHANDISSE (Alain) et DUMONT (Jonathan) (dir.), *1513, l'année terrible. Le siège de Dijon*, Dijon, Faton, 2013.

WALTER (François), « 1515. Le roi François Ier, vainqueur à Marignan, est sacré chevalier par Bayard », *in* A. Corbin (dir.), *1515 et les grandes dates de l'histoire de France revisitées par les grands historiens d'aujourd'hui*, Paris, Seuil, 2005, p. 171-175.

WATANABE-O'KELLY (Helen), « Tournaments and their Relevance for Warfare in the Early Modern Period », *European History Quarterly*, 20 (1990), p. 451-463.

WINKLER (Albert L.), « The Swiss and War. The Impact of Society on the Swiss Military in the Fourteenth and Fifteenth Centuries », *Dissertation Abstracts International*, A 43 : 5 (1982), 1639.

WIRZ (Hans Georg), « Campagnes des confédérés en deçà des Alpes depuis la bataille de Laupen jusqu'à la guerre de Bourgogne », *Histoire militaire de la Suisse*, 2e cahier, Berne, Commissariat central des guerres, 1915.

–, « La guerre de Souabe », *Histoire militaire de la Suisse*, 2e cahier, Berne, Commissariat central des guerres, 1915.

Remerciements

Quoi de plus personnel que l'écriture d'un livre ? Il est cependant risqué d'en faire une œuvre tout à fait solitaire… Ma gratitude va donc à tous mes relecteurs, parents et amis, au premier rang desquels Michel Lepetit, Yann Potin et Thierry Sarmant, pour leurs critiques, remarques, suggestions et encouragements ainsi que Corinne Jouys Barbelin, Clotilde Le Forestier de Quillien et Aude Rœlly, pour m'avoir assisté dans la relecture des épreuves. J'adresse une pensée toute particulière à Jean-François Moufflet et Eugénie Bonnafous, qui ont conçu et réalisé de magnifiques cartes figurant la géographie topographique et politique de l'Italie du Nord et de la Suisse, dont sont issues les cartes insérées dans l'ouvrage. Ma reconnaissance est à la hauteur du temps qu'ils y ont si généreusement consacré et de l'inventivité dont ils ont su faire preuve pour représenter des réalités fort complexes. Je remercie enfin les éditions Tallandier de m'avoir ouvert les portes de leur collection « L'Histoire en batailles ».

Table

Édition exclusivement
réservée aux adhérents du club

Réalisation : Nord Compo à Villeneuve-d'Ascq
Dépôt légal : mars 2015
ISBN : 978-2-286-08637-4
Numéro d'édition : 3758
Imprimé en Italie